部分国家（地区）
反洗钱/反恐融资规定选编

杜金富　主编

中国金融出版社

责任编辑：肖丽敏
责任校对：潘　洁
责任印制：程　颖

图书在版编目（CIP）数据

部分国家（地区）反洗钱/反恐融资规定选编（Bufen Guojia（Diqu）Fanxiqian/
Fankong Rongzi Guiding Xuanbian）/杜金富主编 . —北京：中国金融出版社，
2013. 12
　ISBN 978 – 7 –5049 – 6666 – 7

　Ⅰ . ①部…　Ⅱ . ①杜…　Ⅲ . ①洗钱罪—法规—汇编—世界　Ⅳ . ①D914.09

　中国版本图书馆 CIP 数据核字（2012）第 264303 号

出版　中国金融出版社
发行
社址　北京市丰台区益泽路 2 号
市场开发部　（010）63266347，63805472，63439533（传真）
网 上 书 店　http://www.chinafph.com
　　　　　　（010）63286832，63365686（传真）
读者服务部　（010）66070833，62568380
编 辑 部　（010）63372639
盗 版 举 报　（010）63863170
电 子 邮 箱　cabf@chinafph.com
邮编　100071
经销　新华书店
印刷　保利达印务有限公司
尺寸　185 毫米 ×260 毫米
印张　33.5
字数　510 千
版次　2013 年 12 月第 1 版
印次　2013 年 12 月第 1 次印刷
定价　80.00 元
ISBN 978 – 7 –5049 – 6666 – 7/F. 6226
如出现印装错误本社负责调换　联系电话（010）63263947

编　委　会

>>> 编译说明

当前中国人民银行正致力于推进以风险为本的反洗钱方法，不断增强反洗钱工作的有效性。"它山之石，可以攻玉"，我们迫切需要在认真总结我国反洗钱资金监测实践的基础上，系统深入地了解其他国家（地区）的经验与做法，特别是其最新立法成果，以开阔视野，学习借鉴，进一步丰富我们的实践。正是基于这样的动机，2011年底，中国反洗钱监测分析中心启动了《部分国家（地区）反洗钱／反恐融资规定选编》的编译工作，侧重于深入介绍具有代表性的一部分国家（地区）关于客户尽职调查、交易记录保存、可疑交易报告等方面的具体规定，主要用于内部业务培训。

时任人民银行副行长杜金富同志提议开展此项基础性工作，李东荣副行长分管反洗钱工作后对本书的编译给予了关怀和支持。

2012年金融行动特别工作组（FATF）发布了《关于打击洗钱、恐怖融资、大规模杀伤性武器扩散融资的国际标准：FATF建议》，这是对原有"40＋9"标准的升级，各成员积极响应，纷纷调整其相关政策和立法。为反映有关国家（地区）在此方面的最新成果，编译人员在初译完成的基础上，根据相关文献内容的新调整，重新翻译、补充了部分规章指令。

由于不同法律体系的差异，再加反洗钱工作专业要求较高，尽管编译人员尽了很大努力，但限于能力和水平，译文的不足之处在所难免，欢迎批评指正。

具体参加本书初译有关工作的有（以姓氏笔画为序）：丁唯、丁俨、马林林、王旭、王茜、王振、王朝军、邓智、邓晓卓、孔繁颖、甘露、叶晓晔、朱勇、朱媛、朱丽娜、向路、刘红艳、许智飞、孙贞、杨杰、李峰、李黎、李晓明、连军、吴瑞玲、张辉、张煜、张小慧、张旭辉、张彦志、陈钊、陈玲、陈婕、易晓晶、周小琴、房海滨、胡蓉、郭妙玲、高婧、黄海、韩晴、廖群、熊飞、潘宏晶、薛欣欣。

成景阳、刘晓娜、余平、孙贞承担了翻译文献的初审工作；陈邦来、张旭辉、刘红艳、许智飞、黄海、陈婕、孙贞承担了校译、复审任务，并为本书的编辑出版做了大量工作。

编委会
2013 年 10 月

>>>目　　录

欧　　盟

美　　国

澳大利亚

中国香港

中国台湾

欧　　盟

关于防止利用金融系统洗钱和恐怖融资的指令①

（欧洲议会和欧盟理事会第 2005/60/EC 号　2005 年 10 月 26 日）

欧洲议会和欧盟理事会，考虑到欧洲共同体建立条约特别是第 47 条（2）中第一句、第三句，以及第 95 条，

考虑到欧盟委员会提案，

考虑到欧洲经济与社会委员会意见，

考虑到欧洲中央银行意见，

遵照条约第 251 条所列程序，

鉴于以下理由：

（1）非法资金的大量流动会损害金融系统的稳定和声誉，并威胁统一市场，而恐怖主义则会动摇社会的根基。除刑法途径外，依托金融系统的预防措施能够产生效果。

（2）犯罪分子及其团伙掩盖犯罪所得来源，或者将合法或非法资金输送给恐怖分子的行为会严重危害信贷和金融机构的健全性、完整性和稳定性以及公众对整体金融系统的信心。为避免各成员国因保护其金融系统而采取与内部市场功能、法律规定和共同体公共政策不一致的措施，共同体有必要在此领域采取统一行动。

（3）如未在共同体层面采取特定协调措施，洗钱分子和恐怖融资分子则会设法利用由整体金融区域带来的资本流动的自由性和提供金融服务的自由性来从事犯罪活动。

（4）为回应上述对洗钱领域的关注，欧盟理事会于 1991 年 6 月 10 日

---

①　参加本指令翻译有关工作的有：周小琴、孙贞、廖群、马林林；审校：许智飞、陈婕。

通过了防止利用金融系统洗钱的第 91/308/EEC 号指令。该指令要求欧盟各成员国禁止洗钱并责令金融部门，包括信贷机构及大范围的各类其他金融机构，识别其客户，保存适当的交易记录，建立培训员工和打击洗钱的内部程序，以及向主管当局报告任何洗钱迹象。

（5）洗钱及恐怖融资通常有其国际背景。采取的应对措施若仅局限于单一国家层面或即使在共同体层面，而不考虑全球范围内的协调及合作，则会收效甚微。因此，共同体在此领域采取的措施应与其他国际组织采取的措施保持一致。金融行动特别工作组（FATF）作为活跃在反洗钱和反恐怖融资领域最重要的国际组织，共同体的行动应继续并特别考虑其所公布的建议。鉴于 2003 年 FATF 建议作出重大修改和扩充，本指令应与其新的国际标准保持一致。

（6）《服务贸易总协定》（GATS）允许各成员国采取必要措施来维护公共道德，并防止欺诈以及出于审慎原因采取措施，包括确保金融系统的稳定性、完整性的措施。

（7）虽然洗钱最初仅限于毒品犯罪，但是随着近些年来上游犯罪的扩展，洗钱具有愈加宽泛的定义。扩大上游犯罪类型推动了该领域可疑交易的报送工作及国际合作。因此，关于严重犯罪的定义应与欧盟理事会 2011 年 6 月 26 日第 2011/500/JHA 号框架决议中对洗钱、甄别、追踪、冻结、扣押和没收犯罪设施及所得等有关严重犯罪的定义保持一致。

（8）此外，滥用金融系统为恐怖分子输送犯罪资金甚至合法资金对金融系统的完整性、良好运行、信誉及稳定性构成明显威胁。因此，本指令中的防范措施不仅应包括针对操纵犯罪所得资金的活动，还应涵盖出于恐怖主义目的而收集资金或财产的行为。

（9）欧盟理事会第 91/308/EEC 号指令虽然规定了客户身份识别义务，但对相关具体措施的描述相对较少。具体措施对防止洗钱及恐怖融资的作用至关重要，在制定新的国际准则中，应引入关于客户及任何受益所有人的身份识别及身份核对的更为具体详细的规定。其中，关键是准确定义"受益所有人"。当需要明确某法人实体或者诸如基金会或信托之类合同的个人受益人，并且难以识别某一个人作为受益所有人时，应可以充分认定该基金会或信托的受益所有权的某类群体。本要求不应包

括对此类群体中的个人进行身份识别。

（10）本指令所涵盖的机构和个人应遵照本指令来识别并核对受益所有人的身份。为满足此要求，应由这些机构和个人决定其是否使用受益所有人的公共记录，是否询问其客户以获取相关数据或者其他信息，其间要考虑到如下事实：涉及洗钱及恐怖融资风险的此类客户尽职调查措施的程度，依赖于客户、业务关系、产品或交易的类型。

（11）符合以下条件的信贷协议一般应被视为较低风险交易类型的例子：在信贷协议中，信贷账户专门用于支付贷款，而偿还贷款的账户是以客户名义在本指令第8（1）（a）至（c）条款所涵盖的信贷机构开立的。

（12）若某法人实体或合约的资产提供方对资产的使用拥有明显的掌控权，则应将其视为受益所有人。

（13）作为被全面监管的金融市场的一个国际公认的特征是信托关系广泛存在于商业产品中。识别受益所有人的义务不仅是因为在特定案例中存在信托关系该事实本身。

（14）本指令应同样适用于下文中所指的机构或个人在互联网上从事的活动。

（15）鉴于对金融部门的加强控制使得洗钱分子及恐怖融资分子寻找替代方法来隐藏犯罪所得的来源，且此类渠道可被用于恐怖融资，故反洗钱及反恐怖融资义务应涵盖人寿保险中介、信托和公司服务提供商。

（16）已履行保险业法律责任并因此被纳入本指令约束范围的机构，不应包括在保险中介类型之列。

（17）担任公司主管或秘书事实本身并不意味着使某人成为信托或公司服务的提供者，为此，定义应只包括那些为第三方并通过业务方式担任公司主管或秘书的个人。

（18）大额现金支付被反复证明极易受洗钱及恐怖融资活动利用，因此，在允许现金支付超过规定限额的成员国内，所有以商业形式从事商品交易的自然人或法人，当其接受此类现金支付时，都应受本指令约束。在任何情况下，若支付的现金达到或超过15000欧元时，诸如像贵重宝石或金属或者艺术品等高价值商品的交易商及拍卖师则受本指令约束。为确保有效监管潜在的广大机构及个人遵循本指令，遵照风险为本的监管原则，各成员国可将监管活动重点放在具有相对较高洗钱及恐怖融资风险的从事商品交易的自然人及法人上面。考虑到各成员国的不同情况，各成员国可决定采取更严厉的规定，以便合理地处理涉及大额现金支付的风险。

（19）欧盟理事会第 91/308/EEC 号指令将公证人及其他独立法定专业人员归入共同体反洗钱体系的约束范围之内；本指令应继续涵盖上述人士保持不变；由于法定专业人员提供的服务存在被清洗犯罪收益或恐怖融资滥用的风险，按照各成员国的要求，法定专业人员应遵照本指令的规定来从事金融或公司交易，包括提供税务意见。

（20）在独立执业人员提供法律认可和管理的法律意见时，如律师在确认客户的涉罪情况或在法律诉讼中代表客户时，则对法律人士的此类活动不适用本指令中报告涉嫌洗钱及恐怖融资活动的义务。对于在司法诉讼前、司法诉讼中或司法诉讼后，或在确认客户涉罪情况的过程中获得的信息必须免除报告义务。故法律意见仍受职业保密义务的约束，除非当法律顾问参与洗钱或恐怖融资活动，或者为洗钱或恐怖融资活动提供法律意见，或者律师明知客户正在寻求洗钱或恐怖融资方面的法律意见时。

（21）需以同等的方式处理由本指令涵盖的任何专业人士提供的同等的直接服务。为确保《保护人权和基本自由欧洲公约》和《欧盟公约》中所列权利，某些成员国的审计人员、外部会计师和税务顾问在司法诉讼中为客户作辩护或代理客户，或者在调查客户涉罪情况的过程中获得的信息，不受本指令所规定的报告义务的约束。

（22）应认识到每一个案中的洗钱及恐怖融资的风险都不尽相同。根据风险为本的方法，共同体立法中应引入在适当案例中允许使用简化的客户尽职调查的原则。

（23）由公证人或其他独立法定专业人员持有受益所有人的集合资金账户时，对这些受益所有人身份确认的规避不应影响公证人或其他独立法定专业人员履行本指令所规定的义务。上述义务包括公证人或其他独立法定专业人员需自行确认其所持有的资金集合账户的受益所有人身份。

（24）同样，共同体立法应认识到一些代表着更高的洗钱或恐怖融资风险的情况。尽管应建立所有客户的身份及业务信息概要，但仍要对某

些个案进行严格的客户身份识别及核对。

（25）上述条款尤其适用于与公职人员有关的交易，特别是腐败现象高发国家的公职人员。此类交易尤其会使金融部门承受重大声誉及/或法律风险。国际反腐败行动也证明需要特别关注此类个案，并将完整、标准的客户尽职调查措施适用于国内政治公众人物，或将强化的客户尽职调查措施适用于居住在其他成员国或第三国的政治公众人物。

（26）从高级管理层获得建立业务关系的批准不意味着从董事会获得批准，而是意味着从请求获批者的直接上级处获得。

（27）为避免重复的客户身份调查程序在商业活动中造成业务延迟及低效率，在适当安全措施保障下，允许引入已在他处完成身份调查的客户。当本指令所约束的机构或个人依赖第三方时，最终客户尽职调查程序的责任仍由介绍客户的机构或个人承担。第三方或介绍人，只要其与本指令所指的客户存在关系，则承担本指令中所有规定的其自身的责任，包括报告可疑交易及保存记录。

（28）针对本指令所涵盖的机构或个人与本指令之外的自然人或法人在契约基础上建立代理或外购关系的情况，作为本指令所包括的部分机构或个人，此类代理商或外购服务商只根据合同而非本指令履行任何反洗钱及反恐怖融资义务。前者仍有遵循本指令的义务。

（29）应向金融情报机构（FIU）报告可疑交易。金融情报机构是接收、分析并向职能部门移送可疑交易报告及其他有关潜在洗钱或恐怖融资信息的国家级别的中心。如果报送是通过公诉人或其他执法机关完成的，只要将信息快速、完整地传递给金融情报机构，且允许金融情报机构正确行使其职能，包括与其他金融情报机构开展国际合作，就不应强迫成员国改变其现有的报送系统。

（30）通过采取方式来规避全面禁止执行可疑交易的命令，本指令所约束的机构或个人可能会在告知主管当局之前执行可疑交易，从而不可能制止可疑交易的操作，或者可能阻碍了追踪涉嫌洗钱或恐怖融资操作的受益人的努力。然而，这不应影响成员国遵照联合国安理会相关决议，履行其所接受的国际义务，即及时冻结恐怖主义分子、恐怖组织或恐怖主义资助者的资金。

（31）若成员国决定使用本指令第23（2）条中的免责条款，则应允许或要求在该条款所述情况下，代表此处所指人员的行业自律组织不向金融情报机构报送从上述人员处获取的信息。

（32）大量案例表明，报告可疑交易的职员曾遭到威胁或恶意报复。尽管本指令不能干涉成员国的司法程序，但上述情况是反洗钱及反恐怖融资体系有效性的一个关键因素。各成员国应意识到上述问题并竭力保护职员免受威胁或恶意报复。

（33）本指令第 28 条所述的信息披露应遵循 1995 年 10 月 24 日欧洲议会和欧盟理事会第 95/46/EC 号《关于在个人数据处理过程中保护当事人及此类数据自由流通的指令》中关于将个人信息移交第三国的规定。此外，第 28 条不能妨碍国家数据保护和行业保密的立法。

（34）与信贷机构或金融机构签订合约，且仅将纸质文件转换为电子数据的人员不在本指令约束的范围之内；任何只向信贷或金融机构提供资金转移信息或支持系统或清算结算系统的自然人或法人也不在本指令约束范围之内。

（35）洗钱及恐怖融资是国际性问题，因而应举全球之力共同打击洗钱及恐怖融资。共同体内在反洗钱和反恐怖融资领域立法不完善的第三国设立分支机构的信贷及金融机构，为避免在同一机构或同类机构中适用不同标准，应当适用共同体标准，若无法适用，则应通报母国主管当局。

（36）信贷及金融机构应能够对其是否与指定人士存在业务往来的信息协查作出迅速反应，这点十分重要。为能迅速提供此类业务往来的识别信息，信贷及金融机构应设置与其规模及性质相符的有效系统。信贷机构及大型金融机构尤其应当设置电子系统。在依据可适用的国家或共同体立法为打击恐怖主义而实施诸如冻结或查封资产（包括恐怖主义资产）措施的相关程序中，该条款尤其重要。

（37）本指令对客户尽职调查作出详细规定，包括针对高风险客户或商业关系增强的客户尽职调查，例如，判断客户是否为政治公众人物的适当程序，以及更详细的附加要求，如合规管理程序及政策。本指令所包括的机构和个人应满足所有上述要求，并期望各成员国针对不同行业的特殊性及本指令所包括的机构和个人的级别和规模的差异性制定这些条款的具体执行措施。

（38）为保证此类机构和共同体立法规定的在此领域的其他机构忠实履行义务，在可能的情况下，应向其提供所提交报告的有效性及后续进展的反馈。为考察其打击洗钱及恐怖融资系统的有效性，各成员国应保存相关数据并提高数据质量。

（39）当注册或批准成立全国性的货币兑换机构网点、信托公司、公司服务提供商或赌场时，主管当局应确保此类实体业务的有效管理者或受益所有人为恰当合适的人选。应依据国内法来制定判断该人选是否合适的标准。此标准至少应满足保护此类实体免受其管理者或受益所有人将其用于犯罪目的的需求。

（40）鉴于洗钱及恐怖融资的国际特性，依据 2000 年 10 月 17 日欧盟理事会第 2000/642/JHA 号《关于协调各成员国金融情报机构在交换情报方面合作的决定》，应鼓励金融情报机构之间进行最大限度地协调合作，包括建立欧盟金融情报机构网。为此，委员会应借助可能需要的协助，包括财务协助，来推动相互间协作。

（41）打击洗钱及恐怖融资的重要性应促使各成员国若未能依据本指令制定适用的国家条款，则应在国家法律中制定有效、一定比例的劝解性处罚规定。应制定关于自然人及法人的处罚条款。由于法人经常涉及洗钱或恐怖融资活动，因而应相应调整针对法人行为的制裁措施。

（42）除第 35 条规定的免责条款外，第 2 条（1）（3）a 和 b 中所指的法人机构内的自然人应为其任何独立行为独自承担遵守本指令条款的责任。

（43）考虑到不同的金融工具、职业和风险在不同成员国的差异性，以及反洗钱及反恐怖融资的技术发展，为保证本指令的有效性和实施的充分一致性，有必要对本指令所列的规定作出技术层面的澄清。只要相关措施未改变本指令的关键内容，并且委员会依据本指令所列原则行事，在征求防止洗钱及恐怖融资委员会的意见后，应授权委员会采取执行措施，比如采用简化尽职调查即可、还是强化尽职调查方可的，用于判断风险高低情况的相应标准。

（44）本指令必要执行措施的通过应符合委员会 1999 年 6 月 28 日第 1999/468/EC 号决议制定的行使授予委员会执行权利的程序。为此，应成立新的防止洗钱及恐怖融资委员会，从而取代根据第 91/308/EEC 号指令成立的洗钱联络委员会。

（45）鉴于需要对第 91/308/EEC 号指令作出大量实质性修订，为明确起见，废除该指令。

（46）由于本指令中防止利用金融系统进行洗钱和恐怖融资的目标不能由各成员国充分实现，而在共同体层级上，由于行动的规模和效果，该目标则能更好地实现，依据共同体条约第 5 条规定的辅助性原则，共同体可以采取相应措施。依据上述条款规定的均衡原则，本指令不得超过为达到该目标所采取措施的必要限度。

（47）依据本指令行使执行权利时，委员会应遵守以下原则：须与本指令所包括的机构和个人以及欧洲议会及理事会保持高度透明及协商，须保证主管当局能够确实一贯履行规定，本指令所包括的机构和个人在执行措施下长期保持收支平衡，须在适用执行措施时依据风险为本办法尊重必要的灵活性，须与此领域共同体立法保持一致，须保护共同体及其成员国和公民免受洗钱及恐怖融资的危害。

（48）本指令尊重各项基本权利，并尤其遵守《欧盟基本权利宪章》认可的各项原则。不得以违反《欧洲人权公约》的方式解释或执行本指令的任何内容。

通过本指令：

第 I 章　主旨、范畴及定义

第 1 条

1. 各成员国应确保禁止洗钱及恐怖融资活动。

2. 遵循本指令，下列故意行为应被视为洗钱活动：

（a）明知资产为犯罪活动所得或者因参与犯罪活动所得，但为了隐藏或掩饰资产的非法来源或者协助任何涉及参与犯罪活动的他人逃避法律制裁而进行的资产转换或者转移活动。

（b）明知资产为犯罪活动所得或者因参与犯罪活动所得，而有意隐瞒或者掩饰资产的真实性质、来源、位置、处置、流动、所属权限或者资产所有权的活动。

（c）资产购置、所有或者使用时，在接收资产的时点，明知该资产

为犯罪活动所得或参与犯罪活动所得。

（d）参与、协同、企图参与及协助、教唆，以及为前述行为提供建议及便利。

3. 产兰待清洗的非法财产的活动即使发生在另一个成员国或第三国领土内，也应同等被视为洗钱。

4. 遵循本指令，"恐怖融资"是指通过各种方式（直接或间接）提供或筹集资金，企图或者明知它们（全部或者部分）被用来实施 2002 年 6 月 13 日通过的关于反恐怖主义的理事会框架设计 2002/475/JHA 第 1 条至第 4 条所包含的所有犯罪活动。

5. 明知、有意或意图，作为第 2 段和第 4 段所提及犯罪活动的一个必需因素，可以从客观事实中推断出来。

第 2 条

1. 该指令适用于：

（1）信贷机构。

（2）金融机构。

（3）下列从事专业活动的法人或者自然人：

（a）审计员、外部会计师以及税务顾问；

（b）公证人以及其他独立法定专业人员，无论是通过代理客户进行任何金融或房地产交易，或是通过协助客户策划或执行交易，当他们参与：

（ⅰ）买卖房地产或者经营实体，

（ⅱ）经营客户的资金、有价证券或者其他资产，

（ⅲ）开立或者管理银行、储蓄或者证券账户，

（ⅳ）为公司的创建、运作或管理提供必要的组织工作，

（ⅴ）信托、公司及类似机构的创建、运作或管理，

（c）第（a）项和第（b）项未曾涵盖的信托或者公司服务提供者；

（d）房地产中介；

（e）其他进行商品交易的自然人或者法人，只要交易所涉现金等于或者大于 15000 欧元，不论该交易是一笔完成还是由几笔相关联的交易完成；

（f）赌场。

2. 各成员国可以自行决定，不必将偶尔或者有限度地从事洗钱或者恐怖融资风险较低的金融活动的法人和自然人纳入第 3 条第 1 款或者第 2 款所规定的范畴。

第 3 条

本指令所涉词汇适用以下定义：

（1）"信贷机构"是指欧洲议会及欧盟理事会 2000 年 3 月 20 日第 2000/12/EC 号指令第 1（1）条第 1 段所定义的信贷机构，涉及从事和经营信贷机构的业务[①]，包括该指令第 1（3）条含义之内的、位于欧共体的、总部在欧共体之内或之外的信贷机构的分支机构。

（2）"金融机构"是指：

（a）开展指令 2000/12/EC 附录 1 第 2 条至第 12 条以及第 14 条其中一项或多项所列业务的非信贷机构，包括货币兑换、货币运输或者汇款等业务；

（b）根据 2002 年 11 月 5 日欧洲议会及欧盟理事会 2002/83/EC 指令有关寿险公司[②]（依据该指令开展业务）条款授权设立的保险公司；

（c）根据 2004 年 4 月 21 日欧洲议会及欧盟理事会关于金融工具[③]市场的 2004/39/EC 指令第 4 条第 1 款第 1 项所定义的投资公司；

（d）从事销售单位或股份的集合投资公司；

（e）根据 2002 年 12 月 9 日欧洲议会及欧盟理事会关于保险中介[④]的 2002/92/EC 指令第 2 条第 5 款所定义的保险中介，该指令第 2 条第 7 款所提及的从事寿险或其他相关服务的投资公司等中介除外。

（f）第（a）至（e）项所涉金融机构的分支机构，只要分支机构列入社会信用体系之内，而不论其总部是否列入该社会信用体系。

（3）"财产"是指各种资产，无论有形还是无形、动产还是不动产，以及能够证明资产所有权或者收益的任何形式（包括电子或者数字）的法律文件或者文书。

（4）"犯罪"是指任何参与严重犯罪的刑事犯罪。

---

① OJL 126, 26. 5. 2000, p. 1. 该指令最终被指令 2005/1/EC（OJL79, 24. 3. 2005, 9 修订）。
② OJL345, 19. 12. 2002, p. 1. 该指令最终被指令 2005/1/EC 修订。
③ OJL145, 30. 4. 2004, p. 1.
④ OJL9, 15. 1. 2003, p. 3.

（5）"严重犯罪"至少包括以下行为：

（a）2002/475/JHA 框架决议（关于打击恐怖主义活动）第 1 条至第 4 条所定义的所有行为；

（b）1988 年联合国《禁止非法贩运麻醉药品和精神药物公约》第 3 条（1）（a）所定义的任何犯罪行为；

（c）1998 年 12 月 21 日理事会联合行动 98/733/JHA（该约定使得任何加入欧盟成员国①犯罪组织的行为均属于犯罪）第 1 条所限定的犯罪组织的任何行为；

（d）关于保护欧洲共同体金融利益②公约的第 1 条第 1 款及第 2 条所限定的严重欺诈行为；

（e）腐败；

（f）所有被处以剥夺自由或者监禁最长超过一年的犯罪，或者在有最低入罪门槛的国家中，所有被处以剥夺自由或者监禁超过 6 个月的犯罪。

（6）"受益所有人"是指最终拥有或控制客户的任何（多个）自然人和/或代表其交易或活动正在执行中的自然人。受益所有人至少应包括：

（a）公司实体情况如下：

（ⅰ）通过直接或间接地拥有或者控制法律实体一定比例的股份或者表决权的自然人，包括通过无记名股票方式，而不是通过控制一家规范市场上的上市公司，后者需要按照共同体法律或者等同的国际标准进行信息披露；25%的比例加一股即可达到本标准。

（ⅱ）掌握法律实体管理权的自然人。

（b）法律实体及法律协议情况下，前者如基金会，后者如信托（管理和调配资金）：

（ⅰ）未来受益人已经明确，自然人是法律协议或法律实体所涉财产 25%或者更多份额的受益人；

（ⅱ）法律协议或法律实体受益人尚未明确，但法律协议或法律实体在其受益下已经设立或者运转；

---

① OJL351，29.12.1998，p.1.

② OJC316，27.11.1995，p.49.

（ⅲ）控制法律协议或法律实体25%或以上财产的自然人。

（7）"信托和公司服务提供者"是指通过商业方式向第三方提供下列服务的自然人或者法人：

（a）组建公司或者其他法人机构；

（b）担任或者安排他人担任董事或者公司秘书、公司合伙人，或者其他法人机构的类似职位；

（c）向公司、合伙企业或者其他法人机构或者法律协议提供注册公司、公司地址、通信或行政地址以及相关服务；

（d）担任或者安排他人担任明示信托或者类似法律安排的受托人；

（e）担任或者安排他人担任其他人的名义持股人，而不是一家公司的名义持股人，后者需要按照共同体法律或者等同的国际标准进行信息披露。

（8）"政治敏感人物"是指被赋予重要公共职能的自然人以及直系亲属，或者是已知与其关系密切的个人。

（9）"业务关系"是指与本指令所指的机构或者个人专业活动相关联而建立的业务、专业或者商业关系，且在联系建立伊始，就预想该关系能持续一定时期。

（10）"空壳银行"是指信贷机构，或者开展同等业务的机构，其已被纳入管辖范围，但没有实体存在，包括没有真实的理念和管理，且未被纳入某一已受监管的金融集团。

第4条

1. 除本指令第2条第1款所述的机构和人员外，各成员国应确保本指令各项规定能全部或部分延伸至那些可能被用于洗钱或者恐怖融资目的的行业以及类似行业。

2. 当成员国决定，除本指令第2条第1款所述的机构和人员外，还将本指令的各项规定延伸至那些可能被用于洗钱或者恐怖融资目的的行业以及类似行业时，需通知本指令委员会。

第5条

在本指令所涵盖的领域内，各成员国可以采取或者保持更加严格的措施以防止洗钱和恐怖融资活动。

第Ⅱ章 客户尽职调查

第1节 一般性规定

第6条

成员国应禁止辖内信贷及金融机构保有匿名账户或匿名账簿。如果发现违背第9条第6款内容的行为，成员国在任何情况下都应要求在出现类似账户或账簿被以任何方式利用的任何情况之前，对现存的匿名账户或匿名账簿的拥有者和受益人尽快开展客户尽职调查。

第7条

受本指令约束的机构和个人在以下几种情形下应遵守客户尽职调查条款：

（1）当建立业务关系时；

（2）当执行金额等于或高于15000欧元的个别交易时，无论该笔交易是由单笔操作完成，还是由似乎关联的多笔操作完成；

（3）当存在洗钱或恐怖融资嫌疑时，无论有任何豁免条款；

（4）当对以前取得的客户身份信息的真实性和充分性产生怀疑时。

第8条

1. 客户尽职调查条款应该包含以下内容：

（1）依据从可靠、独立的渠道所获取的资料、数据和信息，确认客户身份、核实客户身份信息。

（2）在适用情况下，应确认受益人身份，并在考虑风险及采取足够措施的情况下核实受益人的身份，以使本指令特指的机构或个人确定受益人身份，如法人、信托和其他类似法律协议在考虑风险及采取足够措施的情况下，了解客户的所有权和控制权结构。

（3）获取关于交易目的和意图的商业关系的信息。

（4）对正在进行的交易进行监控和引导，包括对贯穿于整个业务活动中的所有合同进行详细调查，确保所有合同能与机构或个人对相关的客户、交易和风险的认知相符。如需要，还应了解资金来源，并确保相关资料、数据和信息能够持续更新。

2. 本指令特指的机构和个人应对前段所述的几种情形进行客户尽职

调查，但其可根据客户类型、业务关系、金融产品或合约的属性来判断风险级别，把握其执行尺度。本指令特指的机构和个人可向权威部门展示（第37条涉及的部门，包括自我监管机构）相关条款在具体实践中的执行尺度，而该尺度应视洗钱和恐怖融资风险来制定。

第 9 条

1. 成员国应该要求金融机构在建立交易关系和执行合约之前，必须对客户和受益人身份进行核实。

2. 在免除第 1 款的要求时，在不影响正常商业行为且在洗钱和恐怖融资风险较小的情况下，成员国可以允许金融机构在建立业务关系和执行合约的过程中，对客户和受益人身份信息进行核实。此种情况下，核实信息的过程应在首次接触后，依据实际情况尽快完成。

3. 在免除第 1、2 款的要求时，在寿险业务中，成员国可以允许寿险合约建立之后再核实受益者的身份。此种情况下，应在受益人行使受益权之前，或收益支付之时或之前核实身份信息。

4. 在免除第 1、2 款的要求时，只要现场有足够的安全措施，确保客户在交易前已经履行上述所有义务，成员国可允许客户开立银行账户。

5. 机构或个人不能履行第 8 条第 1 款第 1、2、3 项时，如不能通过银行账户建立、开展或结束交易，则金融机构应该依据第 22 条向本国 FIU 上报有关此客户的交易报告。当公证人、独立的法定专业人员、审计员、外部会计师或税务官在为客户履行相关法律职责时（如提起或避免诉讼等），成员国不应强迫这些客户遵循前述条款要求。

6. 成员国应要求本指令特指的机构和个人不仅对新客户履行尽职调查程序，还应根据风险敏感度，选择适当时机对已有客户进行尽职调查。

第 10 条

1. 当赌场的顾客购买或兑换筹码的金额等于或超过 2000 欧元时，会员国应要求赌场识别并核对该客户的身份信息。

2. 受本国法令监管的赌场，应对每一位在赌场注册的顾客进行客户尽职调查。不管顾客购买多少筹码金额，赌场要立即识别并核对其身份信息。

第 2 节　可简化的客户尽职调查

第 11 条

1. 在免除第 7 条第 1、2、4 款和第 8 条、第 9 条第 1 款的要求时，当

客户是本指令所涵盖的信贷或金融机构时，本指令特指的机构和个人可以不遵守上述条款的规定。若信贷或金融机构位于第三国，且该国也具有与本指令相似的条款和要求，此时该客户可以不受本指令约束。

2. 在免除第 7 条第 1、2、4 款和第 8 条、第 9 条第 1 款的要求后，在这几种情况下，成员国可以允许本指令特指的机构和个人不履行客户尽职调查义务。

（1）该公司的有价证券在一个或多个成员国的正规市场上交易，而且这些市场受欧洲议会和理事会 2004 年第 39 号法令监管。或该公司来自其他国家，且该国家的相关法令要求与欧盟法令一致。

（2）来自成员国国家的公证人和独立法定专业人员（如果他们的国家具备国际标准的反洗钱和反恐怖融资法令）和来自第三国国家的公证人和法定专业人员，对于他们所持有的公共账户的受益人，须遵守符合国际标准的反洗钱和反恐怖融资的规定，并且要对其进行合规性监管。此外，还规定受益人的身份信息是可以获取的，一经要求，这些机构可作为公共账户的存储机构。

（3）国内的公共权威机构，或者其他符合第 40 条第 1 款第 2 项标准的洗钱和恐怖融资风险很低的客户。

3. 如果客户符合第 1、2 款所提到的例外情况，则本指令特指的机构和个人在任何情况下，都应该收集足够的信息来建立客户档案。

4. 成员国认为其他某国若符合第 1、2 款所规定的情形，或符合第 40 条第 1 款第 2 项所规定的技术标准的情形，成员国应该互相告知，并同时通知案情处置委员会。

5. 作为第 7 条第 1、2、4 款和第 8 条、第 9 条第 1 款的限制条款，以下几种情况，成员国可允许受本指令特指约束的机构和个人不履行客户尽职调查义务。

（1）年金金额不超过 1000 欧元或单笔金额不超过 2500 欧元的寿险保单。

（2）没有退保条款的养老金保单，以及不能抵押的养老金保单。

（3）养老金、退休金或者其他类似的用于保障退休职工的保险计划，此类保险计划还应满足两个特征：一是通过缩减员工工资来缴纳保费，二是此类保险计划应该不允许分配保费所产生的利息。

（4）根据欧盟 2000 年 9 月 18 日召开的对开展电子货币业务的机构[1]进行谨慎监管的参议会上对电子货币业务作出的有关规定，以及欧洲议会和理事会 2000 年第 46 号法令的第 1 条第 3 款第 2 项的有关规定，如果该电子货币支付卡不具备再次充值功能，则储存于该卡中的金额不能超过 150 欧元。如果该电子货币支付卡能够不断充值，则一年内经由该卡的交易金额总共不能超过 2500 欧元。如有欧洲议会和理事会 2000 年第 46 号法令第 3 条所规定的情形，即持有人从储值卡中赎回了超过 1000 欧元，则可以不受上述规定约束。

如有其他的洗钱和恐怖融资风险很低的电子货币支付产品和合约，满足第 40 条第 1 款第 2 项所规定的标准，也可不受上述规定约束。

第 12 条

当委员会依照第 4 条第 4 款采取了相关措施时，对于符合第 4 条第 1 款第 2 项要求的信贷机构、金融机构、来自其他国家的公司以及其他实体机构，成员国应禁止受本指令约束的机构和个人，向这些实体机构采取简化的客户尽职调查措施。

第 3 节　应加强的客户尽职调查

第 13 条

1. 当受本指令约束的机构和个人本身就具备较高的洗钱和恐怖融资风险时，或者遇到第 2、3、4 款所描述的情景时，或者遇到其他符合第 40 条第 1 款第 3 项所列技术标准的情形时，成员国不仅应该要求它们履行本指令第 7 条、第 8 条和第 9 条第 6 款，而且还应要求它们履行客户尽职调查责任递加条款。

2. 当客户没有亲临现场办理业务时，成员国应该要求受本指令约束的机构和个人采取具体且充足的措施来弥补由此带来的高风险。比如，可以采纳以下一项或几项措施：

（a）确保客户身份信息是通过额外的文件、数据或信息获得的；

（b）采取辅助措施来修改或证实客户提供的资料，或要求其他受本指令约束的信贷机构和金融机构提供相关信息以证实客户身份；

（c）确保第一次支付操作是通过在信贷机构开设的该客户名下的账

---

[1]　OJL 275，27. 10. 2000，p. 39.

户进行的。

3. 当和来自第三国的代理机构开展跨境银行代理关系时，成员国应要求其信贷机构履行以下规定：

（a）收集有业务往来的银行的足够信息，全面了解这些银行的业务性质，并通过公开信息来确定这些银行的信誉状况和监管能力；

（b）评估这些银行在反洗钱和反恐怖融资方面的控制措施；

（c）在与新的银行建立代理业务之前，获得管辖机构的批准；

（d）列明金融机构之间各自的职责；

（e）对于可通过账户支付业务，确保被代理的信贷机构已经核实能直接使用代理行账户的客户的身份信息，并履行了持续的客户尽职调查活动，同时在被要求时，还能向代理行提供客户尽职调查的相关数据信息。

4. 当成员国受本指令约束的机构和个人，与居住在其他成员国或其他国家的政治敏感人物签订合同或开展业务关系时，应做到：

（a）采取适当的风险敏感度措施，判断此客户是否为曝光度较高的政要；

（b）需获得高层批准后，方可与其开展业务；

（c）采取足够的措施确定与业务关系有关的财富和资金的来源；

（d）采取进一步措施对业务关系进行实时跟踪监控。

5. 成员国应禁止信贷机构与空壳银行开展银行代理业务，且要求信贷机构采取合理措施，保证不再与把账户租给空壳银行使用的正规银行开展银行代理业务。

6. 成员国应确保受本指令约束的机构和个人，着重关注那些可以匿名的产品和合约，关注其可能带来的洗钱和恐怖融资风险。在必要情况下，这些机构和个人还应采取措施以确保这些产品和合约不被洗钱和恐怖融资所利用。

第 4 节　第三方机构的作用

第 14 条

成员国可允许受本指令约束的机构和个人，依靠第三方来履行第 8 条第 1 款第 1 项至第 3 项要求的内容。但最终责任仍应由受本指令约束的机构和个人承担。

第 15 条

位于其他成员国境内的机构所作出的客户尽职调查结果，如客户尽职调查结果满足本法规第 8 条第 1 款第 1 项至第 3 项的要求，而且尽职调查是根据本法规第 1 条第 1 款或第 2 款来进行的，则对于本法规第 2 条第 1、2 款所描述的信贷、金融机构，当成员国允许它们成为境内的第三方机构时，依据本法规第 14 条确定该准则，在任何情况下成员国都还应允许它们承认这些客户尽职调查的结果。即使各成员国为推行这些要求而制定的法规内容有所不同，该准则依然有效。本准则对于开展货币兑换、汇款的机构除外。

如尽职调查结果符合第 8 条第 1 款第 1 项至第 3 项的要求，且该尽职调查是由其他成员国的机构依照第 16 条和第 18 条规定所开展的，则对于第 3 条第 2 款所规定的货币兑换机构、汇款机构，当成员国允许它们成为境内的第三方机构时，依照第 14 条规定，成员国还应允许它们接受这些客户尽职调查结果。即使各成员国为推行这些要求而制定的法规内容有所不同，该准则依然有效。

如尽职调查结果符合第 8 条第 1 款第 1 项至第 3 项的要求，而且该尽职调查是由其他成员国的机构依照第 16 条和第 18 条规定所开展的，并且开展客户尽职调查的主体为第 2 条第 1 款和第 3 款第 1 项至第 3 项所规定的个人，那么对于本法规第 2 条第 1 款和第 3 款第 1 项至第 3 项所规定的个人，当成员国允许他们成为境内的第三方时，成员国还应允许他们接受这些客户尽职调查结果。即使各成员国为推行这些要求而制定的法规内容有所不同，该准则依然有效。

第 16 条

1. 本节中所述的"第三方机构"，是指第 2 条中所述的机构和个人，或者其他与之类似的位于第三方国家的满足以下要求的机构和个人。

（a）具备法律认证专业资格。

（b）遵守本指令的要求能够履行客户尽职调查义务和记录保存义务。同时该第三方机构对本指令的履行情况，按照第 2 节第 5 段规定得到监督。如果它们位于第三方国家，则应遵守与本指令有类似要求的其他法规。

2. 当成员国认为有第三方国家满足第 1 款第 2 项的情形时，成员国

应该互相告知，并通知委员会。

第 17 条

当欧盟委员会为实现第 40 条第 4 款所制定的目标而作出某项决策时，成员国应该禁止受本指令约束的机构和个人依靠第三方国家的第三方机构来达到本指令第 8 条第 1 款第 1 项至第 3 项的要求。

第 18 条

1. 如受本指令约束的机构和个人要求第三方机构提供某位特定客户的相关信息，第三方机构应按照第 8 条第 1 款第 1 项至第 3 项的要求，及时提供有关信息。

2. 如受本指令约束的机构和个人要求第三方机构提供某个特定客户的相关信息，第三方机构应及时提供该客户的身份信息复印件等其他与客户或实际受益人相关的信息。

第 19 条

如根据合同规定，外包服务提供商被认为是受本指令约束的机构或个人的一部分，则本节内容不适用于这些外包服务商和相关业务。

第Ⅲ章　报告义务

第 1 节　总则

第 20 条

成员国应要求本指令所包含的机构和个人特别关注本质上极可能是有关洗钱和恐怖融资的行为，尤其是那些复杂的、异常的大宗交易，以及交易方式异常且没有明显的经济或合法目的的交易。

第 21 条

1. 成员国应建立金融情报机构，以有效地打击洗钱和恐怖融资。

2. 金融情报机构应建成国家级的信息中心，负责接收（及经批准，要求提供）、分析和向主管部门移送有关潜在的洗钱、恐怖融资或其他国家法律或规定所要求的信息。该中心应能够获取充分的资源，以更好地履职。

3. 成员国应确保金融情报机构能及时、直接或间接地获取所需的金融、行政管理及执法方面的信息，以便于适当行使其相关职能。

第 22 条

1. 成员国应要求受本指令约束的机构和个人（包括管理者和员工）应充分合作：

（a）如受本指令约束的机构和个人了解、怀疑或有正当理由怀疑洗钱或恐怖融资正在或已经进行，或准备进行，应主动、迅速地通知金融情报机构；

（b）按照法律制定的程序，应根据要求，及时向金融情报机构报送所有必要的信息。

2. 本条第 1 款所指的信息，应报送给提供信息的机构或个人所属成员国的金融情报机构。个人或指定的个人应根据第 34 条的程序报送信息。

第 23 条

1. 为了第 22 条第 1 款中的信息不受损毁，成员国可以，对第 2 条（1）（3）（a）和（b）中所指的人，指定一个合适的专业行业自律机构，赋予其代替金融情报机构而首先接收报送的权利。如对本条第 2 款没有异议，指定的行业自律机构应该迅速地、无保留地将信息提供给金融情报机构。

2. 成员国不应强迫公证人、独立的法律专业人员、审计师、外部会计师和税务人员对获取的客户相关信息履行第 22 条中规定的义务。这些信息是他们站在客户的立场，或正在为其客户辩护或代表客户的利益，或在相关司法程序，包括通知执行或撤销的诉讼程序中，或在此之前、期间或之后得到的信息。

第 24 条

1. 成员国应要求本指令所约束的机构和个人先暂不处理其知道的或怀疑的有关洗钱或恐怖融资的交易，直到它们完成了与第 22 条（1）（a）中相符的必要的行动。根据成员国的立法，机构可能获得不执行交易的指示。

2. 如果此类被怀疑的、会引起洗钱或恐怖融资的交易，当不可能被暂不受理，或无法追捕到所怀疑的洗钱或恐怖融资行为的受益者时，相关的机构和个人应立即通知金融情报机构。

第 25 条

1. 成员国应确保，当受本指令约束的机构或个人在第 37 条中所指的

主管部门执行检查的过程中（或以任何其他方式）发现了与洗钱或恐怖融资相关的事实时，应立即通知金融情报机构。

2. 成员国应确保法律法规授权的监管机构在监管股票、外汇和金融衍生市场时，如果发现可能与洗钱或恐怖融资相关的事实，应通知金融情报机构。

第 26 条

受本指令约束的机构或个人，或机构中的员工、领导，或第 22 条和第 23 条中所指的提供信息的人，在善意地揭露第 22 条（1）和第 23 条中规定的信息时，不应设立阻碍去约束通过合约、法律、法规或行政条款公布的信息，不应涉及机构或个人，或其领导、员工的任何责任。

第 27 条

成员国应采取适当的措施保护根据指令向机构内部或向金融情报机构提供洗钱或恐怖融资的可疑报告的员工或个人，避免其被暴露在威胁或敌意的行为下。

第 2 节　禁止泄露

第 28 条

1. 受本指令约束的机构和个人，包括其管理者和员工都不应向相关客户或其他第三方泄露依据第 22 条和第 23 条已递送的信息，或正在进行的或可能已执行的洗钱或恐怖融资调查的相关信息。

2. 第一款中规定的禁令，不包括向第 37 条中所指的主管部门、行业自律机构披露信息，或为了执法目的而公开信息。

3. 第一款中规定的禁令，不应妨碍在成员国内机构之间披露信息，或向对满足第 11 条（1）中规定条件，属于 2002/87/EC 欧洲议会指令中第 2 条（12）中定义的相同组织和 2002 年 12 月 16 日会议中增补的金融领域信贷机构、担保投资公司进行监管的第三国公开。

4. 第一款中规定的禁令，不应妨碍在第 2 条（1）（3）（a）和（b）中所指的成员国中的个人，或来自赋予了与本指令规定的相同要求的第三国的个人之间公开，无论其是否作为员工在同一法人或网络中从业。在本款中，"网络"是指一个大的框架，属于这个框架中的人有相同的主权、管理者或服从相同的管理。

5. 如果第 2 条（1）（1）、（2）和（3）（a）、（b）中所指的机构和

个人在处理相同的客户和相同的交易涉及两个或更多的机构或个人时，第一款中所规定的禁令不应阻碍位于同一成员国，或在其他被赋予与本指令规定的相同要求的第三国以及来自同一职业领域并遵从相同的职业秘密和个人数据保护义务的机构或个人之间公开。信息交换应只用于阻止洗钱和恐怖融资的目的。

6. 第 2 条（1）（3）（a）和（b）中所指的个人劝说客户不要从事非法活动的行为，不构成第一段中所指的泄露。

7. 当某第三国满足本条第 3、4、5 款中规定的条件，成员国应相互告知并通知欧盟委员会。

第 29 条

如欧盟委员会依照第 40 条（4）采纳了某项决议，成员国应禁止受本指令约束的机构、个人和相关第三国的机构和个人之间泄露信息。

第Ⅳ章　记录保存与统计数据

第 30 条

成员国应要求受本指令约束的机构和个人保留下列文件和信息，用于金融情报机构或其他主管部门依照国家法律调查、分析可能的洗钱或恐怖融资活动：

（a）客户尽职调查中所获得的副本或涉及所需要的证据，在客户业务关系结束后至少保存 5 年；

（b）业务关系和交易，由国家立法认可的原始文件和法院接受的复印件组成的有力证据和记录，在交易执行完毕或业务关系结束后至少保存 5 年。

第 31 条

1. 成员国应要求本指令中的信贷和金融机构，在可行的情况下，在其位于第三国的分公司和控股子公司中，就客户尽职调查和记录保存问题，采取至少与本指令中的此类规定等同的措施。

如果第三国的法律禁止采取类似等同的措施，则成员国应要求所涉及的信贷和金融机构告知母国的主管部门。

2. 如果第三国的法律禁止运用本条第 1 段第 1 项所要求的措施，成

员国和欧盟委员会应相互告知上述情况，并为解决问题而采取协调措施。

3. 在第三国的立法禁止采取第 1 款第 1 项所要求的措施的情况下，成员国应要求信贷或金融机构采取其他有效措施来解决洗钱和恐怖融资的风险。

第 32 条

成员国应要求信贷和金融机构拥有到位的系统，该系统使其能够根据其国内法充分并快速地响应来自金融情报机构或其他主管部门提出的要求，例如是否保存在过去五年间和特定自然人或法人的商业关系以及该关系的性质。

第 33 条

1. 成员国应确保其能通过保存全面的统计数据来检测该系统对打击洗钱或恐怖融资的有效性。

2. 此类统计数据最低限度应包括金融情报机构已经收集的可疑交易报告的数量，此类报告的后续处理情况和显示基于年度的案件调查数量、被起诉的个人数量、被控涉嫌洗钱或恐怖融资犯罪的个人数量，以及被冻结、扣押和没收的财产的价值。

3. 成员国应确保能公开发布关于此类统计报告的综合检查评论。

第 V 章　强制措施

第 1 节　内部程序、培训和反馈

第 34 条

1. 成员国应要求受指令约束的机构和个人建立充分并适当的关于客户尽职调查、报送、记录保存、内部控制、风险评估、风险管理、合规管理和交流的政策和程序，以便于预防和阻止涉及洗钱和恐怖融资的操作。

2. 成员国应要求受本指令约束的信用和金融机构，在可适用的情况下，和其在第三国的分支机构和控股子公司之间交流相关政策和程序。

第 35 条

1. 成员国应要求受本指令约束的机构和个人采取适当的措施，以便其相关员工知晓以本指令为基础的条款。

这些措施应包括相关员工参加持续的专业培训，以帮助其识别可能涉及洗钱和恐怖融资的操作，并指导其在此类情况下该如何处理。

如果一个自然人进入第2条（1）（3）中所列举的任何一类机构工作，以一个法人中的员工身份履行其专业职责，则本节中的义务应适用于法人而非自然人。

2. 成员国应确保本指令约束的机构和个人能得到最新的关于洗钱和恐怖融资手法及鉴别可疑交易的信息。

3. 只要在可行的情形下，成员国应确保能及时反馈涉嫌洗钱或恐怖融资报告的有效性和后续处理情况。

第2节　监管

第36条

1. 成员国应为货币兑换商、信托机构和公司服务提供者颁发牌照或给予注册，并颁发牌照给赌场，使其能够合法经营。在不违背委员会未来立法的情况下，成员国应为货币兑换商或替代性汇款服务提供商颁发牌照或注册，以便其合法经营。

2. 如第一段中所指机构的主管部门认为这些机构的管理者或受益人不称职，成员国应要求主管部门拒绝为其颁发牌照或注册。

第37条

1. 成员国应要求其主管部门通过必要的措施，有效监管受本指令约束的机构和个人，以确保本指令的施行。

2. 成员国应确保主管部门有充分的权利，包括有权要求金融机构提供与合规和检查相关的任何信息，并有充足的资源去发挥其作用。

3. 对信贷和金融机构以及赌场，主管部门应增强监管权力，特别是拥有现场检查权。

4. 对第2条（1）（3）（a）和（b）中所指的自然人和法人，成员国可以允许第1款中的以风险为本原则履行职能。

5. 对第2条（1）（3）（a）和（b）中所指的人，成员国应允许第1款中的由行业自律组织负责履行职能，如果其能遵守第2款的规定。

第3节　合作

第38条

欧盟委员会应提供帮助以促进合作，包括团体内部金融情报机构之间的信息交换。

第 4 节　惩罚

第 39 条

1. 成员国应确保受本指令约束的自然人和法人对违反该国所采纳的本指令的规定承担责任。惩罚必须有效、适当以及具有劝诫性。

2. 成员国对犯罪惩罚的权利应无偏见，成员国应确保以本国法律为标准，对那些违反国家签订采纳的本指令规定的信贷和金融机构，可以采用适当的行政手段或施加行政制裁。成员国应确保这些措施或制裁有效、适当以及具有劝诫性。

3. 针对法人，成员国应确保至少法人能够对第 1 款中所指的出于法人利益而违法的、在法人中处于领导位置的任何个人负责，无论其作为个人，还是作为法人组织中的一个组成部分，基于：

（a）代表该法人的权利；

（b）代表该法人采取决策的权威，或者

（c）在法人内部有实际控制权。

4. 除了第 3 款中所提的情况，成员国应确保法人在以下情况能够承担负责：因法人缺乏第 3 款中提及的某一个人的监管和控制，使得可能出现某一个人出于法人的利益而触犯了第 1 款所指的违法行为的情况。

第VI章　执行措施

第 40 条

1. 在反洗钱和反恐怖融资中，考虑到技术的发展，为确保本指令的统一执行，委员会可能根据第 41 条（2）中的程序，采取以下执行措施：

（a）技术方面的定义在第 3 条（2）（a），（d），（6）、（7）、（8）、（9）和（10）中说明；

（b）就是否存在第 11 条（2）和（5）中所指的洗钱和恐怖融资低风险而设立的技术标准；

（c）就是否存在第 13 条中的洗钱和恐怖融资高风险而设立的技术标准；

（d）根据第 2 条（2）中的要求，就是否因某个法人或自然人偶然的或非常有限的金融行为违反本指令对其进行要求而设立的技术标准。

2. 无论如何，到 2006 年 6 月 15 日，委员会应首先采取执行的措施，实行第 1 款中（b）和（d）的规定。

3. 委员会应该与第 41 条（2）中所指的程序一致，考虑到各成员国的立法、经济发展和国际标准的变化，采取第 2 条（1）（3）（e），第 7 条（b），第 10 条（1）和第 11 条（5）（a）和（d）中所列的原则。

4. 如果委员会发现第三国不满足第 11 条（1）和（2），第 28 条（3）、（4）或（5）列出的条件，或它与本条第 1 款（b）或第 16 条（1）（b）中制定的措施不一致，或第三国的立法不允许执行第 31 条（1）中第 1 款要求的措施，委员会应该采取一项决策与第 41 条（2）中所指的程序相一致。

第 41 条

1. 欧盟委员会应该由防止洗钱和恐怖融资委员会协助，以下简称"委员会"。

2. 本段关于第 8 条的规定和提出的与本程序相符的执行措施，运用 1999/468/EC 指令中第 5 条和第 7 条的规定，没有改变本指令的本质规定。

1999/468/EC 中第 5 条（6）中的决议期应该设定为 3 个月。

3. 委员会应该采用其标准程序。

4. 如果对已经采纳生效的措施没有异议，本指令中施行关于技术标准的采用的规定和与第 2 款中所指的程序相一致的决议，应该在本指令执行后推迟 4 年。根据欧盟委员会的建议，欧洲议会和欧盟理事会可以更新与条约中第 25 条相对应的相关条款，并实现在 4 年期满之前对其进行重新审查。

第VII章　最终条款

第 42 条

2009 年 12 月 15 日之前，以及之后每隔 3 年，委员会应至少起草一份关于本指令的执行报告并递交给欧洲议会和理事会。第 1 份报告，委员会应该专门审查包括律师和其他独立法律专业人员的待遇。

第 43 条

2010 年 12 月 15 日之前，关于开始执行第 3 条（6）的比率，委员会应向欧洲议会和理事会呈送一份报告，尤其应特别注意如果第 3 条（6）中（a）（ⅰ），（b）（ⅰ）和（b）（ⅲ）的比率从 25% 减少到 20% 的适宜性及后果。委员会在该报告基础上也可对本指令作一些补充性建议。

第 44 条

91/308/EEC 号指令就此废止。

应对本指令的废止作出说明，并根据相关性在附件中列出。

第 45 条

1. 截至 2007 年 12 月 15 日，成员国生效的法律、法规和行政条款应与本指令保持一致。即刻报告委员会其国内法条的主要内容，以及列出本指令规定在国内法中是如何贯彻实施的。

如果成员国贯彻了此类措施，它们应该在官方公布法令同时公布对本指令的解释。公布解释的方法应由成员国制定。

2. 成员国应告知委员会，本指令范围内其国家法律的主要规定。

第 46 条

本指令应于其在《欧盟官方期刊》上公布第 20 天生效。

第 47 条

本指令应呈递各成员国。

制定于斯特拉斯堡，2005 年 10 月 26 日。

欧洲议会	理事会
主席	主席
J. BORRELL FONTELLES	D. ALEXANDER

附　件

关联表

本指令	91/308/EEC 号指令
第 1 条（1）	第 2 条
第 1 条（2）	第 1 条（C）
第 1 条（2）（a）	第 1 条（C）第 1 点

续表

本指令	91/308/EEC 号指令
第1条（2）（b）	第1条（C）第2点
第1条（2）（c）	第1条（C）第3点
第1条（2）（d）	第1条（C）第4点
第1条（3）	第1条（C）第3段
第1条（4）	
第1条（5）	第1条（C）第2段
第2条（1）（1）	第2条a（1）
第2条（1）（2）	第2条a（2）
第2条（1）（3）（a）、（b）和（d）到（f）	第2条a（3）到（7）
第2条（1）（3）（c）	
第2条（2）	
第3条（1）	第1条（A）
第3条（2）（a）	第1条（B）（1）
第3条（2）（b）	第1条（B）（2）
第3条（2）（c）	第1条（B）（3）
第3条（2）（d）	第1条（B）（4）
第3条（2）（e）	
第3条（2）（f）	第1条（B）第2段
第3条（3）	第1条（D）
第3条（4）	第1条（E）第1段
第3条（5）	第1条（E）第2段
第3条（5）（a）	
第3条（5）（b）	第1条（E）第一缩进
第3条（5）（c）	第1条（E）第二缩进
第3条（5）（d）	第1条（E）第三缩进
第3条（5）（e）	第1条（E）第四缩进
第3条（5）（f）	第1条（E）第五缩进，第3段
第3条（6）	
第3条（7）	
第3条（8）	
第3条（9）	
第3条（10）	
第4条	第12条
第5条	第15条
第6条	
第7条（a）	第3条（1）
本指令	91/308/EEC 指令
第7条（b）	第3条（2）
第7条（c）	第3条（8）

续表

本指令	91/308/EEC 号指令
第 7 条 (d)	第 3 条 (7)
第 8 条 (1) (a)	第 3 条 (1)
第 8 条 (1) (b) 到 (d)	
第 8 条 (2)	
第 9 条 (1)	第 3 条 (1)
第 9 条 (2) 到 (6)	
第 10 条	第 3 条 (5) 和 (6)
第 11 条 (1)	第 3 条 (9)
第 11 条 (2)	
第 11 条 (3) 和 (4)	
第 11 条 (5) (a)	第 3 条 (3)
第 11 条 (5) (b)	第 3 条 (4)
第 11 条 (5) (c)	第 3 条 (4)
第 11 条 (5) (d)	
第 12 条	
第 13 条 (1) 和 (2)	第 3 条 (10) 和 (11)
第 13 条 (3) 和 (5)	
第 13 条 (6)	第 5 条
第 14 条	
第 15 条	
第 16 条	
第 17 条	
第 18 条	
第 19 条	
第 20 条	第 5 条
第 21 条	
第 22 条	第 6 条 (1) 和 (2)
第 23 条	第 6 条 (3)
第 24 条	第 7 条
第 25 条	第 10 条
第 26 条	第 9 条
第 27 条	
第 28 条 (1)	第 8 条 (1)
第 28 条 (2) 到 (7)	
第 29 条	
第 30 条 (a)	第 4 条,第一缩进
第 30 条 (b)	第 4 条,第二缩进
第 31 条	
第 32 条	

续表

本指令	91/308/EEC 号指令
第 33 条	

本指令	91/308/EEC 指令
第 34 条（1）	第 11 条（1）（a）
第 34 条（2）	
第 35 条（1），第一段	第 11 条（1）（b），第一句
第 35 条（1），第二段	第 11 条（1）（b），第二句
第 35 条（1），第三段	第 11 条（1），第 2 段
第 35 条（2）	
第 35 条（3）	
第 36 条	
第 37 条	
第 38 条	
第 39 条（1）	第 14 条
第 39 条（2）到（4）	
第 40 条	
第 41 条	
第 42 条	第 17 条
第 43 条	
第 44 条	
第 45 条	第 16 条
第 46 条	第 16 条

关于防止利用金融系统洗钱和恐怖融资的指令提案[①]

[欧盟委员会第 2013/0025（COD）号]

欧洲议会和欧盟理事会，

考虑到《欧洲联盟运作方式条约》，特别是其第 114 条，

考虑到欧盟委员会的提案，

在将本立法草案提交各成员国议会后，

考虑到欧洲经济与社会委员会的意见，

考虑到欧洲中央银行的意见，

经咨询欧洲数据保护管理局后，

遵照常规立法程序，

鉴于以下理由：

（1）非法资金的大量流动会损害金融系统的稳定和声誉，并威胁统一市场，而恐怖主义则会动摇社会的根基。除刑法途径外，依托金融系统的预防措施能够产生效果。

（2）犯罪分子及其团伙掩盖犯罪所得来源或将合法或非法资金输送给恐怖分子的行为，会严重侵害信贷和金融机构的健全性、完整性和稳定性以及公众对整体金融系统的信心。如未在欧盟层面采取特定协调措施，洗钱分子和恐怖融资分子则会设法利用由整体金融区域带来的资本自由流动和提供金融服务的自由来从事犯罪活动。

（3）本建议稿是应对洗钱威胁的第四版指令。1991 年 6 月 10 日欧洲

---

① 本指令提案由欧盟委员会于 2013 年 2 月提交欧洲议会和欧盟理事会审议，鉴于立法程序，截至本书出版之日尚未正式发布，本书编者特选编本提案供读者参考。翻译：陈婕；审校：陈婕。

理事会第 91/308/EEC 号《关于防止利用金融系统洗钱的指令》定义洗钱属于毒品犯罪领域，并仅将相关义务施加于金融系统。2001 年 12 月欧洲议会和欧盟理事会对 91/308/EEC 号指令进行修订的 2001/97/EC 号指令拓宽了洗钱上游犯罪和涉及洗钱的行业和活动的范围。2003 年 6 月金融行动特别工作组（以下简称 FATF）修改了其建议以涵盖恐怖融资，并就客户身份确认和核实及在洗钱高风险情况下强化措施和在低风险情况下弱化措施的问题提出更为详尽的要求。《2005 年 10 月 26 日欧洲议会和欧盟理事会关于防止利用金融系统进行洗钱和恐怖融资活动的第 2005/60/EC 号指令》以及《2006 年 8 月 1 日欧洲议会和欧盟理事会为 2005/60/EC 号指令规定执行措施的委员会第 2006/70/EC 号指令》反映了上述变化，即定义了政治公众人物以及关于简化客户尽职调查程序和基于偶然或非常有限的金融活动的豁免情况的技术标准。

（4）进行洗钱及恐怖融资活动通常有其国际背景。采取的应对措施若仅局限于单一国家层面或即使在欧盟层面，而不考虑全球范围内的协调及合作，则会收效甚微。因此，欧盟在此领域采取的措施应与其他国际组织采取的其他措施保持一致。FATF 作为活跃在反洗钱和反恐怖融资领域中最重要的国际组织，欧盟的行动应继续并特别考虑其所公布的建议。为加强打击洗钱和恐怖融资的效果，应将 2005/60/EC 号指令和 2006/70/EC 号指令纳入 2012 年 2 月通过并扩充的新 FATF 建议中。

（5）此外，滥用金融系统为恐怖分子输送犯罪资金甚至合法资金对金融系统的完整性、良好运行、信誉及稳定性施加明显威胁。因此，本指令中的防范措施不仅应包括操纵犯罪所得资金的活动，还应涵盖出于恐怖主义目的收集资金或财产的行为。

（6）大额现金支付易受洗钱及恐怖融资活动利用。为增加警惕性和减轻现金支付带来的风险，从事商品交易的自然人或法人应受本指令约束至以下程度：支付或接收的现金达到或超过 7500 欧元。各成员国可决定采取包括更低限额在内的更严厉的规定。

（7）成员国界定的法律专业人员，当参与包括提供税务意见在内的金融或公司交易时，应当遵循本指令的相关条款，因为此类法律专业人员的服务存在被清洗犯罪收益或恐怖融资的目的滥用的最大风险。但是，在司法程序之前、之中或之后，或在确认客户涉罪情况过程中获得的信息应当豁免任何报告义务。因此，提供法律建议应当遵循职业保密义务，除非法律顾问参与洗钱或恐怖融资活动，或为洗钱或恐怖融资活动提供法律意见，或律师明知客户出于洗钱或恐怖融资目的而正在寻求法律意见时。

（8）本指令涵盖的任何专业人士提供的直接可类比的服务时需以同等方式处理。为确保《保护人权和基本自由欧洲公约》和《欧盟公约》中所保障的权利得到尊重，某些成员国的审计人员、外部会计师和税务顾问在司法程序中为客户辩护或代理客户，或在调查客户涉罪情况过程中获得的信息，不应受本指令报告义务的约束。

（9）为与修改后的 FATF 建议保持一致，十分重要的是要特别强调与直接税和间接税相关的"税收犯罪"被纳入本指令下的广义"犯罪活动"中。

（10）有必要识别任何拥有某法人或对某法人实施控制的自然人。尽管发现控股比例无法自动导致发现受益所与人，但它是一个应考虑的证据性的因素。在相互关联情况下，识别及核对受益所有人的身份应当延伸至拥有其他法人的法人实体，并应当遵循所有权关系链直至发现客户即是拥有某法人或对某法人实施控制的自然人。

（11）对关于受益所有人的准确及最新的信息的需要，对于追踪可能将其身份隐藏在某一公司结构后面的犯罪分子是一个关键因素。因此，成员国应确保各公司保留其受益所有人的信息并使该信息能被主管当局和报送主体所获取。另外，受托人应当向报送机构申报其情况。

（12）本指令应同样适用于本指令所指的报送主体在互联网上从事的活动。

（13）利用博彩业来清洗犯罪活动收益应受到关注。为减轻该行业的相关风险并为博彩服务商提供同等待遇，应规定所有的博彩服务商对达到或超过 2000 欧元的单笔交易均负有进行客户尽职调查的义务。成员国应考虑将此限额适用于赌博收益及赌博下注时。拥有实体经营场所的博彩服务商（如赌场和娱乐公司），如果在客户进入营业场所时执行客户尽职调查，应确保客户尽职调查能够和客户在此类营业场所发生的交易相关联。

（14）洗钱和恐怖融资的风险随案例而异。应相应使用风险为本原则。对成员国和报送主体而言，风险为本原则并不意味着是一种过分宽松的选择。它涉及使用基于证据的决定过程，以更好地瞄准欧盟及欧盟相关业务人士面临的洗钱和恐怖融资风险。

（15）加强风险为本原则对成员国识别、了解和减轻其面临的洗钱和恐怖融资风险是必要的。国际层面已认可超越国界的风险识别措施的重要性，且以下机构应承担就影响金融部门的风险发表意见的职责：作为欧洲监管当局的欧洲银行管理局（European Banking Authority，EBA），该机构的建立是依据 2010 年 12 月 24 日欧洲议会和理事会的（EU）1093/2010 号规章中关于建立一个欧盟级别的监管当局（欧洲银行管理局）的规定，修订第 716/2009/EC 号决议并废除 2009/78/EC 号委员会决议；作为欧洲监管当局的欧洲保险和职业养老金管理局（European Insurance and Occupational Pensions Authority，EIOPA），该机构的建立是依据 2010 年 12 月 24 日欧洲议会和理事会的（EU）1094/2010 号规章中关于建立一个欧盟级别的监管当局（欧洲保险和职业养老金管理局）的规定，修订第 716/2009/EC 号决议并废除 2009/79/EC 号委员会决议；以及作为欧洲监管当局的欧洲证券市场管理局（European Securities and Market Authority，ESMA），该机构的建立是依据 2010 年 12 月 24 日欧洲议会和理事会的（EU）1095/2010 号规章中关于建立一个欧盟级别的监管当局（欧洲证券市场管理局）的规定，修订第 716/2009/EC 号决议并废除 2009/77/EC 号委员会决议。

（16）在适当情况下，成员国层面的风险评估结果应当提供给报送主体以便使其能识别、了解和减轻其本身的风险。

（17）为更好地了解和减轻欧盟层面的风险，在适当情况下，成员国应在彼此之间以及和 EBA、EIOPA 和 ESMA 分享其风险评估的结果。

（18）在适用本指令的规定时，恰当地考虑到本指令所涵盖的小型报送主体的特点和需求，并确保针对小型报送主体的特定需求和经营性质的适当待遇。

（19）风险本身在性质上是多变的，并且单独或联合的可变因素可能会增加或减少其导致的潜在风险，从而影响诸如客户尽职调查措施的预防措施的合适水平。因此，存在应适用强化尽职调查的情形以及简化尽职调查可能为恰当的情况。

（20）应当意识到一些特定情况会带来更大的洗钱和恐怖融资风险。虽然应对所有客户都建立身份和业务概况，但是存在需要进行特别严格的客户识别与核实程序的情况。

（21）这对涉及拥有或曾拥有重要公职之个人的业务关系尤其正确，特别是来自腐败高发国家的公职人员。此类关系可能会使金融部门暴露在重大声誉及法律风险之下。国际反腐败行动也证明需要特别关注此类案例并且对于在国内外拥有或曾经拥有重要职责的个人以及国际组织的高层人士使用适当强化的客户尽职调查措施。

（22）从高级管理层获得批准建立业务关系，并非在所有情况下均意味着从董事会获得批准。此类批准应当尽可能由具备关于本机构的洗钱和恐怖融资风险点的充分知识以及足够高的职位来作出决定以影响其风险点的人士做出。

（23）为避免重复的客户身份调查程序，导致业务延迟及低效率，在安全措施保障下，允许报送主体引入在他处已完成身份调查的客户是适当的。当报送主体依赖第三方时，最终客户尽职调查程序的责任仍由被介绍客户的报送主体承担。第三方或介绍客户的个人，只要其与本指令所涵盖的客户存在某种关系，也应保留其自身遵循本指令中的要求的责任，包括报告可疑交易及保存记录的规定。

（24）在报送主体与本指令未涵盖的外部自然人或法人在契约基础上建立代理或外购关系的情况下，这些作为报送主体组成部分的代理商或外购服务商的任何反洗钱及反恐怖融资义务，可以只根据合同而非本指令来产生。遵循本指令的责任应属于本指令涵盖的报送主体。

（25）为防范和打击洗钱和恐怖融资，所有成员国均拥有或应建立金融情报机构（下文称为 FIU），以便接收、分析并向职能部门移送可疑交易报告及其他有关潜在洗钱或恐怖融资的信息。应向 FIU 报告可疑交易。以便使其作为接收、分析并向职能部门移送可疑交易报告及其他有关潜在洗钱或恐怖融资信息的国家级别的中心。如果报送是通过公诉人或其他执法机关完成的，只要将信息快速、完整地传递给 FIU，允许其正确行使职能，包括与其他 FIU 开展国际合作，就不应强迫成员国改变其现有报送系统。

（26）通过规避禁止执行可疑交易的全面禁令的方式，报送主体可能会在告知主管当局之前执行可疑交易，导致不可能制止可疑交易操作，或可能阻碍了追踪涉嫌洗钱或恐怖融资操作之受益人的努力。然而，这不应影响成员国遵照联合国安理会相关决议履行其所接受的国际义务，即毫不延迟地冻结恐怖主义分子、恐怖组织或恐怖主义资助者的资金或其他资产。

（27）成员国应存在可能性来指定一个第 2（1）（3）（a），（b）和（d）条款中提及的适当的行业自律组织作为代替 FIU 首先被报告的当局。为符合欧洲人权法院的判例法，就适用于律师行业的报送义务而言，一个及时向行业自律组织报告的系统构成了支持基本人权保护的重要保护措施。

（28）若成员国决定使用本指令第 33（2）条中的免责条款，在该条款所述情况下，应允许或要求代表此处所提及人员的行业自律组织不向 FIU 传送从上述人员处获取的任何信息。

（29）存在大量案例表明，报告涉嫌洗钱的可疑交易的职员曾遭到威胁或恶意报复。尽管本指令不能干涉成员国的司法程序，但上述情况成为反洗钱及反恐怖融资体系有效性的一个关键因素。各成员国应意识到上述问题并竭力保护职员免受此类威胁或恶意报复。

（30）1995 年 10 月 24 日欧洲议会和欧洲理事会就个人数据处理及此类数据自由流通问题上保护个人的第 95/46/EC 号指令，在作为国内法执行时，适用于本指令下个人数据的处理。

（31）本指令的一些特定执行情况涉及数据的收集、分析、存储和共享。为遵循本指令规定的义务，应当允许处理个人数据，包括执行客户尽职调查、持续的监测、调查和报送异常及可疑交易、识别法人或法律安排的受益所有人和主管当局共享信息以及和金融机构共享信息。收集的个人数据应当被局限于为遵循本指令规定所严格必要的范畴并不得超出和 95/46/EC 号指令不一致的处理范围。特别应当严格禁止出于商业目的而处理个人数据的行为。

（32）打击洗钱和恐怖融资被所有成员国视为一个重要的公众利益的领域。

（33）本指令不应影响在刑事案件中的警方和司法合作框架下，包括在 977/2008/JHA 号决议框架的规定下进行个人数据保护。

（34）获取数据的权利适用于本指令的个人数据处理规定。但是，由数据主体获取可疑交易报告中包含信息的行为将严重破坏打击洗钱和恐怖融资的有效性。因此，根据第 95/46/EC 号指令第 13 条规定的对此种权利的限制是合理的。

（35）仅将纸质文件转换为电子数据，且在与信贷机构或金融机构签订的合约下行事的人员不在本指令约束范围之内；同样，任何仅向信贷机构或金融机构提供资金转移信息或其他支持系统，或提供清算和结算系统的自然人或法人亦不在本指令约束范围之内。

（36）洗钱及恐怖融资是国际性问题，且打击其的努力应是全球性的。当欧盟的信贷及金融机构在本领域立法不完善的第三国设立分支机构和子公司时，为避免在机构或集团中适用不同标准，它们应当适用欧盟标准，或在无法适用此类标准时通报母国主管当局。

（37）在可能情况下，应向报送主体提供关于其提交的可疑交易报告的有效性及后续进展的反馈。为实现此目的以及考察其打击洗钱及恐怖融资系统的有效性，成员国应保存并改善相关数据。为进一步在欧盟层面增强统计数据的质量和一致性，委员会应当保持跟踪整个欧盟范围内关于打击洗钱和恐怖融资的情况并出版定期的总结报告。

（38）当涉及货币兑换商、信托公司、公司服务提供商或博彩服务提供商时，主管当局应确保此类实体业务的有效业务管理者以及此类实体的受益所有人为合适及恰当的人选。判断该人选是否合适或恰当的标准应当是在最低限度上，能反映出保护此类实体免受其管理者或受益所有人将其用于犯罪目的之需求。

（39）考虑到洗钱及恐怖融资的国际性特性，欧盟 FIU 之间的协调和合作极端重要。此类合作目前仅被 2000 年 10 月 17 日理事会第 2000/642/JHA 号决议中关于各成员国金融情报机构在交换情报方面合作的安排中提出。为了确保 FIU 之间更好地协调合作，尤其是为确保到达成员国 FIU 的可疑交易报告能够被最大限度地利用，本指令应包括更为详尽、更为深入以及最新的法条。

（40）增强欧盟内部 FIU 之间的信息交换对于面对洗钱和恐怖融资的跨国特征尤其重要。应鼓励各成员国使用安全设施来交换信息，尤其是使用非集中的电脑网络 FIU.net 并使用该网络提供的技术。

（41）　若未能依据本指令制定适用的国内法律，打击洗钱及恐怖融资的重要性应促使各成员国在国内法中制定有效的、一定比例的劝诚性处罚规定。针对违反关键的防范措施，成员国目前存在一系列各种各样的行政措施和处罚。这种多样性不利于为打击洗钱和恐怖融资做出的努力，同时欧盟对该问题的响应也面临分裂的危险。故本指令应当包括一系列成员国应有的针对系统性的违反关于客户尽职调查措施、记录保存、报送可疑交易，以及报送主体的内控制度的有效行政措施和行政处罚规定。该系列规定应当足够宽泛，以使得成员国和主管当局能考虑到报送主体之间在其规模、特点和活动领域的差异，特别是金融机构和其他报送主体之间的差异。在适用本指令时，成员国应确保根据本指令施加的行政措施和行政处罚以及根据国内法施加的刑事制裁不违反"一事不再理"原则。

（42）　金融服务中的技术标准应确保协调一致并充分保护欧盟内外的存款者、投资者和消费者。对于有高度专业技能的实体，有效和适当的做法是信任 EBA、EIOPA 和 ESMA 的不涉及政策选择的、详尽的技术标准章程草案以提交委员会。

（43）　依据《欧洲联盟运作方式条约》第 290 条以及（EU）1093/2010 号规章和（EU）1094/2010 号规章，通过授权立法的方式，委员会应依据本指令第 42 条，采纳 EBA、EIOPA 和 ESMA 拟定的技术标准章程草案。

（44）　鉴于有必要对 2005/60/EC 和 2006/70/EC 号指令进行非常重大的修订，出于明确性和一致性原因，它们应被废除并替换。

（45）　鉴于本指令的目标，即通过预防、调查和发觉洗钱和恐怖融资活动来保护金融系统，不能由各成员国充分实现，因为成员国采取的保护其金融系统的个别措施可能和内部市场的运作以及法律条款的规定和欧盟公共政策不一致；而在欧盟层级上，由于行动的规模和效果，该目标则能更好地实现，依据《欧洲联盟条约》第 5 条规定的辅助性原则，共同体可以采取相应措施。依据上述条款规定的均衡原则，本指令不得超过为达到该目标所采取措施的必要限度。

（46）　本指令尊重各项基本权利并遵守《欧洲联盟基本权利宪章》认可的各项原则，尤其尊重私人和家庭生活、保护个人数据的权利、进行

商业交往的自由、禁止歧视原则、有效治疗和公正审判的权利以及防卫权利。

（47）为和《欧洲联盟基本权利宪章》第 21 条中禁止基于任何原因的任何歧视的规定保持一致，就客户尽职调查事宜中的风险评估问题，成员国必须确保无歧视地贯彻执行本指令。

（48）根据《成员国政治联合声明》和 2011 年 9 月 28 日的委员会解释性文件，成员国已在合理案例中着手补充其关于一份或更多文件的互换措施的通知，来解释指令的组成部分和国内转换文件相对应部分之间的关系。就本指令而言，立法者视此类文件转换为合理。

通过本指令：

第 I 章　概括性条款

第 1 节　范围和定义

第 1 条

1. 各成员国应确保禁止洗钱及恐怖融资活动。

2. 遵循本指令，下列故意行为应被视为洗钱活动：

（a）资产转换或者转移活动，明知此类资产来自犯罪活动或者来自参与此类活动的某种行为，为了隐藏或掩饰资产的非法来源或者为了协助任何涉及参与此类活动的人逃避对其行为的法律制裁；

（b）隐瞒或者掩饰资产的真实性质、来源、位置、处置、移动、所属权限或者资产所有权，明知此类资产来自犯罪活动或者来自参与此类活动的某种行为；

（c）资产的获取、持有或者使用，在接收资产的时点，明知此类资产来自犯罪活动或来自参与此类活动的行为；

（d）参与、协同、企图参与及协助、教唆，以及为实施（a）、（b）和（c）项中所指的任何行为提供便利及建议。

3. 产生待清洗的非法财产的活动即使发生在另一个成员国或第三国领土内，也应同等被视为洗钱。

4. 遵循本指令，"恐怖融资"是指通过以任何方式，直接或间接地提供或筹集资金，企图或者明知它们，全部或者部分地，被用来实施以下规定所包含的任何犯罪活动：2002 年 6 月 13 日关于打击恐怖主义的第 2002/475/JHA 号理事会框架决议第 1 条至第 4 条，经 2008 年 11 月 28 日第 2008/919/JHA 号理事会框架决议修订。

5. 明知、故意或意图，其作为第 2 段和第 4 段中所提及活动所需要的某一因素可以从客观事实环境中推断出来。

第 2 条

1. 本指令应适用于以下报送主体：

（1）信贷机构；

（2）金融机构；

（3）下列从事其专业活动的法人或者自然人：

（a）审计员、外部会计师以及税务顾问；

（b）公证人以及其他独立法律专业人员，无论是通过代理客户进行任何金融或房地产交易，或是通过协助客户策划或执行交易，当其参与：

（ⅰ）买卖房地产或者商业实体；

（ⅱ）管理客户的资金、有价证券或者其他资产；

（ⅲ）开立或者管理银行、储蓄或者证券账户；

（ⅳ）为公司的创建、运作或管理提供必要的组织工作；

（ⅴ）创建、运作或管理信托、公司及类似组织；

（c）第（a）或（b）项未曾涵盖的信托或者公司服务提供商；

（d）房地产中介，包括租房中介；

（e）其他进行商品交易的自然人或者法人，只要发起或接收的现金支付等于或大于 7500 欧元，不论该交易是由单次操作完成还是由看似关联的几次操作完成；

（f）博彩服务提供商。

2. 成员国可以决定偶尔或有限从事金融业务的法人或自然人，当发生的洗钱或者恐怖融资风险较低时，假如法人或自然人满足以下所有标准，不必纳入本指令范畴：

（a）该金融业务局限于按绝对价值计算；

（b）该金融业务局限于基于交易基础；

（c）该金融业务并非主营业务；

（d）该金融业务是附属性的并直接和主营业务相关；

（e）该金融业务不是第 1 段中提及的某项业务，第 1 段第（3）（e）项中提及的业务除外；

（f）该金融业务仅向主营业务中的客户提供且不会向公众普遍提供。

上述子项目不应适用于从事汇款业务的法人或自然人，其包含在 2007 年 11 月 13 日欧洲议会和理事会关于内部市场中的支付服务的 2007/64/EC 号指令的第 4（13）条含义之内，该指令修订 97/7/EC 号、2002/65/EC 号、2005/60/EC 号和 2006/48/EC 号指令并废除 97/5/EC 号指令。

3. 遵循第 2 段（a）项的规定，成员国应要求该金融业务的总营业额不应超越某个必须足够低的限额。应当根据金融业务的类型在国家层面设定该限额。

4. 遵循第 2 段（b）项的规定，成员国应适用一个每位客户和单笔交易的最大限额，不论交易是由单次操作还是由看似关联的多次操作完成。应当根据金融业务的类型在国家层面设定该限额。它应足够低以便确保被考虑的交易类型对洗钱或恐怖融资而言是不实用和低效率的，并且不得超过 1000 欧元。

5. 遵循第 2 段（c）项的规定，成员国应要求该金融业务的营业额不超过相关法人或自然人的总营业额的 5%。

6. 为遵循本条规定，在评估发生洗钱或恐怖融资的风险时，成员国应特别关注被视为就其自身性质而言尤其有可能被利用或滥用于洗钱或恐怖融资用途的任何金融业务。

7. 任何依据本条的决议均应陈述其基于的原因。如果环境改变，成员国应提供撤销该决议的可能性。

8. 成员国应建立基于风险的监测活动或采取任何充分的措施来确保依据本条的决议给予的豁免不被滥用。

第 3 条

为遵循本指令，应适用以下定义：

（1）"信贷机构"是指 2006 年 6 月 14 日欧洲议会及欧盟理事会 2006/48/EC 号指令第 4（1）条所定义的、涉及从事并经营信贷机构业务的某一信贷机构，包括该指令第 4（3）条含义之内的、总部在欧盟内或欧盟外的信贷机构位于欧盟的分支机构。

（2）"金融机构"是指：

（a）除信贷机构之外的、经营第 2006/48/EC 号指令附录 1 第 2 项至第 12 项及第 14 项和第 15 项其中所列一项或多项业务的机构，包括货币兑换所；

（b）根据 2002 年 11 月 5 日欧洲议会及欧盟理事会关于人寿保险的第 2002/83/EC 号指令适当授权，开展该指令所涵盖的活动的保险公司；

（c）根据 2004 年 4 月 21 日欧洲议会及欧盟理事会关于金融工具市场的第 2004/39/EC 号指令第 4（1）条第 1 项所定义的投资公司；

（d）销售其单位或股份的集合投资公司；

（e）根据 2002 年 12 月 9 日欧洲议会及欧盟理事会关于保险中介的第 2002/92/EC 号指令第 2（5）条所定义的保险中介，不包括该指令第 2（7）条中所提及的中介，当其从事人寿保险或其他投资相关服务时。

（f）在（a）至（e）项中所指金融机构的、坐落在欧盟之内的分支机构，其总部在欧盟之内或之外。

（3）"财产"是指各种类型的资产，无论是有实体的还是无实体的、动产还是不动产、有形的还是无形的，以及能够证明在此类资产中对其所有或拥有利益的，包括电子或数字在内的任何形式的法律文件或者文书。

（4）"犯罪活动"是指参与触犯以下严重罪行的任何形式的犯罪：

（a）关于打击恐怖主义活动的 2002/475/JHA 号框架决议的第 1 条至第 4 条中界定的行为，经 2008 年 11 月 28 日理事会 2008/919/JHA 号决议修订；

（b）1988 年联合国《禁止非法贩运麻醉药品和精神药物公约》第 3（1）（a）条中界定的任何犯罪行为；

（c）犯罪组织的活动，经 1998 年 12 月 21 日关于将加入欧盟成员国内的某一犯罪组织的活动定义为犯罪的第 98/733/JHA 号理事会联合行动文件第 1 条所界定；

（d）影响欧盟金融利益的、至少是严重的欺诈行为，经《关于保护欧洲共同体的金融利益公约》第 1（1）条及第 2 条所界定；

（e）腐败；

（f）所有被处以最长超过一年的剥夺自由或监禁的犯罪，包括涉及直接税和间接税的税务犯罪，或者对于其法律体系有最低入罪门槛的国

家，所有被处以超过 6 个月剥夺自由或监禁的犯罪。

（5）"受益所有人"是指最终拥有或控制客户的任何（多个）自然人和/或代表其的交易或活动正在被执行的自然人。受益所有人至少应包括：

（a）在公司实体情况下：

（ⅰ）通过直接或间接所有权或者控制超过某一充足比例的股份或表决权的方式，最终拥有或控制某一法人实体的（多个）自然人，包括通过不记名股票，而非通过控制在某一遵循符合欧盟法律的信息披露规定或遵循同等国际标准的受监管市场上市的某公司的方式。

25% 的比例加一份股份应成为所有权或通过股权控制的证据并适用于每一级别的直接和间接所有权。

（ⅱ）若对于在（ⅰ）项中确认的（多个）自然人是（多个）受益所有人存在任何怀疑，则通过其他方式对某一法人实体的管理实行控制的（多个）自然人。

（b）在法人实体，例如基金会，以及法律安排，例如管理和调配资金的信托情况下：

（ⅰ）对某一法律安排或实体的 25% 或更多财产实行控制的（多个）自然人；并且

（ⅱ）在未来受益人已被决定的情况下，作为某一法律安排或实体的 25% 或更多财产受益人的（多个）自然人；或者

（ⅲ）在从该法律安排或实体中受益的个人有待决定的情况下，为了其主要利益而建立或运作该法律安排或实体的某一类人。对于被指定特征或类型的信托之受益人，报送主体应当获取关于受益人充足的信息来令自己达到要求，使得其在支付时或受益人意图执行既定权利时，能够确定受益人的身份。

（6）"信托和公司服务提供商"是指通过商业方式向第三方提供下列服务的任何自然人或者法人：

（a）组建公司或其他法人；

（b）担任或安排他人担任公司的董事或秘书、合伙企业的合伙人，或者与其他法人相关的类似职位；

（c）向公司、合伙企业或者其他法人或法律安排提供注册的办公室、

公司地址、通信或行政地址以及相关服务；

（d）担任或者安排他人担任任意信托或者类似法律安排的受托人；

（e）担任或者安排他人担任名义持股人，为另一人而非为在某一遵循符合欧盟法律的信息披露规定或遵循同等国际标准的受监管市场上市的某公司。

（7）（a）"外国政治公众人物"是指作为或已被某第三国委以突出公共职责的自然人；

（b）"本国政治公众人物"是指作为或已被某成员国委以突出公共职责的自然人；

（c）"作为或被某国际组织委以突出职责的人"指某国际组织的主管、副主管和委员会成员或同等职责的人。

（d）"作为或被委以突出公共职责的自然人"应包括以下：

（ⅰ）国家首脑、政府首脑、部长以及副部长或助理部长；

（ⅱ）议会成员；

（ⅲ）最高法院、宪法法院或其他除非在特殊情况下其决定不可上诉的高级司法机构的成员；

（ⅳ）审计院或中央银行理事会的成员；

（ⅴ）大使、临时代办以及军队中的高级将领；

（ⅵ）国有企业的行政、管理或监管机构的成员。

第（ⅰ）至（ⅵ）项中设定的类别不应被理解为包括中级或初级官员。

（e）"家庭成员"应包括以下：

（ⅰ）配偶；

（ⅱ）被视为等同配偶的任何伴侣；

（ⅲ）子女及其配偶或伴侣；

（ⅳ）父母；

（f）"已知关系密切的人"应包括以下：

（ⅰ）已知对法人或法律安排享有联合受益所有权的，或和上述第7（a）至7（d）项中提及的某人有任何其他密切商业联系的任何自然人；

（ⅱ）对某一已知出于上述第7（a）至7（d）项中提及之人的实际利益而设立的法人或法律安排享有单独受益所有权的任何自然人；

（8）"高级管理人员"是指对机构的洗钱或恐怖融资风险敞口有充分了解，并拥有足够高的职务来做出影响其风险敞口之决定的职员或雇员；并非在所有情况下都要涉及董事会成员。

（9）"业务关系"是指与报送主体的专业活动相关联的业务、专业或商业关系，且在该联系建立伊始，就预想有某种持续因素。

（10）"博彩服务"是指涉及在概率类游戏中用具有货币价值的筹码打赌的任何服务，包括那些在某一物理场所、通过任何远程手段、通过电子手段或任何其他通信便利技术而提供的，涉及某种技巧因素的如彩票、赌场游戏、纸牌游戏以及打赌交易，并且应个人要求提供发票的服务。

（11）"集团"是指 2002 年 12 月 16 日欧洲议会和欧盟理事会关于对某一金融控股集团中的信贷机构、保险机构和投资公司监管的补充的第 2002/87/EC 号指令第 2（12）条指定的意思。

第 4 条

1. 除本指令第 2（1）条所述报送主体外，成员国应确保本指令各项规定能全部或部分延伸至从事尤其可能被用于洗钱或者恐怖融资目的之活动的行业及行业类型。

2. 当某一成员国决定将本指令的规定延伸至除本指令第 2（1）条所述报送主体之外的行业及行业类型时，需通知委员会。

第 5 条

在本指令所涵盖的领域内，成员国可以采取或保留生效更加严格的措施以防止洗钱和恐怖融资活动。

第 2 节　风险评估

第 6 条

1. 欧洲银行管理局（以下简称 EBA）、欧洲保险和职业养老金管理局（以下简称 EIOPA）和欧洲证券市场管理局（以下简称 ESMA）应就影响内部市场的洗钱和恐怖融资风险问题提供一个联合意见。

该意见应在自本指令生效之日起 2 年内提供。

2. 委员会应使该意见能够协助成员国和报送主体来识别、管理并减轻洗钱和恐怖融资的风险。

第 7 条

1. 每一成员国应采取适当的措施来识别、评估、了解并减轻其面临的洗钱和恐怖融资风险，并保持更新评估。

2. 每一成员国应指定一个当局来协调该国内对第 1 段中所指风险的反映情况。应向委员会、EBA、EIOPA 和 ESMA 和其他成员国通知该当局的名称。

3. 在执行第 1 段中提及的评估时，成员国可以采用第 6（1）条中所提出的意见。

4. 每一成员国应执行第 1 段中提及的评估并且：

（a）使用评估来改进其反洗钱和打击恐怖融资领域的工作，尤其是通过识别报送主体应适用强化措施的任何地方，并在合适的时候确定需采取的措施。

（b）利用评估来促进其资源的配置和优先放置以便打击洗钱和恐怖融资。

（c）为报送主体执行其自身的洗钱和恐怖融资风险评估活动生成适当的可用信息。

5. 成员国应使其风险评估结果在需要时对其他成员国、委员会，以及 EBA、EIOPA 和 ESMA 是可获取的。

第 8 条

1. 成员国应确保报送主体采取适当措施来识别并评估其洗钱和恐怖融资风险，要考虑到包括客户、国家或地理区域、产品、服务、交易或交付渠道的各种风险因素。此类措施应和报送主体的性质和规模相称。

2. 第 1 段中提及的评估应当形成书面文件，保持更新并向主管当局和自律组织开放。

3. 成员国应确保报送主体拥有政策、控制措施和规程来有效减轻和管理在欧盟层面、成员国层面和报送主体层面确定的洗钱和恐怖融资风险。政策、控制措施和规程应当和此类机构的性质和规模相称。

4. 第 3 段中提及的政策和规程应至少包括：

（a）建立内部政策、规程和控制措施，包括客户尽职调查、报送、记录保存、内部控制、合规管理（包括在适合业务规模和性质时，在管理层任命合规官员）以及审查员工；

（b）在和业务规模和性质相适合时，独立的审计功能来测试（a）项中提及的内部政策、规程和控制措施。

5. 成员国应要求报送主体从高级管理层处就其制定的政策和规程获得批准，并在适当情况下应监控并强化采取的措施。

第 II 章　客户尽职调查

第 1 节　总括性规定

第 9 条

成员国应禁止其信贷及金融机构保存匿名账户或匿名账簿。成员国在任何情况下都应要求在类似账户或账簿被以任何方式利用的任何情况之前，现存匿名账户或匿名账簿的拥有者和受益人尽快成为客户尽职调查措施的对象。

第 10 条

成员国应确保报送主体在以下情形下应适用客户尽职调查措施：

（a）当建立业务关系时；

（b）当执行金额等于或高于 15000 欧元的偶然的交易时，无论该笔交易是由单笔操作完成还是由似乎关联的多笔操作完成；

（c）对商品交易的自然人或法人，当执行金额等于或高于 7500 欧元的偶然的交易时，无论该笔交易是由单笔操作完成还是由似乎关联的多笔操作完成；

（d）对博彩服务商而言，当执行金额等于或高于 2000 欧元的偶然的交易时，无论该笔交易是由单笔操作完成还是由似乎关联的多笔操作完成；

（e）当存在洗钱或恐怖融资嫌疑时，无论有任何废除、豁免或界限；

（f）当对以前取得的客户身份数据的真实性和充分性存在怀疑时。

第 11 条

1. 客户尽职调查措施应该包含：

（a）依据从可靠和独立的渠道所获取的资料、数据和信息，识别客户并核实客户的身份。

（b）识别受益所有人并采取合理措施来核实其身份以便本指令涵盖

的机构或个人确信其知晓谁是受益所有人，就法人、信托和类似法律安排而言，包括采取合理措施来了解客户的所有权和控制权结构。

（c）估计并在适当情况下获取关于业务关系目的和意图的信息。

（d）对业务关系实施持续的监控，包括详细审查整个业务关系进程中自始至终进行的交易以确保被执行的交易和该机构或个人对客户、对业务和风险类型的认知相符，如需要，包括资金来源并且确保持有的资料、数据或信息能够持续更新。

2. 成员国应确保报送主体适用第 1 段中规定的每一条客户尽职调查要求，但是可以基于风险敏感基础来决定此类措施的执行程度。

3. 当评估洗钱和恐怖融资风险时，成员国应要求报送主体至少要考虑到附件 I 中规定的因素。

4. 就已被识别的洗钱和恐怖融资的风险而言，成员国应确保报送主体能够向主管当局和自律组织表明该措施是适当的。

5. 针对人寿或其他投资相关的保险业务，成员国应确保金融机构应当，除对客户和受益所有人所要求的客户尽职调查措施外，一旦受益人被识别或指定，执行以下关于人寿保险和其他投资相关的保险单据受益人的客户尽职调查措施：

（a）对被识别为特别指定的自然人或法人或法律安排的受益人，采用该人的姓名；

（b）对通过特征或通过类型或通过其他方式指定的受益人，获取关于此类受益人充足的信息，以便满足金融机构使其能够在支付的时候建立该受益人的身份。

对于（a）和（b）两项中提及的情况，应在支付的时候核实受益人身份。在全部或部分指定人寿或其他投资相关保险给第三方情况下，在该自然人或法人或法律安排为其自身利益接收指定保单价值时，金融机构对该指定行为的了解应识别出受益所有人。

第 12 条

1. 成员国应要求在建立业务关系或执行交易之前进行客户和受益所有人身份的核实。

2. 可免除第 1 款的规定的情况，在没有必要打断正常商业行为且几乎不存在洗钱和恐怖融资风险情况下，成员国可以允许在建立业务关系

的过程中完成对客户和受益所有人身份的核实。此种情况下，此类程序应在首次接触后可操作时尽快完成。

3. 可免除第 1 款和第 2 款的规定的情况，只要在现场存在充分的安保措施来确保除非完全遵循第 1 款和第 2 款的规定，否则交易不会被客户执行或代表客户被执行时，成员国可允许开立银行账户。

4. 成员国应要求，在涉及的机构或个人不能履行第 11（1）条第（a）、（b）和（c）项时，其不应当执行某项通过银行账户的交易、建立业务关系或执行交易，并且应当考虑结束业务关系并依据第 32 条就该客户向金融情报机构（FIU）报送可疑交易报告。

成员国不应将前述子段落的规定适用于公证人、其他独立法律专业人员、审计员、外部会计师或税务顾问以下的严格程度：此类豁免涉及为其客户查明涉罪情况，或在司法程序中或涉及司法程序时履行其为客户辩护或代理客户的职责，包括在应诉或撤诉的程序中提供建议。

5. 成员国应要求报送主体将客户尽职调查程序不仅适用所有的新客户，还应基于风险敏感基础在适当时适用于已有客户，包括在某一客户相关情况发生变化时。

第 2 节 简化的客户尽职调查

第 13 条

1. 当某一成员国或报送主体识别出低风险领域时，成员国可以允许报送主体适用简化的客户尽职调查措施。

2. 在适用简化的客户尽职调查措施之前，报送主体应确认客户关系或交易表现出低程度的风险。

3. 成员国应确保报送主体对交易或业务关系执行充分地监视，以便能够发现异常或可疑交易。

第 14 条

在评估与客户类型、国家或地理区域，以及特定产品、服务、交易或交付渠道相关的洗钱和恐怖融资风险时，成员国和报送主体应至少考虑到附件 II 中设定的潜在低风险情况的因素。

第 15 条

EBA、EIOPA 和 ESMA 应根据（EU）第 1093/2010 号、第 1094/2010号和第 1095/2010 号规章第 16 条的规定，针对在适宜采取简化尽职调查措施情况下要考虑的风险因素和/或采取的措施,向第 2(1)(1)和(2)条款中提及的主管当局和报送主体发布指引。

第 3 节 强化的客户尽职调查

第 16 条

1. 在本指令第 17 条至第 23 条界定的情况以及在成员国和报送主体界定的其他较高风险情况下,成员国应要求报送主体适用强化的客户尽职调查措施,以便适当管理和减轻此类风险。

2. 只要有合理可能,成员国应要求报送机构检查所有复杂、异常大额交易的背景和目的,以及所有缺乏明显经济或法律意图的异常交易类型。特别地,其应增强监测业务关系的程度和性质,以便决定此类交易或行为是否表现出异常或可疑。

3. 在评估洗钱和恐怖融资风险时,成员国和报送主体至少应考虑到附件Ⅲ中设定的潜在较高风险情况的因素。

4. EBA、EIOPA 和 ESMA 应根据(EU)第 1093/2010 号、第 1094/2010 号和第 1095/2010 号规章的第 16 条的规定,针对需要采取强化尽职调查措施的情况下要考虑的风险因素和/或采取的措施,向第 2(1)(1)和(2)条款中提及的主管当局和报送主体发布指引。此类指引应当在本指令生效之日的 2 年内发布。

第 17 条

当和来自第三国的代理机构开展跨境银行代理关系时,除第 11 条规定的客户尽职调查措施外,成员国应当要求其信贷机构:

(a)收集关于代理机构的充足信息,以全面了解该代理机构的业务性质,并通过公开可获取信息来确定该机构的信誉状况和监管能力;

(b)评估该代理机构对反洗钱和反恐怖融资的控制措施;

(c)在建立新的代理行关系之前,从高管层获得批准;

(d)以书面说明各机构各自的职责;

(e)对于可通过账户支付业务,确保被代理的信贷机构已对能直接使用代理行账户的客户核实身份并履行了持续的尽职调查,同时在被要求时,能向代理行提供相关客户的尽职调查数据。

第 18 条

对于涉及外国政治公众人物的交易或业务关系,成员国应当,除第

11 条规定的客户尽职调查措施外，要求报送主体：

（a）拥有适当的基于风险的规程来判断该客户或客户的受益所有人是否为此类人物；

（b）获得高层批准，以建立或继续和此类客户的业务关系；

（c）采取充分措施来确定涉及该业务关系或交易的财富来源和资金来源；

（d）对该业务关系采取强化的持续监控。

第 19 条

对于涉及国内政治公众人物或已被或曾被某国际组织委以突出职责之人的交易或业务关系，成员国应当除第 11 条规定的客户尽职调查措施外，要求报送主体：

（a）拥有适当的基于风险的规程来判断该客户或客户的受益所有人是否为此类人物；

（b）在涉及此类人物的高风险业务关系情况下，适用第 18 条（b）、（c）和（d）项中提及的措施。

第 20 条

报送主体应采取合理措施来确定人寿保险或其他投资相关保险单据的受益人和/或，在被要求时，确定受益人的受益所有人是否为政治公众人物。应当最迟在该保单全部或部分地支付时刻或签署时刻采取此类措施。当存在被确认的高风险时，除采取正常的客户尽职调查措施外，成员国应要求报送主体：

（a）在进行保单的支付之前通知高管；

（b）对和保单持有人相关的整个业务关系执行强化的审查。

第 21 条

第 18 条、第 19 条和第 20 条中提及的措施也应当适用于此类政治公众人物的家庭成员或已知与其关系密切的人员。

第 22 条

当第 18 条、第 19 条和第 20 条中提及的人员已停止被某成员国或第三国委以突出公共职责或停止被某国际组织委以突出职责时，应要求报送主体考虑由该人员带来的持续风险并适用此类适当的风险敏感措施直至该人被认定不会带来进一步风险之时。该时间段不应少于 18 个月。

第 23 条

1. 成员国应禁止信贷机构与空壳银行建立或维持银行代理关系，且应要求信贷机构采取合理措施来确保其不会参与或保持与已知允许其账户被空壳银行使用之银行的银行代理关系。

2. 对第 1 段而言，"空壳银行"应指某一信贷机构，或某一从事同等活动的机构，其创立在某一司法管辖区域内，没有实体存在，涉及有目的的意图和管理，并且不隶属于受监管的金融集团。

第 4 节　第三方职责

第 24 条

成员国可允许报送主体依靠第三方来履行第 11 （1）（a）、（b）和（c）项提出的要求。但是，履行此类要求的最终责任应留待依靠第三方的报送主体承担。

第 25 条

1. 对本节而言，"第三方机构"应指第 2 条中所列的报送主体，或其他位于成员国或第三国的机构和个人，其适用等同于本指令规定的客户尽职调查要求和记录保存要求，并且根据第 Ⅵ 章第 2 节的规定来监督其对本指令的履行情况。

2. 在决定某一第三国是否满足第 1 段规定的条件时，成员国应考虑关于地域风险程度的可获取信息，并应遵循本指令和根据（EU）第 1093/2010 号、（EU）第 1094/2010 号和（EU）第 1095/2010 号规章的相关规定，将其认为第三国满足此类条件时的情况相互告知并通知委员会及 EBA、EIOPA 和 ESMA。

第 26 条

1. 成员国应确保报送主体从被委托的第三方处获得关于第 11 （1）（a）、（b）和（c）项中规定所要求的必要信息。

2. 成员国应确保被提及客户的报送主体采取适当措施来保证在被要求时，第三方能够立即提供相关身份证明的复印件和核实数据以及关于客户或受益人身份的其他相关文件。

第 27 条

成员国应确保母国主管当局（对于集团范围的政策和控制措施）和

东道国主管当局（对于分支机构和子公司）可考虑某一报送主体在其集团规划中适用第 25（1）条和第 26 条中包含的措施，在满足以下条件的情况下：

（a）报送主体依赖于作为同一集团组成部分的第三方所提供的信息；

（b）集团根据本指令或同等规则来适用客户尽职调查措施、记录保存规则以及反对洗钱和恐怖融资的规划；

（c）对（b）项中提及要求的有效执行是在集团层面被某一主管部门监管的。

第 28 条

在基于合同安排，外包服务提供商或代理人将被视为报送主体的组成部分的情况下，本节不应适用于外包或代理关系。

第Ⅲ章　受益所有权信息

第 29 条

1. 成员国应确保在其国境内建立的公司或法人实体获得并掌握关于其受益所有权充足、准确和最新的信息。

2. 成员国应确保本条第 1 段所提及的信息能够被主管当局和报送主体及时取得。

第 30 条

1. 成员国应确保受其法律约束的任何任意信托的受托人获得并掌握关于信托受益所有权充足、准确和最新的信息。该信息应包括发起人、受托人、监护人（若相关）、受益人或受益群体以及对信托实施有效控制的任何其他自然人的身份。

2. 成员国应确保受托人向报送主体披露其身份，当作为受托人，该受托人超出第 10 条（b）、（c）和（d）项规定的界限建立业务关系或执行某交易时。

3. 成员国应确保本条第 1 段中提及的信息能够被主管当局和报送主体及时获取。

4. 成员国应确保符合第 1、2 和 3 段所述的该类措施适用于具有和信托类似结构和功能的其他类型的法律实体和安排。

第Ⅳ章　报告义务

第 1 节　总则

第 31 条

1. 成员国应建立 FIU，以有效预防、发现和调查洗钱和恐怖融资。

2. 成员国应书面通知委员会其各自 FIU 的名称和地址。

3. FIU 应建成国家级的信息中心，应负责接收（及经批准，要求提供）、分析和向主管部门移送有关潜在的洗钱、恐怖融资或其他国家法律或规定所要求的信息。应赋予 FIU 充分的资源，以完成其职责。

4. 成员国应确保 FIU 能及时、直接或间接地获取所需的金融、行政及执法方面的信息，以便于适当行使其职责。此外，各 FIU 应处理来自其成员国执法当局的信息协查，除非存在确凿原因能假定：提供此类信息将对案例调查或分析产生负面影响，或者在特殊情况下，对于被协查的目的，信息泄露将明显地和某自然人或法人的正当利益不相称。

5. 当某项交易涉嫌洗钱或恐怖融资时，成员国应确保赋予 FIU 采取紧急行动的直接或间接的权力，以便中止或者保留当前进行的该项交易，从而分析交易并确认其可疑。

6. FIU 的分析职能应包括针对个人案例特定目标的个案分析和表明洗钱和恐怖融资趋势和类型的战略分析。

第 32 条

1. 成员国应要求报送主体，并在适用其管理者和员工的情况下，充分合作以便：

（a）当受本指令约束的机构和个人了解、怀疑或有正当理由怀疑该资金为犯罪活动收益或该资金和恐怖融资相关，应主动迅速通知 FIU，并迅速受理来自 FIU 的对该类案例附加信息的查询；

（b）按照法律制定的程序，应根据要求，及时向 FIU 报送所有必要的信息。

2. 本条第 1 款所指的信息，应提供给报送信息的机构或个人所属成员国的 FIU。个人或指定的个人应根据第 8（4）条的程序报送信息。

第 33 条

1. 为使第 32（1）条中的信息不受损毁，成员国可以，对第 2 条（1）（3）（a）、（b）和（d）中所指的人，指定一个适当的行业自律机构，赋予其代替 FIU 而首先接收报送的权利。

如对本条第 2 款没有异议，在上文第 1 子款中提及情况下的指定的行业自律机构应迅速地、无保留地将信息提供给 FIU。

2. 仅在以下情况下，成员国不应强迫公证人、其他独立法律专业人员、审计师、外部会计师和税务顾问履行第 32（1）条中规定的义务至严格的程度：此类豁免涉及他们从其某一客户处接收或得到的信息，该信息是在为其客户查明涉罪情况的过程中，或在司法程序中或涉及司法程序时，包括在应诉或撤诉的程序中履行其为客户辩护或代理客户的职责，不论此类信息是在此程序之前、期间或之后接收或获取的。

第 34 条

1. 成员国应要求报送主体制止执行其知晓或怀疑的和洗钱或恐怖融资有关的交易，直到其完成了与第 32 条（1）（a）中相符的必要的行动。

根据成员国的立法，机构可能获得不执行交易的指示。

2. 当此种交易被怀疑会引发洗钱或恐怖融资，并且当以此种方式制止交易是不可能的或有可能阻碍追踪到所怀疑的洗钱或恐怖融资操作的受益者时，相关报送主体应在交易完结后立即通知 FIU。

第 35 条

1. 成员国应确保，如果报送主体在第 45 条中所指的主管部门执行检查过程中，或其监管者以任何其他方式发现了与洗钱或恐怖融资相关的事实，应立即通知 FIU。

2. 成员国应确保法律或法规授权的监管机构在监管股票、外汇和金融衍生品市场时，如果发现可能与洗钱或恐怖融资相关的事实，应通知 FIU。

第 36 条

经由第 32（1）条和第 33 条预先规定的报送主体或者该实体的雇员或管理者善意地披露第 32 条和第 33 条中所指信息的行为，不应违反任何通过合约或法律、法规或行政条款规定的限制披露信息的规定，并且不应涉及报送主体或者其管理者或雇员的任何责任。

第 37 条

成员国应采取适当措施保护报送主体中向本机构内部或向 FIU 报告洗钱或恐怖融资嫌疑的雇员，避免其被暴露在威胁或敌意行为之中。

第 2 节　禁止泄露

第 38 条

1. 报送主体及其管理者和雇员都不应向相关客户或其他第三方泄露已依据第 32 条和第 33 条规定报送信息或正在或可能已执行某项洗钱或恐怖融资调查的事实。

2. 第 1 款中规定的禁令，不应包括向成员国中包括行业自律机构在内的主管部门披露信息，或出于执法目的而披露信息的行为。

3. 第 1 款中规定的禁令，不应妨碍各成员国的机构之间披露信息，或向来自施加等同于本指令规定的要求的第三国的机构披露信息，假如此类国家属于相同国家集团。

4. 第 1 款中规定的禁令，不应妨碍在第 2（1）（3）（a）和（b）条中所指成员国中的个人，或来自施加等同于本指令规定的要求的第三国的进行职业活动的个人之间披露信息，无论其是否在同一法人或网络中作为雇员。

在第 1 子款中，"网络"是指一个较大的框架，属于此框架中的人共享共同的所有权、管理或合规控制。

5. 对于第 2（1）（1）、（2）和（3）（a）及（b）条所指机构和个人涉及两个或更多机构或个人的相同客户和相同交易的情况，第 1 款中规定的禁令不应阻碍在相关机构或个人之间公开披露信息，假如其位于同一成员国，或者位于施加等同于本指令规定的要求第三国，并且其处于同一职业领域并遵从相同的职业秘密和个人数据保护义务。

6. 当第 2（1）（3）（a）和（b）条中所指的个人试图劝说客户不要从事非法活动时，这不应构成第 1 段中所指的泄露。

第 V 章　记录保存与统计数据

第 39 条

成员国应要求报送主体依据国家法律保留下列文件和信息，用于金融情报机构或其他主管当局预防、发现和调查可能的洗钱或恐怖融资活动：

（a）在客户尽职调查情况下：所获得的副本或涉及所需要的证据，在客户业务关系结束后保存 5 年；在此期间即将到期时，除非国家法律要求，应根据法律决定何种情况下报送主体可以或应当进一步保留数据，否则可以删除个人数据。仅在有必要出于预防、发现和调查洗钱和恐怖融资目的情况下，成员国可以允许或要求进一步地保留数据。最长保留期不应超过商业关系结束后 10 年。

（b）在业务关系和交易情况下：由国家立法认可的原始文件和法院接受的复印件组成的有力证据和记录，在交易执行完毕或业务关系结束后至少保存 5 年，不论哪个时间段为最短。在此期间即将到期时，除非国家法律要求，应根据法律决定何种情况下报送主体可以或应当进一步保留数据，否则可以删除个人数据。仅在有必要出于预防、发现和调查洗钱和恐怖融资目的情况下，成员国可以允许或要求进一步地保留数据。在交易执行完毕或商业关系结束后，不论哪个时期先行完结，最长保留期不应超过 10 年。

第 40 条

成员国应要求其报送主体拥有到位的系统，该系统使其能充分并迅速响应来自 FIU 或其他当局根据其国内法提出的要求，例如是否保存或已保存过去 5 年间和特定自然人或法人的业务关系以及该关系的性质。

第 41 条

1. 为准备依据第 7 条所述的国家风险评估工作，成员国应确保通过保存全面的关于涉及此类系统的有效性内容的统计数据，其能够检测其系统打击洗钱或恐怖融资活动的有效性。

2. 第 1 款中所指的统计数据应包括：

（a）在本指令范围内衡量不同报送部门规模和重要性的数据，包括报送机构和个人的数量，以及各部门经济上的重要性；

（b）衡量国家反洗钱和反恐怖融资领域报送、调查和司法阶段的数据包括 FIU 已收集的可疑交易报告数量、此类报告的后续处理情况以及显示基于年度的案件调查数量、被起诉的个人数量、被控涉嫌洗钱或恐怖融资犯罪的个人数量，以及被冻结、扣押和没收的财产的欧元价值。

3. 成员国应确保能公开发布并向委员会递交第 2 款提及的关于此类统计报告的综合检查评论。

第VI章　政策、规程和监管

第 1 节　内部规程、培训和反馈

第 42 条

1. 成员国应要求作为某集团组成部分的报送主体执行集团范围的政策和规程，包括出于反洗钱和打击恐怖融资目的的数据保护政策以及在集团内部共享信息的政策和规程。此类政策和规程应当在成员国和第三国的分支机构和控股子公司层面被有效执行。

2. 成员国应确保当报送主体拥有位于反洗钱和打击恐怖融资要求没有成员国的此类要求严格的第三国的分支机构或控股子公司时，其位于第三国的分支机构和控股子公司执行成员国的要求，包括数据保护，就此问题而言，第三国的法律和规章要允许如此操作。

3. 成员国、EBA、EIOPA 和 ESMA 在第三国立法不允许适用第 1 段要求的措施时，应互相通知案例并可采取协调行动来寻求问题的解决方法。

4. 第三国立法不允许适用第 1 段第 1 小段要求的措施时，成员国应要求报送主体采取额外措施来有效处理洗钱或恐怖融资的风险，并通知其母国监管部门。如果额外措施不够有力，母国的主管当局应考虑额外的监管措施，包括适当要求金融集团关闭其在东道国的业务。

5. 第三国的立法不允许适用第 1 段和第 2 段要求的措施时，EBA、EIOPA 和 ESMA 应草拟监管技术标准草案来说明本条第 4 段中提及的额外措施的类型以及第 2（1）（1）和（2）条提及的报送主体要采取的最低限度的行动。EBA、EIOPA 和 ESMA 应在本指令生效日起的两年内向委员会提交此类监管技术标准草案。

6. 根据（EU）第 1093/2010 号、（EU）第 1094/2010 号和（EU）第 1095/2010 号规章的第 10 条至第 14 条中制定的规程赋予委员会权力来采纳第 5 段中提及的监管技术标准。

7. 成员国应确保允许集团内部的信息共享，假如不妨碍 FIU 或其他

主管当局根据国内法对可能的洗钱或恐怖融资的调查或分析。

8. 成员国可要求在其境内设立的，并且其总部位于另一成员国或在欧盟之外的、由欧洲议会和理事会 2009/110/EC 号指令规定的电子货币的发行者和由欧洲议会和理事会 2007/64/EC 号指令规定的支付提供者，在其境内指定一个核心联络点来检查反洗钱和反恐怖融资条例的合规情况。

9. EBA、EIOPA 和 ESMA 应草拟关于决定何时根据上述第 8 段指定核心联络点的行为是适宜情况的标准，以及核心联络点应有什么功能监管技术标准草案。EBA、EIOPA 和 ESMA 应在本指令生效日起的两年内向委员会提交此类监管技术标准草案。

10. 根据（EU）第 1093/2010 号、（EU）第 1094/2010 号和（EU）第 1095/2010 号规章第 10 条至第 14 条制定的规程，赋予委员会权力来采纳第 9 段中提及的监管技术标准。

第 43 条

1. 成员国应要求报送主体采取与其风险、性质和规模相称的措施，以便其相关员工知晓依照本指令采纳的规定，包括相关数据保护要求。

此类措施应包括其相关员工参加特定的持续的培训教程，以帮助其识别可能涉及洗钱或恐怖融资的操作并指导其如何在此类情况下应对。

如果某一自然人进入第 2（1）（3）条中列举的任何一类机构以法人的员工身份履行其专业职责，则本节中的义务应适用于该法人而非该自然人。

2. 成员国应确保报送主体能获取关于洗钱和恐怖融资实务及引发识别可疑交易指标的最新信息。

3. 只要可行，成员国应确保提供关于洗钱或恐怖融资报告的有效性和后续处理情况的及时反馈。

第 2 节 监管

第 44 条

1. 成员国应规定货币兑换商、信托机构和公司服务提供商取得牌照或已注册，且博彩服务提供商获得授权。

2. 对于第 1 段中提及的主体，成员国应要求主管当局确保有效管理或即将管理此类实体运营的个人或此类实体的受益所有人是合适及恰当的人选。

3. 对于第 2（1）（3）（a）（b）（d）和（e）条中提及的报送主体，成员国应确保主管当局采取必要措施来防止犯罪分子或其团伙控制或成为某一重大或控制性利益的受益所有人，或在此类报送主体中掌握管理职能。

第 45 条

1. 成员国应要求主管当局有效监控并采取必要措施以确保本指令要求的施行。

2. 成员国应确保主管部门有充分的权力，包括强迫获取和监控合规性和行使检查任何相关信息的权力，并且拥有充分的财务、人力和技术资源来发挥其作用。成员国应确保此类当局的员工保持高职业标准，包括机密性和数据保护的标准，其应当具有高度的正直性和恰当的技术性。

3. 对于信贷机构和金融机构以及博彩服务提供商，主管当局应拥有强化的监管权力，特别是执行现场检查的可能性。

4. 成员国应确保在其他成员国内运作分支机构或子公司的报送主体遵从该其他成员国与本指令相关的国内规定。

5. 成员国应确保报送主体在其国中设立分支机构或子公司的成员国的主管当局应和报送主体在其国中拥有总部的成员国的主管当局合作，以确保对本指令要求的有效监管。

6. 成员国应确保使用风险敏感性方法进行监管的主管当局：

（a）对其国内存在的洗钱和恐怖融资风险有清晰的认识；

（b）能获取涉及报送主体的客户、产品和服务的特定国内外风险的现场和非现场的所有信息；并且

（c）设定关于报送主体的风险概况和对国内存在的洗钱和恐怖融资风险的现场和非现场监管的频率和力度。

7. 对报送主体的洗钱和恐怖融资风险概况的评估，包括不合规的风险，既应定期性地检查，也应在报送主体发生重大事件或在其管理或运作中有重大发展时检查。

8. 成员国应确保主管当局考虑到允许报送主体自行裁定的程度，并恰当评估在此自行裁定下的风险，以及其政策、内控措施和规程的充分性和可执行性。

9. 对于第 2 条（1）（3）（a）、（b）和（d）项所提及的报送主体，成员国可以允许由自律组织来行使第 1 段中提及的职能，假如其遵从本条第 2 段的规定。

10. 根据（EU）第 1093/2010 号、（EU）第 1094/2010 号和（EU）第 1095/2010 号规章的第 16 条，EBA、EIOPA 和 ESMA 应向主管当局发布关于在执行基于风险敏感性监管时适用因素的指引。要特别考虑到营业的性质和规模，以及在适当和适度之时应预知的特定措施。此类指引应在本指令生效日起的两年内发布。

第 3 节　合作

第 I 小节　国内合作

第 46 条

成员国应确保涉及反洗钱和反恐怖融资的政策制定者、FIU、执法当局、监管者和其他管理当局能够拥有涉及打击洗钱和恐怖融资的发展和执行方面的合作及协调的有效机制。

第 II 小节　和 EBA、EIOPA 和 ESMA 的合作

第 47 条

管理当局应向 EBA、EIOPA 和 ESMA 提供在本指令下执行其职责的所有必要信息。

第 III 小节　FIU 之间的合作以及与欧盟委员会的合作

第 48 条

欧盟委员会应提供此类帮助以促进协调，包括在欧盟内部各 FIU 之间的信息交换。可以由来自各成员国 FIU 的代表定期召开会议，来促进合作并交换关于合作相关问题的观点。

第 49 条

成员国应确保其 FIU 之间的合作达到可能的最大程度，不论其属于行政型、执法型、司法型或混合型的当局。

第 50 条

1. 成员国应确保各 FIU 自动地或在被查询的时候，交换任何针对涉及洗钱和恐怖融资的金融交易和自然人或法人的信息，该信息可能和 FIU 处理或分析信息或调查活动相关。查询应包括相关事实、背景信息、查询原因和拟如何利用该信息。

2. 在回复第 1 款提及的来自欧盟内部另一 FIU 的信息查询时，成员国应确保接受查询的 FIU 能利用其全部权力来接收并分析信息。接受查询的 FIU 应及时回复，并且只要可行，发起查询和接受查询的 FIU 双方均应使用数据安全手段来交换信息。

3. FIU 可能会拒绝从而导致损害被协查国家中正在进行的刑事调查的信息泄露；或在特殊情况下，拒绝和某自然人或成员国的法律利益明显不相称或和信息收集目标无关的信息泄露；对发起查询信息的 FIU 而言，任何此类拒绝泄露信息的行为都是适当合理的。

第 51 条

依据第 49 条和第 50 条接收的信息和文件应当被用于实现本指令规定的 FIU 职责。当传送依据第 49 条和第 50 条接收的信息和文件时，发出方 FIU 应对信息的利用施加限制和条件。接收方 FIU 应遵循此类限制和条件。此类措施并不影响涉及 FIU 预防、发现和调查洗钱和恐怖融资职责的刑事调查和诉讼的用途。

第 52 条

成员国应确保各 FIU 采取所有必要措施，包括安全措施，来保证任何其他当局、机构或部门不能获取依据第 49 条和第 50 条提交的信息，除非 FIU 被优先批准提供信息。

第 53 条

1. 成员国应鼓励其 FIU 使用 FIU 间受保护的沟通渠道并使用非集中的计算机网络 FIU. net。

2. 成员国应确保，为实现本指令规定的 FIU 职责，各 FIU 的合作应使用完善的技术。此类技术应使得各 FIU 和其他 FIU 以匿名方式来匹配数据，通过确保充分的个人数据保护，以发现其他成员国 FIU 感兴趣的主体，并识别出其收益和资金。

第 54 条

在涉及至少 2 个成员国时，成员国应确保其 FIU 就执行的分析问题和欧洲刑警组织拥有跨境维度的合作。

第 4 节　惩罚

第 55 条

1. 成员国应确保报送主体对违反根据本指令所采纳的国内法规承担

责任。

2. 对成员国施加犯罪惩罚的权利应无偏见，当报送主体违反采纳执行本指令规定的国内法规时，成员国应确保主管当局采用适当行政手段并施加行政处罚，并应确保法规可适用。此类措施或制裁应当有效、适当和具有劝诫性。

3. 成员国应确保当义务适用于法人时，处罚能够适用于实体的管理成员或任何其他在国内法下应对违法行为负责的个人。

4. 成员国应确保主管当局拥有对执行职能所必需的所有调查权。在执行其处罚权时，主管当局应密切合作以确保行政措施或处罚产生所希望的结果，并在处理跨境案例时协调其行动。

第 56 条

1. 本条应至少适用于报送主体表现出对于涉及本指令以下条款出现系统性失败的情形：

（a）9 至 23（客户尽职调查）；

（b）32、33 和 34（可疑交易报告）；

（c）39（记录保存）；和

（d）43（内控措施）。

2. 成员国应确保在第 1 段中提及的情况下，能够适用包括至少以下行政措施和处罚：

（a）指出该自然人姓名或法人名称以及违法性质的公开声明；

（b）要求该自然人或法人停止该行为并停止重复该行为的命令；

（c）在某一报送主体需要授权的情况下，撤销该授权；

（d）暂时禁止在该机构内承担运作职能责任的报送主体管理成员的任何活动；

（e）对于法人，处以最高为该法人前一营业年度总年营业额 10% 的罚款；

（f）对于自然人，自本指令生效日起，处以最高 500 万欧元的罚款，或在欧元不是官方货币的成员国内，处以相对应的该国货币价值；

（g）当金额能够断定时，处以最高 2 倍利润所得或因违反法规所能避免的损失的罚款。

对（e）项而言，当法人是某一上级实体的子机构时，相关总年度销售额应当是来自最终母实体在上一营业年度发生的合并账户的总年度销售额。

第 57 条

1. 成员国应确保主管当局对违反为执行本指令所采纳的国内法的行为无过久延迟地发布任何处罚或措施，包括关于违规的类型和性质以及责任人身份的信息，除非此类信息的发布会严重妨碍金融市场的稳定性。当信息发布会对涉及方产生不相称的伤害时，主管当局应基于匿名方式发布处罚。

2. 成员国应确保当决定行政处罚或措施的类型和行政罚款的级别时，主管当局应考虑到所有的相关因素，包括：

（a）违规的程度和持续时间；

（b）责任人或法人应负责的程度；

（c）责任人和法人的财力，由该个人的总营业额或年度收入来表示；

（d）责任人或法人获取的利润或避免的损失的重要性，就其能够被断定的情况下；

（e）因违规造成的第三方的损失，就其能够被断定的情况下；

（f）责任人或法人和主管当局合作的程度；

（g）责任人或法人以往的违规情况。

3. 根据（EU）第 1093/2010 号、（EU）第 1094/2010 号和（EU）第 1095/2010 号规章的第 16 条，EBA、EIOPA 和 ESMA 应向主管当局提交适用于第 2 条（1）（1）和（2）项中提及的报送主体的行政措施和处罚的类型和行政罚款的程度。此类指引应在本指令生效日起的两年内发布。

4. 针对法人，成员国应确保其能够对第 56 条第 1 段中所指的违法行为承担责任，该行为是由任何个人出于法人利益而造作的、无论其作为个人，还是作为法人组织中的一个组成部分，其在法人中基于以下原因处于领导位置：

（a）代表该法人的权力；

（b）代表该法人采取决策的权威，或者

（c）在法人内部行使控制权的权威。

5. 除第 4 段中提及的情况，成员国应确保法人在以下情况能够承担责任：因缺乏第 4 段中提及的某一个人的监管或控制，使得可能出现某一个人出于法人的利益在其权威之下造作第 56 条第 1 段所指的违法行为的情况。

第 58 条

1. 成员国应确保主管当局建立有效机制来鼓励向主管当局报告违反执行本指令的国内法规的行为。

2. 第 1 段中提及的该机制应至少包括：

（a） 为接收关于违规及其后续情况的报告的特定规程；

（b） 对报告机构内部违规行为的机构员工的适当保护措施；

（c） 为遵循 95/45/EC 号指令规定的原则，对个人数据的保护措施，既包括报告违规行为的个人，也包括声称负有违规责任的自然人。

3. 成员国应要求报送主体拥有为其员工通过特殊、独立和匿名的渠道报告内部违规行为适当的规程。

第VII章　最终条款

第 59 条

本指令生效日起 4 年内，委员会应起草关于本指令的执行报告并递交欧洲议会和理事会。

第 60 条

2005/60/EC 号和 2006/70/EC 号指令自（填写第 61 条第 1 段中设定的日期）日废止。

在制定本指令时，应对废止的指令作出说明并根据相关表格在附件 IV 中列出。

第 61 条

1. 最迟截至被采纳 2 年后，成员国应使遵照本指令的法律、法规和行政规章生效。成员国应即刻和委员会沟通此类法规的主要内容。

当成员国采纳了此类法规，其在官方公布法令时应包含对本指令的参考或随附此类参考。成员国应决定如何制定此类参考。

2. 成员国应和委员会沟通在本指令覆盖的领域内成员国采纳的国内法主要法规的内容。

第 62 条

本指令应于其在《欧盟官方期刊》上公布后第 20 天生效。

第 63 条

本指令应呈递各成员国。

制定于斯特拉斯堡

欧洲议会　　　　　　　　　　　　　　理事会

主席（签名）　　　　　　　　　　　　主席（签名）

附件 I

以下为报送主体在根据第 11（3）条决定将客户尽职调查措施适用至何种程度时，应考虑的风险变量清单，包括但不限于：

（ⅰ）某一账户或业务关系的目的；

（ⅱ）客户将要存入的资产水平或进行交易的规模；

（ⅲ）业务关系的规律性和持续时间。

附件 II

以下为第 14 条中提及的较低潜在风险的因素和类型清单，包括但不限于：

（1）客户风险因素：

（a）在股票交易所上市并受到信息披露要求（或经股票交易所的规定或通过法律或强制性手段）的公众公司，该信息披露被要求强行施加以确保受益所有人的充分透明性；

（b）公众管理部门或企业；

（c）客户居住在第（3）段中设定的较低风险的地理区域。

（2）产品、服务、交易或交付渠道的风险因素：

（a）低保费的寿险保单；

（b）没有早期退保选择的养老金计划保单且该保单不能抵押；

（c）用于为员工提供退休福利的养老金、退休金或类似保险计划，当通过缩减员工工资来缴纳保费，且该计划的条款不允许在该计划下分配某一成员的利息；

（d）向某一特定客户类型适当提供确定的和有限的金融产品或服务，

为增强达到财物扩展目的；

（e）当洗钱和恐怖融资的风险被其他因素，如金额限制或透明的所有权，管控时的产品（例如，由关于从事、追踪及审慎监管电子货币机构的业务的 2009/110/EC 号指令中界定的特定类型的电子货币）。

（3）地理风险因素：

（a）其他欧盟成员国；

（b）拥有有效反洗钱/打击恐怖融资的金融系统的第三国；

（c）经可信来源认定的拥有低程度的贪腐和其他刑事犯罪活动的第三国；

（d）接受与 FATF 建议相符的打击洗钱和恐怖融资要求的、已有效地执行此类建议，且根据该建议被有效监管或监控以保证和此类要求合规的第三国。

附件Ⅲ

以下为第 16 条中提及的较高潜在风险的因素和类型清单，包括但不限于：

（1）客户风险因素：

（a）以异常方式开展业务关系；

（b）客户居住在（3）中设定的国家里；

（c）作为个人资产持有工具的法人或法律安排；

（d）存在匿名股东或以无记名方式持有股份的公司；

（e）对于公司业务的性质而言，公司的股权结构看似异常或过于复杂。

（2）产品、服务、交易或交付渠道的风险因素：

（a）私人银行；

（b）可能有助于匿名的产品或交易；

（c）非面对面的业务关系或交易；

（d）来自未知或无关联第三方的支付；

（e）新产品和新业务操作，包括新的交付机制，以及对新的和以前存在的产品使用新的或发展中的技术。

（3）地理风险因素：

（a）经可信来源，如 FATF 的公开声明、互评估或详细评估报告或发表的后续报告，认定的未能拥有有效反洗钱/打击恐怖融资的金融系统的国家；

（b）经可信来源认定的存在显著水平的贪腐和其他刑事犯罪活动的国家；

（c）受到来自例如联合国的制裁、禁运或类似措施的国家；

（d）为恐怖活动提供资金或支持的国家，或在国内存在指定的恐怖组织运作的国家。

附件 IV

第 60 条中提及的关联表。

2005/60/EC 号指令	本指令
第 1 条	第 1 条
第 2 条	第 2 条
第 3 条	第 3 条
第 4 条	第 4 条
第 5 条	第 5 条
	第 6～8 条
第 6 条	第 9 条
第 7 条	第 10 条
第 8 条	第 11 条
第 9 条	第 12 条
第 10 条（1）	第 10 条（d）
第 10 条（2）	—
第 11 条	第 13、14 和 15 条
第 12 条	—
第 13 条	第 16～23 条
第 14 条	第 24 条
第 15 条	—
第 16 条	第 25 条
第 17 条	—
第 18 条	第 26 条

续表

2005/60/EC 号指令	本指令
	第 27 条
第 19 条	第 28 条
	第 29 条
	第 30 条
第 20 条	—
第 22 条	第 32 条
第 23 条	第 33 条
第 24 条	第 34 条
第 25 条	第 35 条
第 26 条	第 31 条
第 26 条	第 36 条
第 27 条	第 37 条
第 28 条	第 38 条
第 29 条	—
第 30 条	第 39 条
第 31 条	第 42 条
第 32 条	第 40 条
第 33 条	第 41 条
第 34 条	第 42 条
第 35 条	第 43 条
第 36 条	第 44 条
第 37 条	第 45 条
	第 46 条
第 37a 条	第 47 条
第 38 条	第 48 条
	第 49 ~ 54 条
第 39 条	第 55 ~ 58 条
第 40 条	—
第 41 条	—
第 41a 条	—
第 41b 条	—
第 42 条	第 59 条
第 43 条	—
第 44 条	第 60 条
第 45 条	第 61 条

续表

2005/60/EC 号指令	本指令
第 46 条	第 62 条
第 47 条	第 63 条

2006/70/EC 号指令	本指令
第 1 条	—
第 2 条（1）、（2）和（3）	第 3 条（7）（d）（e）（f）
第 2 条（4）	—
第 3 条	—
第 4 条	第 2 条（2）至（8）
第 5 条	—
第 6 条	—
第 7 条	—

美　国

美国财政部金融犯罪执法网络（FINCEN）规章[①]

目　录

---

① 节选自《美国联邦法规》（CFR）第 31 编第 X 章第 1010 部分。

参加本规章翻译有关工作的有：郭妙玲、邓晓卓、吴瑞玲、张彦志、李峰、李晓明、杨杰、张旭辉、陈玲、丁唯、高婧、房海滨、连军；审校：陈邦来、刘红艳、孙贞。

子部分 A 定义

1010.100 定义

基本定义：如无其他明确表述或与内容无明显冲突，本章所使用的术语均作下述解释。适于特定金融机构的术语可参见相应部分，则同一术语含义会因之有别。

（a）承兑：收款人金融机构以外的接收金融机构，通过执行传送指令对其进行承兑。收款人金融机构承兑传送指令的方式为：向收款人支付款项、通知其接收指令或以其他方式履行指令义务。

（b）一次：就 1010.340 而言，凡运送、邮寄、运输、接收，或拟运送、邮寄、运输，或造成运送、邮寄、运输、接收货币工具的人，均视为其进行了"一次"该项行为，如果：

（1）独自、协同他人、代表他人；

（2）以任何方式运送、邮寄、运输、接收，或拟运送、邮寄、运输，或让他人运送、邮寄、运输、接收；

（3）货币工具；

（4）进出美国；

（5）总量超过 1 万美元；

（6）（ⅰ）某一日历日；或者

（ⅱ）为规避 1010.340 所述报告要求而在多于一日的时间。

（c）总检察长：美国总检察长。

（d）银行：在美国代表他人有下述一项或多项能力进行业务的代理人、代理机构、分支机构：

（1）依美国法律、美国各州法律成立的商业银行、信托公司；

（2）私人银行；

（3）依照美国法律、美国各州法律成立的存贷组织、建筑贷款组织；

（4）《国家住房法》第 401 节定义的纳入保险的机构；

（5）储蓄银行、实业银行或其他储蓄机构；

（6）依照美国法律、美国各州法律成立的信贷联盟；

（7）除货币服务商外的，任何依州银行法特许成立并接受州银行监管部门监督的组织；

（8）按照外国法律成立的银行；

（9）遵守《1913 年 12 月 23 日法案》第 25（a）节及其修订的任何全国性银行协会或公司。

（e）《银行保密法案》：《现金及涉外交易报告法》及其修订以及补充资料、其他与该法有关的法律的统称。参见 12 U. S. C. 1829b，12 U. S. C. 1951－1959，18 U. S. C. 1956，18 U. S. C. 1957，18 U. S. C. 1960，以及 31 U. S. C. 5311－5314 节和 5316－5332 节。[①]

（f）受益人：接受受益人银行付款的人。

（g）受益人银行：支付指令上载明的本国或外国银行，依照支付指令将所述款项贷记入受益人账户或在支付指令没有载明支付账户时直接支付给受益人。

（h）证券经纪人或交易人：任何依《1934 年证券交易法》在证券交易委员会注册或应注册的人，但不包括按照《1934 年证券交易法》第 15（b）（11）节注册的人。

（i）工作日：本章所指为银行工作日，向储户开放，向客户账户例行转账交易。

（j）商品：任何货物、物品、服务、权利，或《商品交易法》第 1a（4）节，即 7 U. S. C. 1a（4）所指的权益。

---

① 《美国法典》第 12 编第 1829b 节、第 12 编第 1951－1959 节、第 18 编第 1956 节、第 18 编第 1957 节、第 18 编第 1960 节、第 31 编第 5311－5314 节和第 5316－5332 节。为方便查阅原文，此类表述予以保留，不直译，下同。

（k）普通承运人：从事运输业的任何人，为获取运费而随时出让自己去承载货物及人员，或为意欲提供运费的人提供特定服务。

（l）销售合同：《商品交易法》第 1a（7）款项下任何买卖协议。

（m）现金：美国或其他国家以硬币或纸币形式发行的货币，在发行国家可习惯上作为交换媒介。现金包括美国金属货币、美钞、美国联邦储备券，还包括外国银行发行的习惯上在外国可作为交换媒介的外币。

（n）存款账户：包括本节第（ccc）段中所述的交易账户、储蓄存款账户以及其他定期存款账户。

（o）国内：特指美国境内业务，以及以上机构或其代理机构在美国境内进行业务须遵守的法律规定。

（p）现有客户：与金融机构有账户往来关系的人，账户包括贷款账户、存款账户及其他资产账户。金融机构已获取并就其名址、纳税人身份序号（如社会保障号或雇主身份号）归档的人士。除此之外，尚有金融机构依据外国居住证明或护照以及颁发护照国等信息向其提供服务的人士。

（q）执行日期：指接收金融机构为执行发送人指令而可能签发传送指令的日期。具体日期可由发送人的指令确定，但不应早于指令接收日，而且除非另有规定，一般为命令接收当日。如发送人在指令中明确指明支付日期，则执行日期即为支付日期或更早时间，旨在确保收款人在支付日收账。

（r）联邦职能监管者：

（1）联邦储备系统行长委员会；

（2）货币监理署；

（3）联邦存款保险公司董事会；

（4）美国储蓄监督署；

（5）国家信用联盟管理委员会；

（6）证券交易委员会；

（7）商品期货交易委员会。

（s）金融犯罪执法网络：金融犯罪执法网络为财政部所属的一个局。

（t）金融机构：有能力开展下述一项或多项业务的主体，其代理人、代理机构、分支机构及在美国的办公机构，不论是否为常规经营或以相应商业组织进行业务：

（1）银行（银行信用卡体系除外）；

（2）证券经纪人或交易人；

（3）本节第（ff）段所定义的货币服务商；

（4）电报公司；

（5）（i）赌场：博彩或赌博指在美国有执照许可的业务，可能依据美国各州、州级单位、岛屿领地、《印第安博彩管理法》，其他联邦、州、部落法或有关印第安领地的协议（包括：无限制，基于在印第安地面上无须授权管理的假设）经营，年博彩收入总额超过100万美元。此术语包含赌场总部、国内分支机构以及各经营场所。

（ii）就第（t）（5）段而言，"博彩毛岁收"意为某赌场上年或当年的毛收入。凡本章所述的赌场其当年博彩毛岁收必须超过100万美元，而其当年博彩毛岁收未超100万美元者则不视为赌场。

（iii）除第（t）（5）和（t）（6）段外，本章所指赌场同时包括纸牌俱乐部，除非相关部分明确使用区别对待字样或将此排除在外。

（6）（i）纸牌俱乐部：有执照许可从事博彩的纸牌俱乐部、赌博俱乐部、纸牌室、赌博室或近似称谓的赌博机构，可能依据美国各州、州级单位、岛屿领地、上述部分的政治机构分支、《印第安博彩管理法》，其他联邦、州、部落法或有关印第安领地的协议（包括：无限制，基于在印第安地面上无须授权管理的假设）经营，年博彩收入总额超过100万美元。此术语包含赌场总部、国内分支以及各经营场所。本章所用赌场含第（t）（5）（iii）段中的纸牌俱乐部。

（ii）就第（t）（6）段而言，"博彩毛岁收"指的是该机构从博彩活动中获取的毛收益（不论其按照每局/每台收费还是计算租金或是其他方式），计算周期可为上营业年度或本营业年度。本章所指纸牌俱乐部，因其本年度毛利超过100万美元，因此被视为金融机构，但在年度毛利超过100万美元之前不被视为金融机构。

（7）隶属州或联邦的银行监管部门管辖的任何主体；

（8）期货经纪商；

（9）商品引介经纪人；

（10）共同基金。

（u）外国银行。根据外国法律成立的银行，或者在美国境外设立的机构、分支机构或办事处。该条款不适用于根据外国法律成立的银行在美国境内设立的机构、分支机构或办事处。

（v）外国金融代表处。在美国境外设立的，以金融机构、受托人、受托管理人、代理人身份提供与货币、信贷、证券、黄金相关的服务或进行货币、信贷、证券、黄金交易的主体（国家、行使职权的货币或金融监管当局、美国政府作为成员国的国际金融机构不在此列）。

（w）资金转移。从发起人的支付指令开始，以向指令受益人进行支付为目的的一系列交易行为。该术语包括发起人银行或中间银行为完成支付指令所发出的任何支付指令。资金转移行为在受益人银行收到发起人发出的、以保障受益人利益为目的的支付指令后完成。资金转移行为须遵守《1978 年资金划拨法》，但通过自动票据交易所、自动提款机或销售网点进行的资金转移不在此列。

（x）期货经纪商。指在根据《商品交易法》成立的"美国商品期货交易委员会"（CFTC）注册或被要求注册的主体，但不包括根据《商品交易法》第 4f（a）（2）节［7 U. S. C. 6f（a）（2）］注册的主体。

（y）《1988 年印第安博彩管理法》。《1988 年印第安博彩管理法》，编入 25 U. S. C. 2701 - 2721 和 18 U. S. C. 1166 - 68。

（z）中间银行。除发起人银行、受益人银行之外的接收银行。

（aa）中间金融机构。除传送人金融机构或收款人金融机构之外的其他接收金融机构。中间金融机构包括中间银行。

（bb）商品引介经纪人。指在根据《商品交易法》成立的"美国商品期货交易委员会"注册或被要求注册的主体，但不包括根据《商品交易法》第 4f（a）（2）节［7 U. S. C. 6f（a）（2）］注册的主体。

（cc）投资证券。该证券：

（1）以无记名或记名方式发行；

（2）可在证券交易所、证券市场或其他被认可场所发行或交易的投资载体；

（3）是某类、某系列票据或可被视为某类、某系列票据；

（4）可证明对一份财产或者一家企业拥有股权、所有者权益或其他类型的权益，或可证明发行人义务的凭据。

（dd）货币工具。

（1）货币工具包括：

（i）现金；

（ii）任何形式的旅行支票；

（iii）所有可转让票据工具（包括个人支票、公司支票、银行支票、现金支票、第三方支票、参照《统一商法典》定义的本票、汇票），包括不记名、无限制背书、无指定收款方等（参见1010.340）一切经交付即转移所有权的票据工具；

（iv）未完成的票据工具（包括个人支票、公司支票、银行支票、现金支票、第三方支票、参照《统一商法典》定义的本票、汇票）指已签名且收款方为空白的票据工具；以及

（v）任何经交付即转移所有权的不记名证券、股票。

（2）除仓单、提单外的其他货币工具。

（ee）［保留条款］。

（ff）货币服务商。不论某主体在何处开展业务、是否规律开展业务、是注册机构还是办公机构、是全部还是部分位于美国境内，只要隶属以下所列7项中的1项或多项即在此范畴：

（1）外汇交易商。无论交割是否需在当天完成，当某交易方提供以一国或多国货币计价、金额超过1000美元的现金及其他货币工具、基金及其他现金计价单据时，均可以现金及其他货币工具、基金及其他现金计价单据作为对价为其提供多币种交易的主体。

（2）支票兑现者。

（i）一般情况。可在任何时候通过单次或多次交易对总金额超过1000美元的支票（参照《统一商法典》的定义）、货币工具［参见1010.100（dd）（1）（ii），（iii），（iv）和（v）的定义］进行承兑，并以现金、货币组合或其他货币工具、其他单据作为票据工具的主体。

（ii）具体情况；限制。本部分涉及的支票兑现者要根据具体情况进行判定。支票兑现者不包括：

（A）通过出售预付通道获取支票（参照《统一商法典》的定义）、金融票据或其他单据的主体；

（B）仅出于支付商品、服务目的承兑金融票据的主体；

（C）　负责为顾客（不论是否购买商品和劳务）提供支票验证服务的人；

（D）　对本人支票进行赎回的主体；

（E）　持有作为借款抵押物的客户支票的主体；

（3）　旅行支票或汇票的发行人、出售人。指其：

（ｉ）　通过单笔或多笔交易向任何人签发总金额超过 1000 美元的旅行支票或汇票；或

（ⅱ）　通过单笔或多笔交易向任何人出售总金额超过 1000 美元的旅行支票或汇票。

（4）　预付通道供应商。

（ｉ）　一般是指同意在预付方案中作为主要中间人、负责收集该方案中其他参与人信息的某个参与者。在任何预付方案中，必须确定某个参与人作为预付通道供应商。

（ⅱ）　供应商的确定。如果某预付方案的参与人未对预付通道供应商进行确认，则由预付方案的主要监控人充当预付通道供应商。主要监控人要根据情况确定。主要监控人的工作包括：

（A）　部署预付方案；

（B）　设定预付方案的条款内容、条件并对合规性进行判定；

（C）　确定预付方案的其他参与人，可能包括开证行、付款处理器或分销商；

（D）　指定合适人选负责发起、冻结或终止预付方案；

（E）　对预付方案的执行情况进行监控。

（ⅲ）　预付方案。预付方案是指单个或多个主体共同提供预付通道所依据的相关安排。但以下安排不是预付方案：

（A）　对以下资金提供闭环预付通道：单日从预付通道设备或装置可获取的、不超过 2000 美元的资金；

（B）　仅对以下来源资金提供预付通道：由联邦、州、地方、领土和海岛属地或部落各级政府机构提供的资金；

（C）　仅对以下来源资金提供预付通道：用于保健和抚养支出的税前灵活支付账户（FSA）或用于保健支出的健康偿付账户〔定义参见 26 U.S.C. 105（b）和 125〕；或者

（D）1）仅对下述情形提供预付通道：

（ⅰ）劳务福利、奖金、工资或薪水；或者

（ⅱ）不超过 1000 美元的资金，且单日通过设备或装置进行首次或后续充值、使用或提取均不超过 1000 美元；并且

2）不允许：

（ⅰ）跨境转移资金或等价物；

（ⅱ）在同一预付方案的不同使用者之间转移；或者

（ⅲ）从非存款来源以额外资金或资金等价物进行充值。

（5）货币传送人：

（ⅰ）一般情况：（A）提供货币传送服务的主体。术语"货币传送服务"是指从一主体收取现金、资金或其他现金等价物，并通过任何方式向另一地点或主体转移的行为。"任何方式"包括但不限于：通过金融机构；联邦储备银行或一家或多家联邦储备银行的其他设施、联邦储备系统行长委员会，或二者兼有；电子资金转移网络或非正式价值转移系统；或者

（B）从事货币传送的任何其他主体。

（ⅱ）具体情况；限制。某一主体是否为本节所述货币传送人要根据具体情况进行判定。术语"货币传送人"不包括仅从事以下行为的主体：

（A）提供货币传送人使用的交付、通信或网络接入服务，以支持货币传送服务。

（B）与债权人或卖方签署协议，通过清算和结算系统担当支付处理人，便利商品或劳务的购买或账单支付。

（C）运行清算和结算系统，或担任仅限于《银行保密法案》所监管机构之间的中介。包括但不限于：联邦储备通信系统（Fedwire）、电子资金转移网络、由美国证券交易委员会（SEC）监管的特定注册清算机构以及衍生品清算组织，或由金融机构设立的其他清算交换所。

（D）主要从事物理转移现金、其他货币工具、其他商业票据或其他现金替代物的主体，如装甲车，将上述资金从一主体向该主体的另一处所，或该主体在金融机构的账户进行转移，该过程中其对上述资金只具有托管权益。

（E）提供预付通道；或者

（F）仅出于销售商品或提供服务的目的，而不是出于提供货币传送服务的目的，由某主体进行的资金承兑和传送行为。

（6）美国邮政部门：不包括出售邮资或集邮品。

（7）预付通道销售方：收取资金或资金价值、作为对价提供预付通道的首次充值或后续充值的主体，且该主体满足以下条件之一：

（ⅰ）销售基于某预付方案的预付通道，且该预付通道根据 1022.210（d）（1）（ⅳ）可在核实客户身份前使用；或者

（ⅱ）一天内向单一主体销售预付通道（包括闭环预付通道）价值超过 1 万美元，且未采取合理策略和程序避免这一交易。

（8）限制：本节所称术语"货币服务商"不应包括：

（ⅰ）银行或外国银行；

（ⅱ）在美国证券交易委员会或美国商品期货交易委员会注册并受到功能监管或检查的主体，或在美国从事金融活动且该业务要求在美国证券交易委员会或美国商品期货交易委员会注册的外国金融代表处；或者

（ⅲ）非经常性从事本节第 ff（1）至 ff（5）段所列活动且不以盈利为目的的自然人。

（gg）共同基金：根据《投资公司法》第 8 节（15 U.S.C. 80a–3）规定在委员会注册或被要求注册的、作为"开放型公司"［定义参见《投资公司法》第 5 节（15 U.S.C. 80a–5）］的"投资公司"［定义参见《投资公司法》第 3 节（15 U.S.C. 80a–8）］。

（hh）商品期权：《商品交易法》第 1a（26）节［7 U.S.C. 1a（26）］所指的协议、合同或交易。

（ii）发起人：在资金转移中首份支付指令的发送人。

（jj）发起人银行：如果发起人不是银行或外国银行，发起人银行即发起人所签发的支付指令的接收银行；如果发起人是银行或外国银行，发起人银行即发起人。

（kk）支付日期：收款人金融机构可向收款人支付传送指令金额的日期。支付日期可由发送人的指令确定，但不能早于收款人金融机构收到该指令的日期，并且如果指令中未作其他规定，支付日期即收款人金融机构收到传送指令的日期。

（ll）支付指令：发送人向接收银行作出的，以口头、电子或书面方

式传递，要求其支付或另一银行或外国银行支付固定或可确定金额给受益人的指令，且：

（1）除付款时间外，该指令未提出向受益人付款的其他条件；

（2）接收银行将通过借记发送人账户或收取发送人付款的方式获得补偿；并且

（3）该指令由发送人直接传递给接收银行，或直接传递给接收银行用做传递使用的代理人、资金转移系统或通信系统。

（mm）主体：个人、公司、合伙企业、信托或财产权、合股公司、社团、财团、合资企业、非公司制的企业或集团、印第安部落（该术语由《印第安博彩管理法》定义），以及所有可视为法人的实体。

（nn）接收银行：发送人指令所发往的银行或外国银行。

（oo）接收金融机构：发送人指令所发往的金融机构或外国金融代表处。接收金融机构包括接收银行。

（pp）收款人：收款人金融机构将予以付款的人。术语"收款人"包括受益人，收款人金融机构是非银行金融机构的情况除外。

（qq）收款人金融机构：传送指令上指定的金融机构或外国金融代表处，可以根据该传送指令将金额贷记收款人账户，或在传送指令未要求向账户付款时将金额直接支付给收款人。收款人金融机构包括受益人银行，受益人是收款人金融机构的情况除外。

（rr）部长：财政部部长或由财政部部长正式授权履行所提及职能的其他人。

（ss）证券：指《1934年证券交易法》第3（a）（10）节［15 U.S.C. 78c（a）（10）］规定的工具或权益。

（tt）自律组织：

（1）应与《1934年证券交易法》第3（a）（26）节［15 U.S.C. 78c（a）（26）］规定具有相同意义；以及

（2）指分别由《商品交易法》第1a（29）和17节［7 U.S.C. 1a（29），21］规定的"注册实体"或"注册期货协会"。

（uu）发送人：向接收金融机构发出指令的人。

（vv）州：美国各州，以及有必要执行本章有关规定时，哥伦比亚特区。

（ww）预付通道：预先付款，并能在未来某时点通过某些电子设备或工具，如卡、密码、电子序列号、手机识别码或个人身份证号，索取或转移资金或资金价值的通道。

（xx）构造：1010.314 规定，若某人为规避 1010.311、1010.313、1020.315、1021.311 和 1021.313 规定的报告要求，单独、伙同他人或代表他人，在一家或多家金融机构，在一天或多天，以任何方式、任何金额，进行或试图进行单笔或多笔现金交易，即为构造交易。"以任何方式"包括但不限于：将超过 1 万美元现金的单笔金额拆分为较小（包括等于或低于 1 万美元）的金额，或进行单笔或一系列 1 万美元或以下金额的现金交易。为构造本定义所表示的结构性交易，在任一金融机构、任一天、单笔或多笔交易的金额不能超过 1 万美元的报告阈值。

（yy）纳税人识别号：纳税人识别号（简称 TIN）由《1986 年国内税收法》第 6109 节（26 U.S.C. 6109）以及国内税务署对该规定的实施细则（如社会保障号或雇主识别号）定义。

（zz）领土和海岛属地：波多黎各自由邦、美属维尔京群岛、关岛、北马里亚纳群岛联邦，以及除印第安领地和哥伦比亚特区之外的所有其他美国领土和属地。

（aaa）保留条款。

（bbb）交易：（1）除本节第（bbb）（2）段规定情形外，交易是指购买、销售、贷款、抵押、赠予、转让、交付或其他处置，有关金融机构的交易包括存款、取款、账户间转账、货币兑换、贷款、信用展期，买卖股票、债券、定期存单（CD）或其他货币工具、证券、商品远期交割合约、商品远期交割期权、商品期权，购买或赎回汇票、支付指令或者任何资金传送或转移指令，购买或赎回赌场筹码、代币、其他赌博支付工具或者任何其他由金融机构进行的、经由金融机构的，或指向金融机构的以任意方式支付、转移或交付的手段。

（2）1010.311、1010.313、1020.315、1021.311、1021.313 以及本章中仅与上述条款要求的报告有关的其他规定所称的"现金交易"，是指涉及现金从一人到另一人的物理转移交易。通过银行本票、银行汇票、电汇或其他书面凭证进行的交易，以及其他不涉及现金物理转移的交易不是符合本目的的现金交易。

（ccc）交易账户：包括 12 U. S. C. 461（b）（1）（C）所规定的账户、货币市场账户以及可接受存款并可通过支票或其他可转让凭证进行取款的类似账户。

（ddd）资金传送：始于传送人的传送指令，旨在向指令收款人付款的一系列交易。该术语包括传送人金融机构或中间金融机构为执行传送人的传送指令而发出的任何传送指令。术语"资金传送"包括资金转移。资金传送在传送指令的收款人金融机构为收款人利益承兑传送指令时完成。受《1978 年电子资金转移法案》约束的资金转移以及其他通过自动清算所、自动柜员机、销售网点系统进行的资金转移不包括在此定义中。

（eee）传送指令：术语"传送指令"包括支付指令，是发送人向接收金融机构作出的，以口头、电子或书面形式传递的，要求其向收款人支付或令其他金融机构或外国金融机构向收款人支付固定或可确定金额的指令，且：

（1）除付款时间外，该指令未提出向收款人付款的其他条件；

（2）接收金融机构能够通过借记发送人账户或收取发送人付款的方式获得补偿；

（3）该指令由发送人直接传递给接收金融机构，或直接传递给接收金融机构用做传递使用的代理人或通信系统。

（fff）传送人：资金传送过程中的第一次传送指令的发送人。术语"传送人"包括发起人，传送人金融机构是非银行金融机构或非银行外国金融代表处的情况除外。

（ggg）传送人金融机构：如果传送人不是金融机构或外国金融代表处，则指传送人签发的传送指令中的接收金融机构；如果传送人是金融机构或外国金融代表处，则指传送人。术语"传送人金融机构"包括发起人金融机构，发起人是非银行或非外国银行的传送人金融机构的情况除外。

（hhh）美国：美国各州、哥伦比亚特区、印第安领地（定义参见《印第安博彩管理法》），以及美国领土和海岛属地。

（iii）美国人：（1）美国公民；或者（2）根据美国或一州法律设立或组织的、非个人的人（如公司、合伙企业或信托机构）。非美国人是指不是美国人的人。

（jjj）美国邮政部门：美国邮政部门不包括出售邮资或集邮产品。

（kkk）闭环预付通道：只能在指定商家或地点（或地点集合），如特定零售商或零售连锁店、大学校园或地铁系统，用来购买产品或服务的、具有资金或资金价值的预付通道。

（75 FR 65812[①]，2010 年 10 月 26 日，由 76 FR 43596，2011 年 7 月 21 日；76 FR 45419，2011 年 7 月 29 日修订）

子部分 B　方案

1010. 200　概述

各金融机构［定义参见 31 U. S. C. 5312（a）（2）或（c）（1）］就方案的其他要求应参见第 X 章子部分 B。除非另有说明，此处所列要求适用于所有金融机构［定义参见 31 U. S. C. 5312（a）（2）或（c）（1）］。

1010. 205　特定金融机构反洗钱豁免方案

（a）豁免金融机构：根据本节（c）、（d）段规定，下列金融机构［定义参见 31 U. S. C. 5312（a）（2）或（c）（1）］豁免于 31 U. S. C. 5318（h）（1）有关制定反洗钱方案的要求。

（1）凡从事或有权从事 31 U. S. C. 5312（a）（2）所定义的业务的美国联邦、州或地方政府机构；以及

（2）保留条款。

（b）特定金融机构暂行豁免：（1）根据本节（c）、（d）段规定，下列金融机构［定义参见 31 U. S. C. 5312（a）（2）或（c）（1）］豁免于 31 U. S. C. 5318（h）：

1）有关制定反洗钱方案的要求：

（ⅰ）典当行；

（ⅱ）信贷公司；

（ⅲ）旅行社；

---

①　美国《联邦公报》第 75 编第 65812 节，为方便查阅原文，此类表述予以保留，不直译，下同。

（ⅳ）电报公司；

（ⅴ）车船航空器销售者；

（ⅵ）房地产结算清算者；

（ⅶ）私人银行家；

（ⅷ）大宗商品投资者；

（ⅸ）商品交易顾问；或者

（ⅹ）投资公司。

2）根据本节（c）、（d）段规定，不受联邦监管者［定义参见1010.100（r）］监管的银行，豁免于31 U.S.C. 5318（h）（1）有关制定反洗钱方案的要求。

3）根据本节（c）、（d）段规定，1010.100（t）（7）所指个人和法人豁免于31 U.S.C. 5318（h）（1）有关制订反洗钱方案的要求。

（c）豁免限制：若本章另有要求任何金融机构制订反洗钱方案，则本节（b）所述豁免不适用。

（d）获豁免金融机构的义务：本节所述内容均不得作为任何已获豁免金融机构对其应遵守的其他相关规定（包括U.S.C. 31编及本章规定）的免责依据。

1010.210　反洗钱方案

各金融机构［定义参见31 U.S.C. 5312（a）（2）或（c）（1）］就反洗钱方案的其他要求应参见第X章子部分B。

1010.220　客户识别方案要求

各金融机构［定义参见31 U.S.C. 5312（a）（2）或（c）（1）］就客户识别方案的其他要求应参见第X章子部分B。

子部分C　报告要求

1010.300　概述

各金融机构［定义参见31 U.S.C. 5312（a）（2）或（c）（1）］就

其他报告要求应参见第 X 章。除非另有说明，此处所列报告要求适用于所有金融机构。

1010.301 部长决定

部长特此决定，本章所要求的报告，在刑事犯罪、税收或监管调查或者诉讼方面具有高度的使用价值。

1010.305 保留条款

1010.306 报告的档案管理

（a） （1） 金融机构应在须报告的交易发生日之后 15 天内提交1010.311 或 1021.311 所要求的报告。（2） 金融机构应保存依照1010.311、1010.313、1020.315、1021.311 和 1021.313 所提交报告的副本，自报告之日起计期限 5 年。（3） 如无特别说明，根据 1010.311、1010.313、1020.315、1021.311 和 1021.313 要求所提交的报告应向国内税务署署长登记备案。

（b） （1） 除非海关边境保护署署长另有说明，1010.340（a） 所要求的报告须在抵达美国或自美国出发、邮寄或船运时提交。（2）1010.340（b） 要求的报告须在收到现金或其他货币工具后 15 天内提交。 （3）1010.340 要求的所有报告应向抵达或出发港口的海关负责官员提交，或按海关边境保户署署长特定要求办理。1010.340（a） 要求的有关非经由个人携带进出美国的现金或其他货币工具的报告，可在抵达、出发、邮寄或船运之日或之前以邮寄方式提交。1010.340（b） 要求的所有报告均可以邮寄方式提交。以邮寄方式提交的报告应寄往海关边境保护署署长，并标注"现金交易报告，华盛顿，哥伦比亚特区 20229"字样。

（c） 根据 1010.350 要求，上一日历年度外国金融账户余额超过 1 万美元的，须于每一日历年度 6 月 30 日或之前向国内税务署署长提交报告。

（d） 本章 1010.311、1010.313、1010.340、1010.350、1020.315、1021.311 或 1021.313 要求的报告须以部长规定的格式提交，且须提交该格式所要求的全部信息。

（e） 本章 1010.311、1010.313、1010.350、1020.315、1021.311 或

1021.313 所要求报告的格式可从国内税务署获取。1010.340 所要求的报告格式可从美国海关边境保护署获取。

1010.310　现金交易报告

1010.310 至 1010.314 对金融机构报告现金交易作出规定。除非另有说明，1010.310 至 1010.314 规定的现金交易报告要求适用于所有金融机构。各金融机构就现金交易报告的其他要求应参见第 X 章子部分 C。

1010.311　提交现金交易报告的责任

除赌场外，各金融机构须对以下交易提交报告：现金交易金额超过 1 万美元的存款、取款、兑换或其他支付、转账业务，本节另有规定情形除外。上述报告义务不适用在美国邮政部门发生的、仅因支付邮资或购买集邮产品而发生的支付或转账。

1010.312　身份识别要求

按照本章 1010.311、1010.313、1020.315、1021.311 及 1021.313 对报告的要求，各金融机构在交易前均须核实交易人的身份并记录其名址，以及交易人和其所代表的交易人/实体的身份、账户、社会保障号或税号等。非本地居民或非美国公民的身份应以护照、异地身份证或其他能证明其国籍或居住地（如载有住址的外地驾照等）的文件进行核实。一般情况下，对非储户兑现支票进行身份核实多采用核对银行业内通行文件（驾照或信用卡）的方式，但银行签字卡依然可资认证，其前提条件是签字卡是在持卡人的身份确立后发行，并于卡上清楚载明。此种情况下，所提交报告的客户身份栏中必须注明诸如信用卡账号、驾照号等相关信息，只称"已知客户"或"银行卡签字已入档"则不足为凭。

1010.313　集合

（a）多重分支机构：金融机构包括其所有国内分支机构以及任何记录保存设施，这些设施不论其所在地，其保有涉及本章现金交易报告所要求的记录。

（b）多重交易：为本章现金交易报告要求的目的，如果除赌场外的金融机构知晓多笔现金交易是由或为某特定人进行，且其交易日（美国邮政部门则为每日）累计现金交易总额超 1 万美元，则该多重交易应被视做单笔交易。夜间、周末或假日存款将计入下一个工作日存款。

1010.314　构造性交易

任何人不得为规避按本章要求提交现金交易报告而进行以下交易：

（a）造成或试图造成国内金融机构未能按本章要求提交现金交易报告；

（b）造成或试图造成国内金融机构提交按本章要求的现金交易报告实质性不完整或事实陈述错误；或者

（c）在一家或多家国内金融机构，构造［定义参见 1010.100（xx）］或协助构造、试图构造或试图协助构造交易。

1010.315　非银行金融机构的豁免

除非 1010.311 另有要求，非银行金融机构无须为本机构与商业银行之间的现金交易提交报告。

1010.320　可疑交易报告

各金融机构［定义参见 31 U.S.C. 5312（a）（2）或（c）（1）］就其他可疑交易报告要求应参见本章子部分 C。

1010.330　商贸活动中超过 1 万美元的现金交易报告

（a）报告要求。

（1）须报告交易标准：

（ⅰ）一般情况：任何"人"［在《美国法典》第 31 编 5331 节和本节中，"人"的含义与 26 U.S.C. 7701（a）（1）对人的定义相同］，在商务或贸易活动中收到单笔或相关多笔款项总额超过 1 万美元的，应提交现金交易报告，有特殊规定情况除外。31 U.S.C. 5313 和本章 1010.311、1010.313、1020.315、1021.311 或 1021.313 节规定需要报告的交易，与本节无关。

（ⅱ）特定金融交易。《美国法典》第 26 编 6501 节规定向国内税务

署报告有关金融交易信息，《美国法典》第 31 编 5331 节规定向金融犯罪执法网络报告特定金融交易的类似信息。这类信息均应按照部长规定的相同格式填写。

（2）为他人账户收取的现金款：根据本节规定，代收现金超过 1 万美元时应提交报告。如某人的工作是为汽车销售商清收逾期款项，当某一收款账户的款项超过 1 万美元现金时，须提交现金交易报告，即使款项进入的是汽车销售商账户（即钱属于汽车销售商，而且服务是无偿的）。

（3）代理人收取的现金：

（ⅰ）一般规定：除本节第（a）（3）（ⅱ）段规定外，在商务或贸易活动中充当代理人（或担当类似职能）的主体，从客户那里收到超过 1 万美元的现金，须提交现金交易报告。

（ⅱ）例外情况：若一名代理人从委托人处收到现金后，在 15 天内通过 1 笔现金交易（称为"第二笔现金交易"）支付了全部现金，该交易根据《美国法典》第 31 编 5331 节、5312 节或本节应当报告，而且代理人在第二笔现金交易中向收款人披露了委托人的名称、地址和金额。如果该代理人只披露了委托人的名称，并且知道收款人知道委托人的地址和纳税识别码，那么可以认为该代理人已视为满足本段（a）（3）（ⅱ）的披露要求。

（ⅲ）示例：下述示例将具体解释第（a）（3）（ⅰ）段和第（a）（3）（ⅱ）段的规定如何应用。

例：B（委托人）给 D（代理人）75000 美元现金用于购买房产。在 15 天内，D 从 E（一家房地产公司）处购买了房产，并将 B 的名字、地址和纳税识别码告知 E。因为这笔交易符合第（a）（3）（ⅰ）段规定的例外情况，所以 D 无须就首笔现金交易进行报告。但是，如果 D 与 E 的付款方式不是现金，或者 D 从 B 处收到现金的 15 天后将钱付给 E，或者没有将 B 的姓名、地址、纳税识别码告知 E（假定 D 不知道 E 可能已经有了 B 的地址和纳税识别码），或者 E 并不是一个专门从事房产销售的公司，那么这一交易不适用第（a）（3）（ⅰ）段规定的例外情况。在上述任何一种情况下，D 应当在收到 B 的现金后提交现金交易报告。

（b）多次付款。如果一笔交易（或两笔及两笔以上关联交易）包含了多笔现金付款或现金分期付款（或类似的付款或预付款方式），按照本节第（b）（1）段至第（b）（3）段的要求，收款人应当提交现金交易报告。

（1）首笔付款超过1万美元。如果首笔付款超过1万美元，收款人必须在收款后的15天内提交现金交易报告。

（2）首次付款为1万美元或少于1万美元。如果首次付款不超过1万美元，收款人应对首次付款和随后1年内的后续付款进行累加，若金额超过1万美元，应在超过1万美元之日后的15天内报告。

（3）后续付款。除此之外，12个月内发生的涉及单笔交易（或两笔及两笔以上关联交易）的所有付款，一旦未报告过的金额单笔或累计超过1万美元时，收款人均应提交现金交易报告。报告应在单笔付款额达到1万美元或12个月内累计金额超过1万美元后的15天内提交。如果15天内，涉及单笔交易（或两笔及两笔以上关联交易）的多次付款需要提交多份报告，收款人可提交1份合并现金交易报告。合并报告必须在多份报告中第1份报告需要提交的期限内上报。

（4）示例：下述示例将具体解释本节第（b）（1）段至第（b）（3）段的规定如何应用。

例：第1年1月10日，M收到某笔交易的首次现金付款11000美元；第1年2月15日，M收到后续付款4000美元；第1年3月20日，收到后续付款6000美元；第1年5月15日，收到后续付款12000美元。在第1年1月25日前，M必须提交关于1月15日所收款项的现金交易报告。M还必须提交1份发生在2月15日至5月15日总金额22000美元的报告。这份报告必须在5月30日之前提交，即在后续款项累计金额首次超过10000美元之日后的15日内。

（c）术语解释。以下术语定义仅适用于本节：

（1）现金。在《美国法典》第31编5331节和本节，现金是指：

（i）在美国或任何国家流通并被作为货币使用和广泛接受的硬币和纸币；以及

（ii）支票（包括财政部支票和银行支票）、银行汇票、旅行支票，或面额不超过1万美元的付款单：

（A）在本节第（c）（2）段［不包括第（c）（3）、（4）和（5）段］规定的特定交易中收到的款项；或者

（B）任一笔收款，且收款人知道付款人试图采用这种支付方式规避基于第 5331 节和本节的报告要求。

（2）需要报告的特定交易。一笔需要报告的特定交易是指以下零售性质的销售业务（或者一名经纪人、一名与零售相关的中介收到的付款）：

（ⅰ）耐用消费品；

（ⅱ）应收账款；或者

（ⅲ）旅游或娱乐活动。

（3）特定贷款除外。在需要报告的特定交易中，如果支付工具包括银行贷款，那么交易中收到的支票、银行汇款、旅行支票、付款单，不应按照本节第（c）（1）（ⅱ）（A）段的规定视做现金。收款人可根据银行贷款文件、银行书面证明、类似文件（如支付工具发行方出具的书面处置权证明）等说明文件来判断支付工具中是否包含银行贷款。

（4）特定分期付款除外。在需要报告的特定交易中，如果付款方式为期票或分期付款合同（包括属于联邦所得税征收范围的租约），那么交易中收到的支票、银行汇款、旅行支票、付款单，不应按照本节第（c）（1）（ⅱ）（A）段的规定视做现金。但是，上述规定的适用还必须符合以下条件：

（ⅰ）收款人在面向最终消费者的商务或贸易活动中，通常会使用相同或类似条款的期票或分期付款合同；而且

（ⅱ）销售后 60 天内所收款项不超过售价总金额的 50%。

（5）具有定金性质的特定付款方式除外。在需要报告的特定交易中，如果付款方式包括一笔或多笔定金，并且在销售前（如果是旅游或娱乐活动，须在第一个旅游或游乐项目发生当日或之前）付清剩余款项，那么交易中收到的支票、银行汇款、旅行支票、付款单，可不按照本节第（c）（1）（ⅱ）（A）段规定当做现金。但是，上述规定的适用还必须符合以下条件：

（ⅰ）收款人在面向最终消费者的商务或贸易活动中，通常会使用相同或类似的付款方式；而且

（ⅱ）款项在销售日前 60 天或更早的时候收到（如果是旅游或娱乐活动，销售日指最后一笔付款日）。

（6）示例：下面的例子将具体解释本节第（c）（1）至（c）（5）段界定的"现金"。

例1：D（一名自然人）从M（一名硬币经销商）处购买金币，花费13200美元。D提出的付款方式是：现金6200美元、支票7000美元。因为这笔交易属于需要报告的特定交易，根据《美国法典》31编第5331节和本节的规定，支票应当被视做现金。因此，由于M收到了超过10000美元的现金，M必须根据《美国法典》31编第5331节和本节的规定提交现金交易报告。

例2：E（一名自然人）向Q（一家汽车销售商）购买一辆汽车，花费11500美元。E提出的付款方式是：现金2000美元、以E和Q为收款人的支票9500美元。支票包括了银行贷款。根据银行在支票中写入的约定，支票与银行贷款的关系很明显：作为贷款担保，银行要求经销商将汽车抵押给银行。这笔交易属于需要报告的特定交易，但是根据本节第（c）（3）段的规定，由于E已经以书面形式告知Q，付款来自签发支票银行的贷款，根据本节第（c）（1）（ii）（A）段的规定，该支票不应被视做现金。

例3：F（一名自然人）向S（一家珠宝商）购买珠宝，价值12000美元。F用旅行支票支付2400美元，使用以S为收款人的个人支票支付9600美元。因为这笔交易属于需要报告的特定交易，根据第5331节和本节的规定，旅行支票应被视做现金。但是，根据第5331节和本节的规定，个人支票不应视做现金，也就是说，S并未收到超过10000美元的现金，也就不必根据第5331节和本节的要求提交现金交易报告。

例4：G（一名自然人）向T（一家船舶销售商）购买了一艘船，价值16500美元。G使用以T为收款人的支票支付全部金额。因为支票面额超过10000美元，所以支票不应被视做现金。根据第5331节和本节的规定，这笔交易无须提交现金交易报告。

例5：H（一名自然人）通过W（一家旅行社）租用一架客机，组织一个旅游团去另一个城市观看体育赛事。H还通过W安排了住宿和体育赛事门票。付款时，H使用的是以前购买的付款单，每张付款单面额均不超过10000美元，但总额超过10000美元。因为该笔交易属于须报告的特定交易，根据第5331节和本节的规定，这些汇票应被视做现金。因此，

由于 W 收到了超过 10000 美元的现金，他必须根据第 5331 节和本节的规定提交现金交易报告。

（7）耐用消费品。耐用消费品是指用于个人消费或使用、寿命通常在 1 年（含）以上、售价在 10000 美元以上、有形的个人财产。例如，20000 美元的汽车（无论是否作为商品被出售）属于耐用消费品，但是 20000 美元的垃圾处理车或 20000 美元的工厂机器不是耐用消费品。

（8）收藏品。收藏品的定义参见《美国法典》第 26 编 408（m）（2）节第（A）到（D）段［与第 26 编 408（m）（3）节无关］。

（9）旅游或娱乐活动。旅游或娱乐活动是指与同一旅行或事件相关的旅游或娱乐［定义参见 26 CFR 1.274－2（b）（1）］项目，而且该项目和同笔交易（或关联交易）出售的所有相关其他项目的累计价格超过 10000 美元。

（10）零售。零售是指在商贸活动中以最终消费者为主要销售对象的销售行为，包括二手商品销售或其他形式的销售。

（11）商务或贸易。商务或贸易的含义与《美国法典》第 26 编 162 节一致。

（12）交易。

（ⅰ）仅基于《美国法典》第 31 编 5331 节和本节的规定，"交易"指付款人向收款人支付现金的行为。在这种情况下，交易包括但不限于货物或服务的销售、不动产销售、无形资产的销售、不动产或个人财产的出租、不同现金的兑换，建立、维护或缴纳监护、信托或第三者保管合同，偿还债务、将现金兑换为可转让票据、偿付已支付费用、申请或偿还贷款。不得为了规避本节的报告要求，将一笔交易分拆成多笔。

（ⅱ）关联交易是指付款方（包括其代理人）和收款方在 24 小时内发生的任何交易。此外，如果收款人知道或有理由认为其知道每笔交易属于一系列关联交易，那么即使超过 24 小时，也视为关联交易。

（ⅲ）下述示例将具体解释本节第（c）（12）（ⅰ）段和第（c）（12）（ⅱ）段界定的几个定义。

例 1：一名个人与黄金交易商口头商定购买价值 36000 美元的金条。根据本节第（c）（12）（ⅰ）段规定，36000 美元属于一笔交易，不得通过将该笔交易拆分成 4 笔 9000 美元的方式规避报告。

例 2：在一个刑事案件中，客户按小时向律师支付律师费。在律师代理这个案子的第 1 个月，客户以现金形式向律师支付 8000 美元。第 2 个月，仍以现金形式支付 4000 美元。根据本节第（c）（12）（ⅰ）段的定义，支付总款项属于同一交易的关联交易，即涉及同一案件的法律服务费，应按照本节规定报告。

例 3：一个人打算向一项信托计划支付 45000 美元，而且受托人知道或有理由知道这笔钱的用途。根据本节第（c）（12）（ⅰ）段的规定，45000 美元属于一笔交易。无论委托人分成 5 笔 9000 美元支付给同一基金，还是向同一受托人管理的 5 只不同基金分别支付 9000 美元，总计 45000 美元的付款属于同一交易。

例 4：K（一名个人）参加为期一天的拍卖会，以现金方式购买了两件物品，分别花费 9240 美元和 1732.50 美元（含税和买方费用）。根据本节第（c）（12）（ⅰ）段的规定，这两笔交易属于关联交易，即使拍卖公司对两件物品分别记账，并分别出示收据，拍卖公司应当报告总计 10972.50 美元的现金报告。

例 5：F（一家硬币交易商）连续 3 天向同一人出售价值 9000 美元的金币。根据本节第（c）（12）（ⅱ）段的规定，如果 F 知道或有理由知道每笔交易属于一系列关联交易，那么这 3 笔 9000 美元的交易属于关联交易。

（13）收款人。

（ⅰ）收款人是指收到现金的人。除本节第（c）（13）（ⅱ）段的规定外，构成收款人商贸活动组成部分的每个门店、分支机构、业务部门、总部或办公室（不考虑其所处地理位置），在本节中均应被视做一个单独的收款人。

（ⅱ）如果分支机构（或者连接该机构与其他分支机构的处理中心）在正常商务活动中有理由知道付款人还向其他分支机构以现金形式支付款项，那么收到现金付款的该分支机构将不被视为一个单独的收款人。

（ⅲ）示例。下述示例具体解释本节第（c）（13）（ⅰ）段和第（c）（13）（ⅱ）段的规定如何应用。

例 1：N（一名个人）同一天通过同一期货经纪人 X，分别以 7500 美元和 5000 美元的价格购买了两份期货合约，两笔交易均支付现金。期货

经纪人 X 的各分支机构将 N 的买入活动汇报给 X 的处理中心（负责 N 的账户结算）。根据本节第（c）（13）（ⅱ）段的规定，X 的各分支机构将不被视为不同的收款人。因此，期货经纪人 X 必须根据本节规定报告这两笔相关的期货买入交易。

例 2：P（1 家赛马公司）其赛马场有 100 个柜面，供赛马者下赌注。R（一名个人）在五个不同的柜面分别下注 3000 美元。假定：在日常交易中，每个柜面（或与之相连接的处理中心）不知道其他窗口下注人的身份，根据本节第（c）（13）（ⅰ）段，每个柜面应被视做一个单独的现金收款人。由于任一收款人收到的现金均不超过 10000 美元，根据本节规定，P 无须提交报告。

（d）《美国法典》第 31 编第 5331 节所要求报告的例外情况。

（1）收取外国现金交易。

（ⅰ）一般情况。一般而言，如果交易发生在美国（50 个州和哥伦比亚特区）之外，则无须提交现金交易报告。一笔完整的交易包括本节第（c）（12）（ⅰ）段界定的交易和收款人收取的现金。但是，如果交易的任一部分发生在波多黎各自由邦或美属领土和属地，且现金收款人属于《美国法典》第 26 编国内税收法约束范围，那么收款人应按照本节要求进行报告。

（ⅱ）示例。以下示例解释本节第（d）（1）（ⅰ）段的规定如何应用。

例：W（一名从事飞机销售的个人）与一名居住在墨西哥的美国人签订协议，向其出售飞机。协议的任一部分都在美国境外签订，金额125000 美元，飞机交付和货款支付均在墨西哥进行。在飞机交付日，W 收到 125000 美元现金。根据《美国法典》第 31 编 5331 节和本节，W 不需要报告，因为本节第（d）（1）（ⅰ）段规定的例外（境外交易豁免）适用于这种情况。如果协议的一部分在美国签订，那么境外交易例外的规定不适用于 W，根据《美国法典》第 31 编 5331 节和本节的规定，W 必须报告。

（2）在非商贸活动中收取现金。在非商贸活动中，超过 10000 美元的现金收款不必根据《美国法典》第 31 编 5331 节的规定报告。例如，F，一名从事房产销售的个人，销售了一艘价值 12000 美元的摩托艇，收款方式为现金。F 的商贸活动范围不涉及摩托艇。根据《美国法典》第 31 编 5331 节的规定，F 无须报告，因为这符合（d）（2）段中说明的例外情况。

（e）时间、方式和报告格式。

（1）一般情况：根据 26 CFR 1.6050I－1（e）（2）的规定，本节（a）段要求的报告应填写 8300 表格。报告时间和方式分别按照 26 CFR 1.6050I－1（e）（1）和（3）的规定执行。

（2）核实。本节要求现金交易报告提交人须核实付款人的身份。如果付款人是外国人，须核对护照、外国人识别卡，或其他证明国籍或居住地的官方文件。当接受现金或支票时，对其他人的身份核实可通过核对常用身份证明文件（如驾照、信用卡）。此外，如果报告人知道（或有理由知道）代理人代为交易，但并未对代理人和被代理人进行身份核实，那么报告将被视为不完整。

（3）存档。根据本节规定，报告提交人应对提交报告副本进行存档，存档期自报告提交日起 5 年。

1010.340　现金或货币工具转移的报告

（a）物理上、造成物理上、试图物理上或试图造成物理上转移、邮寄或运送现金或其他货币工具的人，从美国流出到美国之外的其他任何地区，或从美国之外的其他任何地区流入美国，一次性总金额超过 10000 美元的，应提交报告。当一个人协助、教唆、劝告、命令、引诱或者要求金融机构或其他人转移、邮寄或运送，这个人被视为造成这种情况发生。

（b）任何主体，在美国境内从美国之外的任何地方一次性收到转移、邮寄或运送的现金或其他货币工具，总金额超过 10000 美元且没有按照本节（a）段报告的，不管按该段要求是否应报告，该主体应提交报告，并说明金额、收款日期、货币工具形式和汇款人。

（c）本节不要求以下主体在以下情况提交报告：

（1）联邦储备银行；

（2）银行、外国银行、证券经纪人或交易商，通过邮政或普通承运人寄送或运送现金或其他货币工具；

（3）根据美国、美国各州法律组建的商业银行或信托公司，与银行储户之间采用陆路运输现金或货币工具的方式收取或运送现金，且银行有合理理由认为该金额不超过客户经营、实业或职业的应有额度；

（4）非美国公民或居民，通过邮政或普通承运人从国外寄送或运送现金或其他货币工具到银行、证券经纪人或交易商；

（5）旅客普通承运人，就其旅客实际所有的现金或其他货币工具；

（6）货物普通承运人，当托运人未声明实际运送的现金或其他货币工具；

（7）旅行支票发行人或其代理人，将旅行支票送交销售代理向公众最终销售前进行的运输；

（8）与限制性背书旅行支票相关的人，该旅行支票流通后处于收款求偿或账户核对过程中；

（9）从事现金、货币工具及其他商业票据运输的人，在银行、证券经纪人或交易商的现有办公场所之间，以及外国人之间，经由陆路转移现金或其他货币工具。

（d）通过常规银行程序办理的、不涉及现金或其他货币工具物理转移的资金转移，不在本节要求报告范围内。若某人就现金或其他货币工具的一次特定转移、邮寄或运送已经提交了一份完整、真实的报告，本节不要求就同样内容再次提交报告。但是，如果并未提交完整真实的报告，本节段落（a）或（b）要求提交报告的任何人都不能免责。

1010.350　国外金融账户的报告

（a）一般情况。美国人在国外的银行账户、证券账户或其他金融账户具有金融权益，或者签名及其他权利的，该关系存续的每年应向国内税务署署长报告该关系，并且提供 31 U. S. C. 5314 规定由该类人群报告的表格中明确的信息。5314 节规定的表格是国外银行和金融账户报告（TD－F 90－22.1）或任何后续表格。对拥有 25 个及以上金融权益账户，或对 25 个及以上账户拥有签字或其他权利的人的特定要求，参见本节段落（g）（1）和（g）（2）。

（b）美国人。就本节而言，术语"美国人"表示：

（1）美国公民；

（2）美国居民。美国居民是指 26 U.S.C. 7701（b）及其细则规定的外国自然人居民，但其"美国"定义由 31 CFR 1010.100（hhh）而不是 26 CFR 301.7701（b）–1（c）（2）（ⅱ）提供；以及

（3）实体，包括但不限于，根据美国、美国各州、哥伦比亚特区、美属领土和海岛属地或者印第安部落法律创建、组织或构成的公司、合伙企业、信托或有限责任公司。

（c）应报告账户的类型。就本节而言，包括：

（1）银行账户。术语"银行账户"是指在从事银行业务的主体处开立的储蓄存款、活期存款、支票或任何其他账户。

（2）证券账户。术语"证券账户"是指在从事购买、销售、持有或交易股票或其他有价证券的主体处开立的账户。

（3）其他金融账户。术语"其他金融账户"是指：

（ⅰ）在作为金融代理从事吸收存款业务的主体处开立的账户；

（ⅱ）具有现金价值的养老金或保单账户；

（ⅲ）在商品期货或期权交易经纪人或交易商处开立的账户，该主体须遵守或受商品交易所或协会规则约束；或者

（ⅳ）在以下机构开立的账户：

（A）共同基金或类似的集合基金。向公众发行股份的共同基金或类似的集合基金，该股份定期确定资产净值或定期赎回；或者

（B）其他投资基金。［保留条款］

（4）特定账户除外。

（ⅰ）不要求报告以下主体的账户：美国政府部门或行政机构、印第安部落、各州及其行政区，以及前述主体全权拥有的实体、机构和部门。此外，不要求报告以下实体的账户：该类实体按照美国、印第安部落、各州或各州行政区法律，或按照两个及多个州或印第安部落达成的政府间协议建立，代表美国、印第安部落、州或其行政区行使政府职权。为此目的，只有当一实体的职权包括一个或多个以下权力——课税权力、行使征用权，或对其司法范围内事物行使警用权的情况下，通常而言该实体才代表美国、印第安部落、州或一州行政区行使政府职权。

（ⅱ）不要求报告美国政府是成员国的国际金融机构的账户。

（ⅲ）不要求报告开立在名为"美国军事银行业务机构"（或"美国

军事金融业务机构"） 中的账户，即使美国军事银行业务机构位于国外，该机构由美国政府指派美国金融机构操控、服务于美国政府海外设施。

（ⅳ） 不要求报告银行间持有的、仅用于银行到银行结算的代理账户或往来账户。

（d） 国外。国外包括所有地理上位于 31 CFR 1010.100 （hhh） 所定义的美国之外的地区。

（e） 金融权益。在国外银行账户、证券账户或其他金融账户持有的金融权益是指按照本段 （e） 所描述的权益：

（1） 记录所有人或权利证书持有者。若一美国人是国外银行账户、证券账户或其他金融账户的记录所有人或权利证书持有者，则其对该账户具有金融权益，不管这个账户的受益人是他自己或其他人。如果一个账户为多人联名所有，所有人名字中的每个美国人都在该账户具有金融权益。

（2） 其他金融权益。一美国人具有在国外的银行账户、证券账户或其他金融账户的金融权益，如果该账户的记录所有人或权利证书持有者是：

（ⅰ） 代表一美国人利益担任该账户的代理人、代名人、律师或其他权利代表角色的人；

（ⅱ） 美国人直接或间接拥有 50% 以上表决权或股份价值的公司，美国人直接或间接拥有 50% 以上利润或资本收益的合作企业，或者美国人直接或间接拥有 50% 以上的表决权、普通股或资产总值、利润权益的其他实体 ［不同于本节第 （e） （2） （ⅲ） 至 （ⅳ） 段落中的实体］；

（ⅲ） 美国人是信托授予者，并且拥有出于美国联邦税收目的的所有者权益的信托，参见 U.S.C. 671 – 679 以及据此制定的各法规，来确定信托授予人是否对该信托拥有当年所有者权益；或者

（ⅳ） 美国人对 50% 以上资产拥有当前收益权，或者从中收到 50% 以上的本期收入的信托。

（3） 反规避规定。若一美国人为规避本节要求而促成创建实体，包括但不限于公司、合伙企业或信托，则该人仍对该实体作为记录所有人或权利证书持有者的、在国外的银行账户、证券账户或其他金融账户持有金融权益。

（f）签名或其他权利。

（1）一般情况。签名或其他权利意味个人（单独或协同他人）通过与金融账户所有人直接交流（不论书面或其他方式），从而控制该金融账户中的货币、资金或其他资产处置的权利。

（2）免责条款：

（ⅰ）由货币监理署、联邦储备银行行长委员会、联邦存款保险公司、储蓄机构监理署、全国信用社管理署监管检查的银行的职员或雇员不需要报告他对由该银行所有或保有的外国金融账户具有签字或其他权利，只要该职员或雇员对该账户没有金融权益即可。

（ⅱ）在证券交易委员会或商品期货交易委员会注册并由其监管检查的金融机构的职员或雇员不需要报告他对由该金融机构所有或保有的国外金融账户具有签字或其他权利，只要该职员或雇员对该账户没有金融权益即可。

（ⅲ）授权服务提供商的职员或雇员不需要报告他对在证券交易委员会注册的某投资公司所有或保有的国外金融账户具有签字或其他权利，只要该职员或雇员对该账户没有金融权益即可。"授权服务提供商"是指在证券交易委员会登记并受其监管检查，并向根据《1940 年投资公司法案》注册的投资公司提供服务。

（ⅳ）拥有在任何美国国家证券交易所上市的一组股权证券（或美国存券收据）的实体的职员或雇员，不需要报告他对由该实体所有或保有的国外金融账户具有签字或其他权利，只要该职员或雇员对该账户没有金融权益即可。拥有在美国国家证券交易所上市的一组股权证券的美国实体的美国下属公司的职员或雇员不需要报告有关下属公司的国外金融账户的签字或其他权利，只要他对该账户没有金融权益即可，而且美国下属公司已包括在本节要求提交的其母公司的合并报告中。

（ⅴ）拥有按照《1934 年证券交易法》第 12（g）节登记的一组股权证券（或有关股权证券的美国存券收据）的实体的职员或雇员不需要报告他对由该实体拥有或保有的国外金融账户具有签字或其他权利，只要该职员或雇员对该账户没有金融权益即可。

（g）特别规定。

（1）25 个及以上国外金融账户的金融权益。拥有 25 个及以上国外金融账户的金融权益的美国人仅须提供金融账户的数量和其他特定基本报告信息，但部长或其授权人可能要求提供关于每个账户的详细信息。

（2）25个及以上国外金融账户的签名或其他权利。拥有25个及以上国外金融账户的签名或其他权利的美国人仅须提供金融账户的数量和其他特定基本报告信息，但部长或其授权人可能要求提供关于每个账户的详细信息。

（3）合并报告。若一实体是美国人，且在一个或多个本节要求报告的实体直接或间接拥有50%以上股权，将被允许提交一份代表他自己和这些实体的合并报告。

（4）特定退休计划的参与者和受益者。《国内税收法规》第401（a）、第403（a）或第403（b）节规定的退休计划的参与者和受益者，以及《国内税收法规》第408节规定的个人退休账户或者《国内税收法规》第408A节规定的罗斯退休账户的所有人或受益人，不需要提交关于由退休计划或个人退休账户（IRA）持有或代表其（利益）的国外金融账户的海外资产账户申报（FBAR）。

（5）特定信托受益人。只要信托、其托管人或代理人是根据本节要求提交报告披露了信托的国外金融账户情况的美国人，本节（e）（2）（iv）段落中所列的信托受益人就不需要报告该信托的国外金融账户。

（76 FR 10245，2011年2月24日，由76 FR 37000，2011年6月24日修订）

1010.360　与国外金融代理公司交易的报告

（a）报告要求的颁布。部长可在其视为适当时颁布规定，要求特定金融机构提交与指定国外金融代理公司相关交易的报告。如果该规定不预先通知和征求公众意见而成为最终条例，那么该规定将具有与5 U.S.C. 553（b）一致的正当理由，来省略通知和征求公众意见。如果该规定没有在联邦公报中公布，那么对须遵从该规定的各金融机构将点名指出并给予当面服务，或者将遵照5 U.S.C. 553（b）进行实际通知。如果不以发布联邦公报方式通知金融机构根据本节规定进行报告，部长可以禁止其向指定国外金融机构代理公司和任何其他方面透露存在该报告要求及其具体内容。

（b）报告要求的信息。遵照本节（a）段颁布的规定，应指定报告以下信息类别中的一项或多项：

（1）以下支票或汇票，包括旅行支票：由响应金融机构替国外金融代理公司收款或贷记其账户而收取的，由响应金融机构为向国外收款或付款而发送的，由响应金融机构关于开出的、由国外金融代理公司支付的，由国外金融代理公司开出的、由响应金融机构支付的，包括以下信息：

（ⅰ）制票人或出票人的名称；

（ⅱ）付款人或付款人金融机构的名称；

（ⅲ）收款人的名称；

（ⅳ）指令的日期和金额；

（ⅴ）所有背书人的名称。

（2）响应金融机构从国外金融代理公司收到的，或响应金融机构发给国外金融代理公司的传送指令，包括根据 1010.410 和 1020.410 该机构应持有的所有信息。

（3）响应金融机构发放，或通过国外金融代理公司发放的贷款，包括以下信息：

（ⅰ）借款人名称；

（ⅱ）借款代理人名称；

（ⅲ）贷款日期和金额；

（ⅳ）偿还条款；

（ⅴ）担保人名称；

（ⅵ）利率；

（ⅶ）收益支付方式；

（ⅷ）贷款抵押品。

（4）响应金融机构收到或运输的商业票据，包括以下信息：

（ⅰ）制票人名称；

（ⅱ）票据日期和金额；

（ⅲ）到期日期；

（ⅳ）证书号码；

（ⅴ）交易金额。

（5）响应金融机构收到或运输的股票，包括以下信息：

（ⅰ）公司名称；

（ⅱ）股票类型；

（ⅲ）证书号码；

（ⅳ）股票数量；

（ⅴ）证书日期；

（ⅵ）注册持有人名称；

（ⅶ）交易金额。

（6）响应金融机构收到或运输的债券，包括以下信息：

（ⅰ）发行者名称；

（ⅱ）债券号码；

（ⅲ）系列债券的类型；

（ⅳ）发行日期；

（ⅴ）到期日期；

（ⅵ）利率；

（ⅶ）交易金额；

（ⅷ）注册持有人名称。

（7）响应金融机构收到或运输的存款单，包括以下信息：

（ⅰ）发行人名称和地址；

（ⅱ）发行日期；

（ⅲ）美元金额；

（ⅳ）注册持有人名称；

（ⅴ）到期日期；

（ⅵ）利率；

（ⅶ）证书号码；

（ⅷ）发行机构的名称和地址。

（c）报告范围。在根据本节（a）段颁布的法规中，部长将规定：

（1）对金融机构遵守或豁免报告要求进行合理分类；

（2）报告要求适用于国外的范围，如果部长认为报告要求不必要或不适合适用于所有国家；

（3）应报告的交易的特征；以及

（4）应报告或豁免报告的交易的类型；

（d）报告形式。根据本节（a）段颁布的法规可以规定所报告信息的方式。然而，如果金融机构向部长证明所要求的报告形式对机构来讲是不必要的负担；证明以不同形式提交的报告也能提供部长认为必要的所有信息；证明以不同形式提交信息不会过度妨碍本章的有效管理，那么部长可以授权指定金融机构按照不同形式进行报告。

（e）限制。

（1）在根据本节（a）段颁布的法规中，部长应考虑有必要避免对货币工具的输入输出造成阻碍或控制，以及有必要避免给予国外金融代理公司进行交易的人带来不合理的负担。

（2）如果一客户已因涉嫌违反《现金和外国交易报告法》正被调查，或者部长知晓其因为涉嫌违反其他联邦法律正被调查，则部长不应根据本节（a）段颁布规定，用于获取《财务隐私权法》规定的该客户可辨识的个人账户信息（定义参见 12 U. S. C3401 et seq.[①]）。

（3）部长可以根据本节（a）段颁布法规，要求金融机构报告在收到该报告要求通知前完成的交易。然而，对于已完成的交易，可以要求金融机构仅提供来自遵守本章要求，或者州或联邦规定而保存的记录中的信息；或是按照一般业务流程而保存的记录中的信息。

1010. 370　关于国内特定硬币和现金交易报告

（a）如果部长发现，在其主动倡议或适当的联邦政府执法人员要求下，额外的记录保存和/或报告要求存在合理理由，且对于实现本章目的、防止个人规避本章规定的记录保存/报告要求确有必要，部长可以发布指令，要求某一地理范围内的国内金融机构或国内金融机构集团，以及参与某种交易的任何其他人，以该指令要求和方式与程度提交报告。指令中应包含部长就以下方面可能要求的相关信息：金融机构为支付、接收或转移美国硬币或现金（或者部长在该指令中规定的其他相关货币工具）而参与的任何交易，该交易的总金额或总面值等于或超过部长所规定的数额。

（b）根据本节（a）段发布的指令应该送达金融机构的首席执行官，

---

① 《美国法典》第 12 编第 3401 条及以下，为方便查阅原文，保留该表述不做直译，下同。

并指明应报告以下一类或多类信息：由该类金融机构完成的、经由完成的，或指向完成的存款、取款、货币兑换或者其他支付或转账交易，这些现金及/或货币工具交易由该指令界定的金融机构参与全部或任一环节，且这些交易的总金额或总面值等于或超过指令规定的金额。

（c）根据本节（a）段发布指令时，部长将对以下内容予以规定：

（1）指令要求报告的交易的美元金额；

（2）指令要求应报告，或豁免报告义务的交易类型；

（3）指令要求报告的交易的适当形式；

（4）指令要求的报告应寄送或能获取的地址；

（5）指令要求报告的交易的开始时间和结束时间；

（6）就额外信息或问题可联系的财政部官员的姓名；

（7）为响应本指令而生成报告及报告记录，金融机构进行保存的时间量；以及

（8）为实现本指令目的而被认为有必要的任何信息。

（d）（1）根据本节（a）段发布的任何指令不能规定超过 60 天的报告期，除非根据（a）段要求进行更新。

（2）除非获得部长的书面认可，对本节所发布指令的任何修改均无效。

（3）除非指令另有说明，接到本节所要求指令的银行继续适用其接到指令前根据本章 1020.31 而授予的豁免内容，但更多豁免内容可能不再授予。

（4）就本节而言，术语地理范围是指美国的一个或多个州、哥伦比亚特区、波多黎各自由邦、美属维尔京群岛、关岛、北马里亚纳群岛、美属萨摩亚群岛、太平洋岛屿的托管领土、美属领土和属地，以及/或者各级行政子区域，正如根据本节（a）段发布的指令所明确。

子部分 D　记录保存要求

1010.400　概述

各金融机构［定义参见 31 U. S. C. 5312（a）（2）或者（c）（1）］

就记录保存的其他要求应参见第 X 章其相应部分。除非另有说明,本处包含的记录保存要求适用于所有金融机构。

1010.401　部长决定

部长特此决定,本章要求保存的记录,在刑事犯罪、税收或监管调查或者诉讼方面具有高度的使用价值。

1010.405　保留条款

1010.410　金融机构登记并保存的交易记录

各金融机构应保存以下每一内容的原件、微缩胶卷拍摄件或其他复印件或复制件。

（a）对于每笔金额超过 1 万美元的信用展期,应保存的记录包括信用展期授予人的姓名、住址、信用展期金额、实际目的和日期,以不动产权益担保的情况除外。

（b）对于向美国境外的任何人、账户或地方转入转出 1 万美元以上的交易,不论使用的是现金或其他货币工具、资金、支票、投资性证券,还是贷款方式的资金转移,应保存为促成（或意在促成但随后取消,此情况下有关记录正常生成）上述交易而接收或发出的每一条通知、请求或指令的内容。

（c）对于向美国境外的个人、账户或地方转出 1 万美元以上的交易,不论使用的是资金、现金或其他货币工具、支票、投资性证券,还是贷款方式的资金转移,应保存为促成上述交易向美国境内或境外其他金融机构或主体发出的每一条通知、请求或指令内容。

（d）部长会根据 1010.370（a）要求发布具体的指令,规定这些交易信息的保存时间,一般不超过 5 年。

（e）非银行金融机构。非银行金融机构位于美国境内的每一家代理行、代办处、分支机构或办公室,转移资金的总额在 3000 美元或以上时,应受（e）段要求的约束:

（1）交易记录保存要求。

（i）对金融机构作为传送人金融机构负责承兑的每份传送指令,须

获取并保存与该指令相关的以下信息的原件、微缩胶卷拍摄件、其他复印件或电子记录中的一种：

（A）传送人的名称和住址；

（B）传送指令的金额；

（C）传送指令的执行日期；

（D）根据传送指令从传送人处获得的任何付款说明；

（E）收款人金融机构的身份；

（F）从传送指令中获取以下尽可能多的项目内容：[①]

1）收款人的名称和住址；

2）收款人的账户号码；以及

3）用于识别收款人身份的任何其他信息；以及

（G）由提交传送指令人填写或签名的、有关资金传送的任何表格。

（ii）金融机构作为中间金融机构负责承兑的每份传送指令，须保存该指令的原件、微缩胶卷拍摄件、其他复印件或电子记录中的一种。

（iii）金融机构作为收款人金融机构负责承兑的每份传送指令，须保存该指令的原件、微缩胶卷拍摄件、其他复印件或电子记录中的一种。

（2）传送人非现有客户。如果传送指令的传送人不是现有客户，除了获取并保存本节第（e）（1）（i）段要求的信息外：

（i）如果传送指令是在柜台由客户亲自发起，传送人金融机构在承兑前，须先核实提交传送指令人的真实身份。如果传送人金融机构承兑传送指令，须获取并保存此人的姓名和地址资料、身份证明类型、身份证明文件（如驾照）号码以及此人的纳税人证明号码资料（如社会保险号或雇主文件号码），或者在上述资料不可得的情况下，外国证件号码或护照号与签发国，或是对缺乏这些内容进行记录标注。如果传送人金融机构知道传送人并非此人，则传送人金融机构须获取并保存传送人的纳税人证明号码资料（如社会保险号或雇主文件号码），或者在上述资料不可得的情况下，外国证件号码或护照号与签发国（若提交传送指令人知晓），或是对缺乏这些内容进行记录标注。

（ii）如果承兑的传送指令不是在柜台由客户亲自发起，传送人金融

---

① 对国内证券经纪人或交易商通过美联储联邦转账系统发起的资金传送，在向联邦储备银行发出指令的银行完成向扩展后的联邦转账系统报文格式转换之前，则只需保存可从传送指令中获取的以下任何一项。

机构须获取并保存提交传送指令人的姓名和地址资料，以及此人的纳税人证明号码资料（如社会保险号或雇主文件号码），或者在上述资料不可得的情况下，外国证件号码或护照号与签发国，或是对缺乏这些内容进行记录标注，以及资金传送所使用的支付方式（如支票或信用卡交易）的副本或记录。如果传送人金融机构知道传送人并非此人，传送人金融机构须获取并保存传送人的纳税人证明号码资料（如社会保险号或者雇主文件号码），或者在上述资料不可得的情况下，外国号码或护照号与签发国（若提交传送指令人知晓），或是对缺乏这些内容进行记录标注。

（3）收款人非现有客户。对收款人金融机构承兑的、收款人并非现有客户的每份传送指令，除了获取并保存本节（e）（1）（ⅲ）段要求的信息外：

（ⅰ）如果该款项是当面交由收款人或其代理人或代理机构，则收款人金融机构应核实收取款项人员的身份，并获取和保存姓名与地址资料、身份证明类型、身份证明文件（如驾照）的号码以及此人的纳税人证明号码资料（如社会保险号或雇主文件号码），或者在上述资料不可得的情况下，外国身份号码或护照号与签发国，或是对缺乏这些内容进行记录标注。如果收款人金融机构知道收款人并非此人，则收款人金融机构应获取并保存收款人的姓名和地址，以及此人的纳税人证明号码资料（如社会保险号或雇主文件号码），或者在上述资料不可得的情况下，外国证件号码或护照号与签发国（若收取款项人知晓），或是对缺乏这些内容进行记录标注。

（ⅱ）如果该款项不是当面交付，则收款人金融机构应保存支票或用于支付的其他工具的复印件或其上所含信息，以及收款人的名称和地址资料。

（4）可恢复性。传送人金融机构应能根据传送人的名称重新找回根据本节（e）（1）（ⅰ）和（e）（2）段规定其必须获取的信息。如果传送人是该传送人金融机构的现有客户，并拥有用于资金传送的账户，那么也可以根据账号来重新找回这些信息。收款人金融机构应能根据收款人名称来重新找回本节（e）（1）（ⅲ）和（e）（3）段规定其必须获取的信息。如果收款人是该收款人金融机构的现有客户并拥有用于资金传送的账户，那么也可以根据账号来重新找回这些信息。不需要采取专门

措施来保存这些信息，只要金融机构能够重新找回根据本段要求提供的信息即可，既可以直接查阅资金传送记录，也可以通过金融机构所保留的其他记录来进行。

（5）核实。根据本节（e）（2）和（e）（3）段要求进行核实时，金融机构应通过核对文件（而不是客户的签名卡）来核实一个人的身份，该文件在金融机构承兑非现有客户的支票时应能被普遍接受用于身份识别，该文件最好包括此人的姓名、地址和照片。若个人表示他/她外国人或不是美国居民，可通过护照、外国身份证，或其他可证明国籍或居住地的官方文件（如标有家庭住址的外国驾照）对其核实身份。

（6）例外情况。以下资金传送不受本节规定约束：

（ⅰ）传送人和收款人属以下情况的资金传送：

（A）银行；

（B）在美国境内具有经营权的银行的国内独资子公司；

（C）证券经纪商或交易商；

（D）证券经纪商或交易商的国内独资子公司；

（E）期货经纪商或商品引介经纪人；

（F）期货经纪商或商品引介经纪人的国内独资子公司；

（G）美国政府；

（H）州政府或地方政府；或者

（I）联邦、州或地方政府机构或部门；或者

（J）共同基金；以及

（ⅱ）传送人和收款人是同一人的资金传送，以及传送人金融机构与收款人金融机构是同一证券经纪商或交易商的资金传送等。

（f）如本段要求，美国境内的所有传送人金融机构或中间金融机构都要对3000美元或以上金额的资金传送在传送指令中加入以下信息:[①]

（1）在向接收金融机构发送传送指令时，传送人金融机构要在指令中加入以下信息:

（ⅰ）名称，而且如果通过账户进行支付，传送人的账号。

（ⅱ）传送人的地址，在向联邦储备银行发送指令的银行完成向扩展

———————————

① 对金融机构通过美联储联邦转账系统发起的资金传送，在向联邦储备银行发送指令的银行完成向扩展报文格式转换之前，在传送指令中只需加入从发送人的传送指令中获取的以下任何一项。

格式转换之前，通过联邦转账系统发出的传送指令除外。

（ⅲ）传送指令的金额。

（ⅳ）传送指令的执行日期。

（ⅴ）收款人金融机构的身份。

（ⅵ）从传送指令中获取以下尽可能多的项目内容：

（A）收款人的名称和地址；

（B）收款人的账号；

（C）收款人的任何其他专用标识符。

（ⅶ）其中一项内容：传送人金融机构的名称和地址，或数字标识符。

（2）若接收金融机构作为中间金融机构，承兑传送指令后，应在向下一家接收金融机构发出代理传送指令时，在其中加入以下信息，如果已从发送人处获取：

（ⅰ）传送人的名称和账号。

（ⅱ）传送人的地址，在向联邦储备银行发出指令的银行完成向扩展联邦转账系统格式转换之前，通过联邦转账系统发出的传送指令除外。

（ⅲ）传送指令的金额。

（ⅳ）传送指令的执行日期。

（ⅴ）收款人金融机构的身份。

（ⅵ）从传送指令中获取以下尽可能多的项目内容：[①]

（A）收款人的名称和地址；

（B）收款人的账号；

（C）收款人的专用识别符。

（ⅶ）其中一项内容：传送人金融机构的名称和地址，或数字识别符。

（3）向扩展联邦转账系统报文格式转换之前资金传送的安全港。以下规定适用于向联邦储备银行或其他金融机构发出指令的银行在完成向扩展联邦转账系统报文格式转换之前，通过美联储联邦转账系统或其他方式实现的资金传送。

---

① 对金融机构通过美联储联邦转账系统发起的资金传送，在向联邦储备银行发送指令的银行完成向扩展报文格式转换之前，则在传送指令中只需加入从发送人的传送指令中获取的以下任何一项。

（ⅰ）传送人金融机构。传送人金融机构要符合本节（f）（1）段的规定，应：

（A）向接收金融机构发出传送指令时，在传送指令中尽可能加入已获取的（f）（1）（ⅲ）到（ⅴ）段以及（f）（1）（ⅵ）段中所规定的信息。

（B）在传送指令中作为中间金融机构或收款人金融机构的任何机构提出要求后的合理时间内，向该金融机构提供本节（f）（1）（ⅰ）、（ⅱ）和（ⅶ）段中所规定的信息。这些要求的提出涉及该金融机构收到的来自联邦、州或地方执法或监管机构的合法要求，或涉及该金融机构自身的《银行保密法案》合规事项。

（ⅱ）中间金融机构。中间金融机构要符合本节（f）（2）段的规定，应：

（A）向接收金融机构转出传送指令时，在传送指令中尽可能加入已获取的（f）（2）（ⅲ）到（f）（2）（ⅵ）段中所规定的信息；以及

（B）在传送指令中作为中间金融机构或收款人金融机构的任何机构提出要求后的合理时间内，向该金融机构尽可能提供已获取的本节（f）（2）（ⅰ）、（ⅱ）和（ⅶ）段中所规定的信息。这些要求的提出涉及该金融机构收到的来自联邦、州或地方执法或监管机构的合法要求，或涉及该金融机构自身的《银行保密法案》合规事项。

（ⅲ）提出要求的金融机构的义务。一旦提出要求的金融机构收到根据本节（f）（3）（ⅰ）（B）或（f）（3）（ⅱ）（B）段所要求的任何信息，其均应视该信息已被纳入与之相关的传送指令中。

（4）例外情况。（f）段中的要求不适用于本节（e）（6）段或1020.410（a）（6）段中所指资金传送。

1010.415　购买银行支票和汇票、银行本票、汇单和旅行支票

（a）任何金融机构不得签发或出售面值为现金3000美元及以上的银行支票或汇票、银行本票、汇单或旅行支票，除非向涉及金额总计在3000～10000美元（含）的任何购买者每笔签发或出售上述票据工具时获取并保存以下信息：

（1）如果购买者在该金融机构拥有存款账户：

（ⅰ）（A）购买者的名称；

（B）购买日期；

（C）所购票据工具的类型；

（D）所购每份票据工具的序列号；以及

（E）所购每份票据工具的美元金额。

（ⅱ）此外，金融机构必须核实该客户是存款账户的持有者，或者必须核实该客户的身份。如果存款账户持有者的名称和地址此前已经由该金融机构核实，且相关信息已记录在签字样卡或其他文件或记录中，该金融机构可以通过此签字样卡或其他文件或记录核实；金融机构或者可以通过核对记载购买者名称和地址的文件进行核实，而该文件在非储户兑现支票时被银行业用做通用识别手段。如果存款账户持有者的身份此前未经核实，金融机构应当通过核对记载购买者名称和地址的文件来核实存款账户持有者的身份，该文件在非储户兑现支票时应被银行业用做通用识别手段，并且金融机构应当记录详细的识别信息（如驾驶执照的签发州和编号）。

（2）如果购买者在该金融机构没有存款账户：

（ⅰ）（A）购买者的名称和地址；

（B）购买者的社会保障号码，如果购买者是外国人且没有社会保障号码，则提供外国身份证件号码；

（C）购买者的出生日期；

（D）购买日期；

（E）所购票据工具的类型；

（F）所购票据工具的序列号；以及

（G）所购每份票据工具的美元金额。

（ⅱ）此外，金融机构应通过核对有关文件核实购买者的名称和地址，该文件应记载购买者的名称和地址，且在银行业内用做非储户兑现支票的通用识别手段，金融机构还应记录详细的识别信息（如驾驶执照的签发州和编号）。

（b）同时购买同类或不同类票据工具总金额为3000美元或以上的，应视为一笔交易。在金融机构的雇员、主管、高管或者合伙人知晓的情况下，同一工作日多次购买且总金额为3000美元或以上的，应视为一笔交易。

（c）要求保存的记录应由金融机构保存 5 年，并且应当随时用于部长所需。

1010.420　在外国金融账户持有金融权益的客户记录登记及保存

根据 1010.350 要求而向国内税务署报告的账户的相关记录，应由对该账户拥有金融权益或签名或其他权益的各主体保存。此类记录应包含账户持有人的名称、账号或其他标识，保有账户的外国银行或其他主体的名称和地址，账户类型、报告期间账户金额的最大值。此类记录应保存 5 年，且应随时接受根据法律授权进行检查。以下期间不得计入 5 年保存期：自纳税人因提交错误或虚假的联邦所得税纳税表或者未能提交联邦所得税纳税表而被起诉或控告之日始，至刑事诉讼中作出最后陈述之日止。

1010.430　记录的性质和保存期限

（a）要求保存支票、汇票、货币工具、投资证券或其他类似文件的原件、微缩胶卷或其他副本或复印件的，应当保存此类文件的正面和背面，并且归档。如果文件背面是完全空白或者只包含标准印制信息，则不必保存此文件背面的复印件。

（b）本章要求金融机构保存的记录可以是金融机构在正常业务过程中形成的记录。如果涉及本章要求保留记录的正常业务交易过程中没有形成记录，则金融机构应当作出书面记录。

（c）国内税务署根据《美国法典》第 26 编第 6109 条发布的规章制度决定纳税人标识号的构成要素，以及在账户由一人或多人保有的情况下，应当提交的标识号的主体。

（d）本章要求保存的记录应当保存 5 年。根据本章 1010.370 发布指令要求保存的记录或报告，其保存的时长由该指令具体规定，但不得超过 5 年。应当考虑记录的性质、记录自作出到期满的时长因素，以合理期间内获取的方式对记录进行存档或保存。

1010.440　美国境外的主体

就本章而言，进行资金传送或转移的主体若知道对方住址在美国境外，则向其国内账户传送或转移资金、现金、其他货币工具、支票、投资证券或信贷，应视为向美国境外的主体传送或转移。如果客户住址在金融机构所在地约 50 英里范围内或者金融机构知晓其暂时在美国境外，则国内金融机构簿记的、与该客户账户有关的交易不适用本节规定，除非部长另有指令。

子部分 E　防止洗钱和恐怖活动的特定信息共享程序

1010.500　概述

本子部分的 1010.505 至 1010.540 根据《美国爱国者法案》第 314 节的要求发布。各金融机构［定义参见 31 U. S. C. 5312（a）（2）或（c）（1）］就其他特定信息共享程序应参见第 X 章其相应部分。

1010.505　定义

子部分 E 适用以下定义：

（a）账户：一种正式的银行或业务关系，建立该关系用于提供定期服务、交易及其他金融业务。账户包括但不限于活期存款账户、储蓄存款账户、其他交易或资产账户，以及信用账户或其他信用展期。

（b）洗钱：18U. S. C. 1956 或 1957 认定为刑事犯罪的活动，或者是指若发生于美国境内就会被 18U. S. C. 1956 或 1957 认定为刑事犯罪的活动。

（c）恐怖活动：18U. S. C. 2331 中定义的国内恐怖主义行为或国际恐怖主义行为。

（d）交易：（1）除本节段落（d）（2）规定外，术语"交易"应与 1010. 100（bbb）给出的定义相同。

（2）就 1010. 520 而言，交易不表示通过账户进行的任何交易。

1010.520 政府部门与金融机构间的信息共享

（a）定义。本节中：

（1）金融机构是指31U.S.C.5312（a）（2）中所列任何金融机构。

（2）执法部门是指具有犯罪调查权的联邦、州、地方或外国执法部门。此处，外国执法部门所在国家（地区）应为某条约的一方，该条约规定，或者金融犯罪执法网络确认，其所在国家（地区）允许美国的执法部门可以如本节规定互惠互换相关信息。

（b）有可信证据证明与恐怖活动或洗钱行为相关的信息需求。

（1）一般情况。执法机构在调查恐怖活动或洗钱行为时可能需要金融犯罪执法网络代表该调查机构向一家或一些金融机构索取指定信息。当执法机构向金融犯罪执法网络提交这种需求时，必须以金融犯罪执法网络指定的格式和方式提供书面证明。该证明必须至少包括：描述执法机构需要查询相关信息的每一个人、实体或组织的情况，这些个人、实体或组织参与或者有可信证据合理怀疑其参与恐怖活动或洗钱行为。描述要包括足够的特征，如出生日期、地址、社会保障号码等，这些特征使得金融机构能够区分重复或者相似名字。所出示的证明中还要指定该执法机构的一名联系人，当其信息需求出现问题时，金融犯罪执法网络可以与该联系人联系。金融犯罪执法网络在收到执法机构提交的必要证明后，可以要求任何一家金融机构查询其系统内的记录，以判断该金融机构是否为这些个人、实体或组织保有或者曾经保有账户，或者参与了它们的交易。

（2）金融犯罪执法网络的信息需求。金融犯罪执法网络可以代表自己也可以代表财政部有关部门查询一家或一些金融机构是否为任何特殊的个人、实体或组织保有或者曾经保有账户，或者参与了它们的交易。本节涉及的信息需求提交给金融机构之前，金融犯罪执法网络或者财政部有关部门也必须像有信息需求的执法机构一样提供相同方式的书面证明，以说明金融犯罪执法网络或者财政部有关部门所查询的个人、实体或组织参与或者有可信证据合理怀疑其参与恐怖活动或洗钱行为。该证明也必须包括足够的特征说明，如出生日期、地址、社会保障号码等，这些特征使得金融机构能够区分重复或者相似名字。证明中还要指定金融犯罪执法网络或财政部有关部门的一名联系人，当信息需求出现问题时，金融机构可以与该联系人联系。

（3）接收信息需求的金融机构的义务。

（ⅰ）查询记录。收到本节所涉及的金融犯罪执法网络的信息需求时，金融机构必须迅速查询其系统内的记录，查清是否保有或者曾经保有金融犯罪执法网络需求中所提到的每个个人、实体或组织的账户，或者参与了任何相关交易。金融机构应联系执法机构、金融犯罪执法网络或提出需求的财政部有关部门的代表，当需求由国外执法机构提出时，金融机构应联系美国执法专员。这些代表或美国执法专员名单由金融犯罪执法网络向金融机构查询信息时提供，当出现任何与信息需求的范围或条款相关的问题时，金融机构可与之联系。除非在信息需求中特别提出，金融机构只能查询其记录中的以下信息：

（A）指定可疑对象的所有现金账户；

（B）指定可疑对象近 12 个月来的所有账户；

（C）近 6 个月来指定可疑对象进行的，或者代理指定可疑对象进行的任何交易（定义参见 1010.505（d）），或者是以可疑对象为传送人或收款人的资金转移。有关法律法规要求金融机构记录 6 个月的交易，这些记录可以通过电子方式操作和保存。

（ⅱ）向金融犯罪执法网络报告。当识别到金融犯罪执法网络信息需求中所列个人、实体或组织的账户或交易时，金融机构必须按照金融犯罪执法网络需求中指定的方式、期限将以下信息报告给金融犯罪执法网络：

（A）该个人、实体或组织的名称；

（B）这些账户的数目；若为交易，每笔交易的时间及类型；

（C）开立这些账户或发生每笔交易时，这些个人、实体或组织所提供的社会保障号码、纳税人识别号码、护照号码、出生日期、地址或其他类似的特征信息。

（ⅲ）指定联系人。金融机构收到本节涉及的信息需求时，必须指定一人作为该金融机构的联系人来专门处理需求并接收今后金融犯罪执法网络提交的类似信息需求。金融机构必须依照金融犯罪执法网络给出的格式提供该联系人的姓名、职务、邮寄地址、电子邮件、电话及传真号码等。已经向金融犯罪执法网络提供联系人信息的金融机构，当联系人信息有任何变动时，必须立即通知金融犯罪执法网络。

（iv）信息需求的使用和安全。

（A）除下列情况外，金融机构不能为任何目的使用金融犯罪执法网络按照本节规定提供的信息：

①如本节规定，向金融犯罪执法网络报告时；

②决定是否开立或保有一个账户，或者是否从事一笔交易时；

③帮助该金融机构满足本章任何要求时。

（B）①除非确有必要为满足此类信息需求，金融机构不得向任何个人泄露金融犯罪执法网络已经根据本节要求提出需求或获取信息，金融犯罪执法网络、提出信息需求的财政部有关部门、由金融犯罪执法网络代理提出信息需求的执法机构，或是在信息需求中提及的代理外国执法机构提出需求的美国执法专员除外。

②尽管本节段落（b）（3）（iv）（B）（1）有所规定，1010.540所授权共享信息的金融机构仍可根据该节相关要求与其他金融机构分享相关信息，涉及金融犯罪执法网络需求中所提到的个人、实体或组织。然而，共享这类信息时，不能泄露金融犯罪执法网络已经就这些个人、实体或组织提出信息需求。

（C）各金融机构必须建立完善的程序，以确保金融犯罪执法网络根据本节提出的信息需求的安全和保密。为保护金融机构客户的非公开个人信息，《金融服务现代化法案》第 501 节（15U. S. C. 6801）以及相关法规要求金融机构建立完善的程序，本段落（b）（3）（iv）（C）的要求程度应视为与之一致。

（v）不要求其他任何行动。本节并不要求金融机构对金融犯罪执法网络信息需求中所列个人、实体或组织开立的账户或参与的交易采取，或拒绝采取任何行动，也不要求金融机构对这些个人、实体或组织拒绝开立账户或参与交易。除非信息需求中有特殊说明，一般的信息需求不应要求金融机构报告今后的账户开立行为或交易，不应要求金融机构将根据本节要求收到的可疑名单作为第 107 届国会第 56 号公共法案（简称公共法案 107－56 号）第 326 节中规定的政府名单。

（4）与《金融隐私权法案》和《金融服务现代化法案》的关系。金融机构按照本节段落（b）（3）（ⅱ）要求报送的信息也是遵照联邦法或其相关法规要求报告的信息，如《金融隐私权法案》第 3413（d）子节 ［12U. S. C. 3413（d）］ 以及《金融服务现代化法案》第 502（e）（8）子节 ［15U. S. C. 6802（e）（8）］。

（5）不影响执法或监管调查。本子部分的内容不影响联邦机构、州或地方执法部门或官员、金融犯罪执法网络或财政部其他组成部门直接从金融机构获取信息的权力。

1010. 530　保留条款

1010. 540　金融机构间自愿的信息共享

（a）本节需要用到以下定义：

（1）金融机构。

（ⅰ）除了本节段落（a）（1）（ⅱ）规定的外，术语"金融机构"是指 31 U. S. C. 5312（a）（2）描述的任何一家金融机构，且该金融机构按照本章要求建立并保持反洗钱制度，或该金融机构在本章中被视为满足 31 U. S. C. 5318（h）（1）的要求。

（ⅱ）根据本节规定，金融机构不可以是美国金融犯罪执法网络指定的不能共享信息的一些金融机构中的任何一家。

（2）金融机构组织是指完全由本节段落（a）（1）中所定义的金融机构组成的团体或组织。

（b）金融机构组织之间的自愿信息共享。

（1）概述。在满足本节段落（b）（2）、（b）（3）和（b）（4）的条件下，金融机构或金融机构组织可以在本节段落（b）（5）中描述的免责条款保护下，出于识别、报告其怀疑可能参与恐怖活动或洗钱行为的个人、实体、组织、国家的目的，传送、接收或与其他任何金融机构或金融机构组织共享相关信息。

（2）声明要求。金融机构或金融机构组织，若想依据本节第（b）（1）段的规定共享信息，必须向金融犯罪执法网络提交金融犯罪执法网络网站（网址 http：//www. fincen. gov.）上所列的声明。根据第（b）（2）段的规定，每个声明自声明开始日起有效期为一年。在一年有效期结束后，为了继续参与信息共享，金融机构或金融机构组织必须提交一个新的声明。金融机构或金融机构组织需要登录金融犯罪执法网络的网站向其提交完整的声明，按照提示输入适当的信息。如果金融机构没有互联网通道的话，可以将声明邮寄到以下地址：弗吉尼亚州维也纳，39号邮政信箱，金融犯罪执法网络，22183。

（3）核实要求。在按照本节第（b）（1）段的规定共享信息之前，金融机构或金融机构组织必须采取合理措施确定它要与之共享信息的其他金融机构或金融机构组织已经按照本节第（b）（2）段的要求向金融犯罪执法网络提交了声明。金融机构或金融机构组织可以通过确认金融犯罪执法网络定期公布的已经提交声明的金融机构或金融机构组织名单，或直接向其他金融机构或金融机构组织确认其已经提交所需的声明来完成第（b）（3）段的要求。

（4）信息的使用与安全。

（ⅰ）根据本章要求，金融机构或金融机构组织所获取的信息只可用于以下目的：

（A）在适当情况下，识别以及报告洗钱行为或恐怖活动；

（B）决定是否开立或保持一个账户或从事一笔交易；

（C）根据本章规定，帮助其他金融机构获取信息。

（ⅱ）根据本节要求，任何一家参与信息共享的金融机构或金融机构组织必须建立完整的程序来确保这些信息的安全和保密。为保护金融机构客户的非公开个人信息，《金融服务现代化法案》第501节（15 U.S.C. 6801）以及相关法规要求金融机构建立完整的程序，本段落（b）（4）（ⅱ）的要求程度应该视为与之一致。

（5）免责条款。

（ⅰ）概述。按照本节段落（b）共享信息的金融机构或金融机构组织在共享信息时，或在共享信息时没能提供声明的情况下，在公共法案107－56号第314（b）款规定的范围内，对信息中指定的个人、实体、组织免责。

（ⅱ）限制条款。当金融机构或金融机构组织不符合本节第（b）（2），（b）（3）或（b）（4）段的要求时，本节第（b）（5）（ⅰ）段不适用于该金融机构或金融机构组织。

（c）金融机构与联邦政府之间的信息共享。根据本节进行信息共享之后，如果金融机构知道、怀疑或者有理由怀疑个人、实体或组织参与或者可能参与恐怖活动或洗钱行为，而且这个金融机构按照本章或其他相关法规规定应该报告可疑行为的，该金融机构必须按照规定提交可疑行为报告。当碰到需要立即注意并处理的违法行为时，比如当所报告的违法行为是恐怖活动且正在进行时，金融机构除了及时提交可疑行为报告外，还必须立即通过电话告知相关执法机构和金融机构监管部门。没有可疑行为报告义务的金融机构则不需要提交可疑行为报告或向执法机构报告依照本节内容进行信息共享时发现的可疑行为，但鼓励这类金融机构将可疑行为主动报告给金融犯罪执法网络。

（d）不影响金融机构报告义务。本子部分的内容对金融机构依照本章或其他任何相关法规提交可疑行为报告的义务没有任何影响，对因怀疑个人、实体参与恐怖活动、洗钱行为而直接与联邦机构联系也没有任何影响。

子部分 F　尽职调查的特殊标准、禁令以及特殊措施

1010. 600　概述

各金融机构［定义见 31 U. S. C. 5312（a）（2）或（c）（1）］应当参照第 X 章其对应部分的尽职调查的特殊标准、禁令以及特殊措施要求。

针对代理账户和私人银行账户的特殊尽职调查

1010. 605　定义

除非另有规定，就 1010. 610 至 1010. 630、1010. 670 而言，适用以下定义：

（a）账户受益人意指对账户中的资金或资产拥有一定的管理水平或享有权利，且实际上能够直接或间接支配、控制或管理账户的个人。但是，没有相应的对账户的支配、控制或管理权利（如在未成年受益人的情况下），仅有为账户提供资金的能力或者对账户中的资金享有权利则不足以使个人成为受益人。

（b）认证和再认证意指金融犯罪执法网络网站发布的关于外国银行代理账户的认证和再认证表格。

（c）代理账户。

（1）代理账户意指：

（ⅰ）就 1010. 610（a），（d）和（e）而言，外国金融机构为接收存款、代表该金融机构支付款项或其他支出、处理与其有关的其他金融业务而开立的账户；

（ⅱ）就 1010. 610（b）和（c），1010. 630 和 1010. 670 而言，外国银行为接收存款、代表该外国银行支付款项或其他支出、处理与其有关的其他金融业务而开立的账户。

（2）就本定义而言，账户意指：

（ⅰ）当适用于银行时〔参见本节第（e）（1）（ⅰ）至（ⅶ）段〕：

（A）银行为提供正常的服务、交易和其他金融活动而建立的正式的银行或业务关系；以及

（B）包括活期存款、储蓄存款或其他交易或资产账户以及信用账户或其他信用证展期。

（ⅱ）当适用于证券业经纪人或交易商时〔参见第（e）（1）（ⅷ）段〕，账户意指证券业经纪人或交易商为提供正常服务以便促成证券交易（包括但不限于购买或销售证券以及证券借贷行为）或为保管或担保而持有证券或其他资产所建立的正式关系。

（ⅲ）当适用于期货佣金商和经纪人时〔参见本节第（e）（1）（ⅸ）段〕，账户意指期货佣金商为提供正常服务而建立的正式关系，包括但不限于为促成用于期货交割的货物买卖合同，用于期货交割的货物买卖合同期权，或货物期权方面的交易而建立的关系。

（ⅳ）当适用于共同基金时〔参见本节第（e）（1）（ⅹ）段〕，账户意指行为人和共同基金之间为提供正常服务以便促成共同基金发行的证券交易（包括购买或出售证券）而建立的合同或其他交易关系。

（d）代理关系与 1010. 630 和 1010. 670 关于代理账户的规定具有相同的含义。

（e）辖内金融机构意指：

（1）就 1010. 610 和 1010. 620 而言

（ⅰ）被保险银行［如《联邦存款保险法》第 3（h）条（12 U. S. C. 1813（h）］；

（ⅱ）商业银行；

（ⅲ）外国银行在美国的代理行或分支机构；

（ⅳ）被联邦政府保险的信用合作社；

（ⅴ）储蓄协会；

（ⅵ）根据《联邦储备法》第 25A 条（12 U. S. C. 611 et seq.）经营的公司；

（ⅶ）受联邦政府管理并且遵守反洗钱计划要求的信托银行或信托公司；

（ⅷ）根据《1934 年证券交易法》（15 U. S. C. 78a et seq.）向证券交易委员会注册或被要求注册的证券经纪人或交易商，根据《1934 年证券交易法》第 15（b）（11）条注册的除外；

（ⅸ）根据《商品交易法》（7 U. S. C. 1 et seq.）向商品期货交易委员会注册或被要求注册的期货佣金商或经纪人，根据《商品交易法》第 4（f）（a）（2）条注册的除外；以及

（ⅹ）共同基金。

（2）就 1010. 630 和 1010. 670 而言

（ⅰ）被保险银行［如《联邦存款保险法》第 3（h）条（12 U. S. C. 1813（h）］；

（ⅱ）商业银行或信托公司；

（ⅲ）私人银行；

（ⅳ）外国银行在美国的代理行或分支机构；

（ⅴ）信用合作社；

（ⅵ）储蓄协会；

（ⅶ）根据《联邦储备法》第 25A 条（12 U. S. C. 611 et seq.）经营的公司；以及

（ⅷ）根据《1934 年证券交易法》（15 U. S. C. 78a et seq.）向证券交易委员会注册或被要求注册的证券经纪人或交易商，根据《1934 年证券交易法》第 15（b）（11）条注册的除外。

（f）外国金融机构。

（1）外国金融机构意指：

（ⅰ）外国银行；

（ⅱ）本节第（e）（1）（ⅷ）段至第（x）段所规定的辖内金融机构在美国境外的任何分支机构或办事处；

（ⅲ）根据外国法律成立的任何其他主体（除了该主体在美国的分支机构或办事处），如果该主体位于美国，则是本节第（e）（1）（ⅷ）段至第（x）段所述的辖内金融机构；以及

（ⅳ）根据外国法律成立的任何主体（除了该主体在美国的分支机构或办事处），参与外汇兑换或汇款业务且易于被认为是（A）外汇兑换商，或（B）汇款业务商。

（2）就本节第（f）（1）（ⅳ）段而言，如果外汇兑换或汇款业务交易对于行为人的经营活动而言只是偶然性的，那么就不认为行为人参与了此类业务。

（g）外国空壳银行意指在任何国家没有物理存在的外国银行。

（h）非美国人意指既非美国公民也不能根据《美国法典》第8编享有永久居住权的自然人。就本节第（h）段而言，1010.100中关于"人"的概念在此不适用，但是本节第（k）段仍然适用此概念。

（i）离岸银行许可意指为了监管银行业务以便禁止被许可实体与签发许可辖区内的公民从事银行交易或以签发许可辖区内的当地货币从事银行交易而颁发的执照。

（j）所有人。

（1）所有人意指直接或间接：

（ⅰ）拥有，控制或有权表决25%或以上的外国银行任何种类的表决证券或其他表决权益；或者

（ⅱ）以任何方式控制外国银行大多数董事（或行使类似职权的人员）的选举。

（2）就本定义而言：

（ⅰ）同一家庭的成员应被视为同一主体。

（ⅱ）同一家庭意指父母、配偶、子女、兄弟姐妹、父母的兄弟、父母的姐妹、（外）祖父母、（外）孙、第一代（堂）表兄妹、继子女、继兄弟姐妹、配偶的父母，以及上述人员的配偶。

（ⅲ）如果累计家庭成员所有者权益的结果使得家庭成为外国银行的所有人，必须识别在外国银行拥有所有者权益的同一家庭的任一成员。在确定同一家庭所有者权益时，应当考虑任一家庭成员的表决权益。

（ⅳ）表决证券或其他表决权益意指使持有者有权投票赞成或选举董事（或行使类似职权的人员）的证券或其他权益。

（k）"人"的含义与第 1010.100 节第（mm）段的规定相同。

（l）物理存在意指营业处所，该处所：

（1）由外国银行保有。

（2）位于授权外国银行开展银行业务的国家的固定地址（并非仅有电子地址或邮政信箱），外国银行在此：

（ⅰ）雇用一个或多个专职人员；以及

（ⅱ）保存与银行活动有关的营业记录；并且

（3）接受许可外国银行从事银行业务的银行业当局检查。

（m）私人银行账户意指在辖内金融机构中保有的账户（或合并账户）：

（1）要求有总计不少于1000000美元的资金存款或其他资产；

（2）代表一个或多个非美国人开立或为其利益开立，并且非美国人是账户的直接所有人或受益人；以及

（3）全部或部分委派给作为辖内金融机构和账户直接所有人或受益人联络者的金融机构的高级职员、雇员或经理人或由其管理或控制。

（n）受监管的附属机构：

（1）受监管的附属机构意指外国空壳银行，该银行：

（ⅰ）是在美国或外国拥有适当的物理存在的存款机构、信用合作社或外国银行的附属机构；并且

（ⅱ）接受此类附属存款机构、信用合作社或外国银行所在国银行业当局的监管。

（2）就本定义而言：

（ⅰ）附属机构意指被存款机构、信用合作社或外国银行控制或处于其共同控制下的外国银行。

（ⅱ）控制意指：

（A）拥有、支配或有权表决另一公司50%或以上的表决证券或其他

表决权益；或者

（B）以任何方式控制另一公司大部分董事（或行使类似职权的个人）的选举。

（o）部长意指财政部长。

（p）外国高级政治人物。

（1）外国高级政治人物意指：

（i）现任或前任：

（A）外国政府行政、立法、管理、军队或司法机关的高级官员（选举或非选举）

（B）外国主要政党的高级官员；或者

（C）外国政府所有的商业企业的高级行政官员。

（ii）由上述人员组建或为上述人员利益而组建的公司、企业或其他实体。

（iii）上述人员的直接家庭成员。

（iv）被普遍公认为（或相关金融机构确实知道）与上述人员有密切联系的人员。

（2）就本定义而言：

（i）高级官员或执行官意指对制定政策、操作或运用政府资源具有实质权力的人员；以及

（ii）直接家庭成员意指配偶、父母、兄弟姐妹、子女以及配偶方父母和兄弟姐妹。

1010.610 针对外国金融机构的代理账户的尽职调查程序

（a）概述。辖内金融机构应当建立合理设计的尽职调查方案。该方案应包括适当的、具体的、基于风险的、必要的强化政策、流程和控制措施，以使辖内金融机构能够持续发现并报告通过或涉及外国金融机构在美国的辖内金融机构中开立、保留、控制或管理的代理账户进行已知或涉嫌洗钱的活动。除此之外，按本节规定的尽职调查程序，应是本章反洗钱程序的一部分。这样的政策、流程和控制措施应包括：

（1）确认每个这样的代理账户是否属于本节第（b）段中的情形。

（2）综合所有相关因素进行适当考量之后，评估该代理账户的洗钱

风险。这些因素包括：

（i）该外国金融机构的业务及所服务的市场的性质；

（ii）该代理账户的类型、目的以及预期的活动；

（iii）辖内金融机构与外国金融机构（及其附属机构）之间关系的性质及时长；

（iv）为外国金融机构发放执照或执业证书的（司法）管辖当局，其辖下的反洗钱监管制度，该外国金融机构的任一所有人成立地或执业资格授予地的（司法）管辖当局的反洗钱监管制度［后者的考量程度取决于在该（司法）管辖当局可合理获得相关信息的范围］；

（v）辖内金融机构已知的或是可以从合理渠道获得的外国金融机构的反洗钱记录。

（3）要应用基于风险的、合理设计的流程和控制措施，对每个类似代理账户进行管理，以发现并报告已知或涉嫌洗钱活动，而且要根据获得的信息对这些代理账户的活动进行充分的定期检查，确定账户的类型、目标以及预期活动的一致性。

（b）针对某些外国银行的强化客户尽职调查。在本节第（c）段中描述的为外国银行在美国开立、保留、控制以及管理代理账户的情况中，本节第（a）段要求的尽职调查程序，应该包括强化客户尽职调查程序，以保证辖内金融机构至少采取以下步骤：

（1）对这些代理账户执行更深入、细致的审查，依据适用的法律政策防范洗钱活动，识别和报告任何可疑交易。这些更深入、细致的审查应当反映账户的风险评估结果，在适当的情况下还应包括以下一些内容：

（i）获取并考察外国银行的有关反洗钱程序的信息，以评估外国银行代理账户呈现的洗钱风险。

（ii）通过合理设计的方法，监控代理账户的交易，包括入账的、出账的、转入后又转出的交易，以发现洗钱和可疑活动。

（iii）（A）从外国银行获知任何被授权使用作为"应付账户"的代理账户进行交易的主体的身份信息，以及应付账户中资金或其他资产的来源者和受益者的身份信息；

（B）就本节第（b）（1）（iii）（A）段而言，所谓应付账户是指辖内金融机构为外国银行保留的一种账户，相应的外国银行可以允许其客

户通过应付账户或是子账户参与那些通常与美国的银行有业务代理的银行活动。

（2）确认开立或保留了代理账户的外国银行，是否反而为那些已经在辖内金融机构中开立或保留外国对外代理账户的其他外国银行又保留了代理账户；如果是的话，应采取措施获得有关信息来评估和降低该外国银行为其他外国银行保留的代理账户的相关洗钱风险，有关信息在适当的情况下应包括那些外国银行的身份信息。

（3）（ⅰ）对于那些开立代理账户但未上市的外国银行，要确认其每个所有者的身份以及每份所有者权益的性质和规模。

（ⅱ）就本节第（b）（3）（ⅰ）段而言：

（A）所有者指的是任何能直接或间接持有、控制或有权表决10%或以上外国银行任何类型证券的主体。就第（b）（3）（ⅱ）（A）段而言：

①同一个家庭的成员应被视为同一主体；

②同一家庭的含义参见1010.605第（j）（2）（ⅱ）段。

（B）上市指的是股份能够在一个被外国证券监管当局监管的交易所或是有组织的场外交易市场交易，其中外国证券监管当局的定义详见《1934年证券交易法》第3（a）（50）节［5 U.S.C.78c（a）（50）］。

（c）适用强化尽职调查的外国银行。本节第（b）段描述的尽职调查程序要求针对外国银行持有的任何代理账户，该外国银行拥有下述营业执照：

（1）于办离岸银行业务牌照；

（2）由被政府间集团或组织评定为不符合国际反洗钱准则或程序的国家签发的银行业务牌照，而美国是该政府间集团或组织的成员国，且美国代表认可该评定；或者

（3）由被美国财政部部长出于洗钱方面的考虑而评定为应采取特别措施的国家签发的银行业务牌照。

（d）当尽职调查或是强化客户尽职调查无法进行时的特别措施。本节第（a）和（b）段所要求的尽职调查程序，应包括辖内金融机构无法对代理账户进行适当的尽职调查或强化尽职调查的情况下采取的措施。这些措施包括辖内金融机构应在什么情况下拒绝开户、中止交易、提交可疑活动报告，或关闭账户。

（e）一般尽职调查的适用规定。本节第（a）段的规定对辖内金融机构适用如下：

（1）一般规定：

（ⅰ）在 2006 年 7 月 5 日或以后开立的代理账户。本节第（a）段的规定适用于在 2006 年 7 月 5 日或之后开立的代理账户，自 2006 年 7 月 5 日起生效。

（ⅱ）在 2006 年 7 月 5 日之前开立的代理账户。本节第（a）段的规定适用于在 2006 年 7 月 5 日之前开立的代理账户，自 2006 年 10 月 2 日起生效。

（2）针对特定银行的特别规定。除非本节第（a）段按照本节第（e）（1）段所述的情况已然适用，否则 31 U. S. C. 5318（ⅰ）（1）中有关尽职调查的要求仍然适用于第 1010.605 节第（e）（1）（ⅰ）至（ⅳ）段所列的任何辖内金融机构。

（3）针对所有其他辖内金融机构的特别规定。31 U. S. C. 5318（ⅰ）（1）中所列的尽职调查要求不应适用于 1010.605 第（e）（1）（ⅶ）至（ⅹ）段所列的辖内金融机构，除非本节第（b）段的规定按照本节第（e）（1）段陈述的情况已然适用。

（f）强化客户尽职调查的适用规定。本节第（b）段的规定对辖内金融机构适用如下：

（1）一般规定：

（ⅰ）代理账户在 2008 年 2 月 5 日或之后开立的情况。本节第（b）段的规定适用于每个在 2008 年 2 月 5 日或之后开立的代理账户，自 2008 年 2 月 5 日起生效。

（ⅱ）代理账户在 2008 年 2 月 5 日之前开立的情况。本节第（b）段的规定适用于每个在 2008 年 2 月 5 日之前开立的代理账户，自 2008 年 5 月 5 日起生效。

（2）针对特定银行的特别规定。除非本节第（b）段的规定按照本节第（f）（1）段所述的情形已然适用，否则 31 U. S. C. 5318（ⅰ）（2）所列的强化客户尽职调查要求仍然适用于 1010.605 第（e）（1）（ⅰ）至（ⅳ）段所列的任何辖内金融机构。

（3）针对所有其他辖内金融机构的特别规定。31 U. S. C. 5318（ⅰ）

（2）所列的强化客户尽职调查要求不应适用于 1010.605 第（e）（1）（vii）至（x）段所列的辖内金融机构，除非本节第（a）段的规定按照本节第（e）（1）段陈述的情况已然适用。

（g）豁免情形。

（1）被豁免的金融机构。除本节另有规定外，按照 31 U. S. C. 5312（a）（2）或（c）（1），或者 1010.100 第（t）段定义的金融机构，应被免予执行 31 U. S. C. 5318（i）（1）和（i）（2）中关于代理账户的要求。

（2）金融机构的其他合规义务不受影响。本节第（g）段中的内容不得被解释为金融机构可以放松执行任何其他适用的法律或规定，包括《美国法典》第 31 编以及本章中有关规定。

1010.620　针对私人银行账户的尽职调查程序

（a）概述。辖内金融机构应当保留一套尽职调查方案。该方案应包括合理设计的政策、流程和控制措施，确保只要是在美国的辖内金融机构中开立、保留、控制、管理的私人银行账户，进行已知或涉嫌洗钱的活动或者可疑活动，辖内金融机构就能发现并报告。此外，按照本节规定的尽职调查程序，应当成为本章反洗钱程序的一部分。

（b）最低要求。本节第（a）段的尽职调查程序应当合理设计，以确保金融机构即使按照最低要求也应当采取以下步骤：

（1）确认一个私人银行账户的所有名义所有人及受益所有人的身份；

（2）确认任何依本节第（b）（1）段识别的主体是否为外国高级政要；

（3）确认存入私人银行账户的资金来源，以及该账户的目的及预期用途；以及

（4）审查该账户的活动情况，以保证该活动与客户资金来源处获得的信息相一致，与该账户载明的目的以及预期用途相一致，同时也基于预防洗钱活动的需要，按照适用的法律及规章，报告任何通过转入、汇出或是中转于私人银行账户的方式，所进行的已知或涉嫌的洗钱或可疑活动。

（c）对于外国高级政治人物的特殊要求。

（1）　如果出现了一个外国高级政治人物是某个私人银行账户的名义所有人或受益所有人的情况，那么本节第（a）段所要求的尽职调查程序，应包含一个合理设计的、对该账户的更深入细致的审查，以便监测及报告涉嫌卷入国外腐败收益的交易。

（2）　就第（c）段而言，"国外腐败收益"是指通过任何一个外国高级政治人物直接或间接获取，或是为了其利益，进行挪用、窃取、侵占公共资金后获取资产或财产，也包括一个外国政府的财产进行非法转换后的资产或财产（或通过贿赂或勒索的行为），并应包括任何其他已经转变或转换成任何此类资产的财产。

（d）　当尽职调查程序无法执行时的特殊流程。本节第（a）段要求的尽职调查程序在一些特殊情况下，比如辖内金融机构无法对某个私人银行账户行使有效的尽职调查程序时，应当包括一些跟进措施，这些跟进措施包括该金融机构应当在什么时候拒绝开户、中止交易活动、提交可疑活动报告或关闭其账户。

（e）　适用性规定。本条对辖内金融机构的规定适用如下：

（1）　一般规定：

（ⅰ）2006 年 7 月 5 日或之后开立的私人银行账户。对 2006 年 7 月 5 日或之后开立的私人银行账户，本条规定的要求应当自 2006 年 7 月 5 日起对其生效。

（ⅱ）2006 年 7 月 5 日之前开立的私人银行账户。对 2006 年 7 月 5 日之前开立的私人银行账户，本条规定的要求应当自 2006 年 10 月 5 日起对其生效。

（2）　对某些银行以及某些证券经纪人或交易商、期货经纪商、介绍经纪人的特别规定。除非本条规定的要求已如本节第（e）（1）段所陈述的那样适用，否则对 1010.605 第（e）（1）（ⅰ）至（ⅵ）、（ⅷ）和（ⅸ）段所列的有关金融机构而言，31 U. S. C. 5318（ⅰ）（3）依然适用。

（3）　对于由联邦监管的信托银行或信托公司及共同基金的特别规定。除非本节规定的要求已如本节第（e）（1）段所述的那样适用，否则对 1010.605 第（e）（1）（ⅰ）至（ⅶ）和（ⅹ）段所列的有关金融机构而言，31 U. S. C. 5318（ⅰ）（3）不适用。

（4）豁免情形。

（ⅰ）被豁免的金融机构。除本节另有规定外，按照 31 U. S. C. 5312（a）（2）或（c）（1），或 1010. 100 第（t）段定义的金融机构，应被免予执行 31 U. S. C. 5318（ⅰ）（3）属于私人银行账户的要求。

（ⅱ）金融机构的其他合规义务不受影响。本节第（e）（1）段中的内容不得被解释为金融机构可以放松执行任何其他适用的法律或规定，包括《美国法典》第 31 编以及本章中的有关规定。

1010. 630　外国空壳银行开立代理账户的禁令以及有关外资银行所有人和法律服务代理商的记录

（a）对辖内金融机构的要求。

（1）禁止为外国空壳银行办理代理账户业务。

（ⅰ）辖内金融机构不得为外国空壳银行，或是替外国银行在美国开立、保留、控制、管理代理账户。

（ⅱ）辖内金融机构应当采取合理措施，以保证任何由本机构在美国为外国银行开立、保留、控制、管理的代理账户不会被该外国银行用于间接向外国空壳银行提供银行服务。

（ⅲ）本节第（a）（1）段并未禁止辖内金融机构向接受监管的附属机构提供代理账户或银行服务。

（2）所有人及代理人记录。

（ⅰ）除本节第（a）（2）（ⅱ）段所述情况外，为外国银行在美国保留代理账户的辖内金融机构，应当保留未上市外国银行的每个所有者在美国的身份识别记录，应当保留常驻美国境内的外国银行授权代理人，以及同意为每个此类账户提供法律程序记录服务的代理人的名字和街道地址。

（ⅱ）对于已经按照联邦储备委员会的 FR Y-7 表格的要求，对当前外国银行所有者进行备案的外国银行，辖内金融机构可以不必保留其所有者的记录。

（ⅲ）就本节第（a）（2）（ⅰ）段而言，上市指的是其股份能够在一个被外国证券监管当局监管的交易所或是有组织的场外交易市场进行交易，其中外国证券监管当局的定义详见《1934 年证券交易法》（15

U. S. C. 78c（a）（50））。

（b）安全港机制。按照本节第（c）和（d）段的情况，如果辖内金融机构至少每三年一次从外资银行获得执业认证或再认证的消息，那么辖内金融机构可以被认为是符合本节第（a）段对外资银行的要求。

（c）中期核查。如果辖内金融机构在任何时候，知道、怀疑或是有理由怀疑，由外国银行提供，或是基于其他本节定义的辖内金融机构获得的该外国银行执业认证或再认证信息不再正确，辖内金融机构应当在适当情况下，要求该外国银行验证或修正相关信息，或采取合理措施以核实信息的准确性或获取修正后的信息。如果该外国银行没有验证或修正信息，或是辖内金融机构无法确认信息的准确性或获得修正后的信息，请参见本节第（d）（3）段的额外要求。

（d）代理账户的关闭。

（1）对于2002年10月28日或之前业已存在的账户。对于代理账户在2002年10月28日业已存在的情况，如果辖内金融机构既无法在2003年3月31日或之前，也还无法在此后至少每隔三年一次，从外国银行得到有关认证（或是再认证）的信息，或是获得关于此类认证（或是再认证）所要求的信息文档，那么辖内金融机构应当将该外国银行的所有代理账户关闭一段在商业上合理的时间，并且不应允许外国银行通过上述账户建立任何新的头寸或执行任何交易，除非是用于关闭账户的必要交易。

（2）对于2002年10月28日之后开立的账户。对于代理账户在2002年10月28日之后开立的情况，如果辖内金融机构既无法在账户开立后30天内，也无法在此后至少每隔三年一次，从外国银行获得有关认证（或是再认证）的信息，或是关于此类认证（或是再认证）所要求的信息文档，那么辖内金融机构应当将该外资银行的所有代理账户关闭一段在商业上合理的时间，并且不应允许外国银行通过上述账户建立任何新的头寸或执行任何交易，除非是用于关闭账户的必要交易。

（3）审核此前提供的信息。当辖内金融机构对外资银行进行审核信息时出现了本节第（c）段中所述的情况，如果辖内金融机构既无法在当时，也无法在审核后90天内，对外国银行的信息进行审核或是从外资银行获取修正后的信息，那么辖内金融机构应当将该外国银行的所有代理

账户关闭一段在商业上合理的时间，并且不应允许外国银行通过上述账户建立任何新的头寸或执行任何交易，除非是用于关闭账户的必要交易。

（4）已关闭账户的重新开启以及新账户的开立。如果有关账户已按照本节第（d）段被关闭，辖内金融机构不应重新开启已关闭的账户，也不应当开立任何其他与该外国银行有关的代理账户，直到获得来自该外国银行的认证或是再认证的信息才可以。

（5）法律责任限制。对于按照本节第（d）段进行的终止代理账户行为，辖内金融机构不对任何人在任何法庭或仲裁庭承担责任。

（e）保留记录的要求。辖内金融机构应当根据本节规定，在其不再为该外国银行保留任何代理账户之后的至少5年内，保存由该外国银行提供的任何原始文档，或是被辖内金融机构信赖的其他原始文档或复本。如果美国财政部部长有指令的话，辖内金融机构应当按照其指令保存关于任何外国银行的此类记录更长一段时间。

（f）关于2002年10月28日前信息要求的特别规定。

（1）定义。就本节第（f）段而言，"临时指南"指的是：

（ⅰ）签署日期为2001年11月20日，并且于2001年11月27日刊载于《联邦公报》的美国财政部临时指南；或者

（ⅱ）发布在2001年12月28日《联邦公报》上一份文件中的指引。

（2）使用临时指南认证。对于2002年10月28日或之前业已存在的账户，倘若辖内金融机构在2002年10月28日前要求提供认证信息，并且在2002年12月26日或之前获得，那么在本节第（b）、（c）、（d）（1）和d（3）段中出现"认证"一词，应当包括追加到临时指南中的认证要求。

（3）保留记录的要求。就临时指南而言，本节第（e）段应当适用于由该外国银行提供的任何文档，或是被辖内金融机构信赖的其他文档。

1010.640　保留条款

《爱国者法案》第311节规定的特殊措施和执法机构对外国银行记录的获取

1010.651　针对缅甸的特殊措施

（a）适用于本节的词条定义。

（1）缅甸银行机构，指的是缅甸国家授权或批准的任何外国银行〔外国银行定义见1010.100第（u）段〕，包括位于缅甸以外的分支和办公机构。

（2）代理账户含义与1010.605第（c）段中该词条的定义相同。

（3）辖内银行机构与1010.605第（e）（2）段中该词条的定义相同，并且包含以下主体：

（ⅰ）按照《商品交易法》（7 U.S.C. 1 et seq.）规定已在商品期货交易委员会注册或需注册的期货经纪商、介绍经纪人；以及

（ⅱ）按照《1940年投资公司法》要求已在证券交易委员会注册或需注册的开放投资公司〔见《1940年投资公司法》第3节、第5节（15 U.S.C. 80a-5）中定义〕。

（b）对辖内金融机构的要求。

（1）代理账户禁止规定。

辖内金融机构应该终止为缅甸银行机构或代理其机构在美国开立、持有、管理任何代理账户。

（2）间接代理账户禁止规定。

（ⅰ）如果美国辖内银行机构知晓其开立、持有或管理的代理账户已经被外国银行用于间接向缅甸金融机构提供服务，该辖内金融机构应该保证此代理账户不再提供此类服务，必要情况下应终止此代理账户。

（ⅱ）按照本节第（b）（2）（ⅰ）段规定终止代理账户的辖内金融机构：

（A）应当在合理的商业时间内终止代理账户，并不再允许外国银行建立新的头寸或通过此账户进行任何交易，需要关闭其代理账户的除外。

（B）如果确定该代理账户将不再用来向缅甸银行机构提供间接服务，则可以恢复按照本段规定关闭的代理账户。

（3）例外情况。如果代理账户的操作不被行政命令13310禁止，且通过代理账户进行的涉及缅甸金融机构的交易仅限于按照行政命令13310要求豁免的或按照规章、命令、指令、牌照授权的范围，本节第（b）（1）和（2）段规定将不适用。

（4）不需要报告及保存记录的情况。本节内容不要求辖内金融机构保存任何记录、获得任何认证或者报告无其他法律法规要求的信息。

1010.652　针对缅甸五月花银行与亚洲财富银行的特殊措施

（a）适用于本节的词条定义。

（1）亚洲财富银行是指所有在缅甸或其管辖权范围内运营的亚洲财富银行总部、分支及办公机构。

（2）代理账户含义与1010.605第（c）段中该词条的定义相同。

（3）辖内金融机构与1010.605第（e）（2）段中该词条的定义相同，并且包含以下主体：

（ⅰ）按照《商品交易法》（7 U.S.C. 1 et seq.）规定已在商品期货交易委员会注册或需注册期货经纪商、介绍经纪人；以及

（ⅱ）按照《1940年投资公司法》要求已在证券交易委员会注册或需注册的开放投资公司［见《1940年投资公司法》第3节、第5节（15 U.S.C. 80a–5）中定义］。

（4）缅甸五月花银行是指在缅甸或其管辖权范围内运营的五月花银行总部、分支及办公机构。

（b）对辖内金融机构的要求。

（1）代理账户禁止规定。辖内金融机构应该终止为缅甸五月花银行、亚洲财富银行或代理其机构在美国开立、持有、管理任何代理账户。

（2）间接代理账户禁止规定。

（ⅰ）如果美国辖内金融机构知晓其开立、持有或管理的代理账户已经被外国银行用于间接向缅甸五月花银行、亚洲财富银行提供服务，该辖内金融机构应该保证此代理账户不再提供此类服务，必要情况下应终止此代理账户。

（ⅱ）按照本节第（b）（2）（ⅰ）段规定终止代理账户的辖内金融机构：

（A）应当在合理的商业时间内终止代理账户，且不再允许外国银行建立新的头寸或通过此账户进行任何交易，需要关闭其代理账户的除外。

（B）如果确定该代理账户将不再用来向缅甸五月花银行、亚洲财富银行提供间接服务，则可以恢复按照本段规定关闭的代理账户。

（3）不需要报告及保存记录的情况。本节内容不要求辖内金融机构保存任何记录、获得任何认证或者报告无其他法律法规要求的信息。

1010.653　针对叙利亚商业银行的特殊措施

（a）适用于本节的词条定义。

（1）叙利亚商业银行是指所有在叙利亚或其管辖权范围内运营的叙利亚商业银行分支、办公及附属机构，包括叙利亚黎巴嫩商业银行。

（2）代理账户含义与1010.605第（c）（1）（ii）段中该词条的定义相同。

（3）辖内金融机构包括：

（i）被保险银行｛与《联邦存款保险法》第3（h）节［12 U.S.C. 1813（h）］中的定义相同｝；

（ii）商业银行；

（iii）在美国的外国银行代理或分支机构；

（iv）联邦保险的信用合作社；

（v）储蓄协会；

（vi）符合《美国联邦储备法》第25A条（12 U.S.C. 611 et seq.）规定的公司；

（vii）联邦监管的、符合反洗钱法规规定的信托银行、信托公司；

（viii）按照《1934年证券交易法》（15 U.S.C. 78a et seq.）在证券交易委员会注册或需注册的经纪人或交易商，按《1934年证券交易法》第15（b）（11）条规定注册的主体除外。

（ix）按照《商品交易法》（7 U.S.C. 1 et seq.）在商品期货交易委员会注册或需注册的期货经纪商或介绍经纪人，按照《商品交易法》第4（f）（a）（2）条规定注册的主体除外。

（x）共同基金，指按照《1940年投资公司法》在证券交易委员会注册或需注册的开放投资公司｛见《1940年投资公司法》第3（a）（1）节、第5（a）（1）节［15 U.S.C. 80a-3（a）（1）］及15 U.S.C. 80a-5（a）（1）中定义｝。

（4）附属机构是指该公司50%以上的投票权股份或同等股权属于另一家公司所有。

（b）对辖内金融机构的要求。

（1）直接使用代理账户禁止规定。辖内金融机构应该终止为叙利亚商业银行或代理其机构在美国开立、持有的任何代理账户。

（2）禁止间接使用代理账户的尽职调查。

（i）辖内金融机构应该对代理账户进行合理的尽职调查，以防范叙利亚商业银行间接使用该账户，尽职调查至少应包括以下内容：

（A）通知代理账户持有人，该代理账户将不得用于为叙利亚商业银行提供进入辖内金融机构的途径。

（B）采取合理步骤发现此类代理账户被叙利亚商业银行间接使用，确保这种间接使用能通过辖内金融机构正常业务过程中保留的交易记录被锁定。

（ii）辖内金融机构如有额外的尽职调查措施，以防范叙利亚商业银行间接使用这些代理账户的情况，应使用风险为本的方法。

（iii）如果辖内金融机构已知晓其代理账户被外国银行用来为叙利亚商业银行提供间接途径，该辖内金融机构可以采取所有可能的方法阻止这种间接使用，如必要，可终止该代理账户。

（iv）按照本节第（b）（2）（iii）段规定终止代理账户的辖内金融机构：

（A）应当在合理的商业时间内终止代理账户，且不允许外国银行建立新的头寸或通过此账户进行任何交易，但需要关闭其代理账户的除外。

（B）如果确定该代理账户将不用来向叙利亚商业银行提供间接服务，则可以恢复按照本段规定关闭的代理账户。

（3）记录保存与报告。

（i）辖内金融机构应该将其遵守本节第（b）（2）（i）（A）段规定的相关情况进行归档。

（ii）本节内容不要求辖内金融机构报告任何无其他法律法规要求的信息。

1010.655　针对亚洲汇业银行的特殊措施

（a）适用于本节的词条定义。

（1）汇业银行是指其管辖范围内的所有分支、办公及附属机构，包括汇业信贷有限公司、汇业保险有限公司的子公司。

（2）代理账户含义与1010.605第（c）（1）（ii）段中该词条的定

义相同。

（3）辖内金融机构包括：

（ⅰ）被保险银行｛与《联邦存款保险法》第 3（h）节 ［12 U. S. C. 1813（h）］ 中的定义相同｝；

（ⅱ）商业银行；

（ⅲ）在美国的外国银行代理或分支机构；

（ⅳ）联邦保险的信用合作社；

（ⅴ）储蓄协会；

（ⅵ）符合《美国联邦储备法》第 25A 条（12 U. S. C. 611 et seq.）规定的公司。

（ⅶ）联邦监管的、符合反洗钱法规规定的信托银行、信托公司；

（ⅷ）按照《1934 年证券交易法》（15 U. S. C. 78a et seq.）在证券交易委员会注册或需注册的经纪人或交易商，按《1934 年证券交易法》第 15（b）（11）条规定注册的主体除外。

（ⅸ）按照《商品交易法》（7 U. S. C. 1 et seq.）在商品期货交易委员会注册或需注册的期货经纪商或介绍经纪人，按《商品交易法》第 4（f）（a）（2）条规定注册的主体除外。

（ⅹ）共同基金，指按照《1940 年投资公司法》在证券交易委员会注册或需注册的开放投资公司｛见《1940 年投资公司法》第 3（a）（1）节、第 5（a）（1）节 ［15 U. S. C. 80a－3（a）（1）、15 U. S. C. 80a－5（a）（1）］ 中定义｝。

（4）附属机构是指该公司 50% 以上的投票权股份或同等股权属于另一家公司所有的公司。

（b）对辖内金融机构的要求。

（1）直接使用代理账户禁止规定。辖内金融机构应该终止为汇业银行或代理其机构在美国开立、持有或管理的任何代理账户。

（2）禁止间接使用代理账户的尽职调查。

（ⅰ）辖内金融机构应该对代理账户进行合理的尽职调查，以防范汇业银行间接使用该账户，尽职调查至少应包括以下内容：

（A）通知代理账户持有人，该代理账户将不得用于为汇业银行提供进入辖内金融机构的途径。

（B）采取合理步骤发现此类代理账户被汇业银行间接使用，确保这种间接使用能通过辖内金融机构正常业务过程中保留的交易记录被锁定。

（ⅱ）辖内金融机构如有额外的尽职调查措施，以防范汇业银行间接使用这些代理账户的情况，应使用风险为本的方法。

（ⅲ）如果辖内金融机构已知晓其代理账户被外国银行用来为汇业银行提供间接用途，该辖内金融机构可以采取所有可能的方法阻止这种间接使用，如必要，可终止该代理账户。

（ⅳ）按照本节第（b）（2）（ⅲ）段规定终止代理账户的辖内金融机构：

（A）应当在合理的商业时间内履行终止代理账户行为，且不允许外国银行建立新的头寸或通过此账户进行任何交易，需要关闭其代理账户的除外。

（B）如果确定该代理账户将不用来向汇业银行提供间接服务，则可以恢复按照本段规定关闭的代理账户。

（3）记录保存与报告。

（ⅰ）辖内金融机构应该将其遵守本节第（b）（2）（ⅰ）（A）段规定的相关情况进行归档。

（ⅱ）本节内容不要求辖内金融机构报告任何无其他法律法规要求的信息。

1010.670　调阅外国银行记录的传票及代理关系的终止

（a）定义。1010.605 中的定义适用于本节。

（b）向外国银行签发传票。财政部部长或总检察长可以向在美国持有代理账户的外国银行签发传票，且可以索取与此代理账户关联的交易记录，包括保存在美国以外有关资金存入该外国银行的交易记录。传票可用于在美国设有代表处的外国银行，位于国外的、法律互助条约、多边协定或要求国际执法协助范围内的外国银行。

（c）向辖内金融机构签发传票。辖内金融机构收到联邦执法人员关于索取其按 1010.630 第（a）（2）段规定保存的信息的传票时，应该在收到传票 7 天内向索要官员提供相关信息。

（d）接收通知后的终止规定。如果辖内金融机构收到财政部部长或总检察长（在各种情况下，两人相互协商后）关于外国银行出现以下情况的书面通知，该机构应该在收到通知的 10 个工作日内终止与该外国银行的任何代理关系：

（1）未能遵守按照本节第（b）段规定签发的传票要求。

（2）未能就被质疑的传票在美国提起诉讼。

（e）责任的限制。因按照本节第（d）段规定终止代理关系，辖内金融机构不对法庭或仲裁程序中的主体承担责任。

（f）未能终止关系。如果未能按照本节内容要求终止代理关系，辖内金融机构将被给予每天最高 1 万美元的民事处罚，直到该代理关系终止。

子部分 G　行政裁定

1010.710　范围

本子部分规定金融犯罪执法网络主任或其指定人可以单方面或应有关方面请求，签发行政裁定，解释本章的适用范围。

1010.711　提交申请

（a）每项行政裁定申请必须以书面形式提出并包含以下内容：

（1）请求裁定事项的完整描述。

（2）与附属交易相关的所有重要事实的完整描述。

（3）申请回复的问题要简单、清晰。

（4）一份申请者基于自己知识和认识的声明，证明申请者的问题不涉及正在进行的州或联邦调查、诉讼、大陪审团诉讼，或由外国政府机构审议的，涉及申请者、附属交易的其他主体或与申请者有代理关系的任何其他主体的诉讼。

（5）一份确认声明，表明申请者根据《信息自由法》（5 U. S. C. 552）相关内容对申请中的信息免予披露，并说明原因。

（6）如果申请中的问题是假设情况，则需要说明所描述的这种特殊情况对于仲裁的理由和依据。

（7）申请者本人签名。

（8）如果是代理人起草申请，则需提交代理人签名和代理此次申请的授权声明。

（b）如果是公司申请，则需公司经理人签名；如果是合伙企业申请，则需合伙人签名。

（c）申请者可以提出一份详细的建设性解释，并说明此解释的法律和事实依据。

（d）申请函需寄送至：弗吉尼亚州维也纳，39 号邮政信箱，金融犯罪执法网络，22183。

（e）如果符合本节第（a）段要求的仲裁申请提交后有重要事实或表述的任何变动，申请者需及时以书面形式通知金融犯罪执法网络主任。

1010.712 申请不合格

如果仲裁申请不符合 1010.711 内容要求，金融犯罪执法网络主任或其指定人应通知申请者。通知会以书面形式发出，并说明哪些方面不符合要求。如果自通知之日起 30 天内（金融犯罪执法网络给出正当理由的除外）该项申请仍不符合要求，该项申请将被视为取消或撤回。

1010.713 口头交流

（a）金融犯罪执法网络主任或其指定人不会对口头申请作出行政裁定。财政部、海关边境保护署、美国国内税务署、货币监理署或任何其他银行监管机构人员的意见和建议，在对本章的应用和解释方面，不会妨碍金融犯罪执法网络作出裁定，且没有任何先例性价值。

（b）已提出符合 1010.711 内容要求裁定申请的申请者可以申请一次就申请事项进行口头讨论的机会，这种申请应提交给金融犯罪执法网络主任，并且这种口头交流的决定必须得到金融犯罪执法网络主任的批准。这种当面或电话讨论的目的是为了给申请者提供一次就申请行政裁定事项自由、开放交流讨论的机会，因此，这种讨论不受任何明指或暗指，提出的或被认可的观点、立场的约束。讨论中申请者新提出的观点和事实与原有申请内容合并考虑之前，申请者需按照 1010.711 要求提交书面精简材料。

1010.714　撤销申请

申请者可以在裁定发布之前撤销行政裁定申请。

1010.715　发布裁定

金融犯罪执法网络主任或其指定人可以发布书面裁定，以解释本章与此项裁定需符合 1010.711 内容要求的各种情况的关系。只有在裁定申请详细描述了确定事实情况的条件下，按照本节规定发布的裁定才会对金融犯罪执法网络有所约束。只有金融犯罪执法网络在其网站"行政裁定"条目下或其他论坛上对外公布后，按照本节规定发布的裁定才具有先例性价值，因而该裁定对相似情况下的其他人而言才可信。任何人均可通过书面申请详细说明其想获得的某项裁定，并可通过邮寄方式获得具有先例性价值的所有裁定。金融犯罪执法网络会在收到申请后的 90 天内尽可能回复每个申请者（管理和预算办公室依据控制编号 1506 - 0009 批准）。

1010.716　修改和取消裁定

（a）出现以下情况时，金融犯罪执法网络主任或其指定人可以修改或取消任何依据 1010.715 内容要求作出的裁定：

（1）当法条或规章发生变化，结合申请所描述的情况，该裁定已经不能很好地阐明金融犯罪执法网络主任的诠释时；

（2）发现已提交的原始裁定申请中涉及的事实或表述存在重大错误或不完整；

（3）其他充足的理由。

（b）任何人均可向金融犯罪执法网络主任提交书面申请，修改或取消某项行政裁定。此项申请必须符合 1010.711 内容要求，并说明修改或撤销的理由，可参考本节第（a）段内容中的有关原因。申请可以提出关于裁定的替代诠释，并说明此替代解释的事实和法律依据。

（c）金融犯罪执法网络可以通过发布一项新的裁定对已有的裁定进行修改，同时撤销先前发布的裁定。裁定一旦撤销，将不具有先例性价值。

（d）对于原始裁定申请中的一方或多方而言，如果金融犯罪执法网络主任确定出现以下几种情况，该项行政裁定可以被追溯修改或撤销：

（1）原始裁定申请中的事实或表述非常不准确或不完整；

（2）申请者未能就原始申请中事实或表述的重大变化书面通知金融犯罪执法网络；

（3）原始裁定申请中的一方在依据裁定结果方面有欺骗行为。

1010.717　信息披露

（a）依据《信息自由法》（5 U.S.C. 552）内容要求，行政裁定中的任何部分，包括姓名、地址或与私人主体有关的商业交易信息都可以被披露。如果行政裁定中包含申请人希望豁免披露的信息，依据《信息自由法》，申请人应该明确指出不予披露的部分并说明原因。

（b）在行政裁定签发前至少10天内，申请信息豁免披露的申请者将收到不能豁免披露相关信息的通知，如果申请者愿意，可以取消此项行政裁定。

子部分 H　执行、处罚和没收

1010.810　执行

（a）执行与合规的权利，包括依据本章内容行使所有授权的其他机构行为与程序的协调和管理，都授权给金融犯罪执法网络主任。

（b）检查某机构是否符合本章内容要求的权利授权如下：

（1）货币监理署署长负责金融机构定期安全和稳健方面的检查，由国家银行检查人员执行。

（2）联邦储备系统理事会负责金融机构定期安全和稳健方面的检查，由联邦储备银行检查人员执行。

（3）联邦存款保险公司负责金融机构定期安全和稳健方面的检查，由联邦存款保险公司检查人员执行。

（4）联邦住房贷款银行委员会负责金融机构定期安全和稳健方面的检查，由联邦住房贷款银行委员会检查人员执行。

（5）国家信用联盟管理委员会主席负责金融机构定期安全和稳健方

面的检查，由国家信用社管理局检查人员执行。

（6）证券交易委员会负责证券和投资公司（见《1940 年投资公司法》，15 U. S. C. 80 – 1 et seq. ）中的经纪商和交易商的检查。

（7）海关边境保护署署长负责 1010. 340 和 1010. 830 规定的内容。

（8）国内税务署署长负责检查目前不由联邦银行监管机构进行安全和稳健检查的，除证券、共同基金、期货经纪商经纪人与交易商，商品介绍经纪人，商品交易顾问之外的金融机构。

（9）商品期货交易委员会负责期货经纪商、商品介绍经纪人、商品交易顾问的检查。

（c）本章涉及的违法犯罪调查权授权如下：

（1）海关边境保护署署长负责 1010. 340 规定方面。

（2）国内税务署署长负责除 1010. 340 规定以外的方面。

（d）金融犯罪执法网络主任拥有对本章涉及的违法犯罪施以民事处罚的权利。

（e）本节第（b）段中被授予合规检查权利的每个机构都要定期向金融犯罪执法网络主任提交报告。报告的格式和提交周期由金融犯罪执法网络主任规定。违反本章任何条目要求的具体违规行为证据可随时提交给金融犯罪执法网络主任。

（f）金融犯罪执法网络主任或其指定人、依据本节第（b）段授权进行合规检查的机构可以检查国内金融机构与交易记录保存或本章要求报告事项相关的账簿、票证、记录和其他数据。

（g）根据金融犯罪执法网络和国内税务署间达成的《协议备忘录》，执行 31 U. S. C. 5314 和本章 1010. 350 和 1010. 420 方面的权利已经由金融犯罪执法网络重新授权给国内税务署署长。这些权利包括 31 U. S. C. 5314 和本章 1010. 350 和 1010. 420 方面，具体指：依据 31 U. S. C. 5321 和 31 CFR 1010. 820 进行的民事处罚的评估和收集；调查违反除本节第（c）（2）段中权利规定的条款以外的可能违规行为；行使子部分 I 中规定的传唤权；依据子部分 G 的规定，发布行政裁定；采取其他相关规定执行过程中可能涉及的行动，包括禁令的追溯。

1010. 820 民事处罚

（a）对发生在 1984 年 10 月 12 日当日或以前的任何故意违反本章金

融机构报告要求的或依据 1010.311、1010.313、1020.315、1021.311 或 1021.313 相关记录保存要求的，财政部部长可以决定对任何金融机构、合伙人、主管、经理或参与违规的雇员处以不超过 1000 美元的民事处罚。

（b）对发生在 1984 年 10 月 12 日至 1986 年 10 月 28 日之间的任何故意违反本章金融机构报告要求的或依据 1010.420 关于记录保存要求的，财政部部长可以决定对任何金融机构、合伙人、主管、经理或参与违规的雇员处以不超过 10000 美元的民事处罚。

（c）对任何故意违反本章金融机构报告要求的行为（违反 1010.420 情形除外），财政部部长可以决定对任何金融机构、合伙人、主管、经理或参与违规的雇员处以不超过 1000 美元的民事处罚。

（d）对未能按 1010.340 要求提交报告或者所提交报告中有重大遗漏或错误表述的，财政部部长可以处以不超过运输、邮寄或船运的货币或货币工具总量的民事处罚，但要小于依据 1010.830 予以没收的任何一数目。

（e）对发生在 1987 年 1 月 26 日之后的故意违反 1010.314 规定的，财政部部长可以对任何人处以不超过被处罚交易中涉及货币量的民事处罚。民事处罚金额可根据被处罚交易涉及被美国没收的金额予以降低。

（f）对发生在 1986 年 10 月 27 日以后的任何故意违反本章金融机构报告要求的（违反 1010.350、1010.360 或 1010.420 情形除外），财政部部长可以对任何国内金融机构、合伙人、主管、经理或参与违规的雇员处以交易涉及金额和 25000 美元两者中较大金额（但不超过 100000 美元）的民事处罚。

（g）对发生在 1986 年 10 月 27 日以后的任何故意违反 1010.350、1010.360 或 1010.420 情形的，财政部部长可以对任何人予以民事处罚：

（1）如果违反 1010.360 规定并涉及某项交易的，民事处罚金额不超过交易金额和 25000 美元两者中的较大金额（但不超过 100000 美元）。

（2）如果违反 1010.350 或 1010.420 规定，未对有关此类账户的存在及任何确定信息进行报告，民事处罚金额不超过违规时此账户的余额和 25000 美元两者中的较大金额（但不超过 100000 美元）。

（h）对发生在 1986 年 10 月 27 日以后，任何因疏忽违反本章要求规定的，财政部部长可以对金融机构处以不超过 500 美元的民事处罚。

1010.830　货币或货币工具的没收

按照 1010.340 要求，对运输中的货币或货币工具应进行报告，但未能按照 1010.360 内容要求进行报告或报告内容有重大遗漏或错误表述的，将对此货币或货币工具予以扣押或没收。财政部部长有权在其职权范围内视情况对没收物给予整体或部分减轻或免除。

1010.840　刑事处罚

（a）对故意违反第 91 届国会第 508 号公共法案第 I 编或本章在相关方面规定的任何人，应处以不超过 1000 美元罚款或不超过 1 年的监禁，或两者同时执行。另外，如果违反第 91 届国会第 508 号公共法案第 I 编中的任何规定，同时触犯联邦法律，可判处 1 年以上监禁的犯罪行为，应处以不超过 10000 美元的罚款或不超过 5 年的监禁，或两者同时执行。

（b）对故意违反第 91 届国会第 508 号公共法案第 II 编或本章在相关方面规定的任何人，并涉嫌犯罪的，应处以不超过 250000 美元罚款，或不超过 5 年的监禁，或两者同时执行。

（c）对故意违反第 91 届国会第 508 号公共法案第 II 编或本章在相关方面规定的任何人，且此行为：

（1）同时违反美国其他法律；或

（2）在 12 个月内，又涉及任何一种超过 10 万美元以上违法行为并涉嫌犯罪的，对此违法行为应处以不超过 500000 美元罚款或不超过 10 年的监禁，或者两者同时执行。

（d）对本章要求提供的各种报告，明知存在虚假、伪造或欺诈表述而仍然提交，并涉嫌犯罪的主体，应处以不超过 10000 美元罚款或不超过 5 年的监禁，或两者同时执行。

1010.850　对货币或货币工具运输的执行权

（a）如果任何海关官员有充分理由认为运输的货币工具没有按照本章 1010.340 和 1010.360 内容要求提交报告，则可以在没有搜查证的情况下，阻止并检查涉嫌运输此种货币工具的任何车辆、船舶、飞机或其他运输工具，信封或其他容器，或出入美国的任何人。

（b）如果财政部部长有理由认为运输过程中的货币或货币工具没有按照 1010.340 要求进行报告或报告存在重大遗漏或错误表述的，则可以向有合法管辖权的法院申请搜查证。法院可以根据申请理由签发搜查证，授权搜查以下一项或多项内容：

（1）一名或多名指定人员；

（2）一个或多个指定或描述的地点或建筑物；

（3）一个或多个指定或描述的信件、包裹、包或其他实物；

（4）一个或多个指定或描述的车辆，根据本节内容发起的搜查申请必须附有支持申请的事实依据。

（c）本节内容不会抵消或减少其他法律或规章赋予财政部部长的权力。

子部分 I 传唤

1010.911 概述

对于任何违反《银行保密法》或依据《银行保密法》发布的规章开展调查行动时，财政部部长或其指定人可以传唤金融机构，金融机构经理人或其雇员（包括前任经理人或雇员），或占有、保管、转交《银行保密法》或本章要求的报告、记录的人员在指定的时间、地点与其见面，提供证词（宣誓），接受检查，并提供账簿、票据、记录或其他与调查相关或对调查有重大影响的数据。

1010.912 传票签发人

就本章而言，以下官员可以作为财政部部长的指定人按照 1010.911 授权签发有关本章民事执行的传票：

（a）金融犯罪执法网络。金融犯罪执法网络主任。

（b）美国国内税务署。除本章 1010.340 相关规定外，美国国内税务署署长、副署长，或其代表，以及出于完善与本章民事执行相关的扣押与没收行为目的的刑事调查官员或其代表。

（c）海关边境保护署。就本章 1010.340 相关规定方面，署长或副署长、助理署长（执行）、地区署长、助理地区署长（执行），或专门负责机构。

1010.913　传票的内容

（a）有关提供证词的传票。依据本章 1010.911 相关规定签发，强制某人到庭并提供证词的传票应说明：

（1）与被传唤人会面官员（可以不是依据本章 1010.912 规定签发传票的人）的姓名、职位、地址、电话号码；

（2）与被传唤人会面的地址；

（3）会面的日期和时间；

（4）签发此传票的官员姓名、职位、地址和电话号码。

（b）有关账簿、票据、记录或数据的传票。依据本章 1010.911 要求提供账簿、票据、记录或其他数据的传票应对待提交的内容（应有合理特性）予以描述，并载明：

（1）接收上述材料的官员（可以不是依据本章 1010.912 规定签发传票的人）的姓名、职位、地址、电话号码；

（2）被传唤人将要提交材料的地址，不超过距离该在美金融机构运营或开展业务地点 500 英里的范围内；

（3）材料提交的具体方式，亲自递送、邮寄或使用信使服务；

（4）提交的具体日期和时间；

（5）签发此传票的官员姓名、职位、地址和电话号码。

1010.914　传票的送达

（a）送达的主体。依据本章 1010.912 规定授权的财政部部长的任何指定人，或法律授权送达传票的其他人，依据本章规定均可授权送达传票的相关工作。

（b）送达的方式。针对以下几项提供传票送达：

（1）通过个人，使用注册邮箱，返回申请收据并邮寄给被传唤人；

（2）通过自然人亲自递送；

（3）通过任何其他人，使用递送服务，向接收送达的官员、管理或一般代理机构、其他经过授权的机构送达。

（c）送达证书。传票应包含由传票送达人签发的送达证书。当得知传票执行申请时，传票送达人员签署的送达证书就是该传票表述内容的证明。

1010.915 证词与记录的检验

（a）概述。依据本章 1010.912 授权签署传票的财政部部长代表，财政部的官员或雇员，或由财政部部长指定的传票等其他方面规定的成员，均可被授权接收证据，并依据传票内容检查证据，法律授权的任何人均可提供宣誓和不经宣誓的证词。

（b）宣誓证词。本章要求任何人提供的证词均为宣誓证词，并由负责检查被传唤人的人员进行记录或其他形式的转录。记录好证词以后，可以应要求向证人提供一份证词的复印件，除非签发传票的人依据 5 U.S.C. 555 要求，有合理理由不提供证词复印件。如果作出不提供证词副本的决定，证人将被限制检阅证词的官方记录。

（c）传票、证据及记录的披露。除非本章 1010.912 第（a）段中所列的财政部部长或其指定人书面授权，或根据其他法律要求，本章 1010.912 第（b）或（c）段中所列的财政部部长代表、财政部其他官员与雇员、包括的其他人均不能：

（1）披露依据本章要求签发的传票中涉及人员的姓名，或者先于传票规定的被传唤人露面或提供记录的日期和时间公开披露与该人或该传票相关的任何信息。

（2）不能向财政部官员、雇员或包括的其他人以外的任何人披露依据传票得到的任何证据（包括证人的名字）或提交的材料。但如果为执行公务中的调查目的而获得有关信息，财政部部长代表、财政部其他官员与雇员或包括的任何人均可以不遵守前述规定，可以向任何人披露依据传票得到的任何证据（包括证人的名字）或提交的材料；如果涉嫌违反联邦法律，可以向司法部官员或雇员披露依据传票得到的任何证据（包括证人的名字）或提交的材料。

1010.916 传票的执行

依据本章要求，任何人如果拒不服从或不遵守传票要求，财政部部长或本章 1010.912 规定的财政部部长代表人可以将该事项提交司法部部长或其指定人（包括联邦检察官或助理联邦检察官，视情况而定），由该人负责向以下美国有关法院提起诉讼，要求强制履行传票内容，这些法院包括：提出传票要求的有关调查涉及的司法管辖权范围内的法院、被传唤人居住的司法管辖权范围内的法院、被传唤人工作或被发现的司法管辖权范围内的法院。如果是财政部部长而不是 1010.912 第（a）段要求的其他人作出这项提交，则应立即将该项提交通知金融犯罪执法网络主任。上述法院可以签发命令，要求被传唤人与财政部部长或其指定人会面，提供账簿、票据、记录或其他数据，如果必要，应提供收集和保管这些资料的证据的方式，并支付诉讼费用。任何不遵守该命令的行为将因为蔑视法律而受到处罚。本条涉及的所有诉讼，均可在涉及主体被发现的管辖权范围内进行。

1010.917　费用的支付

本章涉及的被传唤人在美国法庭提供证词的费用支出，可以得到同等数量或按照在美国旅行里程的英里数给予费用补偿。美国不负责与提供本章要求的账簿、票据、记录或其他数据有关的费用补偿。

子部分 J　其他

1010.920　查阅记录

除 1020.410 第（b）（1）段、1021.410 第（a）段和 1023.410 第（a）（1）段内容要求，及出于确保遵守本章记录保存和报告要求外，本章未授权财政部部长或其他人查阅或检查本章要求提供的有关记录。查阅、检查该项记录的其他情况由其他的适用法律作出规定。

1010.930　对信息提供者的奖励

（a）任何个人，提供原始信息并致使追回因违反《银行保密法》或本章相关规定而判罚的超过 50000 美元的犯罪罚金、民事处罚或财产没收，财政部部长可以向该个人提供奖励。

（b）财政部部长可以依据本节要求决定奖励的数量，但任何奖励都不能超过净罚金、处罚或没收量的 25% 或 150000 美元中的较小金额。

（c）美国联邦、州或地方政府的官员或雇员因执行公务提供第（a）段中涉及原始信息的，不能获得到本节规定的奖励。

1010.940　政府债务的拍照或复制品

这里包含的任何内容均没有要求或规定对以下内容进行微缩胶卷摄影或其他形式复制：

（a）18 U. S. C. 8 规定的美国货币、其他债务或证券；

（b）法律禁止复制的任何外国政府债务或证券。

1010.950　信息的获取

（a）出于与《银行保密法》要求相一致的原因，财政部部长可以在其职权范围内披露本章要求报告的信息，包括本节第（b）至（d）段内容规定的内容。

（b）美国联邦、州、地方政府或外国政府机构的首脑可以提出书面申请，表明其想获得的具体信息，此信息限于犯罪、税收或法规方面的官方使用，财政部部长可以应其申请向其提供依据本节接收的任何报告。

（c）国会、委员会或其分会可以提出书面申请，表明其想获得的具体信息，此信息限于犯罪、税收或法规方面的官方使用，财政部部长应其申请向其提供依据本节接收的任何报告。

（d）《第 12333 号美国总统令》或后续总统令规定的情报委员会中的美国成员部门或其他机构的首脑可以提出书面申请，表明其想获得的具体信息，此信息限于国家安全方面的官方使用，财政部部长可以应其申请向其提供依据本节接收的任何报告。

（e）本节规定提供给美国联邦、州、地方政府或外国政府机构或部门的任何信息应在保密条件下进行接收，非出于调查、诉讼及与此信息相关事项的官方目的，不得向任何人披露以上信息。

（f）财政部部长可以要求本节第（b）段中申请信息的州、地方政府部门或机构向财政部支付费用，以弥补因此项信息披露带来的成本支出，此项费用的金额应符合《政府服务费用法条》31 U. S. C. 9701 的要求。

1010.960　披露

依据《美国法典》第 5 编第 552 条内容规定，本章要求的所有报告及这些报告中的记录可以豁免披露。

1010.970 例外、豁免和报告

（a）财政部部长可以在其职权范围内，通过书面命令或授权规定本章要求内容的例外或豁免情况，此项例外或豁免可以附带或不附带条件，可以针对某个人或某群人，可以针对某项交易或某批交易。这些例外与豁免只适用于授权命令中明确说明的情况，并且财政部部长仅在其职权范围内可以对该项例外和豁免予以取消或终止。

（b）财政部部长有权力对本规定中所有词条作进一步解释或规定。

（c）（1）作为1010.306第（a）段、1021.311和1021.410赌场报告和记录保存要求的替代性条款，如果各州对赌场的日常监管系统能够充分满足本章报告和记录保存要求，财政部部长可以对该赌场授予豁免权。

（2）为说明某个州日常监管系统具备对其赌场授予豁免权的资质，该州需：

（ⅰ）允许财政部通过定期监管检查对州日常监管系统的有效性进行评估。

（ⅱ）在收到财政部通知15天内向财政部提交州日常监管系统要求的报告。

（ⅲ）在提出要求的30天内将州通过其日常监管系统获得并保存与本章要求相关的、需由赌场保存的任何记录提交到财政部。

（ⅳ）向财政部提供州合规方面的工作和发现情况的定期报告。

（ⅴ）将除轻微违反州有关要求以外的所有情况，从发现之日起15天内报告到财政部。

（ⅵ）能应财政部要求在合理的时间内发起对某机构的合规检查，视情况不超过90天，并在检查结束15天内向财政部提交检查报告，或按财政部要求在检查过程中提交定期报告。如果出于任何原因，州未能在合理时间内进行检查，则应允许财政部执行此项检查。

（3）财政部部长可以在其职权范围内对本节的豁免权予以撤销。

1010.980 包括外国货币时的美元

本章中以美元表述的金额都可以被视为同等金额的任何一种外国货币。

澳大利亚

2007 年澳大利亚反洗钱和反恐融资规定[①]（第 1 号）

目　　录

---

①　参加本规定翻译有关工作的有：王振、叶晓晔、刘红艳、向路、潘宏晶、韩晴、朱勇、陈钊、孔繁颖、王旭、邓智、高强、张煜、丁俨、张小慧、熊飞、张辉、胡蓉、王茜、王朝军、朱媛、甘露、李黎、朱丽娜、易晓晶、薛欣欣、黄海、许智飞；审校：张旭辉、黄海。

关于《2007 年反洗钱和反恐融资法规文件（第 1 号）》的注释

规定名称（见注释 1）

本规定为反洗钱和反恐融资规定 2007 版（第 1 号）

规　　　定

本规定包括反洗钱和反恐融资要求的具体项目

第 1 章

1.1　简介

本反洗钱和反恐融资准则（AML/CTF Rules）遵循《2006 年反洗钱和反恐融资法》（*the Anti – Money Laundering and Counter – Terrorism Financing Act* 2006）第 229 节（Section 229）而制定。

《2006 年反洗钱和反恐融资法》第 229 节（Section 229）授权澳大利亚交易报告和分析中心（AUSTRAC）主任依照该法要求或允许的事项制定反洗钱和反恐融资规章的相关制度。

注明：报送机构需要注意的是，遵守反洗钱和反恐融资规章的同时也要符合《1988 年隐私法》（*the Privacy Act* 1988）的规定，即使该法豁免的报送机构也应注意。

1.2　关键词汇及概念

1.2.1　在本准则里：

官方认可翻译人员（Accredited Translator）指：

（1）目前拥有由翻译资质国家认证机构（NAATI）认证的职业翻译水平或以上、能将非英语的语言翻译成英语的个人；或是

（2）目前拥有与（1）中定义的标准一致资质的个人。

《反洗钱和反恐融资法》（*the AML/CTF Act*）指《2006 年反洗钱和反恐融资法》。

反洗钱和反恐融资纲要（AML/CTF program）指依《反洗钱和反恐融资法》第 83 节（Section 83）定义的反洗钱和反恐融资纲要。

受益所有人（Beneficial Owner），针对公司而言，是指通过持有一份或几份股份而占有公司已发行股本总额 25% 以上的任何个人。

经核准的副本（Certified Copy）是指由下列人员之一核准认定的原文件的真实副本文件：

（1）在一个州或地区的现行法律下，经授权或经注册的，可以依照《1993 年法定声明规章》（*Statutory Declarations Regulations* 1993）中附表 2

第 1 部分的职业列表执业的个人；

（2）由州或地区的高级法院或澳大利亚高级法院招收的合法从业者；

（3）名列《1993 年法定声明规章》中附表 2 第 2 部分的个人。针对本处的规定，第 2 部分中定义的"5 年或 5 年以上连续经验"在此可以解读为"2 年或 2 年以上连续经验"；

（4）持澳大利亚金融服务执照（Australian Financial Services Licence）的官员，或与一个或多个持照人共同工作连续 2 年或 2 年以上并经持照人授权的代理人；

（5）持澳大利亚信用执照（Australian Credit Licence）的官员，或与一个或多个持照人共同工作连续 2 年或 2 年以上的信用代理人。

注明：《1993 年法定声明规章》可以在澳大利亚联邦法网站查询，网站地址：www. comlaw. gov. au

经核准的摘要（Certified Extract）是指由本规定 1.2.1 段落中关于"经核准的副本"定义（1）至（5）之一所描述的个人核准认定的、包含于完整原文件中的部分信息的真实副本摘要。

代理银行业务风险（Correspondent Banking Risk）是指有代理银行业务关系的金融机构可能不可避免地遇到的洗钱或恐怖主义融资风险。

国内公司（Domestic Company）是指依照《2001 年公司法》（*the Corporations Act* 2001）注册的公司（注册的国外公司除外）。

国内上市公司（Domestic Listed Public Company）是指上市的国内公司。

国内证券交易所（Domestic Stock Exchange）是指依照《2001 年公司法》中"指定金融市场"的定义合规建立的金融市场。

国内非上市公司（Domestic Unlisted Public Company）是指非上市的国内公司。

外国公司（Foreign Company）是指依照《2001 年公司法》对"外国公司"的定义要求组建的法人实体。

外国上市公司（Foreign Listed Public Company）是指上市的外国公司。

KYC 信息（KYC Information）是指"了解你的客户"信息，通常可能包括与以下事项相关的信息：

（1） 针对个人客户：

（a） 客户姓名；

（b） 客户居住地址；

（c） 客户出生日期；

（d） 客户的其他用名；

（e） 客户的国籍所在国；

（f） 客户的定居国；

（g） 客户的职业或商业活动；

（h） 客户与报送机构的业务性质——包括：

（ⅰ） 特定交易的目的；或

（ⅱ） 期望的交易行为性质和程度；

（i） 客户的收入或财产；

（j） 客户的资金来源，包括资金的最初来源；

（k） 客户的财务状况；

（l） 客户用于指定业务的资金的受益所有人；以及

（m） 由报送机构为客户代办的交易的受益人，包括资金的去向。

（2） 针对公司客户：

（a） 与在澳大利亚证券和投资委员会（ASIC）登记注册的名称一致的公司全称；

（b） 公司登记的详细办公地址；

（c） 公司的主要营业地址（如果有）；

（d） 该公司注册的澳大利亚公司代码（ACN）；

（e） 该公司在澳大利亚证券和投资委员会（ASIC）是作为私营控股公司还是股份上市公司注册的；

（f） 公司每个董事的姓名；

（g） 依照任何州或地区的企业名称法规注册的公司营业名称全称（如果有）；

（h） 公司在澳大利亚证券和投资委员会（ASIC）登记注册的日期；

（i） 每个公司秘书的姓名；

（j） 公司经营业务活动的性质；

（k） （在不影响本定义其他要素项对此类公司的适用情况下） 如果该

公司是一家经注册的外国公司：

（i）公司在澳大利亚境内的详细注册地址；

（ii）公司在澳大利亚境内的主要营业地址（如果有），或者在澳大利亚境内的本地代理的全称和地址；

（iii）该公司的澳大利亚机构注册代码（ARBN）；

（iv）公司创立、组成或注册的所在国家名称；

（v）公司是否经相关的国外注册机构注册，如果是，则是否是作为私人控股公司或私有公司注册的；

（vi）相关国外注册机构的名称；

（vii）由相关的国外注册机构根据公司的创立、组成或注册而颁发的识别编号；

（viii）公司在其创立、组成或注册所在国创立、组成或注册的日期；

（ix）公司在相关的国外注册机构登记的其在创立、组成或注册所在国的详细公司地址。

（1）（在不影响本定义其他要素项对此类公司的适用情况下）如果该公司是一家非注册的外国公司：

（i）公司的全称；

（ii）公司创立、组成或注册的所在国家名称；

（iii）公司是否经相关的国外注册机构注册，如果是：

（A）由相关的国外注册机构根据公司的创立、组成或注册而颁发的识别编号；

（B）公司在相关的国外注册机构登记的其在创立、组成或注册所在国的详细公司地址；

（C）该公司是否作为私人控股公司或私有公司注册；

（iv）公司在该国的主要营业地址；

（v）相关的国外注册机构的名称；

（vi）公司在其创立、组成或注册所在国创立、组成或注册的日期；

（vii）公司在该国的主要营业地址；以及

（viii）公司利益所有人的名称及地址。

（3）针对信托的受托人：

（a）信托的全称；

（b）信托受托人营业名称的全称（如果有）；

（c）信托的类型；

（d）信托建立所在国名称；

（e）如果受托人中存在个人，则针对这些个人中的每个人，都需要根据报送机构的个人客户识别程序收集相关的个人信息；

（f）如果受托人中存在公司，则针对这些公司中的每家公司，都需要根据报送机构的公司客户识别程序收集相关的公司信息；

（g）该信托所有受托人的全称和地址；

（h）该信托所有受益人的全称；

（i）如果该信托根据某一层级的成员资格判定其受益人，则该层级的详细资料；

（j）该信托建立的州或地区；

（k）该信托建立的日期；

（l）经核准的信托书的副本或摘要；以及

（m）信托经理的全名（如果有）或是该信托的财产托管者（如果有）。

（4）针对合伙企业的合伙人：

（a）合伙企业的全称；

（b）依照任何州或地区的企业名称法规注册的合伙企业名称的全称（如果有）；

（c）合伙企业的组建所在国名称；

（d）针对每个合伙人，都需要根据报告机构的个人客户识别程序收集相关的个人信息；

（e）每个合伙人的姓名和居住地址；

（f）每个合伙人在合伙企业中各自所占的份额；

（g）合伙企业的业务；

（h）合伙企业组建的州或地区；

（i）合伙企业组建的日期；以及

（j）经核准的合伙协议的副本或摘要。

（5）针对法人团体：

（a）该团体的全称；

（b）该团体主要办公地点或注册办公地点（如果有）的详细地址，或该团体公开主管，或（若无此人）该团体的主席、秘书或财务主管的居住地址；

（c）任何由相关注册机构就该团体组建而颁发的唯一识别编号；

（d）该团体的主席、秘书和财务主管或同级人员的全名；

（e）该团体的组建所在州或地区；

（f）该团体组建的日期；

（g）该团体的宗旨；

（h）经核准的该团体规章的副本或摘要；

（i）针对每个成员，都需要根据报送机构的个人客户识别程序收集相关的个人信息；以及

（j）该团体经营名称全称（如果有）。

（6）针对非法人团体：

（a）该团体的全称；

（b）该团体主要办公地点的详细地址（如果有）；

（c）该团体的主席、秘书和财务主管或同级人员的全名；

（d）针对每个成员，都需要根据报送机构的个人客户识别程序收集相关的个人信息；

（e）该团体的宗旨；

（f）经核准的该团体规章的副本或摘要；以及

（g）该团体经营名称全称（如果有）。

（7）针对注册的合作企业：

（a）该合作企业的全称；

（b）该合作企业的注册办公地点或主要营业地点的详细地址（如果有），或合作企业的秘书，或（如无此人）该合作企业总裁或财务主管的居住地址；

（c）任何由相关注册机构注册颁发的唯一识别编号；

（d）该合作企业的主席、秘书和财务主管或同级人员的全名；

（e）针对每个成员，都需要根据报送机构的个人客户识别程序收集相关的个人信息；

（f）该合作企业如果存在的经营名称全称；

（g）该合作企业的注册所在州或地区；

（h）该合作企业注册的日期；

（i）该合作企业的经营目标；以及

（j）经核准的该合作企业规章的副本或摘要。

（8）针对政府机构：

（a）该政府机构的全称；

（b）该政府机构主要办公地点的详细地址；

（c）该政府机构是否为一个实体或附属单位，或是否依州、地区、联邦或其他国家依法成立，以及该州、地区、联邦或其他国家的名称；

（d）对于一个作为实体或附属单位或依其他国家法律成立的政府机构，其所有权或控制权的信息；以及

（e）成立该政府机构所依据的法律名称；

上市公司（Listed Public Company）是指：

（1）针对国内公司——国内证券交易所官方名单列表中的上市公司；

（2）针对注册的外国公司——

（a）国内证券交易所官方名单列表中的上市公司；或

（b）部分或全部股票在任一证券交易所或类似性质交易所的官方名单列表中挂牌交易的上市公司；

（3）针对未注册的外国公司——部分或全部股票在任一证券交易所或类似性质交易所的官方名单列表中挂牌交易的上市公司。

洗钱/恐怖主义融资风险（MT/TF Risk）是指一家报送机构由于提供特定的服务可能（无论是由于疏忽或其他原因）面临牵涉或促成洗钱/恐怖主义融资的风险。

A 部分（Part A）是指报送机构反洗钱/反恐怖主义融资纲要的 A 部分；

B 部分（Part B）是指报送机构反洗钱/反恐怖主义融资纲要的 B 部分；

职业赌注登记经纪人（On－Course Bookmaker）是指以登记赛马赌注为职业的人，或是赛马佣金代理人。

网络赌博服务（Online Gambling Service）是指如《反洗钱和反恐融资法》第 6 节（Section 6）的表 3 描述的一种指定服务，这种服务通过利

用《2001 年交互式赌博法》（*Interactive Gambling Act* 2001）的第 5（1）（B）段所提及的任一方式以及该法第 8A 节（Section 8A）定义的向顾客提供的一种排外性赌博服务，但是不包括利用该法第 4 节（Section 4）定义的"电话赌博服务"。

非影像的基本身份证明文件（Primary Non – Photographic Identification Document）指下列的任何一种文件：

（1）由某一州或地区签发的出生证明或出生报告摘要；

（2）由联邦政府签发的公民身份证件；

（3）由某一个外国政府签发的公民证件，如果该证件是以核查人员不懂的语言文字书写的，则还需要同时提供由官方认可的翻译人员制作的英语翻译件；

（4）由某一个外国政府、联合国，或联合国的某一代理机构签发的出生证明，如果该证件是以核查人员不懂的语言文字书写的，则还需要同时提供由官方认可的翻译人员制作的英语翻译件；

（5）由澳大利亚福利发放机构（Centrelink）签发给持卡人用于领取财政补贴的养老卡。

有影像的基本身份证明文件（Primary Photographic Identification Document）指下列的任何一种文件：

（1）依照州、地区或国外同等机构法律而签发的机动车驾驶执照或许可，其中含有持证人照片；

（2）由联邦政府签发的护照；

（3）用于国际旅游的护照或其他类似文件：

（a）含有持件人照片和签名；

（b）由外国政府、联合国或联合国的某一代理机构签发；并且

（c）如果该文件是以核查人员不懂的语言文字书写的，则还需要同时提供由官方认可的翻译人员制作的英语翻译件。

（4）依照州或地区的法律而签发的证明持卡人年龄的卡片，其中含有持件人照片。

（5）为证明身份而签发的身份证：

（a）含有持件人照片和签名；

（b）由外国政府、联合国或联合国的某一代理机构签发；并且

（c）如果该文件是以核查人员不懂的语言文字书写的，则还需要同时提供由官方认可的翻译人员制作的英语翻译件。

股份上市公司（Public Company）是指私营控股公司以外的其他公司。

赛马场（Racecourse）是指由赛马俱乐部承办赛马会的场所，包括参会者在赛事中要进入的邻近土地或建筑物。

经注册的合作经营企业（Registerd Co－operative）是指依法注册为合作企业的机构。

经注册的外国公司（Registered Foreign Company）是指依照《2001 公司法》（*the Corporations Act* 2001）第 5B.2 部分的第 2 章（Divisioon 2 of Part 5B.2）而注册的外国公司。

相关的外国注册机构（Relevant Foreign Registration Body）是指对经注册的或未经注册的外国公司而言，在其成立、组建或注册的国家里负责其成立、组建或注册的任何政府机构。

可靠独立的文件（Reliable and Independent Documentation）包含但不仅限于如下文件：

（1）有影像的基本身份证明文件原件；

（2）非影像的基本身份证明文件原件；以及

（3）二级身份证明文件的原件。

注明：这里的定义并未涵盖所有情况。在适用于洗钱/恐怖主义融资风险的情况下，报送机构可以信赖除上述（1）至（3）所列的文件以外的其他文件。

二级身份证明文件（Secondary Identification Document）指下列文件的任何一种：

（1）一份这样的通知书：

（a）由联邦政府、州或地区在前 12 个月之内发给个人的；

（b）包含个人的姓名及其居住地址；并且

（c）依照联邦政府、州或地区的法律提供给个人的财政补贴的记录。

（2）一份这样的通知书：

（a）由澳大利亚税务办公室在前 12 个月之内发给个人的；

（b）包含个人的姓名及其居住地址；并且

（c）依照有关联邦税收法律记录的个人应向联邦政府缴纳的税款，或是联邦政府应向个人退还的税款，或是两者都有的记录。

（3）一份这样的通知书：

（a）由当地政府机构或公用事业单位在前 3 个月之内发给个人的；

（b）包含个人的姓名及其居住地址；并且

（c）由当地政府机构或公用事业单位为该居住地址或该个人提供服务的记录。

（4）针对 18 岁以下个人的这样一份通知书：

（a）由学校校长在前 3 个月之内发给个人的；

（b）包含个人的姓名及其居住地址；

（c）记录其在校时间的记录。

赛马赌金清点机构委员会（Totalisator Agency Board）是指依照一个州或地区的法律，为从事赌博服务而成立的委员会或官方机构，或是一家持有牌照的公司。

非注册的外国公司（Unregistered Foreign Company）是指未经注册的外国公司。

1.2.2　在这些规定里，专有词汇"澳大利亚业务代码"（ABN）、"澳大利亚公司代码"（ACN）、"澳大利亚机构注册代码"（ARBN）、"澳大利亚金融服务执照"（Australian Financial Services licence）、"管理投资计划"（Managed Investment Scheme）、"私营控股公司"（Proprietary Company）、"注册机构"（Registered Office）以及"批量客户"（Wholesale Client）在《2001 年公司法》（*the Corporations Act* 2001）中都有其各自的含义。

1.2.3 在这些规定里，专有词汇"澳大利亚信用牌照"（Australian Credit Licence）和"信用代理"（Credit Representative）在《2009 年国家消费者信贷保护法》（*National Consumer Credit Protection Act* 2009）中都有其各自的含义。

第 2 章

2.1　"特定企业集团"的定义

2.1.1　本章反洗钱和反恐融资准则（AML/CTF Act Rules）依据

《反洗钱和反恐融资法》（AML/CTF Act）第 229 节（Section 229）制定，其目的在于对该法第 5 节（Section 5）中的"特定企业集团"进行定义。

2.1.2 为了对《反洗钱和反恐融资法》第 5 节中的"特定企业集团"进行定义：

（1）"特定企业集团"将依据反洗钱和反恐融资规章选择成员，即按照经批准的选择表格模板，并由指定联络官员将表格提交给澳大利亚交易报告分析中心；

（2）"特定企业集团"的建立时间以指定联络官员将经批准的表格提交给澳大利亚交易报告分析中心主任的时间为准，或者按照表格上指定的日期为准；并且

（3）特定企业集团的成员必须经由其指定联络官员将下列任一事项，用经批准的表格书面通报澳大利亚交易报告分析中心主任：

（a）某一成员从特定企业集团的退出；

（b）某一新成员的选择加入；或

（c）特定企业集团的终止；或

（d）之前通报给澳大利亚交易报告分析中心主任的详细资料中，任何关于指定联络官员或者特定企业集团的变更；

要在成员退出，新成员加入，终止或变更发生之日起 14 个工作日之内进行通报。

（4）特定企业集团的每一成员必须：

（a）依据《2001 年公司法》（the Corporations Act 2001）第 50 节的规定，与集团其他成员存在关联关系；并且

（ⅰ）要么是一家报告机构；

（ⅱ）要么是一家在外国的企业，如果是澳大利亚居民，则将成为报告主体；或者

（b）依据合资企业协议提供指定服务，集团中每一成员都是该协议的一方；或者

（c）能够满足以下条件：

（ⅰ）是一家会计服务机构；或者

（ⅱ）是（ⅰ）中会计服务机构所控制的一个法人，而不是一个自然人；或者

（ⅲ）是一家依据合资企业协议提供指定服务的会计服务机构，集团中每一成员都是该协议的一方；或者

（ⅳ）是一个提供或者帮助提供指定服务给该会计服务机构客户的法人；并且：

（ⅴ）要么是一家报告机构；

（ⅵ）要么是一家在外国的实体，如果是澳大利亚居民，则将成为报告主体；或者

（d）能够满足以下条件：

（ⅰ）是一家法律服务机构；或者

（ⅱ）是（ⅰ）中法律服务机构所控制的一个法人，而不是一个自然人；或者

（ⅲ）是一家依据合资企业协议提供指定服务的法律服务机构，集团中每一成员都是该协议的一方；或者

（ⅳ）是一个提供或者帮助提供指定服务给该法律服务机构客户的法人；并且：

（ⅴ）要么是一家报告机构；

（ⅵ）要么是一家在外国的实体，如果是澳大利亚居民，则将成为报告机构；或者

（e）根据 2.1.2A 段中的要求，是一家提供可注册特定汇款服务的报告主体，要么：

（ⅰ）作为资金转移服务提供商；要么

（ⅱ）依据与资金转移服务提供商之间的代理协议，作为资金转移服务提供商的代理；要么

（ⅲ）依据与资金转移服务提供商代理之间的次级代理协议，作为资金转移服务提供商的次级代理。

2.1.2A 以下条件适用于依据 2.1.2（4）（e）小节的规定，与其他报告机构选择组建或变更特定企业集团的报告机构：

（1）符合 2.1.2（4）（e）（ⅰ）小节指定标准的法人，可以与下列主体之一组建或者变更一家特定企业集团：

（a）与之有代理协议的一个或多个法人；或者

（b）（ⅰ）与之有代理协议的一个法人；并且

（ⅱ）2.1.2A（1）（b）（ⅰ）小节所指法人与之有次级代理协议的一个或多个法人。

（2）符合 2.1.2（4）（e）（ⅱ）小节指定标准的法人，可以与下列主体之一组建或者变更一家特定企业集团：

（a）与之有代理协议的法人；或者

（b）（ⅰ）与之有代理协议的法人；并且

（ⅱ）与 2.1.2A（2）（b）（ⅰ）小节所指法人有代理协议的一个或多个法人；或者

（c）（ⅰ）符合 2.1.2（4）（e）（ⅲ）小节指定条件的一个或多个法人；并且

（ⅱ）与之有次级代理协议；或者

（d）（ⅰ）与之有代理协议的法人；并且

（ⅱ）（A）符合 2.1.2（4）（e）（ⅲ）小节指定条件的一个或多个法人；并且

（B）与之有次级代理协议。

（3）符合 2.1.2（4）（e）（ⅲ）小节指定条件的法人，可以与下列主体之一组建或者变更一家特定企业集团：

（a）与之有次级代理协议的法人；或者

（b）（ⅰ）与之有次级代理协议的法人；并且

（ⅱ）与 2.1.2A（3）（a）小节所指同一法人有次级代理协议的一个或多个法人；或者

（c）（ⅰ）与之有次级代理协议的法人；并且

（ⅱ）2.1.2A（3）（c）（ⅰ）小节所指法人与之有代理协议的法人；或者

（d）（ⅰ）与之有次级代理协议的法人；并且

（ⅱ）2.1.2A（3）（d）（ⅰ）小节所指法人与之有代理协议的法人；并且

（ⅲ）与 2.1.2A（3）（d）（ⅰ）小节所指同一法人有代理协议的一个或多个法人。

2.1.3 在本章中：

（1）"经批准的选择表格"含义见本规章后附的表格 1；

（2）2.1.2（2）分则中"经批准的表格"，含义见本规章后附的表格2；

（3）2.1.2（3）分则中"经批准的表格"，含义见本规章后附的表格3；

（4）"公司"的含义与《2001年公司法》中相同；

（5）"指定联络官员"指当前担任以下职位的人：

（a）特定企业集团某一成员的"主管"，与《2001年公司法》中定义相同；或者

（b）特定企业集团某一成员的反洗钱/反恐融资合规部经理，该主管或合规部经理由特定企业集团指定担任"指定联络官员"的职位。

（6）"会计服务机构"指由以下任一主体从事的业务：

（a）提供专业会计服务的会计师（不论实际称谓如何）；或者

（b）聘用会计师（不论实际称谓如何）提供专业会计服务的合伙企业或公司；

（7）"法律服务机构"指由以下任一主体从事的业务：

（a）提供专业法律服务的律师（不论实际称谓如何）；或者

（b）聘用律师（不论实际称谓如何）提供专业法律服务的合伙企业或公司；

（8）"资金转移服务"指通过单一品牌、商标或者企业名称提供可注册特定汇款服务的一种服务。

（9）"资金转移服务提供商"指一个法人，该法人根据代理协议授权一家代表处以其名义提供资金转移服务并且可以设立在澳大利亚从事以提供资金转移服务为目的的次级代理；

（10）"代理协议"指一家资金转移服务提供商与其一个代理之间的书面协议，该协议陈述了其代理在澳大利亚提供资金转移服务的条件。

（11）"资金转移服务提供商的代理"或者"代理"，指依照与资金转移服务提供商之间的代理协议提供资金转移服务的一个法人。

（12）"次级代理协议"指资金转移服务提供商的一家代理和一家次级代理之间的书面协议，该协议陈述了次级代理在澳大利亚提供资金转移服务的条件；

（13）"资金转移服务提供商的次级代理"或者"次级代理"，指由

资金转移服务提供商的一家代理所聘请的依照次级代理协议提供资金转移服务的法人。

报告机构应当注意，在依据《反洗钱和反恐融资法》行事时，即使拥有隐私法豁免权，也应遵守《1988 年隐私法》，包括《国家隐私准则》的具体要求。更多关于此义务的信息，请访问 http：//www. privacy. gov. au 或致电 1300363992。

表格 1

本准则中 2.1.2（1）小段所指表格：选择成为一家特定企业集团的一名成员

为遵循基于《2006 年反洗钱和反恐融资法》第 229 节而制定的反洗钱与反恐融资准则以及《反洗钱和反恐融资法》第 5 节中"特定企业集团"的定义：

我，［姓名和在 Y 的职务/职位］，在此代表 Y 选择，成为［特定企业集团的名称］的一名成员。我在此声明：

（a）Y 有限责任公司，根据《2001 年公司法》第 50 节的规定，是一家与［特定企业集团的名称］每一成员有关联关系的报告机构；或者

（b）Y 有限责任公司，依据合资企业协议提供指定服务，［特定企业集团的名称］中每一成员都是该协议的一方；或者

（c）Y 有限责任公司，是一家外国企业，如果是澳大利亚居民，则将成为报告机构；并且，根据《2001 年公司法》第 50 节的规定，与［特定企业集团的名称］的成员且是报告机构的［关联企业名称］有关联关系；或者

（d）Y 是一家报告机构或者一家在外国的机构，如果是澳大利亚居民，则将成为报告机构，并且是：

（ⅰ）一家如准则 2.1.3（6）所定义的会计服务机构；或者

（ⅱ）（ⅰ）中会计服务机构所控制的一个法人，而不是一个自然人；或者

（ⅲ）一家依据合资企业协议提供指定服务的会计服务机构，［特定企业集团的名称］中每一成员都是该协议的一方；或者

（ⅳ）一个提供或者帮助提供指定服务给该会计服务机构客户的法人；或者

（e）Y 是一家报告机构或者一家在外国的企业，如果是澳大利亚居民，则将成为报告机构，并且是：

（i）一家如准则 2.1.3（7）所定义的法律服务机构；或者

（ii）（i）中法律服务机构所控制的一个法人，而不是一个自然人；或者

（iii）一家依据合资企业协议提供指定服务的法律服务机构，［特定企业集团的名称］中每一成员都是该协议的一方；或者

（iv）一个提供或者帮助提供指定服务给该法律服务机构客户的法人；或者

（f）Y 是一家报告机构，并且是准则 2.1.3（9）所定义的一家资金转移服务提供商；或者

（g）Y 是一家报告机构，并且是准则 2.1.3（11）所定义的一家资金转移服务提供商的一家代理；或者

（h）Y 是一家报告机构，并且是准则 2.1.3（13）所定义的一家资金转移服务提供商的次级代理。

日期：

表格 2

本准则中 2.1.2（2）小段所指表格：一家特定企业集团的组建

为遵循基于《2006 年反洗钱和反恐融资法》第 229 节而制定的反洗钱与反恐融资准则以及《反洗钱和反恐融资法》第 5 节中"特定企业集团"的定义：

我，［姓名及在 X 的职务/职位］，向澳大利亚交易报告分析中心通报，［X 的职务/职位］是［特定企业集团的名称］的指定联络官员。我目前担任此职位。我的联系方式为：

地址：

电话：

传真：

电子邮箱：

我［姓名］作为［特定企业集团的名称］的指定联络官员，在此向澳大利亚交易报告分析中心通报［特定企业集团的名称］的成立。

以下企业选择成为［特定企业集团的名称］的成员：

［成员名称］

［成员名称］

日期：

表格 3

本准则中 2.1.2（3）小段所指表格：变更

为遵循基于《2006 年反洗钱和反恐融资法》第 229 节而制定的反洗钱与反恐融资准则以及《反洗钱和反恐融资法》第 5 节中"特定企业集团"的定义：

我，［X 的指定联络官员］，作为［特定企业集团的名称］的指定联络官员，在此通知澳大利亚交易报告分析中心主任［特定企业集团的名称］以下变更事项：

（a）［退出事项］

（b）［选择事项］

（c）［终止］

（d）［任何其他变更］

选择表格附后。

日期：

说明：报告机构应当注意，在依据《反洗钱和反恐融资法》行事时，即使拥有隐私法豁免权，也应遵守《1988 年隐私法》，包括《国家隐私准则》的具体要求。更多关于此义务的信息，请访问 http://www.privacy.gov.au 或致电 1300363992。

第 3 章

3.1 代理银行业务尽职调查

3.1.1 本章根据《反洗钱和反恐融资法》第 229 节制定，用于执行该法第 97（2）（a）和 98（2）（a）段、第 98（3）（a）（ⅱ）和 98（3）（b）（ⅱ）项、第 98（4）和 99（1）小节的规定。

3.1.2 为执行《反洗钱和反恐融资法》第 97（2）（a）段的规定，金融机构（第一家金融机构）必须根据该法第 97（1）小节中所确定的风险范围和风险程度对下列事项进行评估：

（1）其他金融机构业务类型，包括其产品和客户基本情况；

（2）其他金融机构的地址；

（3）其他金融机构的任意一家母公司的地址；

（4）其他金融机构所在国的反洗钱和反恐融资相关规章制度的制定和执行情况；

（5）其他金融机构的任意一家母公司住址所在国的反洗钱和反恐融资相关规章制度的制定和执行情况——母公司拥有对整个集团的控制权而其他金融机构则据此要求运作；

（6）其他金融机构与反洗钱和反恐融资有关的内控和合规措施的充分性；

（7）其他金融机构及其任意一家母公司的所有权、控制权和管理构架，包括是否有政治公众人物拥有或控制其他金融机构或其任意一家母公司；

（8）其他金融机构的财务状况；

（9）其他金融机构的商誉和历史；

（10）其他金融机构的任意一家母公司的商誉和历史；

（11）其他金融机构是否受过与洗钱或恐怖融资有关的调查或任何刑事、民事诉讼。

3.1.3　为执行《反洗钱和反恐融资法》第99（1）小节的规定，高级官员必须关注尽职调查评估是否贯彻本章3.1.2段的要求。

3.1.4　为执行《反洗钱和反恐融资法》第98（2）（a）段的规定，如果存在第98（1）小节中所确定的风险，第一家金融机构必须对下列内容进行常规评估：

（1）本章3.1.2中所述事项；

（2）本章3.1.2中所列事项的任何重大变化；

（3）其他金融机构与第一家金融机构持续业务关系的性质，作为这种关系的一部分，包括交易的类型；

（4）其他金融机构与第一家金融机构持续业务关系性质的任何重大变化，作为这种关系的一部分，包括交易的类型。

3.1.5　根据《反洗钱和反恐融资法》第98（5）小节的要求，第一家金融机构要确定：

（1）对于在第 98 节开始之后建立的每一次代理银行业务关系——结束时间在第 98（3）（a）（ⅱ）项中提及；

（2）对于在第 98 节开始之前已经建立的代理银行业务关系——结束时间在第 98（3）（a）（ⅱ）项中提及；

（3）对于每一次代理银行业务关系，存续时间参照第 98（4）小节。

3.1.6 为执行本章 3.1.5 段的规定，在决定存续时间的结束或存续时间时，第一家金融机构必须重视《反洗钱和反恐融资法》第 98（1）小节所规定的风险识别要求。

3.2 与《反洗钱和反恐融资法》第 5 节"代理银行业务关系"定义第（e）段有关的反洗钱和反恐融资规则

3.2.1 本章根据《反洗钱和反恐融资法》第 229 节制定，用于执行该法第 5 节中有关代理银行业务定义的第（e）段的规定。

3.2.2 为执行《反洗钱和反恐融资法》第 5 节有关代理银行业务定义的第（e）段的规定，需要说明所有不涉及银行间往来账户的银行服务。

第 4 章

4.1 介绍

4.1.1 本章根据《反洗钱和反恐融资法》第 229 节制定，用于执行该法第 84（3）（b）和 85（3）（b）段的规定。报告机构标准的反洗钱/反恐融资纲要 B 部分或报告机构联合的反洗钱/反恐融资纲要 B 部分必须遵从这些规则。B 部分唯一或主要的目的就是为报告机构制定适当的客户身份识别程序。第 4 章并不适用于报告机构的现有客户。

适当的以风险为本的制度和措施

4.1.2 报告机构通过设置适当的以风险为本的制度和措施，以遵守本准则的某些规定。当决定和设置适当的以风险为本的制度和措施时，报告机构必须关注其自身业务的类型、业务的规模和复杂性，以及可能面对的洗钱/恐怖融资风险的类型。

4.1.3　为执行本章的规定，报告机构在识别洗钱/恐怖融资风险时必须考虑下列因素导致的风险：

（1）其客户的类型，包括政治公众人物；

（2）提供的指定服务的类型；

（3）提供指定服务的方式；和

（4）交易对方所处的司法管辖权。

对不同类型的客户有不同要求

4.1.4　本章详述了针对不同类型的客户 B 部分必须遵守的各种要求，即使报告机构存在特殊类型的客户也必须遵守这样的要求。本章对不同类型的客户所作的规定安排如下：

（1）个人——本章 4.2 部分；

（2）公司——本章 4.3 部分；

（3）具有信托受托人身份的客户——本章 4.4 部分；

（4）具有合伙业务合伙人身份的客户——本章 4.5 部分；

（5）法人或非法人团体——本章 4.6 部分；

（6）已注册的合作企业——本章 4.7 部分；

（7）政府机构——本章 4.8 部分；

核实

4.1.5　本章也要求 B 部分遵循准则 4.9 中有关基于纸质文档进行审核的要求和准则 4.10 中有关基于电子资料进行审核的要求。

客户代理人

4.1.6　B 部分必须遵循本章 4.11 中对代理人在指定服务中授权为客户或代表客户进行操作的有关要求。

4.2　适用于个人的客户身份识别程序

4.2.1　如果报告机构的客户是个人，B 部分必须遵循本章 4.2 的相关要求。

4.2.2　B 部分必须包含适当的以风险为本的制度和措施，以便报告机构遇到个人客户时，及该客户声明自己为个人客户时，可以达到令其满意的合理结果。

收集信息

4.2.3　B 部分必须包含一个可以使报告机构从个人那里至少收集到以下"了解你的客户"信息的程序（除了该个体已经告知报告机构他或者她是独立贸易商）：

（1）客户的全名；

（2）客户的出生日期；和

（3）客户的居住地址。

4.2.4　B 部分必须包括一个流程，以便当客户已经告知该报告机构其作为独立贸易商而成为这家报告机构的客户时，报告机构在至少可以从客户那里收集如下"了解你的客户"信息：

（1）客户的全名；

（2）客户的出生日期；

（3）客户在经营业务时使用的商业全称（如果有）；

（4）客户主要业务地的完整地址（如果有）或者客户的居住地址；和

（5）客户的澳大利亚业务代码。

4.2.5　B 部分必须包含适当的以风险为本的制度和措施，以便报告机构决定，除了收集 4.2.3 或 4.2.4 段中提到的"了解你的客户"信息外，是否还要收集该客户其他有关"了解你的客户"的信息。

注意：当报告机构根据准则的要求而决定收集何种信息以履行其职责时，还需要考虑其他的法律法规，包括《1988 年隐私法》。

核实信息

4.2.6　B 部分必须包含一个可以使报告机构至少能够核实有关客户以下"了解你的客户"信息的程序：

（1）客户的全名；和

（2）以下两者之一：

（a）客户的出生日期；或

（b）客户的居住地址。

4.2.7　B 部分要求核实所收集的客户信息必须依据：

（1）可靠的独立的书面材料；

（2）可靠的独立的电子资料；或

（3）上述（1）和（2）的组合。

4.2.8 B部分必须包括合适的以风险为本的制度和措施，以便报告机构决定，除了需要核实上述4.2.6段中提及的"了解你的客户"信息外，是否还要根据可靠的独立的书面材料、可靠的独立的电子资料或两者的组合来核实从客户那里获取的其他"了解你的客户"信息。

应对差异

4.2.9 B部分必须包括合适的以风险为本的制度和措施，以便报告机构可以应对在核实从客户那里收集的"了解你的客户"信息的过程中所产生的任何差异，由此报告机构能够合理地判断客户是否是他或她所申报的那样的人。

洗钱/恐怖融资风险程度中等或较低时，书面文件安全港程序

4.2.10 当报告机构与客户的关系处于中低程度洗钱/恐怖融资风险时，4.2.11段为书面文件审核安排一项流程，报告机构可以在B部分中包括，以此来履行准则4.2.3至4.2.8段、4.9.1至4.9.3段中的职责。当与客户的关系处于中低程度洗钱/恐怖主义融资风险时，准则4.2.11段并不排除报告机构为满足准则4.2.3至4.2.8段、4.9.1至4.9.3段中的要求而采取其他方式。

4.2.11 反洗钱/反恐融资纲要B部分要求，当报告机构认定与客户的关系处于中低风险程度时，报告机构须采取以下措施以满足准则4.2.3至4.2.8段和4.9.2至4.9.3段中与客户有关的要求：

（1）按照4.2.3或4.2.4段中的描述（可能作为案例），收集客户"了解你的客户"信息；

（2）核实客户的姓名以及客户居住地址或出生日期中的一项或二者都核实，从：

（a）有影像的基本身份证明文件的原件或经验证副本；或

（b）全部：

（ⅰ）非影像的基本身份证明文件的原件或经核准的副本；和

（ⅱ）二级身份证明文件的原件或经核准的副本；和

（3）核实客户出示的证件没有过期（除了共和国签发的护照，其有效期内提前两年到期）。

洗钱/恐怖融资风险程度中等或较低时，电子文件安全港程序

4.2.12 当报告机构与客户的关系处于中低程度洗钱/恐怖融资风险

时，4.2.13 段为电子文件审核安排一项流程，报告机构以此来履行准则 4.2.3 至 4.2.8 段和 4.10.1 段中规定的职责。当与客户的关系处于中低程度洗钱/恐怖融资风险时，4.2.13 段并不排除报告机构为满足准则 4.2.3 至 4.2.8 段和 4.10.1 段中的要求而采取其他方式。

4.2.13 反洗钱/反恐融资纲要 B 部分要求，当报告机构认定与客户的关系处于中低风险程度时，报告机构须采取以下措施以满足准则 4.2.3 至 4.2.8 段和 4.10.1 段中与客户有关的要求：

（1）按照 4.2.3 或 4.2.4 段中的描述，从客户那里收集"了解你的客户"信息（如果有）；

（2）核实，需关注 4.10.2（1）小节中所列事项：

（a）客户姓名和客户居住地址，从至少两个独立的数据源使用可靠的独立的电子信息；并且

（b）客户出生日期，通过至少一个信息源获取的可靠的独立的电子数据；或者

（c）该客户至少 3 年的交易记录。

4.3 适用于公司的客户身份识别程序

4.3.1 如果报告机构的客户是国内公司或者是外国公司，B 部分必须符合准则 4.3 中的相关要求。

4.3.2 B 部分必须包含适当的以风险为本的制度和措施，以便报告机构面对公司客户时，可以达到令其满意的合理结果：

（1）公司真实存在；

（2）对于某些公司，要提供公司受益所有人的姓名和地址。

公司的存在——至少应收集到的信息

4.3.3 B 部分必须包含一个可以使报告机构从公司客户那里至少收集到下列"了解你的客户"信息的程序：

（1）就国内公司而言：

（a）在澳大利亚证券投资委员会注册时使用的公司全称；

（b）公司登记的详细办公地址；

（c）如果有的话，公司主要营业地址；

（d）该公司注册的澳大利亚公司代码；

（e）该公司在澳大利亚证券投资委员会是作为私营控股公司还是股份上市公司注册的；

（f）如果该公司是私营控股公司，公司每位董事的姓名；

（2）就已注册的外国公司而言：

（a）在澳大利亚证券投资委员会注册时使用的公司全称；

（b）公司在澳大利亚注册的办公室的完整地址；

（c）公司在澳大利亚的主要营业地址（如果有），公司在澳大利亚当地办事处的全称及地址；

（d）公司的澳大利亚机构注册代码；

（e）公司创立、组成或注册的所在国家名称；

（f）公司是否已在国外相关注册机构注册过，如果是，是以何种形式注册的，私有公司、股份上市公司或者其他公司形式；和

（g）如果公司是以私有公司的形式在国外相关注册机构注册——该公司每位董事的姓名；

（3）就未注册的外国公司而言：

（a）公司的全称；

（b）公司创立、组成或注册的所在国家名称；

（c）公司是否已在国外相关注册机构注册，如果是的话：

（ⅰ）在公司创立、组成或注册时国外相关注册机构颁发的识别编号；

（ⅱ）公司在国外相关注册机构登记的其在创立、组成或注册所在国的详细公司地址；

（ⅲ）该公司在国外相关注册机构是否以私有公司，或股份上市公司，或其他公司形式注册的；

（d）该公司每位董事的姓名（如果公司是以私有公司的形式在国外相关的注册机构注册）；

（e）该公司在创立或组成的所在国的主要营业地址（如果公司未在国外相关注册机构注册）。

4.3.4　B 部分必须包含适当的以风险为本的制度和措施，以便报告机构决定，除了收集本章 4.3.3 段中提到的"了解你的客户"信息外，是否还要收集其他任何涉及该公司客户真实存在的"了解你的客户"的

信息。

公司存在——信息核实

4.3.5　B 部分必须包含一个可以使报告机构至少能够核实有关公司客户以下信息的程序：

（1）就国内公司而言：

（a）在澳大利亚证券投资委员会注册时使用的公司全称；

（b）该公司在澳大利亚证券投资委员会是以私有公司还是股份上市公司形式注册的；

（c）公司注册的澳大利亚公司代码。

（2）就已注册的外国公司而言：

（a）在澳大利亚证券投资委员会注册时使用的公司全称；

（b）公司是否已在国外相关注册机构注册过，如果是，是私有公司还是股份上市公司；

（c）公司注册的澳大利亚机构注册代码。

（3）就未注册的外国公司而言：

（a）公司的全称；

（b）公司是否已在国外相关注册机构注册，如果是的话：

（ⅰ）在公司创立、组成或注册时国外相关注册机构颁发的识别编号；

（ⅱ）该公司是否以私有公司或股份上市公司形式注册的。

4.3.6　B 部分必须包含适当的以风险为本的制度和措施，以便报告机构决定除了需要核实 4.3.5 段中提到的"了解你的客户"信息外，是否还要核实根据 4.3.3 段收集到的，或其他与公司真实存在相关的"了解你的客户"的信息。

4.3.7　根据 4.3.4 和/或 4.3.6 段的要求，在决定是否以及什么样的附加信息需要被收集和/或核实时，报告机构必须重视与提供特定服务有关的洗钱/恐怖融资风险。

4.3.8　如果 B 部分包括简化的公司审核程序，涉及的公司是：

（1）国内上市公司；

（2）子公司拥有其多数股份的国内上市公司；

（3）得到许可并且活动受到一个联邦、州或地区的监管部门监管的公司。

就那些需要关注的客户而言，B 部分用于遵守规则中 4.3.5、4.3.6 和 4.3.7 段的要求。

> 简化的公司审核程序
>
> 报告机构必须确认该公司是：
>
> （1）国内上市公司；
>
> （2）国内上市公司拥有多数股份的子公司；或
>
> （3）得到许可并且活动受到一个联邦、州或地区的监管部门监管的公司通过获取以下的一个或几个：
>
> （4）调查相关的国内证券交易所；
>
> （5）相关公司发表的公开文件；
>
> （6）调查澳大利亚证券投资委员会的数据库；
>
> （7）调查相关监管机构发放的许可证或其他备案记录。

4.3.9（1）B 部分应该包含适当的以风险为本的制度和措施，以便报告机构在获知该外国公司为国外上市公司的情况下，可以决定是否以及使用何种方式来核实该公司的真实性。

（2）如果 B 部分包含上述以风险为本的制度和措施，那么也必须要求报告机构在依照这些制度和措施确定是否以及使用何种方式来核实外国上市公司的真实性时，必须重视与提供特定服务有关的洗钱/恐怖融资风险，包括外国股票交易所或相应机构（如果有）的所在地点。

（3）如果 B 部分包含这类的制度和措施，就那些需要关注的客户而言，B 部分用以遵守规则中 4.3.5、4.3.6 和 4.3.7 段的要求。

受益所有者——收集并审核公司的信息

4.3.10　B 部分必须包含一个可以使报告机构收集私有公司或私营公司每个受益所有人（如果有）名称和地址的程序（除了得到许可并且活动受到一个联邦、州或地区的监管部门监管的公司）。

4.3.11　B 部分必须包含适当的以风险为本的制度和措施，以便报告机构可以决定是否以及在何种范围内去核实 4.3.10 段中提及的信息。

4.3.12　B 部分必须要求报告机构，在决定是否需核实和哪些公司信息需要被核实，以及按照 4.3.11 段中描述的程序决定审核信息的范围时，必须重视与提供特定服务有关的洗钱/恐怖融资风险。

4.3.13　B 部分必须包含适当的以风险为本的制度和措施，以便报告机构可以决定是否收集和/或核实每个受益所有者（如果有）的名称和地址：

（1）外国上市公司；

（2）国内非上市公司；

（3）得到许可并且活动受到一个联邦、州或地区的监管部门监管的公司。

4.3.14　B 部分必须要求报告机构，在决定是否收集和/或核实 4.3.13（1）段中提及的公司每个受益所有者（如果有）的名称和地址时，必须重视与提供特定服务有关的洗钱/恐怖融资风险，包括公司组合的司法管辖区域、公司主要运营的司法管辖区域以及外国股票交易所或相应机构（如果有）的所在地点。

4.3.15　B 部分必须要求报告机构，在决定是否收集和/或核实 4.3.13（2）或 4.3.13（3）段提及的公司每个受益所有者（如果有）的名称和地址时，必须重视与提供特定服务有关的洗钱/恐怖融资风险。

4.3.16　为了避免疑惑，如果 B 部分包括 4.3.13 至 4.3.15 段描述的制度和措施，就 4.3.13 段描述的客户而言，B 部分不需要遵守 4.3.10 段提出的要求。

审核方法

4.3.17　根据 4.3.18 段，B 部分必须要求在核实公司信息时，尽最大可能依据以下几方面内容：

（1）可靠和独立的文件材料；

（2）可靠和独立的电子数据；或

（3）以上（1）和（2）的组合。

4.3.18　对于 4.3.17（1）段，"可靠和独立的文件"包括可以核实公司受益所有权信息（除了国外公司）的公开证明文件。

4.3.19　B 部分必须包含适当的以风险为本的制度和措施，以便报告机构可以决定，对于只能通过公开证明文件获取信息的国外公司，是否还要依靠此类文件去核实它的信息。

4.3.20　B 部分必须要求报告机构，依照上述 4.3.19 段提出的要求，在决定是否依靠一个公开证明文件去核实国外公司信息时，必须重视与提供特定服务有关的洗钱/恐怖融资风险，包括国外公司组合的司法管辖区域、国外公司主要运营的司法管辖区域以及外国股票交易所或相应机构（如果有）的所在地点。

应对差异

4.3.21　B 部分必须包含适当的以风险为本的制度和措施，以便报告机构可以应对在核实公司信息过程中所产生的任何差异，由此报告机构可以决定对 4.3.2（1）和（2）段所涉及的情况是否满意。

4.4　适用于受托人的客户身份识别程序

4.4.1　只要报告主体的客户是信托的受托人，B 部分必须遵守准则 4.4 部分的要求。

4.4.2　B 部分必须包含适当的以风险为本的制度和措施，以便当主体告知报告机构其作为信托的受托人而成为报告机构的客户时，报告机构能够符合要求：

（1）信托真实存在；并且

（2）提供受托人和受益人的姓名，或受益人范围和信托的详细说明。

信托存在——信息的收集和核实

4.4.3　B 部分必须包含一个可以使报告机构从客户那里至少收集到以下"了解你的客户"信息的程序：

（1）信托的全称；

（2）信托的受托人的商业名称（如果有）；

（3）信托类型；

（4）信托设立的所在国名称；

（5）如果受托人是个人，则针对这些个人中的每个人——要求依照 B 部分中适用于个人的客户身份识别程序从个人那里收集信息；

（6）如果受托人是公司，则针对这些公司中的每家公司——要求依照 B 部分中适用于公司的客户身份识别程序从公司客户那里收集信息；

（7）如果受托人既有个人又有公司，则针对这些个人或公司——要求依照 B 部分中适用于个人或公司的客户身份识别程序从个人或公司那里（可能作为案例）收集信息。

4.4.4　B 部分必须包含适当的以风险为本的制度和措施，以便报告机构决定，除了收集本章 4.4.3 段中提到的"了解你的客户"信息外，是否还需要收集其他有关信托真实性的"了解你的客户"信息。

4.4.5　B 部分必须包含一个可以使报告机构至少能够核实以下信息的程序：

（1）在信托契约、经核准的信托契约副本，或经核准的信托契约摘要，以及与该信托相关的可靠、独立的文件或电子材料中涉及的信托全称；

（2）如果受托人是个人时，则针对这些个人中的每个人——依照 B 部分中适用于个人的客户身份识别程序收集的信息；

（3）如果受托人是公司时，则针对这些公司中的每家公司——依照 B 部分中适用于公司的客户身份识别程序收集的信息；以及

（4）如果受托人既有个人又有公司时，则针对这些个人或公司——依照 B 部分中适用于个人或公司的客户身份识别程序收集的有关个人和公司（可能作为案例）的信息。

4.4.6　B 部分必须包含适当的以风险为本的制度和措施，以便报告机构决定，除了需要核实 4.4.5 段中提到的"了解你的客户"信息外，是否还要核实收集到的其他与信托真实性相关的"了解你的客户"信息以及核实的范围。

4.4.7　根据 4.4.4 段和/或 4.4.6 段的要求，在决定是否以及什么样的附加信息需要被收集和/或核实时，报告机构必须重视与提供特定服务有关的洗钱/恐怖融资风险。

4.4.8　如果 B 部分包括简化的受托人审核程序，涉及的信托有：

（1）在澳大利亚证券投资委员会注册登记的投资管理项目；

（2）未在澳大利亚证券投资委员会注册登记的投资管理项目，并且：

（a）仅有批发客户；且

（b）未向适用《2001 年公司法》第 1012E 节的主体进行小规模报价；

（3）已注册，信托行为受联邦法定监管机构监管；或者

（4）依法建立的政府退休基金。

就那些需要关注的客户而言，B 部分用以遵守准则中 4.4.5、4.4.6

和 4.4.7 段的要求。

> 简化的受托人审核程序：
>
> 报告机构必须对信托进行下述审核：
>
> （1）该信托是在澳大利亚证券投资委员会注册登记的投资管理项目；
>
> （2）该信托是未在澳大利亚证券投资委员会注册登记的投资管理项目；但
>
> （a）仅有批发客户；并且
>
> （b）未向适用《2001 年公司法》第 1012E 节的主体进行小规模报价；
>
> （3）已注册，信托行为受联邦法定监管机构监管；或者
>
> （4）依法建立的政府退休基金。

受托人和受益人——信息的收集和核实

4.4.9　B 部分必须包含一个程序，以便报告机构至少可以从客户那里收集到下列"了解你的客户"信息（适用 4.4.13 段或 4.4.14 段的信托受托人除外）：

（1）每一个信托受托人的全称和地址；和

（2）二者之一。

（a）每一个信托受益人的全称；或

（b）如果信托条款中指出受益人的范围——详细说明收益人的范围。

4.4.10　B 部分必须包含适当的以风险为本的制度和措施，以便报告机构决定，除了 4.4.9 段中所述的"了解你的客户"信息外，是否需要收集其他与信托的受托人或受益人有关的"了解你的客户"信息。

4.4.11　B 部分必须包含适当的以风险为本的制度和措施，以便报告机构决定，是否以及以何种方式去核实根据 4.4.15 段所述材料收集的每一个受托人或受益人的名称，或每一类受益人的详细信息，或根据 4.4.9 段中所述的程序收集到的其他"了解你的客户"信息。

4.4.12　B 部分必须要求报告机构，在依照 4.4.10 段和/或 4.4.11 段中所述的程序决定是否需要收集和/或核实有关信托"了解你的客户"信息，哪些"了解你的客户"信息需要被收集和/或核实，以及信息核实

的范围时，必须重视与提供特定服务有关的洗钱/恐怖融资风险。

4.4.13　对于下列信托，B 部分不需要包含 4.4.9 段至 4.4.12 段中描述的要求：

（1）在澳大利亚证券投资委员会注册登记的投资管理项目；

（2）未在澳大利亚证券投资委员会注册登记的投资管理项目；并且：

（a）仅有批发客户，且

（b）未向适用《2001 年公司法》第 1012E 节的主体进行小规模报价；或者

（3）依法建立的政府退休基金。

4.4.14　对于已注册的，且相关信托行为受联邦法定监管机构监管的信托，B 部分无须包含 4.4.9 段中规定的要求。

核实的方法

4.4.15　根据 4.4.16 段所述，B 部分必须要求对信托信息的核实要以下述材料为基础：

（1）信托契约、经核准的信托契约副本或信托契约摘要；

（2）与信托相关的可靠和独立的文件；

（3）可靠和独立的电子材料；或

（4）综合上述（1）至（3）的材料。

4.4.16　为满足 4.4.15（2）的要求，"与信托相关的可靠和独立的文件"包含能核实信托相关信息的公开证明文件，其中：

（1）核实是为了符合准则 4.4.6 段或 4.4.11 段中所述程序的规定；并且

（2）需要被核实的相关信息仅通过 4.4.15 段中所述的来源即可合理获得。

差异的应对

4.4.17　B 部分必须包含适当的以风险为本的制度和措施，以便报告机构能够应对在核实客户信息过程中发现的任何差异，从而使报告机构可以确定是否对 4.4.2（1）和 4.4.2（2）段中所涉及的内容满意。

4.5　适用于合伙人的客户身份识别程序

4.5.1　只要报告主体的客户是合伙企业的合伙人，B 部分必须符合准则 4.5 中的相关要求。

4.5.2 B 部分必须包含适当的以风险为本的制度和措施，以便当主体告知报告机构其作为合伙企业的合伙人而成为报告机构的客户时，报告机构能够对此满意这一体系的设计应能确保报告主体相当满意。当报告人向报告机构上报的客户是合伙制的合伙人时：

（1）合伙关系应真实存在；并且

（2）按照 4.5.3（5）所述，提供合伙企业每个合伙人的姓名。

信息的收集和核实

4.5.3 B 部分必须包含一个可以使报告机构从客户那里至少收集到下列"了解你的客户"信息的程序：

（1）合伙企业的全称；

（2）根据任何州或地区的企业名称法规要求注册的企业全称（如果有）；

（3）合伙企业设立的所在国名称；

（4）就每一个合伙人——都需要依照 B 部分中适用于个人的客户身份识别程序收集每一个合伙人的信息；

（5）合伙企业中每个合伙人的姓名和居住地址，除非对合伙企业受监管的情况能通过相关的专业组织的最新成员目录进行确认。

4.5.4 B 部分必须包含适当的以风险为本的制度和措施，以便报告机构决定，除了收集 4.5.3 段中提到的"了解你的客户"信息外，是否还需要收集其他有关合伙企业的"了解你的客户"信息。

4.5.5 B 部分必须包含一个可以使报告机构至少能核实以下信息的程序：

（1）在合伙协议、经核准的协议副本或协议摘要、与该合伙企业相关的可靠独立的文件或电子材料中涉及的合伙企业的全称；以及

（2）依照 B 部分中适用于个人的客户身份识别程序所收集的每一个合伙人的信息；

4.5.6 B 部分必须包含适当的以风险为本的制度和措施，以便报告机构决定，除了需要核实 4.5.5 段中提到的"了解你的客户"信息外，是否还要核实其他与合伙企业相关的"了解你的客户"信息以及核实的范围。

核实的方法

4.5.7　根据 4.5.8 段所述，B 部分必须要求核实合伙企业的信息要以下述材料为基础：

（1）合伙协议、经核准的协议副本或协议摘要；

（2）经核准的合伙企业会议记录副本或摘要；

（3）与该合伙企业相关的可靠和独立的文件；

（4）可靠和独立的电子材料；或

（5）综合上述（1）至（4）的材料。

4.5.8　为满足 4.5.7（3）的要求，"与合伙企业相关的可靠和独立的文件"包含能核实该合伙企业信息的公开证明文件，其中：

（1）核实是为了符合准则 4.5.6 段中所述程序的规定；并且

（2）需要被核实的相关信息仅通过准则 4.5.7 段中所述的来源即可合理获得。

差异的应对

4.5.9　B 部分必须包含适当的以风险为本的制度和措施，以便报告机构能够应对在核实客户信息过程中发现的任何差异，从而使报告机构可以确定是否满足了 4.5.2（1）和（2）段中所涉及的事项。

4.6　适用于团体协会的客户身份识别程序

4.6.1　只要报告主体的客户是法人团体或非法人团体，B 部分必须符合准则 4.6 中的相关要求。

4.6.2　B 部分必须包含适当的以风险为本的制度和措施，以便报告主体面对法人团体或非法人团体客户时，可以达到令其满意的合理结果：

（1）该团体真实存在；并且

（2）已提供了团体中管理委员会（不论如何描述）成员的名称。

信息的收集和核实

4.6.3　B 部分必须包含一个可以使报告机构从法人团体或非法人团体那里至少收集到下列"了解你的客户"信息的程序：

（1）如果客户告知报告机构其为法人团体：

（a）该团体的全称；

（b）该团体主要办公地点或注册办公地点（如果有）的详细地址，

或该团体公开主管或（如无此人）该团体的主席、秘书长或财务主管的居住地址；

（c）由州、地区或海外相关机构就该团体组建而颁发的唯一识别编号；

（d）该团体的主席、秘书长和财务主管，或同级人员的全名；以及

（2）如果客户告知报告机构，他或她是以非法人团体的成员身份作为其客户：

（a）该团体的全称；

（b）该团体主要办公地点的详细地址（如果有）；

（c）该团体的主席、秘书长和财务主管或同级人员的全名；以及

（d）对每个成员——都需要根据 B 部分适用于个人的客户身份识别程序收集每一个人的信息。

4.6.4　B 部分必须包含适当的以风险为本的制度和措施，以便报告机构决定，除了需要收集 4.6.3 段中提到的"了解你的客户"信息之外，是否还需要收集其他有关该团体的"了解你的客户"信息。

4.6.5　B 部分必须包含相应的程序，以便报告机构至少能：

（1）如果客户是法人团体——通过由澳大利亚证券投资委员会或负责监管法人团体的州、地区及海外机构提供的信息，或团体的规定或章程，或经核准的团体规定或章程的核证副本或摘要，或关于团体的可靠独立的文件，或可靠、独立的电子资料核实以下信息：

（a）法人团体的全称；以及

（b）就该团体组建而颁发的唯一识别编号；并且

（2）如果客户告知报告机构，称他或她是以非法人团体的成员身份作为其客户：

（a）通过团体的规定或章程，或经核准的团体规定或章程的副本或摘要，或关于团体的可靠和独立的文件，或可靠和独立的电子资料核实其全名（如果有）；

（b）依照 B 部分适用于个人的客户身份识别程序，核实每一个成员的信息。

4.6.6　B 部分必须包含适当的以风险为本的制度和措施，以便报告机构决定，除了需要核实 4.6.5 段中提到的"了解你的客户"信息外，

是否还需要核实与团体相关的其他"了解你的客户"信息，以及核实的范围。

核实的方法

4.6.7 根据 4.6.8 段所述，B 部分必须要求对团体信息的核实要以下述材料为基础：

（1）匡体的规定或章程，或经核准的团体规定或章程的副本或摘要；

（2）匡体的会议纪要，或经核准的团体会议纪要的副本或摘要；

（3）若是法人团体，由澳大利亚证券投资委员会或负责监管法人团体的州、地区或海外机构提供的信息；

（4）关于该团体的可靠和独立的文件；

（5）可靠和独立的电子资料；或

（6）综合上述（1）至（5）的材料。

4.6.8 为满足 4.6.7（4）小节的要求，"关于该协会组织的独立可信的文件"包含一份能核实该协会相关信息的公开执照，其中：

（1）核实是为了符合 4.6.6 段规则中所述流程的目的；并且

（2）需要被核实的相关信息仅通过 4.6.7 段中所述的来源即可合理获得。

差异的应对

4.6.9 B 部分必须包含适当的以风险为本的制度和措施，以便报告机构在核实客户信息过程中一旦发现存在任何差异，可以及时应对并能根据这一体系来确定 4.6.2（1）和（2）段中所提及的内容是否是完全符合要求的。

4.7 针对注册合作社的客户身份识别程序

4.7.1 若报告机构有客户为注册合作社，那么 B 部分必须遵照本准则 4.7 节的规定。

4.7.2 凡客户明示报告机构其为注册合作社，那么 B 部分必须包括恰当的以风险为本的制度和措施，使报告机构有理由认为：

（1）该注册合作社是存在的；且

（2）已提供董事长、负责人或相当职位人员的姓名。

信息的收集与核查

4.7.3　B部分必须包括相应程序，以便报告机构至少能从注册合作社收集以下"了解你的客户"（KYC）信息：

（1）合作社的全称；

（2）合作社的注册办公地址，或主要经营地址（如果有），或合作社秘书长的居住地址，董事长/财务主管的居住地址（如果前者没有）；

（3）由负责合作社注册的州、地区或境外机构授予的组织机构代码；以及

（4）注册合作社董事长、秘书长和财务主管或相当职位人员的姓名。

4.7.4　B部分必须包括恰当的以风险为本的制度和措施，以便报告机构判断除了第4.7.3段涉及的信息之外，是否还需要收集注册合作社的其他"了解你的客户"信息。

4.7.5　B部分必须包括使报告机构至少能从澳大利亚证券投资委员会（ASIC）或负责合作社注册的州、地区或境外机构，或从合作社保管的注册文件或核证副本或摘要，或从与注册合作社相关的独立可信文件，或从独立可信的电子数据中，核查以下信息的程序：

（1）合作社的全称；以及

（2）注册时被授予的组织机构代码。

4.7.6　B部分必须包括恰当的以风险为本的制度和措施，以便报告机构判断除了第4.7.5段涉及的信息之外，是否还需要以及在多大程度上需要核查注册合作社的其他"了解你的客户"信息。注册合作社的任何其他"了解你的客户"信息都需要核查。

核实方法

4.7.7　根据本章第4.7.8段，B部分必须规定，对注册合作社的信息核查需基于以下方面：

（1）合作社保管的注册文件或经核准的副本或摘要；

（2）合作社的会议记录或经核证的会议记录副本或纪要；

（3）由负责合作社注册的州、地区或境外机构提供的信息；

（4）与注册合作社相关的独立可信文件；

（5）独立可信的电子数据；或者

（6）以上（1）至（5）项的组合。

4.7.8　为满足第4.7.7段第（4）项的规定，在下列情形下，"与注

册合作社相关的独立可信文件"应包括一份能够核查注册合作社信息的公开证明：

（1）该核查旨在实现本章第 4.7.6 段规定的程序；且

（2）待核查信息不能从第 4.7.7 段所述来源中获得。

差异的应对

4.7.9　B 部分必须包括恰当的以风险为本的制度和措施，使报告机构能对注册合作社核查过程中出现的不符点采取措施，以便认定是否符合第 4.7.2 段第（1）和（2）项的规定。

4.8　针对政府机构的客户身份识别程序

4.8.1　若报告机构有客户为政府机构，那么 B 部分必须遵照本章 4.8 节（在其适用范围内）、4.9 节和 4.10 节的规定。

4.8.2　凡客户明示报告机构其为政府机构，那么 B 部分必须包括恰当风险为本的制度和措施，使报告机构有理由认为：

（1）该政府机构是存在的；且

（2）对于特定类型的政府机构——凡报告机构需要了解时，政府机构可以提供其实际所有权信息。

信息的收集与核查

4.8.3　B 部分必须包括相应程序，以便报告机构至少能从政府机构收集以下"了解你的客户"信息：

（1）政府机构的全称；

（2）政府机构的主要办公地址；

（3）该政府机构是独立机构还是分支机构，是否依据联邦立法设立；以及

（4）该政府机构是独立机构还是分支机构，是否依据州、地区或外国法规设立，以及该州、地区、国家的具体名称。

4.8.4　B 部分必须包括相应风险为本的制度和措施，以便报告机构判断除了第 4.8.3 段涉及的"了解你的客户"信息之外，是否还需要收集政府机构的其他"了解你的客户"信息。

4.8.5　B 部分必须包括报告机构基于独立可信文件、独立可信电子数据（或两者综合）核查依第 4.8.3 段收集的信息的程序。

4.8.6　B部分必须包括恰当风险为本的制度和措施，以便报告机构判断除了执行第4.8.5段所述程序之外，是否还需要核查依4.8.4段收集的"了解你的客户"信息。

受益所有权涉及外国政府机构

4.8.7　B部分必须包括恰当风险为本的制度和措施，以便报告机构判断是否需要收集政府机构的下列"了解你的客户"信息，如所有权和控制权，是独立机构还是分支机构，是否依据外国法规设立等。

4.8.8　B部分必须包括恰当风险为本的制度和措施，以便报告机构基于独立可信文件、独立可信电子数据（或两者综合）核查依第4.8.7段收集的"了解你的客户"信息。

差异的应对

4.8.9　B部分必须包括恰当风险为本的制度和措施，使报告机构能对政府机构核查过程中出现的不符点采取措施，以便认定是否符合第4.8.2段第（1）和（2）项的规定。

4.9　文件核查

对个人的核查

4.9.1　若B部分核查基于独立可信文件收集的个人客户"了解你的客户"信息，那么B部分必须遵照第4.9.2段和4.9.3段的规定。

4.9.2　B部分必须要求报告机构确认，为核查"了解你的客户"信息而从客户处收集到的信息尚在有效期内（除非联邦发行的护照已在前两年内到期）。

4.9.3　B部分必须包括恰当风险为本的制度和措施，以便报告机构判断：

（1）为核查客户的姓名、生日和（或）居住地址（视情况而定），报告机构需要客户提供哪些独立可信文件；

（2）若其他"了解你的客户"信息需要核查，需要哪些独立可信文件；

（3）报告机构是否可以，或在哪种情况下可以使用独立可信文件的复印件；

（4）报告机构在什么情况下开始逐步判断客户提交的文件可能已经

被伪造、被篡改、失效或遗失，若有疑点，报告机构怎样逐步确认文件确实已经被伪造、被篡改、失效或遗失；

（5）报告机构是否需要文件可信性的验证服务；

（6）通过独立联系，从声称为本人的客户处收集到的"了解你的客户"信息是否需要核查，怎样核查。

对非个人的其他主体的核查

4.9.4 若 B 部分核查基于独立可信文件收集的非个人客户"了解你的客户"信息，那么 B 部分必须遵照第 4.9.5 段的规定。

4.9.5 B 部分必须包括恰当风险为本的制度和措施，以便报告机构判断：

（1）为核查信息，报告机构需要多少、需要哪些独立可信文件；

（2）用于核查的文件是否是同一时期的；

（3）报告机构是否可以，或在哪种情况下可以使用独立可信文件的复印件；

（4）报告机构在什么情况下开始逐步判断客户提交的文件可能已经失效、被伪造、被篡改或遗失，若有疑点，报告机构怎样逐步确认文件确实已经失效、被伪造、被篡改或遗失；

（5）报告机构是否需要文件可信性的验证服务；

（6）通过独立联系，从客户处收集到的信息是否需要核查，怎样核查。

4.10 基于独立可信电子数据的核查

4.10.1 若 B 部分核查基于独立可信电子数据收集的"了解你的客户"信息，那么 B 部分必须遵照第 4.10.2 段的规定。

4.10.2 B 部分必须包括恰当风险为本的制度和措施，以便报告机构判断：

（1）电子数据是否独立可信，取决于以下因素：

（a）数据的准确性；

（b）数据的安全性；

（c）数据是否及时更新；

（d）数据的全面性（例如，数据包括自数据收集以来，涉及范围内所有客户的信息）；

（e）数据的来源是否独立可信；

（f）数据是否由政府机构发布，是否依照法规发布；

（g）电子数据是否已被第三方验证；

（2）报告机构可将哪些独立可信电子数据用于信息核查；

（3）报告机构预先设定的对匹配率和误差的容忍度；

（4）通过独立联系，从声称为本人的客户处收集到的"了解你的客户"信息是否需要核查及怎样核查。

4.11 客户的代理人

个人客户的代理人

4.11.1 为满足《反洗钱和反恐融资法》第89（1）（b）段和第89（2）（b）段的规定，本准则的第4.11.2 至4.11.4 段适用于个人客户的代理人，且代理人被授权代理或代表客户开展相关业务。

4.11.2 B 部分必须包括能使报告机构从客户处收集以下信息和文件（如果有）的程序：

（1）声称代理或代表客户处理报告机构提供指定服务业务的每个代理人的全名；

（2）第4.11.2 段第（1）项中提到的代理人被授权的证明（如果有）。

4.11.3 B 部分必须包括恰当风险为本的制度和措施，以便报告机构判断是否及在多大程度上需要核查第4.11.2 条段第（1）项中提到的代理人的身份和其他信息。

4.11.4 B 部分必须要求报告机构考虑提供指定服务的相关洗钱/恐怖融资风险，以便判断是否需要，以及在多大程度上核查第4.11.2 段第（1）项中提到的每个代理人的身份信息。

4.11.5 为满足《反洗钱和反恐融资法》第89（1）（b）段和第89（2）（b）段的规定，第4.11.6 至4.11.8 段适用于不以个人身份行事的客户的代理人，且此代理人被授权代理或代表客户处理与指定服务相关的业务。

4.11.6 B 部分必须包括相应程序，以便报告机构至少能从客户处收集以下信息和文件：

（1）代理或代表客户处理制定服务相关业务的每个代理人的姓名；

（2）第4.11.6段第（1）项中提到的代理人被授权的证明。

4.11.7　B部分必须包括恰当风险为本的制度和措施，以便报告机构判断是否及在多大程度上需要核查第4.11.6段第（1）项中提到的代理人的身份信息。

4.11.8　B部分必须要求报告机构考虑提供指定服务的相关洗钱/恐怖融资风险，以便判断是否需要，及在多大程度上核查第4.11.6段第（1）项中提到的每个代理人的身份信息。

核对人员和非自然人客户的代理人

4.11.9　在符合第4.11.12至4.11.13段规定的情况下，B部分可对由核对人员进行身份识别的非自然人客户代理人作出相应规定。

4.11.10　至于：

（1）B部分规定由核对人员识别非自然人客户代理人的身份；且

（2）符合本准则第4.11.12至4.11.13段的规定；

则B部分不需适用本准则第4.11.6至4.11.8段对该代理人的相关规定。

核对人员的任命

4.11.11　为符合本准则的规定，客户会任命一名核对人员。核对人员通常是客户的雇员、代理人或承包人。

由核对人员进行的身份识别

4.11.12　凡B部分规定由核对人员对代理人进行身份识别，那么B部分必须包括对以下方面的规定：

（1）被核对人员核查的代理人符合本规则第4.11.13段的规定；

（2）被报告机构识别与核查的核对人员符合本规则第4章的规定；

（3）向报告机构提供核对人员被客户授权作为核对人员的证明；

（4）由核对人员制作并由客户保留的，依据第4.11.13段收集的所有事项记录；

（5）核对人员向报告机构提供以下信息：

（a）代理人的姓名；

（b）代理人签名的复印件。

4.11.13　若核对人员收集了以下信息，则可视为对代理人进行了身份识别：

（1）代理人的姓名；

（2）客户代理人的职位名称或任务；

（3）代理人签名的复印件；

（4）代理人被授权代理客户行事的证明。

第 5 章

5.1 反洗钱和反恐融资特别程序

5.1.1 本章反洗钱和反恐融资准则依据《反洗钱和反恐融资法》第229 节制定，用于执行该法第 86（1）（c）段的规定。反洗钱和反恐怖融资特别程序必须遵照其详细规定。

5.1.2 报告机构必须有反洗钱及反恐怖融资特别程序，所有指定服务都在《反洗钱和反恐融资法》第 6 节表 1 第 54 项的范围内。特别程序的主要目的是列出报告机构适用的客户识别程序。第 5 章不适用于现有客户。

5.2 涉及反洗钱和反恐融资特别程序的客户识别流程

5.2.1 反洗钱和反恐融资特别程序必须遵照本准则第 4 章关于反洗钱和反恐融资标准程序 B 部分和反洗钱和反恐融资联合程序 B 部分的详细规定。

5.2.2 为避免歧义，本准则第 4 章的规定适用于反洗钱和反恐融资特别程序，同时，任何对"B 部分"的引用都应将反洗钱和反恐融资特别程序包括在内。

5.2.3 本准则第 4 章第 4.11.1 至 4.11.5 段适用于反洗钱和反恐融资特别程序，这些规定依据《反洗钱和反恐融资法》第 89（3）（b）段制定。

第 6 章

6.1 客户身份核查

本章反洗钱和反恐融资准则依据《反洗钱和反恐融资法》第 29（2）

小节、第 31（2）小节、第 35（1）（b）（ⅱ）款、第 35（2）小节和第 229 节制定。

6.2 遵照第 35 节进行的客户身份核查

6.2.1 遵照《反洗钱和反恐融资法》第 35（1）（b）（ⅱ）款，第 35 节适用于报告机构有理由怀疑客户身份不符的情况。

6.2.2 若出现第 6.2.1 段所述情况，遵照《反洗钱和反恐融资法》第 35（2）小节，采取的具体措施见下面第 6.2.3 段。

6.2.3 若出现第 6.2.1 段所述情况，为确认客户的身份是否相符，报告机构务必在 14 天内，采取以下一项或多项措施：

（1）收集客户所有的"了解你的客户"信息；

（2）通过独立可信的渠道，核查已得到的关于客户的特定"了解你的客户"信息。

以便报告机构有理由判定客户为其本人。

6.3 现有客户的身份核查

6.3.1 遵照《反洗钱和反恐融资法》第 29（2）小节，采取的具体措施见第 6.3.2 段。

6.3.2 为确认客户的身份是否相符，报告机构务必在发现可疑情况后的 14 天内，采取以下一项或多项措施：

（1）启动相应客户身份识别程序，除非报告机构先前执行过，或被认为执行过该程序或类似程序；

（2）收集客户所有的"了解你的客户"信息；或

（3）通过独立可信的渠道，核查已得到的关于客户的特定"了解你的客户"信息。

以便报告机构有理由判定客户为其本人。

6.4 低风险业务客户的身份核查

6.4.1 遵照《反洗钱和反恐融资法》第 31（2）小节，采取的具体措施见下面第 6.4.2 段。

6.4.2 报告机构务必在发现可疑情况后的 14 天内，采取以下一项或多项措施：

（1）启动相应客户身份识别程序，除非报告机构先前执行过，或被认为执行过该程序或类似程序；

（2）收集客户所有的"了解你的客户"信息；

（3）通过独立可信的渠道，核查已得到的关于客户的特定"了解你的客户"信息。

以便报告机构有理由判定客户为其本人。

第 7 章

7.1 已由报告机构执行过的客户身份识别程序

7.1.1 本章反洗钱和反恐融资准则依据《反洗钱和反恐融资法》第38 节和第229 节制定。

7.1.2 本准则中：

第一报告机构，即《反洗钱和反恐融资法》第38（a）段所指的报告机构；

第二报告机构，即《反洗钱和反恐融资法》第38（c）段所指的报告机构。

7.2 特许理财顾问

7.2.1 《反洗钱和反恐融资法》第38（b）段适用于第一报告机构已在《反洗钱和反恐融资法》第6 节表1 第54 项的范围内向相关客户提供过指定服务的情况。

7.2.2 与第7.2.1 段所述情况相关，以下是《反洗钱和反恐融资法》第38（d）段的生效条件：

（1）第7.2.1 段中提及的指定服务包括因第一报告机构的安排，客户接受第二报告机构指定服务的情况；

（2）第二报告机构已经掌握第一报告机构依据《反洗钱和反恐融资法》第112（2）小节所收集客户有关信息的复印件，或者根据身份识别信息或其他记录信息的管理协定，第二报告机构依据112（2）小节有权使用第一报告机构收集的信息；

（3）第二报告机构认定由第一报告机构进行的客户身份识别程序是可信的，该程序已经考虑了第二报告机构向客户提供指定服务所面临的洗钱/恐怖融资风险。

7.3 特定企业集团

7.3.1 第 38（b）段适用于第一报告机构是《反洗钱和反恐融资法》第 5 节定义的特定企业集团成员的情况。

7.3.2 与第 7.3.1 段所述情况相关，以下是《反洗钱和反恐融资法》第 38（d）段的生效条件：

（1）当适用于第 7.3.1 段中所指客户变为第二报告机构的客户，或第二报告机构要求对客户进行客户身份识别程序时，第二报告机构与第一报告机构同属一个特定企业集团；

（2）第二报告机构已经掌握第一报告机构依据《反洗钱和反恐融资法》第 112（2）小节所收集客户有关信息的复印件，或者根据身份识别信息或其他记录信息的管理协定，第二报告机构依据 112（2）小节有权使用第一报告机构收集的信息；

（3）第二报告机构认定由第一报告机构进行的客户身份识别程序是可信的，该程序已经考虑了第二报告机构向客户提供指定服务所面临的洗钱/恐怖融资风险。

第 8 章

8.1 反洗钱和反恐融资标准程序 A 部分

8.1.1 本章反洗钱和反恐怖融资规定依据《反洗钱和反恐融资法》第 229 节和（与第 8.1 节至 8.7 节有关的）第 84（2）（c）段制定。《反洗钱和反恐融资法》第 7 部分要求报告机构在提供指定服务时采取并持续实施反洗钱和反恐融资程序。反洗钱和反恐融资标准程序适用于一个特定的报告机构。反洗钱和反恐融资标准程序分为 A 部分和 B 部分。

8.1.2 反洗钱和反恐融资标准程序 A 部分的主要目的是识别、管理和降低报告机构通过澳大利亚常驻机构提供指定服务时可能遇到的洗钱/恐怖融资风险。本规定列出反洗钱和反恐融资标准程序 A 部分必须符合的规定。

风险为本的方法与洗钱/恐怖融资风险

8.1.3 报告机构恰当风险为本的制度和措施应符合本规定的要求。在实施过程中，报告机构务必考虑业务的性质、大小、复杂性和可能遇到的洗钱/恐怖融资风险类型。

8.1.4 遵照本规定，报告机构在判断洗钱/恐怖融资风险时，务必考虑以下因素：

（1）客户的类型，包括是否为政治公众人物；

（2）所提供的指定服务的类型；

（3）提供指定服务的方式；

（4）涉及的外国司法辖区。

8.1.5 A 部分务必使报告机构能够：

（1）按照 A 部分和 B 部分的规定，判断洗钱/恐怖融资风险的显著变化；

（2）按照 A 部分和 B 部分的规定，识别洗钱/恐怖融资风险的变化；

（3）对由下述事项造成的洗钱/恐怖融资风险进行评估：

（a）所有即将上线的新特定服务；

（b）所有即将启用的新特定服务的开展方式；

（c）所有即将用于提供指定服务的新的或发展中的技术。

8.1.6 A 部分必须规定，在制定报告机构反洗钱和反恐融资标准程序 B 部分恰当风险为本的程序时，报告机构务必考虑提供指定服务的洗钱/恐怖融资风险。

适用

8.1.7 除《反洗钱和反恐融资法》和本规定另行说明，报告机构必须在其所有业务中适用 A 部分，包括由第三方履行部分职能的情况。

8.2 反洗钱/反恐融资风险意识培训程序

8.2.1 A 部分必须包括反洗钱及反恐怖融资风险意识培训程序，符合第 8.2.2 段至 8.2.3 段的要求。

8.2.2　反洗钱/反恐融资风险意识培训计划必须针对报告机构可能遇到的洗钱/恐怖融资风险，以合适的时间间隔对雇员进行必要的培训。

8.2.3　务必使雇员通过反洗钱/反恐怖融资培训程序了解：

（1）《反洗钱和反恐融资法》和本规定下报告机构的义务；

（2）不遵守《反洗钱和反恐融资法》和本规定的后果；

（3）报告机构可能遇到的洗钱/恐怖融资风险类型，及相应潜在后果；

（4）报告机构反洗钱/反恐怖融资程序中制定的与雇员工作密切相关的步骤及过程。

8.3　雇员尽职调查程序

8.3.1　A 部分必须包括雇员尽职调查程序，符合第 8.3.2 段至 8.3.4 段的要求。

8.3.2　雇员尽职调查程序务必在恰当风险为本的制度和措施中落到实处，以便报告机构判断在招录雇员时，是否需要以及如何筛选出未来在进行报告机构指定服务时可能参与助长洗钱或恐怖融资犯罪的雇员。

8.3.3　雇员尽职调查程序必须包括恰当风险为本的制度和措施，以便在雇员调动或晋升过程中可能在报告机构提供指定服务中助长洗钱或恐怖融资犯罪时，报告机构能决定是否及以何种方式对其进行重新审查。

8.3.4　雇员尽职调查程序务必建立且坚持相应制度，以便报告机构能够管理无合理理由未遵守依据 A 部分或 B 部分制定的制度、措施或程序的雇员。

注明：报告机构在处理雇员信息时，应注意个人资料隐私专员（Privacy Commissioner）信息表。

8.4　董事会和高级管理层的监督

报告机构的 A 部分纲要必须经其董事会和高级管理层批准，且受其监督。若报告机构没有董事会，则 A 部分必须由首席执行官或相当职位人员批准和监督。

8.5　反洗钱/反恐融资合规官

A 部分规定报告机构在管理层指定一名"反洗钱/反恐融资合规官"。

该反洗钱/反恐融资合规官可兼任其他职务。

8.6 独立检查

8.6.1 对 A 部分必须有定期的独立检查，检查可由内部机构或外部机构进行。

8.6.2 检查的目的在于：

（1）评估 A 部分对于报告机构洗钱/恐怖融资风险的有效性；

（2）评估 A 部分是否符合本准则的规定；

（3）评估 A 部分是否已经有效实施；

（4）评估报告机构是否符合 A 部分规定。

8.6.3 检查结果，包括任何已准备报告，必须提交给董事会和高级管理层。

8.7 澳大利亚交易报告和分析中心（AUSTRAC）反馈

A 部分必须包括相应的程序，使报告机构能就其控制洗钱/恐怖融资风险的效果，注意来自澳大利亚交易报告和分析中心的反馈。

8.8 国外常驻机构

8.8.1 8.8 节依据《反洗钱和反恐融资法》第 229 节制定，旨在符合该法第 84（2）（b）段的规定。8.8 节的规定适用于提供指定服务的报告机构国外常驻机构。

8.8.2 基于第 8.8.3 段，报告机构的反洗钱和反恐怖融资程序 A 部分必须包括适用于报告机构国外常驻机构提供指定服务时符合《反洗钱和反恐融资法》规定义务的制度和措施。

8.8.3 若报告机构国外常驻机构所在国的反洗钱和反恐融资法规与澳大利亚的类似，则只需要考虑少量附加的制度和措施。

8.8.4 报告机构国外常驻机构提供指定服务适用本准则 8.4 节至 8.7 节，不适用 8.1 节至 8.3 节。

第 9 章

9.1 反洗钱和反恐融资联合程序 A 部分

9.1.1 本章反洗钱和反恐融资规定依据《反洗钱和反恐融资法》第 229 节和（与 9.1 节至 9.7 节有关的）第 85（2）（c）段制定。《反洗钱和反恐融资法》第 7 部分要求报告机构在开展相关业务时采取并持续实施反洗钱和反恐融资程序。反洗钱和反恐融资联合程序适用于报告机构同属一个特定企业集团的情况。反洗钱和反恐融资联合程序分为 A 部分和 B 部分。

9.1.2 反洗钱和反恐融资联合程序 A 部分的主要目的是识别、管理和降低特定企业集团内报告机构通过澳大利亚常驻机构提供指定服务时可能遇到的洗钱/恐怖融资风险。本规定列出反洗钱和反恐融资联合程序 A 部分必须符合的要求。

风险为本的方法与洗钱/恐怖融资风险

9.1.3 报告机构恰当风险为本的制度和措施应符合本规定的特定要求。在实施过程中，A 部分必须考虑特定企业集团内报告机构的以下因素：

（1）业务的性质、规模、复杂性；

（2）可能遇到的洗钱/恐怖融资风险类型。

9.1.4 遵照本规定，报告机构在判断洗钱/恐怖融资风险时，A 部分必须考虑特定企业集团内报告机构的以下因素：

（1）客户的类型，包括任何政治公众人物；

（2）所提供的特定服务的类型；

（3）提供特定服务的方式；

（4）涉及的外国司法管辖区。

9.1.5 A 部分务必使报告机构能够：

（1）按照集团的 A 部分和 B 部分程序，判断洗钱/恐怖融资风险的显著变化；

（2）按照集团 A 部分和 B 部分程序的规定，识别洗钱/恐怖融资风险的变化；

（3）对由下述事项造成的洗钱/恐怖融资风险进行评估：

（a）所有即将上线的新的特定服务；

（b）所有即将启用的新的特定服务的开展方式；

（c）所有即将用于提供特定服务的新开发中的技术。

9.1.6　Ａ部分必须规定，在制定报告机构反洗钱和反恐融资联合程序Ｂ部分恰当的风险为本流程时，报告机构须考虑与特定服务条款相关的洗钱/恐怖融资风险。

适用

9.1.7　除《反洗钱和反恐融资法》和本规定另行说明，特定企业集团内的报告机构必须在其所有业务中适用Ａ部分，包括由第三方履行任何职能的情况。

9.2　反洗钱/反恐怖融资风险意识培训程序

9.2.1　Ａ部分必须包括反洗钱/反恐融资风险意识培训程序，符合第9.2.2段至9.2.3段的要求。

9.2.2　反洗钱/反恐融资风险意识培训程序必须针对报告机构可能遇到的洗钱/恐怖融资风险，以合适的时间间隔对雇员进行必要的培训。

9.2.3　务必使雇员通过反洗钱/反恐融资培训程序了解：

（1）《反洗钱和反恐融资法》和本规定下报告机构的义务；

（2）不遵守《反洗钱和反恐融资法》和本规定的后果；

（3）报告机构可能遇到的洗钱/恐怖融资风险类型，及相应潜在后果；

（4）报告机构反洗钱/反恐怖融资程序中制定的与雇员工作密切相关的步骤及流程。

9.3　雇员尽职调查程序

9.3.1　Ａ部分必须包括雇员尽职调查程序，符合第9.3.2段至9.3.4段的要求。

9.3.2　雇员尽职调查程序务必在恰当风险为本的制度和措施中落

到实处，以便报告机构判断在招录雇员时，是否需要以及如何筛选出未来在进行报告机构特定服务时可能参与助长洗钱及恐怖融资犯罪的雇员。

9.3.3　雇员尽职调查程序必须包括恰当风险为本的制度和措施，以便在雇员调动或晋升过程中可能在报告机构提供特定服务中助长洗钱或恐怖融资犯罪时，报告机构能决定是否及以何种方式对其进行重新审查。

9.3.4　雇员尽职调查程序务必建立且坚持相应制度，以便报告机构能够管理无合理理由未遵守依据 A 部分或 B 部分制定的制度、措施或程序的雇员。

9.4　董事会和高级管理层的监督

9.4.1　除第 9.4.2 段适用情况外，A 部分必须经特定企业集团内报告机构董事会和高级管理层批准，且受其监督。若报告机构没有董事会，则 A 部分必须由首席执行官或相当职位人员批准和监督。

9.4.2　特定企业集团内机构成员相互关联时，A 部分程序可能还需经特定企业集团主要控股公司的董事会和高级管理层批准，并由其对 A 部分进行持续监督。

9.5　反洗钱/反恐融资合规官

A 部分规定特定企业集团须在管理层指定一名"反洗钱/反恐融资合规官"，该反洗钱/反恐融资合规官可兼任其他职务。

9.6　独立检查

9.6.1　对 A 部分必须有定期的独立检查，检查可由内部机构或外部机构进行。

9.6.2　检查的目的在于：

（1）评估 A 部分对于特定企业集团内报告机构洗钱/恐怖融资风险的有效性；

（2）评估 A 部分是否符合本准则的规定；

（3）评估 A 部分是否已经有效实施；

（4）评估特定企业集团内报告机构是否符合 A 部分规定。

9.6.3　检查结果，包括准备好的报告，必须提交给特定企业集团内每个报告机构的高级管理层。

9.7　澳大利亚交易报告和分析中心（AUSTRAC）反馈

A 部分必须包括相应的程序，使相关企业集团内报告机构能就其控制洗钱/恐怖融资风险的效果，注意来自澳大利亚交易报告和分析中心的反馈。

9.8　国外常驻机构

9.8.1　9.8 节依据《反洗钱和反恐融资法》第 229 节制定，旨在符合该法第 85（2）（b）段的规定。9.8 节的规定适用于特定企业集团内报告机构的国外常驻机构提供特定服务。

9.8.2　基于第 9.8.3 段，报告机构的反洗钱和反恐融资程序 A 部分必须包括适用于报告机构国外常驻机构提供特定服务时符合《反洗钱和反恐融资法》规定义务的制度和措施。

9.8.3　若报告机构国外常驻机构所在国的反洗钱和反恐融资法规与澳大利亚的类似，则只需要考虑少量附加的制度和措施。

9.8.4　报告机构国外常驻机构提供特定服务适用本规定第 9.4 节至 9.7 节，不适用第 9.1 节至 9.3 节。

第 10 章

10.1　赌场

10.1.1　本章根据《反洗钱和反恐融资法》第 229 节制定。

10.1.2　规定中 10.1.3 段至 10.1.8 段适用于赌场提供的特定服务，而不适用于网络赌场。

客户身份识别

10.1.3　规定中 10.1.4 段至 10.1.6 段是为了执行《反洗钱和反恐融资法》第 39（4）小节的规定而制定的。

10.1.4　依照规定第 10.1.6 段，《反洗钱和反恐融资法》第 2 部分第 4 节的条款并不适用于以下特定服务：

（1）第 6 节表 3 中条款 1、2、4、6、7、8 或 9 中列举的；和

（2）金额小于 10000 美元。

10.1.5　依照规定第 10.1.6 段，《反洗钱和反恐融资法》第 2 部分第 4 章的条款并不适用于满足以下条件的第 6 节表 3 中条款 1、2、4、6 或 9 描述的特定服务：

（1）金额大于或等于 10000 美元；和

（2）客户只负责发放或收取赌博筹码或代币券。

10.1.6　规定第 10.1.4 段和 10.1.5 段中的特例并不适用于报告机构根据强化的客户尽职调查程序确定需要按照客户识别程序获取并核实有关客户的"了解你的客户"信息的情况。

客户身份核实

10.1.7　当报告机构是赌场时，规定中 6.2.3 段、6.3.2 段和 6.4.2 段提出的要求应做如下改动：

（1）规定第 6.2.3 段所描述的行为必须在 6.2.1 段描述的情况发生之日起 14 天内完成，或者在报告机构向客户提供《反洗钱和反恐融资法》第 2 部分涉及的另外一项特定服务之前完成；

（2）规定第 6.3.2 段所描述的行为必须在可疑问题报告义务履行之日起 14 天内完成，或者在报告机构向客户提供《反洗钱和反恐融资法》案第 2 部分涉及的另外一项特定服务之前完成；

（3）规定第 6.4.2 段所描述的行为必须在可疑问题报告义务履行之日起 14 天内完成，或者在报告机构向客户提供《反洗钱和反恐融资法》第 2 部分涉及的另外一项特定服务之前完成。

记录保存

10.1.8　这则条款是根据《反洗钱和反恐融资法》第 118（2）和（4）小节制定的。《反洗钱和反恐融资法》第 106 节和第 107 节并不适用于满足以下条件的特定服务：

（1）第 6 节表 3 中条款 1、2 或 6；或者

（2）第 6 节表 3 中条款 4 涉及的仅给客户提供赌博筹码或代币券的服务项目。

10.2 场内簿记人和场外投注站

10.2.1 规定 10.2.2 段至 10.2.7 段中的要求适用于报告机构是场内簿记人或场外投注站的时候提供的特定服务。

客户身份识别

10.2.2 规定 10.2.3 段至 10.2.5 段是根据《反洗钱和反恐融资法》第 39（4）小节制定的。

10.2.3 依照规定第 10.2.5 段，《反洗钱和反恐融资法》第 2 部分第 4 章的条款不适用于第 6 节表 3 中条款 1、2 描述的特定服务。

10.2.4 依照规定第 10.2.5 段，《反洗钱和反恐融资法》第 2 部分第 4 章的条款不适用于第 6 节表 3 中条款 4 描述的金额少于 10000 美元的特定服务。

10.2.5 规定第 10.2.3 段和 10.2.4 段中的特例并不适用于报告机构根据强化的客户尽职调查程序确定需要按照客户识别程序获取并核实有关客户的"了解你的客户"信息的情况。

记录保存

10.2.6 这则条款是根据《反洗钱和反恐融资法》第 118（2）和（4）小节制定的。《反洗钱和反恐融资法》第 106 节和第 107 节不适用于第 6 节表 3 中条款 1、2 或 6 描述的特定服务。

客户身份核实

10.2.7 当报告机构是场内簿记人或场外投注站时，规定中 6.2.3 段、6.3.2 段、6.4.2 段提出的要求应做如下改动：

（1）规定 6.2.3 段所描述的行为必须在 6.2.1 段描述的情况发生之日起 14 天内完成，或者在报告机构向客户提供《反洗钱和反恐融资法》第 2 部分涉及的另外一项特定服务之前完成；

（2）规定 6.3.2 段所描述的行为必须在可疑问题报告义务履行之日起 14 天内完成，或者在报告机构向客户提供《反洗钱和反恐融资法》第 2 部分涉及的另外一项特定服务之前完成；

（3）规定 6.4.2 段所描述的行为必须在可疑问题报告义务履行之日起 14 天内完成，或者在报告机构向客户提供《反洗钱和反恐融资法》第 2 部分涉及的另外一项特定服务之前完成。

10.3 赌博机

10.3.1 规定 10.3.2 段至 10.3.5 段中的规定适用于报告机构通过赌博机提供的特定服务，而不适用于通过赌场提供的特定服务。

客户身份识别

10.3.2 规定 10.3.3 段至 10.3.5 段是根据《反洗钱和反恐融资法》第 39（4）小节制定的。

10.3.3 依照规定第 10.3.5 段，《反洗钱和反恐融资法》第 2 部分第 4 章的条款不适用于第 6 节表 3 中条款 5、6 描述的特定服务。

10.3.4 依照规定第 10.3.5 段，《反洗钱和反恐融资法》第 2 部分第 4 节的条款不适用于第 6 节表 3 中条款 9 或 10 所描述的交易金额少于 10000 美元的服务。

10.3.5 规定第 10.3.3 段和 10.3.4 段中的特例并不适用于报告机构根据强化的客户尽职调查程序确定需要按照客户识别程序获取并核实有关客户的"了解你的客户"信息的情况。

10.4 网络赌博服务

一些特殊情况表明，在特定服务开始之后履行恰当的客户身份识别程序是有道理的。

10.4.1 依照规定第 10.4.2 段详述的情况，详述网络赌博服务是为了执行《反洗钱和反恐融资法》第 33（a）小节的规定。

10.4.2 为执行《反洗钱和反恐融资法》第 33（b）小节的规定，如果有下列情况，关于网络赌博服务的特殊情况才可以获得：

（1）客户为了获得服务被要求开立一个账户；并且

（2）在履行恰当的客户身份识别程序之前报告机构不允许客户从该账户里提取任何资金。

与《反洗钱和反恐融资法》第 34（1）（d）（ⅰ）项确定的期限一致。

10.4.3 本规定根据《反洗钱和反恐融资法》第 34（1）（d）（ⅰ）项制定。对于上述 10.4.1 段描述的特定服务，期限是报告机构以客户的名字开立账户之日起 90 天。

第 11 章　合规性报告——报告期和存放期

11.1　本章是根据《反洗钱和反恐融资法》第 229 节制定，为执行《反洗钱和反恐融资法》第 47（1）小节的规定。规定明确指出了根据《反洗钱和反恐融资法》第 47（1）小节上报的合规性报告的报告期和存放期。

11.2　根据《反洗钱和反恐融资法》第 47（1）（a）段，报告期是：

（1）开始于 2006 年 12 月 13 日，截至 2007 年 12 月 31 日；

（2）开始于 2008 年 1 月 1 日，截至 2008 年 12 月 31 日；

（3）开始于 2009 年 1 月 1 日，截至 2009 年 12 月 31 日；此后

（4）每一个日历年。

11.3　根据《反洗钱和反恐融资法》第 47（1）（b）段，存放期是：

（1）对于规定第 11.2（1）段、11.2（2）段、11.2（3）段中的每一个报告期，其相应的存放期是报告期结束之日起 3 个月；

（2）对于规定第 11.2（4）段，其存放期是自报告期下一年 1 月第一个工作日起，截至该年 3 月 31 日。

11.4　在这一章：

（a）"1 月的第一个工作日"是指 1 月既不是星期六也不是星期日或任何一个州的法定节假日的第一天。

报告机构应当注意，在依据《反洗钱和反恐融资法》行事时，即使拥有隐私法豁免权，也应遵守《1988 年隐私法》，包括《国家隐私准则》的具体要求。更多关于此义务的信息，请访问：http：//www. privacy. gov. au 或者致电 1300363992。

第 12 章　电子资金转账指令

12.1　本章根据《反洗钱和反恐融资法》第 229 节制定，为执行该法第 70（a）（ⅰ）项的规定。

12.2　根据《反洗钱和反恐融资法》第 70（a）（ⅰ）项，下面这种转账指令应当详细描述：

通过信用卡支付的转移指令。

12.3　本章 12.2 段并不适用于《反洗钱和反恐融资法》第 70（c）段规定的电子货币转账指令

报告机构应当注意，在依据该规定行事时，也要遵守《1988 年隐私法》的规定，即使报告机构通常可以豁免于该法。

第 13 章　获得许可的第三方账单支付体系

13.1　本章根据《反洗钱和反恐融资法》第 229 节制定，为执行该法第 5 节中对"获得许可的第三方账单支付体系"的规定。

13.2　依据《反洗钱和反恐融资法》第 5 节中对"获得许可的第三方账单支付体系"的定义，以下账单支付体系在该定义的规定内：

（1）BPAY；

（2）DEFT；和

（3）澳大利亚支付清算协会有限公司的直接登录系统。

13.3　在这些条款中：

（1）"BPAY"是一种由按照 BPAY 规划注册的银行、住房互助会、信用社提供的全国范围内的账单支付服务，该服务由注册商户的客户通过电话和互联网接入使用，注册商户可以通过该服务采用电子转账的方式向其客户收款。

（2）"DEFT"是一种提供付款、收款、收据、对账单服务的直接电子资金转移系统，按照 DEFT 规划注册的客户可通过互联网、BPAY、澳大利亚邮局、电话或邮箱进行账单支付。

报告机构应注意，在依据该规定行事时，也要遵守《1988 年隐私法》的规定，即使报告机构通常可以豁免于该法。

第 14 章　某些特定服务的门槛

14.1　本章根据《反洗钱和反恐融资法》第 229 节制定，为执行该法第 39（4）小节的规定。

14.2　依照下面的第 14.5 段，《反洗钱和反恐融资法》第 2 部分第 4

章不适用于满足下列条件的特定服务：

（1）根据第 6 节表 1 中条款 17 的规定，授权存款机构，银行或其他机构按照该法第 5 节对汇票的定义向自身开具支票的；并且

（2）满足下列要求之一：

（a）支票的面值低于 5000 美元（澳大利亚元或等值外币），支票是由在以下机构开立的账户签发的：

（ⅰ）授权存款机构；或者

（ⅱ）住房互助协会；或者

（ⅲ）银行；或者

（ⅳ）信用社；或者

（ⅴ）外资银行的代表处；并且

支票要包含收款人的详细信息；或者

（b）规定 14.2（2）（a）项不适用于：

（ⅰ）支票面值低于 1000 美元（澳大利亚元或等值外币）；并且

（ⅱ）支票是由实际货币支付的。

14.3　依照下面的第 14.5 段，《反洗钱和反恐融资法》第 2 部分第 4 章不适用于满足下列条件的特定服务：

（1）签发，变现或赎回旅行支票或第 6 节表 1 中条款 25 或条款 26 描述的旅行支票；并且

（2）在任何一项交易中签发、变现或赎回的旅行支票的面值总额少于 1000 美元（澳大利亚元或等值外币）。

14.4　依照下面的规定 14.5 段，《反洗钱和反恐融资法》第 2 部分第 4 章不适用于满足下列条件的特定服务：

（1）第 6 节表 1 中条款 50 或表 3 中条款 14 描述的服务；并且

（2）满足下列要求之一：

（a）进、出账户的货币面值低于 1000 美元（澳大利亚元或等值外币），并且账户提供者是：

（ⅰ）授权存款机构；或者

（ⅱ）住房互助协会；或者

（ⅲ）银行；或

（ⅳ）信用社；或者

（ⅴ）外资银行的代表处；或者

（b）规定第 14.4（2）（a）项不适用于：

（ⅰ）货币面值低于 1000 美元（澳大利亚元或等值外币）；并且

（ⅱ）表 1 中条款 50 或表 3 中条款 14 描述的服务的收益和／或资金来源都是实物货币的形式。

14.5 规定 14.2 段至 14.4 段的特例并不适用于报告机构根据强化的客户尽职调查程序确定需要按照客户识别程序获取并核实有关客户的"了解你的客户"信息的情况。

14.6 在这些条款中：

（1）《2007 年反洗钱和反恐融资规则指令》（第一号）第 1 章给出了"了解你的客户"信息的含义；并且

（2）"外资银行的代表处"是由外资银行在澳大利亚设立的分支机构，该外资银行按照《1959 年银行法》第 67 节的规定，从澳大利亚审慎监管署获得设立分支机构的书面许可证。

报告机构应当注意，在依据《反洗钱和反恐融资法》行事时，即使拥有隐私法豁免权，也应遵守《1988 年隐私法》，包括《国家隐私准则》的具体要求。更多关于此义务的信息，请访问：http：//www. privacy. gov. au 或致电 1300363992。

第 15 章　持续的客户身份尽职调查

（本章条款自 2008 年 12 月 12 日起施行）

15.1 本章根据《反洗钱和反恐融资法》第 229 节制定，为执行该法第 36（1）（b）段的规定。本章中这些条款的要求并不适用于报告机构提供特定服务的国外常设机构。

"了解你的客户"信息

15.2 报告机构必须引入适当的以风险为本的制度和措施，以决定为了履行持续的客户身份尽职调查职责是否需要收集进一步的"了解你的客户"信息。

15.3 报告机构必须引入适当的以风险为本的制度和措施，以决定为了履行持续的客户身份尽职调查职责是否以及在什么情况下更新或核实有关客户的"了解你的客户"信息。

交易监测方案

15.4 报告机构在它的"反洗钱/反恐融资程序"的 A 部分中必须包括交易监测方案。

15.5 交易监测方案必须包括适当的以风险为本的制度和措施，以监测客户的具体交易。

15.6 交易监测方案必须关注洗钱/恐怖融资风险，能够识别《反洗钱和反恐融资法》第 41 节中描述的可疑交易。

15.7 交易监测方案应该关注没有明显经济或合法目的的复杂、异常的大额交易及异常的交易模式。

强化的客户身份识别方案

15.8 报告机构在其"反洗钱/反恐融资程序"的 A 部分中必须包括强化的客户身份识别方案。

15.9 报告机构必须在以下情况发生时适用强化的客户身份识别方案：

（1）根据以风险为本的制度和措施判断洗钱/恐怖融资风险较高时；或者

（2）为执行《反洗钱和反恐融资法》第 47 节规定发现可疑时。

15.10 强化的客户身份识别方案应当包括适当的以风险为本的制度和措施，以便当适用强化的客户身份识别方案时，报告机构可以考虑适用以下一种或多种手段：

（1）为了以下目的应当从客户或第三方信息源收集进一步的信息：

（a）弄清楚或更新客户的"了解你的客户"信息；

（b）得到进一步的"了解你的客户"信息；

（c）弄清楚客户在报告机构进行的交易的真实背景；

（d）考虑为执行《反洗钱和反恐融资法》第 41 节规定可能发生的可疑情形；

（2）对于客户的"了解你的客户"信息进行更详细的分析；

（3）根据客户身份识别方案，核实或再核实客户"了解你的客户"信息；

（4）对客户过去的和将来的交易进行更详细的分析和监测；

（5）根据《反洗钱和反恐融资法》第 41 节的条款应当提交可疑事项报告。

术语

15.11　在这些条款中，术语"反洗钱/反恐融资程序"、"'了解你的客户'信息"和"洗钱/恐怖融资风险"的意思与《2007 年反洗钱和反恐融资规则指令》（第一号）第 1 章中这些术语的意思一致。

报告机构应当注意，在依据《反洗钱和反恐融资法》行事时，即使拥有隐私法豁免权，也应遵守《1988 年隐私法》，包括《国家隐私准则》的具体要求。更多关于此义务的信息，请访问：http://www.privacy.gov.au 或致电 1300363992。

第 16 章　国际资金转账指令报告细节
（第 46 节第 1～2 项）

（本准则自 2008 年 12 月 12 日开始生效）

16.1　本章反洗钱和反恐融资规定是依据《反洗钱和反恐融资法》第 229 节制定，用于执行该法中第 45（3）（b）段的规定。

资金转出澳大利亚指令

16.2　按照《反洗钱和反恐融资法》第 46 节中表格第 1 项所述，有关国际资金转账指令（以下简称指令）的报告，必须包括以下信息：

（1）针对《反洗钱和反恐融资法》第 70（c）段中所述的指令——《反洗钱和反恐融资法》第 71 节规定的完整的汇款方信息；

（2）针对《反洗钱和反恐融资法》第 70（a）或者 70（b）段中所述的指令——《反洗钱和反恐融资法》第 72 节规定的追踪信息；

（3）指令发出机构的名称或识别码；

（4）若适用，汇款方要求发送指令的指令发出机构的分支机构或部门的名称或识别码；

（5）向接收机构发送指令的机构（发送方）的名称或识别码，如果其不同于第 16.2 段第（3）项；

（6）实际发送指令的发送方的分支机构或部门名称或识别码，如果其不同于第 16.2 段第（4）项；

（7）发送方向接收机构发送指令的日期；

（8）接收机构的名称或识别码；

（9）收款人获取转账资金的接收机构的分支机构或部门的名称或识别码；

（10）收款方姓名；

（11）下述细节的一项或多项：

（a）收款方在接收机构所开立的用于获取转账资金的账户号码；

（b）收款方的完整工作地址或住址（不能是邮箱号码）；

（c）若适用，收款方的身份证件类型及号码；

（12）以下详细信息也应在指令中出现：

（a）与指令有关的由汇款方向收款方提供的交易信息或是资金收付方向；

（b）在资金转移链中的中间机构的名称或识别码；

（c）接收机构的付还机构名称或识别码以及账号；

（d）依据《反洗钱和反恐融资法》第 64（2）中提及的由指令发出机构或是中间机构向资金转移链中其他机构提供的交易信息或是资金收付方向；

（e）与指令有关的其他详细信息；

（13）在指令中提及的款额；

（14）在指令中提及的款额货币；以及

（15）收款方收到转移资金的日期。

资金转入澳大利亚指令

16.3　按照《反洗钱和反恐融资法》第 46 节中表格第 2 项所述，国际资金转账报告必须包括以下信息：

（1）汇款方的姓名；

（2）向接收机构发送指令的机构（发送方）的名称或识别码；

（3）指令中出现的以下详细信息：

（a）针对《反洗钱和反恐融资法》第 70（c）段所述指令：

（ⅰ）下述其中之一：

（A）汇款方的完整工作地址或住址（不能是邮箱号码）；

（B）由联邦或是联邦机构给予汇款方的唯一标识号（例如，澳大利亚业务代码或澳大利亚公司代码）；

（C） 由国外政府给予汇款方的唯一标识号；

（D） 由指令发出机构给予汇款方的唯一标识号；

（E） 如果汇款方是个人，需提供汇款方的出生日期、出生国家以及出生地；

（ⅱ） 如果资金是汇款方通过澳大利亚境内的指令发出机构从其单一账户转移资金的，需提供该账户的账号。

（ⅲ） 假如第 16.3（3）（a）（ⅱ）项不适用，则提供以下两条中的任何一条：

（A） 转账指令的索引号；或者

（B） 如果资金是汇款方通过指令发出机构从其单一账户转移资金的，需提供该账户的账号；

（b） 针对《反洗钱和反恐融资法》第 70（a）或 70（b）段所述指令，需提供《反洗钱和反恐融资法》第 72 节中提及的追踪信息；

（c） 指令发出机构的名称或识别码，如果其不同于第 16.3 段第（2）项；

（d） 若适用，汇款方要求发出指令的指令发出机构的任何分支机构或部门的名称或识别码，如果其不同于与第 16.3 段第（3）（e）项；

（e） 实际发送指令的发送方的分支机构或部门的名称或识别码；

（f） 发送方分配的指令标识码；

（g） 接收机构的名称或识别码；

（h） 收款方获取转账资金的接收机构的任何分支机构或部门的名称或识别码；

（i） 接收机构接收指令的日期；

（j） 收款方姓名；

（k） 收款方的完整工作地址或家庭住址（非邮箱地址）；

（l） 收款方在接收机构所开立的用于获取转账资金的账户号码；

（m） 资金转移链中任何一个中间机构的名称或标识码；

（n） 接收机构的付还机构名称或识别码以及账号；

（o） 与指令有关的由汇款方向收款方提供的交易信息或是资金收付方向；

（p）依据《反洗钱和反恐融资法》第 64（2）节中提及的由指令发出机构或是中间机构向资金传递链中其他机构提供的交易信息或是资金收付方向；

（q）与指令有关的其他详细信息；

（4）在指令中提及的金额；

（5）在指令中提及的金额货币；以及

（6）收款方收到转账资金的日期。

报告机构应当注意，在依据《反洗钱和反恐融资法》行事时，即使拥有隐私法豁免权，也应遵守《1988 年隐私法》，包括《国家隐私准则》的具体要求。更多关于此义务的信息，请访问 http://www.privacy.gov.au 或致电 1300363992。

第 17 章　指定汇兑协议下国际资金转账指令报告细节（第 46 节第 3~4 项）

（本准则 2008 年 12 月 12 日生效）

17.1　本章反洗钱和反恐融资规定是依据《反洗钱和反恐融资法》第 229 节制定，用于执行该法第 45（3）（b）段的规定。

资金转出澳大利亚指令

17.2　《反洗钱和反恐融资法》第 46 节表格第 3 项所述的国际资金转移指令（以下简称指令），必须包括以下信息：

（1）如果出让方（Transferor Entity）是自然人：

（a）可知的出让方的姓名全称；

（b）可知的出让方的任何其他名称；

（c）可知的出让方的出生日期；

（d）可知的出让方的完整住址；（非邮箱地址）

（e）可知的出让方的通信地址，若其与第 17.2（1）（d）项不同；

（f）可知的出让方的电话号码；

（g）可知的出让方的电子邮件地址；

（h）可知的出让方的职业、主要业务情况以及澳大利亚业务代码；

（i）对能够证实出让方身份的独立可信的文件和/或电子数据来源的

描述，若适用；

（j）分配给出让方的标识号，若适用。

（2）如果出让方是非自然人：

（a）出让方的名称及其任何营业名称；

（b）对可知的出让方法律形式及主营业务结构的描述（如合伙企业、信托或公司）；

（c）可知的出让方的主营业务；

（d）出让方从事经营活动或者主要办公场所的详细地址（非邮箱地址）；

（e）可知的出让方的通信地址，如果不同于 17.2（2）（d）；

（f）出让方的澳大利亚公司代码或澳大利亚机构注册代码；

（g）出让方澳大利亚业务代码；

（h）可知的出让方电话号码；

（i）可知的出让方的电子邮件地址；

（j）对用于核实出让方身份的可靠、独立的文件或电子数据来源的描述，如适用；

（k）分配给出让方的识别码，如适用。

（3）在指定汇兑协议下，接受出让方资金或财产转移指令的非金融机构（发送方）的标识号（若适用），以及/或者名称和地址（非邮箱地址）；

（4）非金融机构接受出让方指令的日期；

（5）出让方资金或财产的接收机构的姓名和地址（非邮箱地址），若其不同于 17.2（3）：

（5A）出让方在其指令接受机构开立的账户号码，若适用；

（6）按照指定汇兑协议，传送方（Tansmitter）传送资金或财产转移指令（非 17.2（3）中所指主体）时。

（a）若传送方为自然人：

（ⅰ）传送方的全称；

（ⅱ）可知的传送方的任何其他名称；

（ⅲ）可知的传送方的出生日期；

（ⅳ）传送方的地址（非邮箱地址）；

（ⅴ）可知的传送方的通信地址，如果不同于 17.2（6）（a）（ⅳ）；

（ⅵ）可知的传送方的电话号码；

（ⅶ）可知的传送方的电子邮件地址；

（ⅷ）可知的传送方的职业、业务或主要活动。

（b）如果传送方是非自然人：

（ⅰ）传送方的名称及其任何营业名称；

（ⅱ）对可知的传送方法律形式及主营业务结构的描述（如合伙企业、信托或公司）；

（ⅲ）可知的传送方的主营业务；

（ⅳ）传送方从事经营活动或者主要办公场所的详细地址（非邮箱地址）；

（ⅴ）可知的传送方的通信地址，如果不同于 17.2（6）（b）（ⅳ）；

（ⅵ）可知的传送方的澳大利亚公司代码或澳大利亚机构注册代码；

（ⅶ）可知的传送方的澳大利亚业务代码；

（ⅷ）可知的传送方的电话号码；

（ⅸ）可知的传送方的电子邮件地址。

（6A）接受发送方及/或传送方发送资金或财产转移指令的国外主体的名称和地址；

（7）安排资金或资产转移到最终受让方的支付方（Disbursing Entity）的标识符（若适用）以及/或名称和地址；

（8）支付方可使资金或资产转移到最终受让方的可知的日期；

（9）如果最终受让方是自然人，那么需要最终受让方的以下信息：

（a）姓名全称；

（b）可知的出生日期；

（c）地址（非邮箱地址）；

（d）可知的通信地址，如果不同于 17.2（9）（c）；

（e）可知的电话号码；

（f）可知的电子邮件地址。

（10）如果最终受让方是非自然人：

（a）最终受让方的名称及其任何营业名称；

（b）对最终受让方可知的法律形式及主营业务结构的描述（如合伙

企业、信托或公司）；

（c）可知的最终受让方的主营业务；

（d）最终受让方从事经营活动或者主要办公场所的详细地址（非邮箱地址）；

（e）可知的最终受让方的通信地址，如果不同于 17.2（10）（d）；

（f）可知的最终受让方的电话号码；

（g）可知的最终受让方的电子邮件地址。

（11） 如果为资金转移：

（a）指令中提及的金额；

（b）指令中提及的货币。

（12） 如果为财产转移：

（a）指令中所指转移财产的描述；

（b）指令中所指转移财产的价值；

（c）指令中转移财产的估值货币。

（12A） 如果最终受让方通过其在国外机构内开立的储蓄账户获取资金，则无论该账户是否与他人联合开立，都需要掌握以下信息：

（a）账户的账号，如适用；

（b）账户持有人姓名，如适用；

（c）账户开户机构的名称和地址。

（12B）非金融机构分配给该指令的索引号；

（13）指令中提及的任何关于资金或财产转移原因的信息。

资金转入澳大利亚指令

17.3 《反洗钱和反恐融资法》第 46 节表格第 4 项所述的国际资金转移指令（以下简称指令），必须包括以下信息：

（1）如果出让方是自然人：

（a）出让方的姓名；

（b）可知的出让方的任何其他的姓名；

（c）可知的出让方的出生日期；

（d）出让方的地址（非邮箱地址）；

（e）可知的出让方的通信地址，如果不同于 17.3（1）（d）；

（f）可知的出让方的电话号码；

（g）可知的出让方的电子邮件地址；

（h）可知的出让方的职业、业务以及主要活动。

（2）如果出让方是非自然人：

（a）出让方的名称及其任何营业名称；

（b）对可知的出让方法律形式及主营业务结构的描述（如合伙企业、信托或公司）；

（c）可知的出让方的主营业务；

（d）出让方从事经营活动或者主要办公场所的详细地址（非邮箱地址）；

（e）可知的出让方的通信地址，如果不同于 17.3（2）（d）；

（f）可知的出让方的电话号码；

（g）可知的出让方的电子邮件地址。

（3）针对接受出让方资金或财产转移指令的国外主体（Foreign Entity）：

（a）如该国外主体是自然人：

（ⅰ）国外主体的姓名全称；

（ⅱ）可知的国外主体使用的任何其他的姓名；

（ⅲ）可知的国外主体的出生日期；

（ⅳ）可知的国外主体的地址（非邮箱地址）；

（ⅴ）可知的国外主体的通信地址，如果不同 17.3（3）（a）（ⅳ）；

（ⅵ）可知的国外主体的电话号码；

（ⅶ）可知的国外主体的电子邮件地址；

（ⅷ）可知的国外主体的职业及主要业务情况。

（b）如该国外主体是非自然人：

（ⅰ）国外主体的名称及其任何营业名称；

（ⅱ）对可知的国外主体法律形式及主营业务结构的描述（如合伙企业、信托或公司）；

（ⅲ）可知的国外主体的主营业务；

（ⅳ）可知的国外主体从事经营活动或主要办公场所的地址（非邮箱地址）；

（ⅴ）可知的国外主体的通信地址，如果不同于 17.3（3）（b）（ⅳ）；

（ⅵ）可知的国外主体的电话号码；

（ⅶ）可知的国外主体的电子邮件地址。

（4）可知的国外主体接受出让方指令的日期；

（5）接受出让方指令的国外主体的标识号及/或名称和地址（非邮箱地址），如适用及可知；

（5A）出让方在接受其指令的国外机构内开立的账户号码，如适用；

（6）按照指定汇兑协议，当传送方（Tansmitter）（非国外主体）传送资金或财产转移指令时：

（a）如果传送方是自然人：

（ⅰ）可知的传送方的姓名全称；

（ⅱ）可知的传送方的任何其他名称；

（ⅲ）可知的传送方的出生日期；

（ⅳ）可知的传送方的地址（非邮箱地址）；

（ⅴ）可知的传送方的邮寄地址，如果不同于 17.3（6）（a）（ⅳ）；

（ⅵ）可知的传送方的电话号码；

（ⅶ）可知的传送方的电子邮件地址；

（ⅷ）可知的传送方的职业及主要业务情况。

（b）如果传送方是非自然人：

（ⅰ）可知的传送方名称及其任何营业名称；

（ⅱ）对可知的国外主体法律形式及主营业务结构的描述（如合伙企业、信托或公司）；

（ⅲ）可知的传送方的主营业务；

（ⅳ）可知的传送方从事经营活动或主要办公场所的地址（非邮箱地址）；

（ⅴ）可知的传送方的邮寄地址，如果不同于 17.3（6）（b）（ⅳ）；

（ⅵ）可知的传送方的电话号码；

（ⅶ）可知的传送方的电子邮件地址。

（6A）接受传送方资金或财产转移指令的澳大利亚国内主体的名称及地址。

（7）非金融机构将资金或资产转移到最终受让方的日期；

（8）将资金或财产转移至澳大利亚国内最终受让方的非金融机构

（接收方）名称及详细地址（非邮箱地址）；

（9）将资金或财产转移至澳大利亚国内最终受让方的主体的标识号（如适用）及/或名称和地址（非邮箱地址），如果不同于17.3（8）；

（10）如果最终受让方是自然人，则该最终受让方的：

（a）姓名全称；

（b）可知的出生日期；

（c）可知的详细居住地址（非邮箱地址）；

（d）可知的通信地址，如果不同于17.3（10）（c）；

（e）可知的电话号码；

（f）可知的电子邮件地址；

（g）可知的职业，主要业务和澳大利亚业务代码。

（11）如果最终受让方是非自然人：

（a）最终受让方的名称及其任何营业名称；

（b）对可知的最终受让方法律形式及主营业务结构的描述（如合伙企业、信托或公司）；

（c）可知的最终受让方主营业务情况；

（d）可知的最终受让方从事经营活动或主要办公场所的详细地址（非邮箱地址）；

（e）可知的最终受让方的邮寄地址，如果不同于17.3（11）（d）；

（f）最终受让方的澳大利亚公司代码或澳大利亚机构注册代码；

（g）最终受让方的澳大利亚业务代码；

（h）可知的最终受让方的电话号码，若可获知；

（i）可知的最终受让方的电子邮件地址。

（12）如果为资金转移：

（a）指令中提及的金额；

（b）指令中提及货币。

（13）如果为财产转移（即转移财产）：

（a）指令中所指的转移财产的描述；

（b）指令中所指转移财产的价值；

（c）指令中转移财产的估值货币。

（13A）如果最终受让方通过其在澳大利亚机构内开立的储蓄账户获

取资金，则无论该账户是否与他人联合开立，都需要掌握以下信息：

（a）账户的账号，如适用；

（b）账户的持有人姓名，如适用；

（c）账户开户机构的名称及地址。

（13B）报告机构分配给该指令的索引号；

（14）指令中提及的任何关于资金或财产转移原因的信息。

17.4 《反洗钱和反恐融资法》第 45（2）小节所指的报告必须包括报告主体的以下详细资料：

（1）姓名全称；

（2）职务或职位；

（3）电话号码；

（4）电子邮件地址。

17.5 在本章中：

"标识号"是指已在澳大利亚交易报告和分析中心登记的银行标识代码（BIC），国家银行分行标识代码（BSB）或分支机构注册编号（BRN）。

报告机构应当注意，在依据《反洗钱和反恐融资法》行事时，即使拥有隐私法豁免权，也应遵守《1988 年隐私法》，包括《国家隐私准则》的具体要求。更多关于此义务的信息，请访问 http：// www. privacy. gov. au 或致电 1300363992。

第 18 章　可疑事项报告细节

（本章准则 2008 年 12 月 12 日生效）

18.1 本章根据《反洗钱和反恐融资法》第 229 节制定，用于执行该法第 41（3）（b）段之规定。

18.2 可疑事项报告应包含以下信息：

（1）关于该人（第一人）是否为报告机构客户的陈述；

（2）关于第一人是否曾要求报告机构向其提供指定的服务以及此服务是否属于报告机构正常服务范围的陈述；

（3）关于第一人是否曾向报告机构咨询过，报告机构是否愿意或准备向其提供指定的服务，以及其指定的服务是否属于报告机构的正常服务范围的陈述；

（4）关于报告机构是否曾为第一人开始或准备提供指定服务的陈述；

（5）关于《反洗钱和反恐融资法》第41（1）（d）至（j）段所列的、与报告机构提供或准备提供指定服务相关的任何情况（可疑事项）的描述；

（6）任何与可疑事项相关的指定服务的描述；

（7）怀疑可疑事项的合理依据的描述。

自然人

（8）如果第一人为自然人，报告应包含：

（a）可知的第一人的姓名全称；

（b）可知的第一人的电话号码；

（c）可知的第一人的详细住址（非邮箱地址）；

（d）可知的第一人的通信地址（如不同于18.2（8）（c））；

（e）可知的第一人的出生日期；

（f）可知的第一人的国籍；

（g）可知的第一人的职业及主要业务情况和澳大利亚业务代码；

（h）可知的第一人的曾用名；

（i）可知的第一人的电子邮件地址；

（j）对用于核实第一人身份的可靠、独立的文件和/或电子数据来源的描述，如适用。

自然人——无法确定身份的状况

（9）在无法确立第一人的身份的情况下，例如，在面对面情况下，提供或准备提供的特定服务与可疑事项有关，报告应包含：

（a）关于第一人的描述；

（b）报告机构知晓和持有的包括影像或图片在内的相关文件是否存在的说明；

（c）可知的与第一人相关的其他类似文件的描述；

（d）可知的第一人的地址（非邮箱地址）；

（e）可知的第一人的电子邮件地址。

非自然人

（10） 如果第一人不是自然人：

（a） 可知的第一人的姓名及其任何营业名称；

（b） 对可知的第一人法律形式及主营业务机构的描述（如合伙企业、信托或公司）；

（c） 可知的第一人的主营业务；

（d） 可知的第一人从事经营活动或者主要办公场所的详细地址（非邮箱地址）；

（e） 可知的第一人的通信地址（如不同于 18.2（10）（d））；

（f） 可知的第一人的电话号码；

（g） 可知的第一人的澳大利亚公司代码或澳大利亚机构注册代码；

（h） 可知的第一人的澳大利亚业务代码；

（i） 可知的与涉及可疑事项的第一人相关的文件描述；

（j） 可知的第一人的受益人名称；

（k） 可知的第一人的在职人员名称；

（l） 可知的第一人创立、组成或注册的所在国；

（m） 可知的第一人的电子邮件地址；

（n） 对用于核实第一人身份的可靠、独立的文件和/或电子数据来源的描述，如适用。

代理人

（11） 个人要求报告机构提供或准备提供的指定服务与可疑行为相关时，该人是否是第一人代理人的说明；

（12） 以下情况将适用于 18.2（11）：

（a） 该代理人是否是报告机构客户的说明；

（b） 该代理人与报告机构的关系描述，如有；

（c） 代理人获得第一人授权的证明描述，如有。

代理人——自然人

（13） 如果该代理人为自然人：

（a） 代理人的全名，如有；

（b） 代理人的出生日期，如有；

（c） 代理人的完整住址（非邮箱地址），如有；

（d） 代理人的通信地址（如不同于 18.2（13）（c）），如有；

（e）代理人的电话号码；

（f）代理人的电子邮件地址，如有；

（g）代理人的国籍，如有；

（h）代理人的职务、主要业务活动或职位和澳大利亚业务代码，如有；

（i）代理人的曾用名，如有；

（j）可用于验证该代理人身份的可靠、独立的文件和/或电子数据，如适用。

代理人——无法证实身份的情况——自然人

（14）如果无法证实该代理人的身份，例如，在面对面情况下，提供或准备提供的特定服务与可疑行为相关：

（a）对代理人的描述，如适用；

（b）报告机构是否持有包括录像或照片在内的相关资料的说明；

（c）与代理人相关的其他类似文件，如有；

（d）代理人的地址（而非邮箱地址），如有；

（e）代理人的电子邮件地址，如有。

代理人——非自然人

（15）如果该代理人为非自然人：

（a）代理人的姓名或任何营业名称，如适用；

（b）说明代理人为其主营业务而采用的法定组织形式和所属组织架构（例如：合伙企业、信托或公司），如有；

（c）代理人营业范围或主要营业活动，如适用；

（d）代理人的完整地址（而非邮箱地址），此地址为营业活动的场所或主要营业地点，如有；

（e）代理人的通信地址（如果与18.2（15）（d）不一致），如有；

（f）代理人的澳大利亚公司代码或者澳大利亚机构注册代码，如有；

（g）代理人的澳大利亚业务代码，如有；

（h）任何关于代理人涉及的与可疑行为有关的记载文件，如有；

（i）代理人电话号码，如有；

（j）代理人的电子邮件地址，如有；

（k）代理人创立、组成或注册的所在国，如有；

（l）代理人的利益所有人的姓名，如有；

（m）代理人合伙人的姓名，如有；

（n）可用于验证该代理人身份的可靠、独立的文件和/或电子数据，如适用。

其他相关信息

（16）以下任何与可疑行为相关的指定服务发生的时间：

（a）报告机构开始或准备向第一人提供指定服务的时间；或

（b）第一人要求报告机构向其提供指定服务的时间，该服务为报告机构的正常服务；

（c）第一人询问报告机构是否愿意或准备为其提供指定服务的时间，该服务为报告机构的正常业务；

（d）代理人就提供的或准备提供的指定服务与报告机构交易的时间。

（17）报告机构所使用的身份号码（如适用）或其他与提供或准备提供涉及可疑行为的指定服务有关的相关号码。

（18）当报告机构或其他人所提供的账户与涉及可疑行为的指定服务有关：

（a）账户所列的户主姓名；

（b）账户提供者姓名，如有；

（c）账户描述，如有；

（d）账户号码，如有；

（e）账户签字人姓名，如有；

（f）该账户的澳大利亚银行区域代码，如适用并可获知；

（g）账户开户日期，如有；

（h）与该账户相关的任何文件描述，如有；

（i）可疑行为发生之时该账户余额，如有；

（19）与可疑行为相关的指定服务所涉及的总金额，该金额可用澳大利亚元和/或者其他外币形式表示；

（20）若资金的某一部分涉及可疑行为，如适用并可获知，则：

（a）每一组成部分的描述；

（b）以澳大利亚元计价的每一组成部分的金额；

（c）与每一组成部分有关的外币类型和金额，如适用；

（d）该资金每一组成部分的出票人或发票人的姓名，如适用；

（e）资金每一组成部分出票或发票的机构或海外金融机构的名称和分支机构名称；

（f）上述 18.2（20）（e）项所提到的分支机构所属国；

（g）该资金每一组成部分的收款人姓名，如适用；

（h）如果资金的收款人不是受益人，其受益人的全名，如有；

（i）资金每一组成部分的产生日期。

（21）如适用，提供或准备提供的指定服务涉及可疑行为，则资金或财产被划转或将要被划转时，应包括：

（a）发送人的全称；

（b）发送人的完整住址（而非邮箱地址）；

（c）发送人的通信地址，如果与 18.2（21）（b）不一致，如有；

（d）发送人电话号码，如有；

（e）发送人电子邮件地址，如有；

（f）关于该款项是否划转或者是否即将划转的陈述；

（g）关于该财产是否划转或者是否即将划转的陈述；

（h）关于已划转或即将划转的财产的具体介绍；

（i）付款人划转或将要划转资金或财产时所使用的账户号码；如果该账户不存在，那么与该付款行为有关的唯一识别号码；

（j）18.2（21）（i）所提账户的签发机构或组织的名称；

（k）收款人的全称，如有；

（l）如果该收款人不是受益人，那么受益人的全名，如有；

（m）收款人和/或受益人的完整住址（而非邮箱地址），如有；

（n）收款人和/或受益人的通信地址（如果与 18.2（21）（m）不一致），如有；

（o）收款人和/或受益人的账户号码；

（p）18.2（21）（o）所提账户的签发机构或组织的名称；

（q）18.2（21）（o）所提机构或组织的所在国；

（r）该资金或财产被划转或将要被划转的日期。

（22）若报告机构提供或准备提供与可疑行为相关的指定服务涉及其他的机构、组织和中介，则

（a）该机构、组织或中介的全称；

（b）该机构、组织或中介的分支机构的名称或该机构、组织或中介的所在国；

（c）该机构、组织或中介的分支机构的所在国不是澳大利亚，需告知具体国家。

（23）报告机构的名称。

（24）在下列事项发生时，报告机构的完整地址和分支机构地址（而非邮箱地址）：

（a）报告机构开始或准备向第一人提供指定服务（涉及可疑行为）时或；

（b）第一人要求报告机构向其提供指定服务（涉及可疑行为）时，该服务为报告机构的正常业务；

（c）第一人向报告机构咨询其是否愿意或准备向第一人提供指定服务（涉及可疑行为），该服务为报告机构的正常业务；

（d）代理人与报告机构办理指定服务（涉及可疑行为）时。

（25）如果可疑行为已向或拟向负责履行《反洗钱和反恐融资法》第123（9）（b）段规定的职责的澳大利亚执法部门报告：

（a）对该澳大利亚政府机构的相关介绍；

（b）该澳大利亚政府机构的地址；

（c）对向该澳大利亚政府机构所提供的资料的介绍；

（d）该可疑行为报告的时间或拟要报告的时间。

（26）根据《反洗钱和反恐融资法》第41节要求，若报告机构曾向澳大利亚交易报告和分析中心提交过与第一人相关的可疑报告：

（a）可疑行为报告的时间，如有；

（b）报告机构在之前的报告中使用过的标识码或其他查询代码。

18.3 根据《反洗钱和反恐融资法》第41（2）小节要求上报的报告必须包含报告填写人的如下信息：

（1）姓名全称；

（2）职衔或职位；

（3）电话号码；

（4）电子邮件地址。

报告机构应当注意，在依据《反洗钱和反恐融资法》行事时，即使拥有隐私法豁免权，也应遵守《1988 年隐私法》，包括《国家隐私准则》的具体要求。更多关于此义务的信息，请访问 http：// www. privacy. gov. au 或致电 1300363992。

第 19 章 大额交易报告的详细内容

19.1 本章根据《反洗钱和反恐融资法》第 229 节制定，用于执行该法第 43（3）（b）段的规定。

19.2 依据 19.3 段，根据《反洗钱和反恐融资法》第 43（2）小节上报的大额交易报告必须包含以下具体内容：

（1）如果指定服务的客户是个人：

（a）该客户的姓名全称；

（b）该客户使用过的其他任何名字，如有；

（c）该客户在商务活动中使用过的任何名字，如有；

（d）该客户的出生日期；

（e）该客户的完整地址（非邮箱地址）；

（f）该客户的通信地址，如不同于 19.2（1）（e）中的地址，如有；

（g）该客户的电话号码，如有；

（h）该客户的澳大利亚业务代码，如有。

（2）如果进行交易的客户是账户的签名人而并非该账户的持有人，只需填写以下具体信息：

（a）姓名全称；

（b）该签名人使用过的其他任何名字，如有；

（c）出生日期；

（d）完整地址（非邮箱地址）；

（e）该客户的通信地址，如不同于 19.2（2）（d）中的地址；

（f）电话号码，如有。

注释：如果 19.2（2）适用，必须根据 19.2（1）或 19.2（3）的要求提供账户持有人的具体信息。

（3）如果指定服务的客户不是个人：

（a）该客户的名称和该客户在商务活动中使用过的任何名称；

（b）关于该客户为实现其主要商业活动目的而采取的法律形式和其所从属的商业组织结构的说明，如有（如合伙企业、信托或公司制）；

（c）该客户主要经营地点的完整地址（非邮箱地址），如适用；

（d）该客户的通信地址，如不同于 19.2（3）（c）中的地址，如有；

（e）该客户的澳大利亚公司代码、澳大利亚机构注册代码和/或澳大利亚业务代码，如有；

（f）该客户的电话号码，如有。

（4）客户的职业、行业或主要活动，或者适用于客户行业或职业的相关行业代码或职业代码，如有，例如（但不限于）：

（a）"澳大利亚与新西兰标准行业分类 2006 年（经修订）"中的澳大利亚统计局；或

（b）澳大利亚统计局在"澳大利亚职业标准分类（更新）"中发布的适用于客户行业的相关行业代码。

（5）大额交易的日期。

（6）报告机构向或即将向客户提供的、涉及大额交易的指定服务的说明。

（7）如适用，客户涉及大额交易的以下金额的总额：

（a）货币，包括其中每一项组成部分的总额，若由现金组成，还包括每一种货币的币种和总额；

（b）国际资金划转；

（c）依据 19.2（7）（f），支票；

（d）依据 19.2（7）（f），银行支票；

（e）依据 19.2（7）（f），银行汇票；

（f）如果 19.2（7）（c）、（d）或（e）中的金额无法逐个确定，则这些金额的总额；

（g）旅行支票；

（h）货币或汇票；

（i）分期付款或金融租赁支付；

（j）可转让债务票据；

（k）保险金赔付或分红；

（l）捐赠或缴纳保费；

（m）金融衍生品或期货；

（n）有价证券；

（o）贵金属；

（p）储值卡（包含发售卡或充值卡）；

（q）赌博筹码或代币；

（r）电子游戏机分红；

（s）赌注赢彩；

（t）买进某局（赌博服务）；

（u）设定赌注；以及

（v）任何其他价值。

（8）适用于大额交易的以下所有具体内容：

（A）当大额交易包含现金：

（i）以澳大利亚元计价的总金额；

（ii）若金额中包含外币，则该外币的币种和金额；

（iii）收款方的名称；

（iv）收款方的完整地址（非邮箱地址），如有；

（v）收款方的出生日期，如有；

（vi）说明资金划转的目的；

（vii）如果资金划转的目的是：

（a）利用客户划转的全部或部分现金为客户开具支票；或

（b）客户向报告机构兑付所出具支票的全部或部分金额以获取现金；

以下具体内容：

（c）出票人的名称；

（d）付款人的名称；以及

（e）支票的金额。

（B）当大额交易涉及电子货币：

（i）电子货币的面值和金额；

（ii）电子货币折合成澳大利亚元的总金额，如有；

（iii）关于电子货币的说明，包括支持资产或物品的具体内容，如有；

（ⅳ）收款方的姓名；

（ⅴ）收款方的完整地址（非邮箱地址），如有；

（ⅵ）收款方的出生日期，如有；

（ⅶ）说明资金划转的目的；

（ⅷ）如果资金划转的目的是：

（a）利用客户划转的全部或部分电子货币为客户开具支票；或

（b）客户向报告机构兑付所出具支票的全部或部分金额以获取电子货币；

以下具体内容：

（ⅰ）出票人的名称；

（ⅱ）付款人的名称；以及

（ⅲ）支票的金额。

（C）当大额交易是法规中所列明的有关货币的某一类型：

（ⅰ）以澳大利亚元计价的总金额；

（ⅱ）若金额中包含外币，则该外币的币种和金额；

（ⅲ）说明特定交易的类型；

（ⅳ）收款方的名称；

（ⅴ）收款方的完整地址（非邮箱地址），如有；

（ⅵ）收款方的出生日期，如有；

（ⅶ）说明资金划转的目的；

（ⅷ）如果资金划转的目的是：

（a）利用客户划转的全部或部分货币为客户开具支票；或

（b）客户向报告机构兑付所出具支票的全部或部分金额以获取货币；

以下具体内容：

（ⅰ）出票人的名称；

（ⅱ）付款人的名称；以及

（ⅲ）支票的金额；

（D）当大额交易是法规中所列明的涉及财产转移的某一类型：

（ⅰ）关于特定交易类型的说明；

（ⅱ）被转移财产以澳大利亚元计价的价值；

（ⅲ）若被转移财产的价值涉及外币，该外币的币种和金额；

（ⅳ）收款方的名称；

（ⅴ）收款方的完整地址（非邮箱地址），如有；

（ⅵ）收款方的出生日期，如有；

（ⅶ）说明资金划转的目的；

（ⅷ）如果资金划转的目的是：

（a）利用客户划转的全部或部分财产为客户开具支票；或

（b）客户向报告机构兑付所出具支票的全部或部分金额以获取财产；

以下具体内容：

（ⅰ）出票人的名称；

（ⅱ）付款人的名称；以及

（ⅲ）支票的金额。

（9）关于涉及大额交易的、由报告机构开立的任何账户的说明，包括账户的标识号码。

（10）报告机构的名称，以及如适用，标识号码。

（11）发生大额交易的报告机构的名称，以及如适用，标识号码。

（12）发生大额交易的报告机构的地址。

（13）发生大额交易的任何标识或交易号码。

（14）可用于核实客户身份的可靠且独立的文件和/或电子数据来源的说明，如适用。

19.3　在下列情况下，如果大额交易是《反洗钱和反恐融资法》第6（2）小节中表1第3项所描述的某一指定服务，第19.2（2）至19.2（13）（含）项中所称的"客户"，首先，应仅指账户持有人和进行与该账户相关交易的签名人（如有）：

（1）若该账户还有其他签名人，澳大利亚交易报告和分析中心首席执行官可以要求报告机构以第43（2）小节所要求的报告的补充信息形式，向其提供有关其他签名人的信息，所提供的信息与本章19.2（2）（a）至（f）的要求一致；并且

（2）19.3的表述并不妨碍个人（包括澳大利亚交易报告和分析中心首席执行官）行使《反洗钱和反恐融资法》（包括第49节）赋予他（她）获取进一步信息和文件的权力，包括有关该账户的其他签名人（如有）的信息或文件。

19.4　根据《反洗钱和反恐融资法》第 43（2）小节要求上报的报告必须包含报告填写人的如下信息：

（1）姓名全称；

（2）职衔或职位；

（3）电话号码；以及

（4）电子邮件地址。

报告机构应当注意，在依据《反洗钱和反恐融资法》行事时，即使拥有隐私法豁免权，也应遵守《1988 年隐私法》，包括《国家隐私准则》的具体要求。更多关于此义务的信息，请访问：http：//www. privacy. gov. au 或致电 1300363992。

第 20 章　根据第 114 条保存记录的义务

20.1　本章根据《反洗钱和反恐融资法》第 229 条制定，为执行该法第 247（4）小节的规定。

20.2　根据《反洗钱和反恐融资法》第 247（4）小节的规定，如果第二报告主体具有以下特征，该法第 114（2）小节、114（3）小节、114（5）小节不适用于第 114（1）小节（a）、（b）、（c）项中描述的情况下提供或将要提供的指定服务：

（1）基于双方同意的身份识别记录管理协议，可以获取第一报告主体依照第 112（2）小节获得的身份识别记录；以及

（2）就第二报告主体在向客户提供指定服务时所面临的洗钱/恐怖融资风险，第二报告主体能够确定可以依靠由第一报告主体执行的客户身份识别程序。

在本章中：

（1）第一报告主体是指《反洗钱和反恐融资法》第 114（1）（a）段中所涉及的报告主体；

（2）第二报告主体是指《反洗钱和反恐融资法》第 114（1）（b）小段中所涉及的报告主体。

报告主体应当注意，在依据《反洗钱和反恐融资法》行事时，即使拥有隐私法豁免权，也应遵守《1988 年隐私法》，包括《国家隐私准则》

的 具 体 要 求。 更 多 关 于 此 义 务 的 信 息， 请 访 问 http：// www. privacy. gov. au 或致电 1300363992。

第 21 章　发行或销售证券产品或衍生品

针对发行或销售证券产品或衍生品的反洗钱和反恐怖融资规则

21.1　本章根据《反洗钱和反恐融资法》第 229 条制定，为执行该法第 6（2）小节表 1 中第 35 款（d）小段和第 247 条（3）小节的规定。

21.2　为遵守《反洗钱和反恐融资法》第 6（2）小节表 1 中第 35 款（d）小段的要求，《反洗钱和反恐融资法》第 6（2）小节表 1 第 33 款适用于以下情况，即对证券或衍生品进行处置的服务不是通过代理人进行的，该代理人是指以代理身份开展证券和衍生品业务的人。

21.3　为遵守《反洗钱和反恐融资法》第 247（3）小节要求，以下指定服务在满足下列情况时，须详细说明：

（1）发行或销售证券产品或衍生品的交易行为符合《反洗钱和反恐融资法》第 6（2）小节表 1 中第 35 款的规定，并且交易发生于指定的金融市场（Prescribed Financial Market）；或者

（2）投资管理计划通过在指定的金融市场上报价来发行股权（包括在投资管理计划中通过期权获利），在如下情况：

（a）依照股息或分配方案（又称为再投资分配方案）进行的发售行为符合《2001 年公司法》的相关要求；并且

（b）股权会在指定的金融市场上报价。

（3）投资管理计划通过在指定的金融市场报价发行股权（包括在投资管理计划中通过期权获利），在如下情况：

（a）进行资金募集时（包括首次公开募股和股票认购权发行），其募集行为符合《2001 年公司法》的相关要求；并且

（b）股权会在指定的金融市场上报价。

21.4　在本章中：

（1）"股息或分配方案"释义见《澳大利亚证券交易所上市规则》第 19 章，该规则由澳大利亚证券交易所发布，2008 年 4 月 22 日实施。

（2）投资管理计划的"首次公开募股"，是指一个报告主体在指定的

金融市场提供股票报价之前首次向申购人发售该股票。

（3）"指定的金融市场"释义见《2001 年公司法》第 9 节。

（4）"股票认购权发行"释义见《2001 年公司法》第 9A 节。

报告机构应当注意，在依据《反洗钱和反恐融资法》行事时，即使拥有隐私法豁免权，也应遵守《1988 年隐私法》，包括《国家隐私准则》的具体要求。更多关于此义务的信息，请访问：http：//www. privacy. gov. au 或致电 1300363992。

第 22 章　与场外衍生品市场相关的某些类型交易的豁免

22.1　本章根据《反洗钱和反恐融资法》第 229 节制定，为执行该法第 247（3）小节的规定。

22.2　根据 22.3 段的要求，《反洗钱和反恐融资法》并不适用于以下的指定服务：

（1）《反洗钱和反恐融资法》第 6 节表 1 中第 35 款描述的服务；

（2）澳大利亚场外衍生品市场涉及电力、天然气或者可再生能源证券的批发价格的服务。

22.3　22.2 段中的豁免只适用于以下情况：

（1）提供指定服务的人：

（a）根据《国家电力条例》注册成为或者被视为市场的参与者；或者

（b）根据《电力批发市场条例》注册成为市场的参与者；以及

（c）以下人员：

（ⅰ）持有澳大利亚金融服务执照并据以提供指定服务的人员；

（ⅱ）通过持有澳大利亚金融服务执照的代理机构参与活动的人员，代理机构根据授权代表该人提供指定服务，或者根据《2001 年公司法》第 916A 节的规定代表该人提供指定服务；

（ⅲ）根据《2004 年电力行业法》第 134 节制定的相关条例，不需持有澳大利亚金融服务执照即可提供指定服务的人员；

（2）指定服务的客户：

（a）根据《国家电力条例》注册成为或被视为市场的参与者；或者

（b）根据《电力批发市场条例》注册成为市场的参与者；或者

（c）已注册人员的代理人。

22.4 根据第 22.5 段，《反洗钱和反恐融资法》不适用于以下指定的服务：

（1）《反洗钱和反恐融资法》第 6 节表 1 第 33 款中描述的服务；以及

（2）澳大利亚场外衍生品市场涉及电力、天然气或者可再生能源凭证的批发价格的服务。

22.5 22.4 段中的豁免只适用于以下情况：

（1）提供指定服务的人：

（a）以已经根据《国家电力条例》注册或被视为市场参与者的代理人身份参与活动；或者

（b）以已经根据《电力批发市场条例》注册成为市场参与者的代理人身份参与活动；以及

（c）以下人员：

（ⅰ）持有澳大利亚金融服务执照并据以提供指定服务的人员；或者

（ⅱ）根据《2001 年公司法》第 916A 节的规定，作为授权代理人而提供指定服务的人员；或者

（ⅲ）根据《2004 年电力行业法》第 134 节制定的相关条例，不需持有澳大利亚金融服务执照即可提供指定服务的人员；

（2）指定服务的客户：

（a）根据《国家电力条例》注册成为或者被视为市场参与者；或者

（b）根据《电力批发市场条例》注册成为市场参与者；或者

（c）已注册人员的代理人。

22.6 在本章中：

（1）"澳大利亚金融服务执照"是指根据《2001 年公司法》第 913B 节颁发的澳大利亚金融服务执照；

（2）"可再生能源证券"是指根据联邦、州或地方的法律创建的可转让票据，并发行给通过可再生能源产生电力（或以其他方式减少了不可再生能源消耗）的人；

（3）《国家电力条例》是指根据《1996 年国家电力（南澳大利亚州）法案》列表中的《国家电力法》制定的条例；

（4）《电力批发市场条例》是根据《2004 年电力行业（电力批发市场）规定》（西澳大利亚州）制定的市场条例。

报告机构应当注意，在依据《反洗钱和反恐融资法》行事时，即使拥有隐私法豁免权，也应遵守《1988 年隐私法》，包括《国家隐私准则》的具体要求。更多关于此义务的信息，请访问：http：//www. privacy. gov. au 或致电 1300363992。

第 23 章　指定汇款协议的反洗钱和反恐融资准则

23.1　本章根据《反洗钱和反恐融资法》第 229 节制定，为执行该法第 10（1）（a）（v）项和第 10（1）（b）（v）项的规定。

23.2　根据《反洗钱和反恐融资法》第 10（1）（a）（v）和 10（1）（b）（v）项的要求，对以下人员进行了明确规定：

（1）在从事法律事务的过程中，通过指定汇款协议，从转让主体接受被转让的资金或财产的人员，并且/或者通过指定汇款协议将资金或财产转移至最终受让主体；以及

（2）在从事会计事务的过程中，通过指定汇款协议，从转让主体接受被转让的资金或财产的人员，并且/或者通过指定汇款协议将财产转移至最终受让主体。

23.3　在本章中：

（1）"会计事务"是指由以下任一主体从事的业务：

（a）提供专业会计服务的会计师（不论如何描述）；或者

（b）雇佣会计师（不论如何描述）提供专业会计服务的合伙企业或公司。

（2）"法律事务"是指以下任一主体从事的业务：

（a）提供专业法律服务的法律执业者（不论如何描述）；或者

（b）雇佣法律执业者（不论如何描述）提供专业法律服务的合伙企业或公司。

报告机构应当注意，在依据《反洗钱和反恐融资法》行事时，即使拥有隐私法豁免权，也应遵守《1988 年隐私法》，包括《国家隐私准则》的具体要求。更多关于此义务的信息，请访问：http：//

www. privacy. gov. au 或致电 1300363992。

第 24 章　关于现金进出澳大利亚的反洗钱和反恐融资准则

24.1　为执行《反洗钱和反恐融资法》第 53（8）（b）小段的规定，进出澳大利亚的现金报告必须包含以下信息：

（1）携带现金进出澳大利亚的主体全称；

（2）如果主体为个人：

（a）主体的住宅地址；

（b）主体的住宅电话号码；

（c）主体的出生日期；

（d）主体的出生地（包括镇、市、国家）；

（e）主体的澳大利亚业务代码（如有）；以及

（f）主体的国籍。

（3）如果主体非个人：

（a）主体办公场所的注册地址或主要经营场所；

（b）主体的电话号码；以及

（c）主体的澳大利亚公司注册代码，或澳大利亚机构注册代码，或澳大利亚业务代码（如有）。

（4）如果主体非澳大利亚居民，主体在澳大利亚时的地址和电话号码。

（5）主体的职业、行业或主要业务活动。

（6）关于现金是转入澳大利亚或转出澳大利亚的说明。

（7）如果主体携带现金进出澳大利亚：

（a）主体旅行所持有的护照的唯一标识号以及护照签发国名称；

（b）如适用，主体持有的其他每一本护照的唯一标识号及各护照签发国名称；

（c）主体进出澳大利亚的城市、城镇或港口名；

（d）现金进出的国家和城市、城镇或港口名；

（e）主体携带现金进出澳大利亚的日期；

（f） 主体将现金携带进出澳大利亚所乘坐飞机的航班号或轮船名；

（g） 现金接收人的主体全称、住宅地址（非邮箱地址）、澳大利亚公司代码/澳大利亚机构注册代码/澳大利亚业务代码（如适用）、电话号码、职业和行业或主要业务活动；

（h） 该主体是否曾被海关官员或警察要求提供与 53 号条款相关报告的说明。

（8） 如果该主体寄送现金进出澳大利亚：

（a） 现金寄出国家和城市、城镇或港口名；

（b） 现金寄入国家和城市、城镇或港口名；

（c） 现金寄送方式。例如，通过邮寄、船运或信使或其他人；

（d） 转移现金的代办个人或代办服务机构的名称、地址和电话号码；

（e） 如果现金通过航运寄送，填写航运船的名称（如有）；且

（f） 现金送入或送出澳大利亚的日期，如果现金是以邮寄的方式进出澳大利亚，则被邮寄的日期；

（g） 现金接收人的主体全称、住宅地址（非邮箱地址）、澳大利亚公司代码/澳大利亚机构注册代码/澳大利亚业务代码（在可知范围内）、电话号码、职业和行业或主要业务活动；

（9） 如果主体代他人转移现金进出澳大利亚：

（a） 他人的名称；

（b） 如果他人是个人，其住宅地址和住宅电话号码；

（c） 如果他人是个人，其澳大利亚注册业务代码（如有）；

（d） 如果他人非个人：

ⅰ. 其注册公司或主要营业地的地址和电话号码；以及

ⅱ. 其澳大利亚公司代码/澳大利亚机构注册代码/澳大利亚业务代码（如有）；

（e） 其职业或行业或主要业务；以及

（f） 现金接收人的主体全称、住宅地址（非邮箱地址）、澳大利亚公司代码/澳大利亚机构注册代码/澳大利亚业务代码（在可知范围内）、电话号码、职业和行业或主要业务活动；

（10） 被转移的现金是澳大利亚元还是外币；以及

（11） 货币名称以及该货币的面额总值。

24.2　在本章中：

（1）"护照"表示：

（a）联邦发放的护照；或

（b）为用于国际旅游而发放的护照或类似文本：

ⅰ．该文本包含持有人的照片和签名；且

ⅱ．该文本由外国政府、联合国或联合国机构签发。

第25章　接收来自澳大利亚境外现金的反洗钱和反恐融资准则

25.1　为执行《反洗钱和反恐融资法》第55（5）（b）小段的规定，报告必须包含以下信息：

（1）接收现金的主体全名；

（2）如果主体为个人：

（a）主体的住宅地址；

（b）主体的住宅电话号码；

（c）主体的出生日期；

（d）主体的出生地（包括出生的城镇或城市以及国家）；

（e）主体的澳大利亚业务代码（如果有）；以及

（f）主体的国籍；

（3）如果主体非个人：

（a）主体办公场所的注册地址或主要经营场所；

（b）主体的电话号码；以及

（c）主体的澳大利亚公司代码/澳大利亚机构注册代码/澳大利亚业务代码（如有）；

（4）如果主体非澳大利亚居民，主体在澳大利亚时的住址及电话号码；

（5）主体的职业、行业或主要业务活动；

（6）接收的现金是澳大利亚元还是外币；

（7）货币名称及该货币的面额总值；

（8）向接收者发送现金的主体的名称、地址（非邮箱地址）及电话号码；

（9）从澳大利亚境外将现金转移至主体的方式，例如，通过前往澳大利亚旅游的人进行传递，通过邮递、船运或信使传递工；

（10）从澳大利亚境外转移现金至接受者的主体或服务提供者的名称；

（11）接收现金的澳大利亚境内城市、城镇或港口的名称；

（12）若接收者代他人接收现金：

（a）受益主体的姓名；

（b）若受益主体为个人——提供其住宅地址及其住宅电话号码；

（c）若受益主体非个人：

（ⅰ）受益主体注册的办公场所或主要经营场所的地址和电话号码；以及

（ⅱ）受益主体的澳大利亚公司代码/澳大利亚机构注册代码/澳大利亚业务代码（如有）；

（d）受益主体的职业、行业或主要业务活动；以及

（e）将现金传递至接收对象的主体的全名、地址（非邮箱地址）、职业、电话号码及行业或主要业务活动；

（13）若接收者知悉，提供现金进入澳大利亚的日期。

25.2　在本章中：

"护照"是指：

（a）联邦共和国发放的护照；或者

（b）为用于国际旅行而发放的护照或类似文本：

（ⅰ）该文本包含持有人的照片和签名；且

（ⅱ）该文本由外国政府，联合国或联合国机构签发。

第 26 章　不记名可转让票据进出澳大利亚的反洗钱和反恐融资准则

26.1　为执行《反洗钱和反恐融资法》第 59（2）（b）小段的规定，含一张或多张不记名可转让票据的报告必须包含以下信息：

（1）提供报告的主体（以下简称"报告人"）的全名；

（2）报告人的居住地址；

（3）如果报告人是澳大利亚居民：

（a）报告人的居住地址；

（b）办公电话号码；

（4）如果报告人不是澳大利亚居民——提供此人的：

（a）居住地址；

（b）在澳大利亚境内时的住宅电话号码；

（5）报告人的出生日期；

（6）报告人的出生地点（包括出生所在国家、城市或城镇）；

（7）报告人的国籍；

（8）报告人所从事的职业、行业或主要业务活动；

（9）报告人旅行所持有的护照的唯一标识号和签发此护照的国家名；

（10）如适用，报告人持有的其他每一本护照的唯一标识号及各护照签发国名称；

（11）报告人离开或抵达澳大利亚的相关描述；

（12）报告人离开或进入澳大利亚时的城市、城镇或港口的名称；

（13）报告人进入或离开澳大利亚时的日期；

（14）报告人进入或离开澳大利亚时所乘坐飞机的航班号或轮船名称；

（15）描述不记名可转让票据的类型；

（16）不记名可转让票据上标明的货币；

（17）如果有，基于不记名可转让票据上标明的币种计算的可支付总额；

（18）不记名可转让票据的发行人或发票人的全名；

（19）发行不记名可转让票据的国家名称，和该国家的城市或城镇名；

（20）不记名可转让票据票面上显示的号码；

（21）流入不记名可转让票据的国家名称，和该国的城市、城镇或港口名；

（22）流出不记名可转让票据的国家名称，和该国的城市、城镇或港口名；

（23） 不记名可转让票据的任意收款人全名（如适用）；

（24） 如果报告人将把不记名可转让票据递送给其他主体：

（a） 该主体如果是个人则报告：

（ⅰ） 主体的全名；

（ⅱ） 主体的居住地址和住宅电话；

（ⅲ） 主体的澳大利亚业务代码信息（如有）；

（ⅳ） 主体所从事的职业、所在行业或主要业务活动。

（b） 其他情况下，提供：

（ⅰ） 主体的全名；

（ⅱ） 主体注册的办公场所或主要的业务场所的地址和电话号码；

（ⅲ） 主体的澳大利亚公司代码（ACN）或澳大利亚机构注册代码（ARBN）或澳大利亚业务代码信息（如果有）；

（ⅳ） 主体所从事的行业或主要经营活动；

（25） 如果报告人代表其他主体携带不记名可转让票据：

（a） 该主体如果是个人，则提供：

（ⅰ） 主体的全名；

（ⅱ） 主体的居住地址和住宅电话；

（ⅲ） 主体的澳大利亚业务代码（如果有）；

（ⅳ） 主体所从事的职业、所在行业或主要业务活动。

（b） 其他情况下，提供：

（ⅰ） 主体的全名和商业用名（如果知道）；

（ⅱ） 主体注册的办公场所或主要的业务场所的地址和电话号码；

（ⅲ） 主体的澳大利亚公司代码或澳大利亚机构注册代码或澳大利亚业务代码（如果有）；

（ⅳ） 主体所从事的行业或主要经营活动。

26.2　在本章中：

"护照" 是指：

（a） 联邦共和国发放的护照；或

（b） 为用于国际旅行而发放的护照或类似文本：

（ⅰ） 该文本包含持有人的照片和签名；

（ⅱ） 该文本由外国政府、联合国或联合国机构签发。

第 27 章 有关指定汇款服务提供者
注册详细信息的反洗钱和反恐融资准则

27.1 为执行《反洗钱和反恐融资法》第 6 部分的规定，第 5 节定义的注册详细信息指：

（1）服务提供者经营过程中使用的商务名称；

（2）服务提供者是采用独立贸易商、公司、合伙、信托或其他法律形式的描述；

（3）服务提供者提供可注册指定汇款服务所在街道地址的全称，包括服务提供者的每一个分部所在的街道地址的全称；

（4）澳大利亚公司代码或澳大利亚机构注册代码——如果服务提供者具有上述代码；

（5）澳大利亚业务代码——如果服务提供者具有澳大利亚业务代码；

（6）澳大利亚金融服务许可证号码——如果服务提供者持有澳大利亚金融服务许可证；

（7）服务提供者主要业务地点的电话号码；

（8）服务提供者主要业务地点的传真号码；

（9）服务提供者主要业务地点的电子邮件地址；

（10）提供下列主体的全名、出生日期、居住地址和住所电话号码：

（a）如果服务提供者是独立贸易商——该人；

（b）如果服务提供者之间是合伙关系——每位合伙人；

（c）其他任意情况下，除服务提供者为公司外——每位对业务具有实际控制影响的人；

（11）提供与澳大利亚交易报告和分析中心进行联系的主要联系者的下列信息：

（a）全名；

（b）职位或者头衔；以及

（c）电话号码；以及

（d）传真号码；以及

（e）电子邮件地址。

（12） 对服务提供者提供业务的描述，包括：

（a） 根据指定汇款协议，转入或可能转入资金或财产的主要地点。

（b） 根据指定的汇款协议，转出或可能转出资金或财产的主要地点；

（c） 在 27.1 （3） 段提及的地址从事其他业务的性质。

（13） 如果服务提供者通过代理人提供注册的指定汇款服务：

（a） 如果代理人是个人，则提供全名、出生日期、居住地、电话号码和传真号码；

（b） 如果代理人不是个人，则提供代理人的全名和商务用名、澳大利亚公司代码或澳大利亚机构注册代码和澳大利亚业务代码（如适用），以及代理人注册的办公场所或主要营业场所的地址、电话和传真号码。

（14） 服务提供者开始或者准备提供注册的指定汇款服务的日期。

27.2 在本章中：

（1） "公司" 释义见《2001 年公司法》。

（2） "地点" 包括国家以及这个国家的城市或城镇。

第 28 章 在业务转让、出售或转移等特定情况下适用的客户身份识别程序

28.1 本章反洗钱和反恐融资准则根据《反洗钱和反恐融资法》第 229 节（Section 229）制定，用于执行该法第 39 （4） 小节（Subsection39 （4））的规定。

28.2 根据本章 28.4 段和 28.5 段的规定，《反洗钱和反恐融资法》第 2 部分第 4 章（Division 4 of Part 2）不适用于本章 28.3 段所列情况下提供的指定服务。

28.3 本章 28.2 段中所提到的特定情况是指：

（1） 报告机构 1 将其全部或部分业务转让或出售给报告机构 2；

（2） 向转移客户（a Transferring Customer） 提供指定服务；且

（3） 在业务转让、出售或转移之前，报告机构 2 已合理判定：

（a） 在为团体转移客户提供指定服务时其所面临的洗钱/恐怖融资的风险；且

（b） 其具备合适的风险为本制度和措施以识别、管理和降低其在为

团体转移客户提供指定服务时所面临的洗钱/恐怖融资的风险；且

（c）根据已评估的洗钱/恐怖融资风险和风险为本的制度和措施，报告机构 2 可以：

（ⅰ）信赖报告机构 1 的适用的客户识别程序，将其作为识别和核实转移客户身份的适当方法；或

（ⅱ）将作为报告机构 1 现有客户的转移客户当做自己的现有客户对待。

28.4 报告机构 2 必须在本章 28.5 段所列任一情况发生后 14 天之内，采取如下的一项或多项措施，以便报告机构 2 合理确认客户身份：

（1）执行适当的客户身份识别程序，除非之前已经执行过此程序或类似程序；或

（2）收集任何与了解你的客户有关的客户信息；或

（3）根据可信且独立的信息来源证实已获得的客户信息，作为应对报告机构 2 在提供指定服务时面临的相关洗钱/恐怖融资风险时的恰当措施。

28.5 本章 28.4 段所提到报告机构 2 需要采取相应措施的情况是指：

（1）出现与转移客户有关的可疑事项报告义务；或

（2）报告机构 2 有理由怀疑报告机构 1 未按要求采取适当的客户身份识别程序；或

（3）按照报告机构 2 的反洗钱/反恐怖融资程序评估认为，向转移客户提供指定服务的相关洗钱/恐怖融资风险程度显著上升。

28.6 在本章中：

（1）"报告机构 1"是指转让或出售自己的全部或部分业务的报告机构；

（2）"报告机构 2"是指接受报告机构 1 转让或出售其全部或部分业务的报告机构；

（3）"转移客户"是指在涉及指定服务时仅因为报告机构 1 转让或出售全部或部分业务而成为报告机构 2 的客户。

报告机构应当注意，在依据《反洗钱和反恐融资法》行事时，即使拥有隐私法豁免权，也应遵守《1988 年隐私法》，包括《国家隐私准则》的具体要求。更多关于此义务的信息，请访问 http://

www. privacy. gov. au 或致电 1300363992。

第 29 章 《反洗钱和反恐怖融资法》
第 107 节规定的记录保存义务

29.1 本章反洗钱和反恐融资准则根据《反洗钱和反恐怖融资法》第 229 节制定，用于执行该法第 107（1）（b）段的规定。

29.2 根据《反洗钱和反恐怖融资法》第 107（1）（b）段，下列记录可以不用保存：

（1）客户特定文件（例如会计财务报表），信函以及可公开获取的声明、报表和文件等报告机构例行向其客户提供的材料，例如公开证明、金融或投资分析或总结报告；

（2）与报告机构已保存记录信息重复的产品或服务信息；

（3）与客户的日常信函，包括但不限于：促销材料和与收费、服务报价、利率调整、条款相关的日常信函，技术调整和立法变化等不针对某一具体客户的相关内容；

（4）透支提示和附带信函；

（5）报告机构向客户提供指定服务方式的信息；

（6）报告机构向客户提供的例如客户体验记录或产品信息需求等涉及产品或服务咨询或客户评价的信函或类似文件；

（7）与客户见面和谈话的记录，例如接受客户指令的电话记录，除非这些见面和谈话记录所包含的信息涉及《反洗钱和反恐融资法》所规定的报告义务。

报告机构需要注意本章所规定的豁免情况仅影响《反洗钱和反恐融资法》规定的记录保存义务，不影响根据其他法律规定的记录保存义务。

报告机构应当注意，在依据《反洗钱和反恐融资法》行事时，即使拥有隐私法豁免权，也应遵守《1988 年隐私法》，包括《国家隐私准则》的具体要求。更多关于此义务的信息，请访问 http：//www. privacy. gov. au 或致电 1300363992。

第 30 章　报告机构在执行
客户身份识别程序中获得的公开证明

30.1　本章反洗钱和反恐融资准则根据《反洗钱和反恐怖融资法》第 229 节制定，用于执行该法第 91（1）（d）（ⅱ）、91（2）（d）（ⅱ）和 91（3）（d）（ⅱ）项的规定，且进一步明确第 84（3）（b）、第 85（3）（b）以及第 86（1）（c）段的要求。

30.2　报告机构可要求本章 30.3 段至 30.9 段所述客户提供公开证明，仅用于：

（1）证实本章所规定的信息；且

（2）如果报告机构根据其反洗钱/反恐融资程序考虑风险为本的制度和措施，认为无法合理证实相关信息。

公司（外资公司除外）

30.3　根据 4.3.18 段的规定，国内公司的公开证明必须：

（1）由公司董事或秘书或反洗钱/反恐融资合规官或相当的公司主管签署或认证；且

（2）包含私人股份公司或私人公司所有权受益人的名字和地址（如有）。

外国公司

30.4　根据 4.3.19 段和 4.3.20 段的规定，在澳大利亚登记的外资公司的公开证明必须：

（1）由公司的董事或秘书或反洗钱/反恐融资合规官或相当的公司官员签署或认证；且

（2）包含有关该公司是否在相关的外国注册机构注册的信息，如有，还应包含该公司是否注册为私人公司或股份上市公司或其他类型公司的信息。

30.5　对于未在澳大利亚注册的外国公司，其公开证明必须由公司的董事或秘书或反洗钱/反恐融资合规官或相当的公司主管签署或认证，且应包含如下相关信息：

（1）公司全称；以及

（2）该公司是否在国外有关注册机构注册，如有，则还应包含下列信息：

（a）在公司成立、组建或注册时由国外的有关注册机构发放给该公司的识别代码；

（b）在国外的有关注册机构是注册成私人公司、股份上市公司还是其他类型的公司；且

（c）外资公司设立地区和主营业务地区，以及国外股票交易的地点（如果有）。

信托公司

30.6　根据第 4.4.16 段的规定，信托公司的公开证明必须：

（1）由信托公司的受托人签署或认证；且

（2）如不能根据第 4.4.15 段描述的来源合理获得"了解你的客户"信息，则应按照第 4.4.6 段或 4.4.11 段描述的程序，核实关于信托公司的"了解你的客户"信息。

合伙企业

30.7　根据第 4.5.8 段的规定，合伙企业的公开证明必须：

（1）由合伙企业的合伙人签署或认证；且

（2）如不能根据第 4.5.7 段描述的来源合理获得"了解你的客户"信息，则应按照第 4.5.6 段描述的程序，核实关于合伙企业的"了解你的客户"信息。

社团

30.8　根据第 4.6.8 段，法人或非法人社团的公开证明必须：

（1）由社团的主席或秘书长或财务主管或反洗钱/反恐融资合规官或相当的公司主管签署或认证；且

（2）如不能根据第 4.7.7 段描述的来源合理获得"了解你的客户"信息，则应按照第 4.7.6 段描述的程序，核实关于社团的"了解你的客户"信息。

注册合作社

30.9　根据第 4.7.8 段的规定，注册合作社的公开证明必须由注册合作社的主席或秘书长或财务主管或反洗钱/反恐融资合规官或相当的公司主管签署或认证，并且如不能根据第 4.7.7 段描述的来源合理获得"了

解你的客户"信息，则应按照第 4.7.6 段描述的程序，核实该注册合作社的"了解你的客户"信息。

报告机构应当注意，在依据《反洗钱和反恐融资法》行事时，即使拥有隐私法豁免权，也应遵守《1988 年隐私法》，包括《国家隐私准则》的具体要求。更多关于此义务的信息，请访问 http：//www. privacy. gov. au 或致电 1300363992。

第 31 章　与现金兑换有关的某些交易类型的豁免准则

31.1　本章反洗钱和反恐融资准则根据《反洗钱和反恐怖融资法》第 229 节制定，用于执行该法第 247（3）小节的规定。

31.2　根据本章第 31.3 段的规定，《反洗钱和反恐怖融资法》不适用于该法案第 6（2）小节表 1 中第 50 项所描述的指定服务。

31.3　适用于本章第 31.2 段豁免规则的指定服务仅指：

（1）在提供住宿服务期间提供的指定服务；且

（2）接受指定服务的对象是在住宿地登记的旅客；且

（3）现金兑换不得超过：

（a）每位登记旅客每天 500 澳大利亚元（或等值外币）；且

（b）每个房间账户每天 1000 澳大利亚元（或等值外币）；且

（4）任何向登记旅客收取的与指定服务有关的收费都要计入该登记旅客的房间账户里；且

（5）除了根据反洗钱/反恐融资法第 32 章有关保险箱或类似设备的规定，提供该法第 6（2）小节表 1 中第 47 项明确的指定服务外，指定服务的提供者不允许提供《反洗钱和反恐融资法》第 6（2）至（5）小节中规定的其他任何类型的指定服务。

32.4　在本章中：

（1）"登记旅客"指在旅客住宿地住宿的个人，其接受住宿地提供的指定服务的时间在其住宿的时间段内；

（2）"旅客住宿地"指

（a）背包客宿营地；或

（b）提供住宿加次日早餐的住宿地；或

（c）宾馆；或

（d）汽车旅馆；或

（e）度假村；或

（f）酒店式公寓。

报告机构应当注意，在依据《反洗钱和反恐融资法》行事时，即使拥有隐私法豁免权，也应遵守《1988 年隐私法》，包括《国家隐私准则》的具体要求。更多关于此义务的信息，请访问 http：//www. privacy. gov. au 或致电 1300363992。

第 32 章　与保险箱或类似设备有关的
交易类型的豁免准则

32.1　本章反洗钱和反恐融资准则根据《反洗钱和反恐怖融资法》第 229 节制定，用于执行该法第 247（3）小节的规定。

32.2　根据本章第 32.3 段的规定，《反洗钱和反恐怖融资法》不适用于该法案第 6（2）小节表 1 中第 47 项描述的指定服务。

32.3　适用于本章第 32.2 段豁免规则的指定服务仅指：

（1）在提供住宿服务期间提供的指定服务；且

（2）指定服务的对象是在住宿地登记的旅客；且

（3）指定服务使用到保险箱或类似设备，这些保管设备位于：

（a）登记旅客的房间内并由其保管；或

（b）登记旅客的房间之外，但在旅客住宿地点内且由旅客住宿的提供者保管。

32.4　在本章中：

（1）"登记旅客"指在旅客住宿地住宿的个人，其接受住宿地提供的指定服务的时间在其住宿的时间段内；

（2）"旅客住宿地"指

（a）背包客宿营地；或

（b）提供住宿加次日早餐的住宿地；或

（c）宾馆；或

（d）汽车旅馆；或

（e）度假村；或

（f）酒店式公寓。

报告机构应当注意，在依据《反洗钱和反恐融资法》行事时，即使拥有隐私法豁免权，也应遵守《1988 年隐私法》，包括《国家隐私准则》的具体要求。更多关于此义务的信息，请访问 http：//www. privacy. gov. au 或致电 1300363992。

第 33 章　适用于购买和销售价值在 5000 澳大利亚元以下的贵金属的客户识别程序

33.1　本章反洗钱和反恐融资准则根据《反洗钱和反恐融资法》第 229 节制定，用于执行该法案第 39（4）小节的规定。

33.2　根据下述第 33.3 段的规定，《反洗钱和反恐融资法》第 2 部分第 4 章不适用于下列指定服务：

（1）《反洗钱和反恐融资法》第 6（3）小节表 2 中的第 1 或第 2 项；以及

（2）贵金属零售价格低于 5000 澳大利亚元或者等值外币。

33.3　第 33.2 段的免责条款不适用于报告机构依据适当风险为本制度和措施决定的以下事项：

（1）为进行客户尽职调查，应当收集更多客户的"了解你的客户"信息；或者

（2）为进行客户尽职调查，应当更新或核实客户"了解你的客户"信息。

33.4　在本章：

（1）"了解你的客户信息"的含义见《2007 年反洗钱和反恐融资准则》第 1 章的规定。

报告机构应当注意，在依据《反洗钱和反恐融资法》行事时，即使拥有隐私法豁免权，也应遵守《1988 年隐私法》，包括《国家隐私准则》的具体要求。更多关于此义务的信息，请访问 http：//www. privacy. gov. au 或致电 1300363992。

第 34 章　有关跨境活动报告义务通告的张贴

34.1　本章反洗钱和反恐融资准则根据《反洗钱和反恐融资法》第 229 节制定，用于执行该法第 61（1）（b）和 61（2）（b）段的规定。

34.2　第 61（1）（b）段所指书面通告必须是以下形式：

（1）自立式标牌；或者

（2）数字或者电子标牌；或者

（3）任何其他材料形式的标牌。

34.3　第 61（1）（b）段所指书面通告必须包含以下内容，可以含有（或不含）任何其他词汇：

澳大利亚政府

澳大利亚交易报告和分析中心

携款进入还是离开澳大利亚

依法应当：

在海关或警官询问时，报告旅行支票、支票、现金或其他任何数量的可转让票据

报告金额为 10000 及以上澳大利亚元现金（或等值外币现金）

请注意出入澳大利亚可以携带的现金没有金额限制

34.4　根据 61（2）（b）段的规定，书面通告可以张贴在：

（1）《1901 年海关法》第 15 节指定的任何港口、机场、码头或候检站（如果适用，可张贴的范围是固定的）；以及

（2）上述第 34.4（1）段之外的且适用于《1901 年海关法》第 234AA 节规定的地方。

34.5　在本章中：

（1）"自立式标牌"包括可携带的或临时性的标牌（无论如何描述）；

（2）"数字或者电子标牌"包括能显示电子图像和/或文字的监视器或者屏幕（无论如何描述）；

（3）《1901 年法律解释法》第 25 节关于"书面"的定义适用于书面通告的形式。

报告机构应当注意，在依据《反洗钱和反恐融资法》行事时，即使

拥有隐私法豁免权，也应遵守《1988 年隐私法》，包括《国家隐私准则》的具体要求。更多关于此义务的信息，请访问 http：//www. privacy. gov. au 或致电 1300363992。

第 35 章　代理银行业务关系中客户身份识别程序的豁免

35.1　本章反洗钱和反恐融资准则根据《反洗钱和反恐融资法》第 229 节制定，用于执行该法第 39（4）小节的规定。

35.2　《反洗钱和反恐融资法》第 2 部分第 4 章不适用于提供以下指定服务的金融机构：

（1）（指定服务）属于以下情况之一：

（a）《反洗钱和反恐融资法》第 6（2）小节表 1 第 2 项描述的一种；或是

（b）《反洗钱和反恐融资法》第 6（2）小节表 1 第 3 项描述的一种；

（2）和代理银行业务关系相关；以及

（3）发生在《反洗钱和反恐融资法》第 100 节所述的任一种情形下；以及

（4）与其他金融机构雇员的账户签署人相关。

报告机构应当注意，在依据《反洗钱和反恐融资法》行事时，即使拥有隐私法豁免权，也应遵守《1988 年隐私法》，包括《国家隐私准则》的具体要求。更多关于此义务的信息，请访问 http：//www. privacy. gov. au 或致电 1300363992。

第 36 章　公司范围内指定服务的豁免

36.1　本章反洗钱和反恐融资准则根据《反洗钱和反恐怖融资法》第 229 节和第 247（3）小节制定。

36.2　根据下述第 36.5 段的规定，《反洗钱和反恐融资法》并不适用于以下指定服务：

（1）《反洗钱和反恐融资法》第 6（2）小节表 1 中所描述的任何一种；

（2） 向与提供第 36.4 段描述的指定服务的机构有关的客户提供的服务。

36.3　　根据下述第 36.5 段的规定，《反洗钱和反恐融资法》并不适用于以下指定服务：

（1）《反洗钱和反恐融资法》第 6（2）小节表 1 第 48 项和第 49 项描述的服务；

（2） 向贷款人提供的服务；

（3） 向与提供第 36.4 段描述的指定服务的机构有关的借款人提供的服务。

36.4　　本章所提到的客户与提供指定服务的机构相关的情况，是指而且仅指：

（1） 在《2001 年公司法》的含义内，客户与提供此项服务的机构是相关法人团体；

（2） 客户是由提供此项服务的机构控制的；

（3） 提供此项服务的机构被客户所控制；或者

（4） 第三方机构同时控制该顾客与提供此项服务的机构。

36.5　　第 36.2 段和第 36.3 段中提到的豁免仅适用于：

（1） 客户居住在澳大利亚；或者

（2） 如果客户不在澳大利亚居住，在提供指定服务之前，提供服务的机构有合理理由推断，提供此项服务时面临的洗钱和恐怖融资风险将会等于或低于向一个实质类似的澳大利亚客户提供此项服务时面临的风险。

36.6　　在本章：

"控制"的含义同《2001 年公司法》中该词含义。

报告机构应当注意，在依据《反洗钱和反恐融资法》行事时，即使拥有隐私法豁免权，也应遵守《1988 年隐私法》，包括《国家隐私准则》的具体要求。更多关于此义务的信息，请访问 http：//www. privacy. gov. au 或致电 1300363992。

第 37 章　　指定服务的大额交易报告豁免

37.1　　本章反洗钱和反恐融资准则根据《反洗钱和反恐融资法》第

229 节制定，用于执行该法第 44（4）小节的规定。

37.2　在下列情况下，《反洗钱和反恐融资法》第 43 节不适用于涉及大额交易的指定服务：

（1）一个授权存款机构（ADI）为另一个授权存款机构提供指定服务；或者

（2）澳大利亚联邦储备银行向作为结汇账户（Exchange Settlement Account）持有者的客户提供指定服务；或者

（3）一个结汇账户持有者向另一个结汇账户持有者提供指定服务；或者

（4）指定服务为以下描述中的一种：

（a）《反洗钱和反恐融资法》第 6（2）小节表 1 中第 51 项；或者

（b）《反洗钱和反恐融资法》第 6（2）小节表 1 中第 53 项；

且仅涉及两个授权存款机构（ADI）之间的交易。

37.3　在本章：

（1）"结汇账户"（Exchange Settlement Account）是指持有的澳大利亚储备银行账户，该账户用于结算账户持有者之间待付款项的最终结算。

报告机构应当注意，在依据《反洗钱和反恐融资法》行事时，即使拥有隐私法豁免权，也应遵守《1988 年隐私法》，包括《国家隐私准则》的具体要求。更多关于此义务的信息，请访问 http：//www. privacy. gov. au 或致电 1300363992。

第 38 章　以慈善为目的出售份额的客户识别程序的豁免

38.1　本章反洗钱和反恐融资准则根据《反洗钱和反恐融资法》第 229 节制定，用于执行该法第 39（4）小节的规定。

38.2　《反洗钱和反恐融资法》第 2 部分第 4 章不适用于以下指定服务：

（1）《反洗钱和反恐融资法》第 6（2）小节表 1 中第 33 项所述类型的交易；以及

（2）该交易发生在规定金融市场上；以及

（3）证券价值不超过 500 澳大利亚元；以及

（4）代理机构将交易收益直接拨给有以下许诺的慈善基金会或慈善机构：

（a）在接受收益的会计年度末之前，将证券交易的收益通过支票和（或者）电子资金转账分发给免税捐赠接收者；以及

（b）在会计年度结束后的 14 个营业日之内，在公共网站上列出过去 12 个月内向免税捐赠接收者分发证券交易收益的细节。

38.3 在本章：

（1）"免税捐赠接收者"的含义见《1997 年收入税评估法》第 995.1 条；

（2）"规定的金融市场"的含义见《2001 年公司法》第 9 节；

（3）依据《1997 年收入税评估法》第 50 - 5 条第 1.5 或者 1.5B 项，"慈善基金会"是在澳大利亚设立的用于公共慈善目的基金会；

（4）依据《1997 年收入税评估法》第 50 - 5 条第 1.1 项，"慈善机构"是在澳大利亚创立并运行的，用于发展或者促进慈善事业的公司、组织或者协会。

报告机构应当注意，在依据《反洗钱和反恐融资法》行事时，即使拥有隐私法豁免权，也应遵守《1988 年隐私法》，包括《国家隐私准则》的具体要求。更多关于此义务的信息，请访问 http：//www. privacy. gov. au 或致电 1300363992。

第 39 章 客户身份识别程序的豁免
——针对普通保单的保费基金贷款

39.1 本章反洗钱和反恐融资准则依据《反洗钱和反恐融资法》第 229 条制定，用于执行该法第 39（4）小节的规定。

39.2《反洗钱和反恐融资法》第 32 条不适用于下述指定服务：

（1）《反洗钱和反恐融资法》第 6（2）小节表 1 中第 6 项所描述的类型且为保费基金协议；或

（2）《反洗钱和反恐融资法》第 6（2）小节表 1 中第 7 项所描述的类型并与保费基金协议贷款相关。

39.3 本章于 2011 年 6 月 30 日废止。

39.4 在本章中：

（1）"保费基金协议"指这样一种协议：

（a）主体同意向客户提供贷款用于：

（i）非人寿保单或偿债基金保单的可支付保费总额；

（ii）与普通保单相关的可支付总额（包括但不限于所提供的与保单相关的顾问或服务费用以及可支付税款）；以及

（b）出于贷款偿付安全考虑，主体从顾客处获取以下一项或多项内容：

（i）顾客在保单中利益的分配；

（ii）保单下所有可支付总额的分配；

（iii）律师至少具有取消保单的权利。

报告机构应当注意，在依据《反洗钱和反恐融资法》行事时，即使在其他方面拥有隐私法豁免权，也应遵守《1988年隐私法》，包括《国家隐私准则》的具体要求。更多关于此义务的信息，请访问 http：//www.privacy.gov.au 或致电 1300363992。

第40章 "豁免的法律从业人员服务" 的定义

40.1 本章反洗钱和反恐融资准则依据《反洗钱和反恐融资法》第229条制定，用于定义该法第5节中的"豁免的法律从业人员服务"。

40.2 下列情况被视为"豁免的法律从业人员服务"：

（1）在法律执业的一般过程中提供的服务，并且是保管或存放服务，而非《2001年公司法》第766E（1）条所列举的行为；

（2）在法律执业的一般过程中提供的服务，并且是保险箱或类似设备，而非实物现金。

40.3 在本章中：

"法律执业"指由以下人员或机构从事的业务：

（1）提供专业法律服务的法律从业人员（无论称谓如何）；或

（2）雇佣法律从业人员（无论称谓如何），提供专业法律服务的合伙企业或公司。

报告机构应当注意，在依据《反洗钱和反恐融资法》行事时，即使在其他方面拥有隐私法豁免权，也应遵守《1988 年隐私法》，包括《国家隐私准则》的具体要求。更多关于此义务的信息，请访问 http：//www. privacy. gov. au 或致电 1300363992。

第 41 章　退休基金低余额账户的现金提取

41.1　本章反洗钱和反恐融资准则依据《反洗钱和反恐融资法》第 229 节制定，用于执行该法第 39（4）小节的规定。

41.2　根据第 41.3 段规定，《反洗钱和反恐融资法》第 2 部分第 4 章不适用于该法第 6（2）小节表 1 中第 43（a）项所列举的指定服务类型。

41.3　第 41.2 段的豁免仅适用于如下情况：

（1）成员申请以现金形式提取退休基金利息时，利息额不超过 1000 澳大利亚元；

（2）成员未缴纳与利息相关的额外费用；

（3）成员在退休基金中的所有利息被提现；

（4）在成员利息被提现以后，退休基金中会员利息所在账户即被销户。

41.4　在本章中：

上文的"成员"指《反洗钱和反恐融资法》第 6（2）小节表 1 中第 43 项所列举的指定服务的顾客。

报告机构应当注意，在依据《反洗钱和反恐融资法》行事时，即使在其他方面拥有隐私法豁免权，也应遵守《1988 年隐私法》，包括《国家隐私准则》的具体要求。更多关于此义务的信息，请访问 http：//www. privacy. gov. au 或致电 1300363992。

第 42 章　农产品仓储

42.1　本章反洗钱和反恐融资准则依据《反洗钱和反恐融资法》第 229 节制定，用于执行该法第 247（3）小节的规定。

42.2　《反洗钱和反恐融资法》不适用于如下指定服务：

（1）《反洗钱和反恐融资法》第 6（2）小节表 1 中第 6 项所列举的

类型；以及

（a）向将农产品运输到农产品仓库的农产品种植者客户提供的服务；以及

（b）由客户将农产品运输到农产品仓库时的农产品价值所决定的最高贷款额度；以及

（c）贷款额不超过由客户将农产品运输到农产品仓库时的农产品价值；以及

（d）客户偿还的贷款达到农产品所运抵的仓库支付的货款；或者

（2）《反洗钱和反恐融资法》第 6（2）小节表 1 中第 7 项所列举的类型；并且

由与第 42.2 段第（1）项内容所含贷款相关的客户实施交易；

42.3 在本章中：

（1）"农产品"指谷物、含油种子和所有类别、质量等级和品种的豆类植物种子，包括小麦、大麦、燕麦、高粱、玉米、稻米等；

（2）"农产品仓库"指为销售按类别分装农产品的仓库。仓库内特定类别的所有农产品售完且款项支付完毕后，仓库停止运作。

报告机构应当注意，在依据《反洗钱和反恐融资法》行事时，即使在其他方面拥有隐私法豁免权，也应遵守《1988 年隐私法》，包括《国家隐私准则》的具体要求。更多关于此义务的信息，请访问 http：//www. privacy. gov. au 或致电 1300363992。

第 43 章　互助会封闭式基金

43.1 本章反洗钱和反恐融资准则依据《反洗钱和反恐融资法》第 229 节制定，用于执行该法第 247（4）小节的规定。

43.2 根据第 43.3 段内容，《反洗钱和反恐融资法》不适用于以下类型的指定服务：

（1）第 6（2）小节表 1 中第 37 项；

（2）第 6（2）小节表 1 中第 38 项；

（3）第 6（2）小节中表 1 的第 39 项。

43.3 第 43.2 段的豁免适用于以下情况：

（1）互助会提供的指定服务；

（2）所提供的指定服务与已批准的福利基金有关，并且此基金章程规定该基金：

（a）不对新成员开放；且

（b）不能制定新政策。

43.4　在本章中：

（1）"已批准的福利基金"的含义见《1995 年人寿保险法》（Cth）第 16B 条的规定；

（2）"已批准的福利基金章程"的含义见《1995 年人寿保险法》（Cth）第 16B 条的规定；

（3）"互助会"的含义见《1995 年人寿保险法》（Cth）第 16C 条的规定。

报告机构应当注意，在依据《反洗钱和反恐融资法》行事时，即使在其他方面拥有隐私法豁免权，也应遵守《1988 年隐私法》，包括《国家隐私准则》的具体要求。更多关于此义务的信息，请访问 http：//www. privacy. gov. au 或致电 1300363992。

第 44 章　从指定汇兑服务提供者登记簿中移除主体姓名和登记细节信息

44.1　本章反洗钱和反恐融资准则依据《反洗钱和反恐融资法》第 229 节制定，用于执行该法第 75（4）（b）段的规定。

44.2　如果澳大利亚交易报告和分析中心主任认为将某主体姓名和登记细节信息保存在指定汇兑服务提供者登记簿（登记簿）上的后果会构成无法接受的洗钱或恐怖融资风险，澳大利亚交易报告和分析中心主任可以将该主体姓名和登记细节从登记簿中移除。

44.3　为执行第 44.2 段的规定，在可能考虑的事项中，澳大利亚交易报告和分析中心主任在形成意见时必须考虑到以下内容：

（1）如果主体为个人，是否：

（a）曾因违反《反洗钱和反恐融资法》或《1988 年金融交易报告法》，以与洗钱、恐怖融资有关的罪行而被逮捕、控告、起诉和/或定罪；

（b）其代理人因违反《反洗钱和反恐融资法》或《1988 年金融交易报告法》，以与洗钱或恐怖融资有关的罪行而被逮捕、控告、起诉和/或定罪；

（c）根据《反洗钱和反恐融资法》签发过与主体相关的民事处罚指令；

（d）根据《反洗钱和反恐融资法》签发过与主体的代理人相关的民事处罚指令。

（2）如果主体为公司法人，是否：

（a）曾因违反《反洗钱和反恐融资法》或《1988 年金融交易报告法》，以与洗钱或恐怖融资有关的罪行而被逮捕、控告、起诉和/或定罪；

（b）其代理人因违反《反洗钱和反恐融资法》或《1988 年金融交易报告法》，以与洗钱或恐怖融资有关的罪行而被逮捕、控告、起诉和/或定罪；

（c）根据《反洗钱和反恐融资法》签发过与主体相关的民事处罚指令；

（d）根据《反洗钱和反恐融资法》签发过与主体的代理人相关的民事处罚指令。

（3）如果主体为信托，是否：

（a）托管人曾因违反《反洗钱和反恐融资法》或《1988 年金融交易报告法》，以与洗钱或恐怖融资有关的罪行而被逮捕、控告、起诉和/或定罪；

（b）主体的代理人因违反《反洗钱和反恐融资法》或《1988 年金融交易报告法》，以与洗钱或恐怖融资有关的罪行而被逮捕、控告、起诉和/或定罪；

（c）根据《反洗钱和反恐融资法》签发过与托管人相关的民事处罚指令；

（d）根据《反洗钱和反恐融资法》签发过与主体的代理人相关的民事处罚指令。

（4）如果主体为合伙企业，是否：

（a）合伙人曾因违反《反洗钱和反恐融资法》或《1988 年金融交易报告法》，以与洗钱或恐怖融资有关的罪行而被逮捕、控告、起诉和/或定罪；

（b）主体的代理人因违反《反洗钱和反恐融资法》或《1988 年金融交易报告法》，以与洗钱或恐怖融资有关的罪行而被逮捕、控告、起诉和/或定罪；

（c）根据《反洗钱和反恐融资法》签发过与合伙人相关的民事处罚指令；

（d）根据《反洗钱和反恐融资法》签发过与主体的代理人相关的民事处罚指令。

44.4　（1）如果澳大利亚交易报告和分析中心主任将主体姓名和登记细节从登记簿中移除，澳大利亚交易报告和分析中心主任必须在 7 天内向该主体发出除名书面通知。

（2）通知必须：

（a）陈述澳大利亚交易报告和分析中心主任形成这一意见的理由；

（b）包括主体可在通知日期后的 28 天之内针对通知提交书面意见的声明；

（c）包括澳大利亚交易报告和分析中心主任可与 44.3（3）（b）段中所提到的其他主体就针对通知提交的任何书面意见进行讨论的声明。

（3）如果主体针对通知内容提交了意见，澳大利亚交易报告和分析中心主任：

（a）必须予以考虑；并

（b）与任何其认为适合于评估真实情况的人员讨论提交意见中的任何事项。

44.5　根据第 44.2 段的内容，如果已从登记簿中除名的主体向澳大利亚交易报告和分析中心主任申请重新进入登记簿，则申请中必须包含使澳大利亚交易报告和分析中心主任确信的证据，即该主体提供注册指定汇兑服务不会构成不可接受的洗钱或恐怖融资风险。

44.6　本章中提及的已被定罪的主体或代理人，包括与根据《1914 年刑法》第 19B 条所作出的判决相关的，或是触犯了州、地区或外国相应法律条款的主体。

44.7　在本章中：

（1）"主体"的含义与《反洗钱和反恐融资法》第5节规定的内容相同；

（2）"代理人"的含义是：

（a）如属于公司法人的情况，指被视为代表公司法人履职的公司法人的雇员、代理或高级职员；

（b）如属于个人、信托或合伙企业的情况，指被视为代表个人、信托或合伙人履职的个人、信托或合伙企业的雇员或代理。

报告机构应当注意，在依据《反洗钱和反恐融资法》行事时，即使在其他方面拥有隐私法豁免权，也应遵守《1988年隐私法》，包括《国家隐私准则》的具体要求。更多关于此义务的信息，请访问 http：//www. privacy. gov. au 或致电1300363992。

第 45 章　债务追讨

45.1　本章反洗钱和反恐融资准则根据《反洗钱和反恐融资法》第229节制定，用于执行该法第247（4）小节的规定。

45.2　根据第274（4）小节的规定，下表所列的反洗钱法和反恐怖融资法条款不适用于第45.3段所列情况下提供的指定服务：

条款	适用范围
第 2 部分第 2 章	整章
第 2 部分第 3 章	整章
第 2 部分第 4 章	整章
第 2 部分第 5 章	整章
第 2 部分第 6 章	整章
第 2 部分第 7 章	第 37 节、38 节
第 3 部分第 3 章	仅第 43 节
第 3 部分第 4 章	仅第 45 节
第 3 部分第 5 章	整章
第 3 部分第 6 章	仅第 50 节
第 5 部分	整部分
第 6 部分	整部分

续表

条款	适用范围
第 7 部分	整部分
第 10 部分	仅第 104 节、105 节、106 节、109 节、110 节、111 节、112 节、113 节、114 节、115 节、116 节、117 节、118 节、119 节

45.3 第 45.2 段所列的豁免情况只有当主体作为债务追讨人提供《反洗钱和反恐融资法》第 6（2）小节表 1 中所描述的以下指定服务时才适用：

（a）第 6 项

（b）第 7 项

（c）第 8 项

（d）第 31 项

（e）第 32 项

（f）第 51 项

（g）第 53 项

45.4 在本章：

（1）"债务"指在下列情况下，亏欠的一定数量金钱，包括主张的债务：

（a）客户在账户的期限和条件方面违约；或

（b）客户在账户的期限和条件方面违约，并且资金提供者（账户提供者）减少了在该账户下对客户的进一步信贷；

（c）因为客户违约或一直没有给付资金，账户提供者终止、取消、注销或冲销了债务；

（2）"主张的债务"是指追讨者有充分理由相信该债务存在，并且负债人有能力偿还的债务；

（3）"债务追讨人"是指具体履行债务追讨事务的个人。

报告机构应当注意，在依据《反洗钱和反恐融资法》行事时，即使在其他方面拥有隐私法豁免权，也应遵守《1988 年隐私法》，包括《国家隐私准则》的具体要求。更多关于此义务的信息，请访问 http：//www. privacy. gov. au 或致电 1300363992。

第46章　客户身份验证程序的特殊情形

46.1　本章反洗钱和反恐融资准则根据《反洗钱和反恐融资法》第229节制定，用于执行该法中第33（a）段和33（b）段，以及34（1）（ⅰ）项的规定。

46.2　根据《反洗钱和反恐融资法》第33（a）段、33（b）段规定，指定服务及相关条件是指，作为某主体的代理人，通过代表另一个主体（客户）的报告机构依据《反洗钱和反恐融资法》第6（2）小节表1第33项规定，取得或处分一项证券或衍生品或国外汇兑契约，该交易在指定金融市场中进行且满足下列条件：

（1）报告机构不接受以现金形式向指定服务拨款；并且

（2）报告机构不允许客户转让或出售因处置证券或衍生品或国外汇兑契约而获得的收益；并且

（3）报告机构对其代表客户获取的证券或衍生品或国外汇兑契约，不再代表客户转售，转让，或出售（包括为向客户提供第33项的指定服务而转售，转让或出售给另一报告机构）；并且

（4）报告机构不允许客户获取贷款后退款；并且

（5）指定服务不涉及《2001年公司法》第1019B节规定的管理投资计划中获取的利益；并且

（6）在开始提供指定服务之前，报告机构不能合理开展客户尽职调查程序；并且

（7）基于与交易相关的金融市场状况，交易必须快速进行；并且

（8）在开展适当的客户尽职调查程序之前，报告机构必须采取适当的风险为本制度和措施以决定是否提供以及在何种情况下向客户提供指定服务，包括交易账号、类型和/或交易数量。

46.3　根据本准则第46.2段以及《反洗钱和反恐融资法》第34（1）（ⅰ）项的规定，时间为以下两项中较早的一项：

（1）报告机构履行客户尽职调查的日期；或者

（2）报告机构开始向客户提供指定服务后的5个工作日结束日。

46.4　在本章中：

（1）"衍生品"含义见《反洗钱和反恐融资法》第 5 条内容；

（2）"证券"含义见《反洗钱和反恐融资法》第 5 条内容；

（3）"指定金融市场"含义见《2001 年公司法》第 9 节内容。

报告机构应当注意，在依据《反洗钱和反恐融资法》行事时，即使在其他方面拥有隐私法豁免权，也应遵守《1988 年隐私法》，包括《国家隐私准则》的具体要求。更多关于此义务的信息，请访问 http：//www. privacy. gov. au 或致电 1300363992。

第 47 章 养老金基金意外寿险利息

47.1 本章反洗钱和反恐融资准则根据《反洗钱和反恐融资法》第 229 节制定，用于执行该法第 247（3）小节的规定。

47.2 根据第 47.3 段的规定，《反洗钱和反恐融资法》不适用于以下指定服务：

（1）《反洗钱和反恐融资法》第 6（2）小节表 1 第 42（a）项描述的指定服务；或

（2）《反洗钱和反恐融资法》第 6（2）小节表 1 第 43（a）项描述的指定服务。

47.3 第 47.2 段中所列豁免情况，仅在以下情况适用：

（1）当意外寿险具有下列情形，且提供指定服务与养老金基金成员意外寿险现实或潜在权益（"意外寿险利息"）相关（不论该成员在养老金基金中是否有其他利息、获利、权益、结余）：

（a）已经由养老金基金受托人代表养老金基金成员从人寿保险公司获取；并且

（b）养老金基金受托人作为保单持有者持有；以及

（2）第 47.3（1）段中所指的成员意外寿险保单利息，不包括投资部分或累计余额；以及

（3）针对本准则第 47.2（2）段所列指定服务，当意外寿险保单出险时，养老金基金受托人将意外寿险保单的利息全部或部分兑成现金，该利息为第 47.3（1）段中所述利息，且与养老金基金成员发生出险事故相关（不管养老金受托人是否决定将投保人在养老金基金中的其他利

息、获利、权益、结余兑成现金）。

47.4 在本段：

（1）"成员"与《反洗钱和反恐怖融资法》第6（2）小节表1第42项、43项中指定服务中的客户的意义相同。

（2）"意外寿险保单"指《反洗钱和反恐融资法》第5节"寿险保单"定义之外的寿险保单，并且尤其指涉及以下内容的寿险保单：

（a）当与养老金基金成员保单所列事件发生，尤其与死亡或者丧失行动能力事件相关时，作为保单持有者的养老金基金受托人可一次性支付总额或分期付款支付；并且

（b）没有规定的最小退保金额（除了保单文件和宣传资料中可能规定的之外）或投资组成部分。

鉴于此定义，一个保单是否有规定最小退保金额的问题将根据《1995年人寿保险法》第230A节而制定的谨慎标准判定。

报告机构应当注意，在依据《反洗钱和反恐融资法》行事时，即使在其他方面拥有隐私法豁免权，也应遵守《1988年隐私法》，包括《国家隐私准则》的具体要求。更多关于此义务的信息，请访问http：//www. privacy. gov. au或致电1300363992。

第48章 《反洗钱和反恐融资法》对薪资打包管理服务的豁免

48.1 本章反洗钱和反恐融资准则根据《反洗钱和反恐融资法》第229节制定，用于执行该法第247（3）小节的规定。

48.2 根据第48.3段的规定，《反洗钱和反恐融资法》不适用以下指定服务：

《反洗钱和反恐融资法》第6（2）小节表1第6项、7项、31项、32项及48项所述的指定服务。

48.3 第48.2段的豁免仅在报告机构有下列情形时适用：

（1）正在向雇主客户提供与薪资打包相关的管理性服务业务；并且

（2）不从事涉及与《反洗钱和反恐融资法》第6（2）小节表1第31项、32项描述的指定服务相关的现金接收或支付交易。

48.4 在本章中：

"薪资打包"指的是在雇主和雇员之间的协定，根据协定，雇员同意放弃他们将来的部分薪水或工资权利作为雇主为其提供等价利润的回报。

报告机构应当注意，在依据《反洗钱和反恐融资法》行事时，即使在其他方面拥有隐私法豁免权，也应遵守《1988 年隐私法》，包括《国家隐私准则》的具体要求。更多关于此义务的信息，请访问 http：//www. privacy. gov. au 或致电 1300363992。

第 49 章　国际统一经纪服务协议

49.1 本章反洗钱和反恐融资准则根据《反洗钱和反恐融资法》第 229 节制定，用于执行该法第 39 （4） 小节的规定。

49.2 《反洗钱和反恐融资法》第 2 部分第 4 章不适用于以下指定服务：

（1）《反洗钱和反恐融资法》第 6 （2） 小节表 1 第 33 项所描述的服务；以及

（2） 在第 49.3 段所列的情况下报告机构向客户提供的服务。

49.3 第 49.2 段提到的特定情况指报告机构：

（1） 依照国际统一经纪服务协议的规定和条件向客户提供指定服务；

（2） 依据《许可市场操作规程》准许作为参与者；

（3） 不接收、持有或转让与提供指定服务有关的客户资金或资产（而非付给报告机构的适当费用）；

（4） 报告机构依据国际统一经纪服务协议将清算交易转交某主体，该主体：

（a） 被批准为《许可客户服务工具操作规程》的参与者；或

（b） 受反洗钱和反恐融资法律，或澳大利亚同类法律规范。

49.4 在本章中：

（1） "参与者"与《2001 年公司法》第 761A 节中意义一致；

（2） "许可市场"与《2001 年公司法》第 761A 节中意义一致；

（3） "许可客户服务工具"与《2001 年公司法》第 761A 节中意义一致；

（4）"国际统一经纪服务协议"指根据由美国期货行业协会（FIA）、期货和期权协会（FOA）、伦敦国际金融期货和期权交易所（LIFFE）制定的模式性协议的条款和条件下建立的合同，客户据此合同指示报告机构执行交易指令，但该交易清算由原报告机构将客户指令"经纪"或转交给其他机构完成。

报告机构应当注意，在依据《反洗钱和反恐融资法》行事时，即使在其他方面拥有隐私法豁免权，也应遵守《1988 年隐私法》，包括《国家隐私准则》的具体要求。更多关于此义务的信息，请访问 http：//www.privacy.gov.au 或致电 1300363992。

第 50 章　　特定条件下适用的客户身份识别程序豁免

50.1　本章反洗钱和反恐融资准则根据《反洗钱和反恐融资法》第229 节制定，用于执行该法第 39（4）小节的规定。

特定企业集团某个成员的客户被该集团另一成员视为现有客户时的客户身份识别程序豁免条款。

50.2　根据第 50.4 段和 50.5 段的规定，《反洗钱和反恐融资法》第2 部分第 4 章不适用于第 50.3 段所述情况下提供的指定服务。

50.3　第 50.2 段所指的情况是：

（1）报告机构 1 已经将业务全部或部分分配、变更、出售或转让给报告机构 2；

（2）报告机构 3 已开始向报告机构 2 的客户提供指定报务；

（3）报告机构 3 与报告机构 2 属于同一特定企业集团；并且

（4）依据已评估的洗钱/恐怖融资风险以及风险为本的制度和措施，按第 28 章要求，对于报告机构 2 视为现有客户的转移客户，报告机构 3 将其视为现有客户是合理的。

50.4　报告机构 3 必须在第 50.5 段所述任一情况出现后的 14 天内，采取以下一种或多种措施：

（1）开展适当的客户身份识别程序；或者

（2）依据已评估的洗钱/恐怖融资风险以及风险为本的制度和措施，评估是否可以信赖以下任一由报告机构 2 先前采取的识别和核实客户身份的方式：

（a）规定核实程序；

（b）确认证明；或

（c）澳大利亚交易报告和分析中心主任核准的程序；以及

（d）报告机构 3 就第 50.4 段第（2）（a）至（c）项的内容获得的相关证明（如果适用）；或

（3）收集该客户的任何"了解你的客户"信息；或

（4）从可靠、独立来源核实已获取的该客户的"了解你的客户"信息。

以便使报告机构 3 合理确认该客户与其声明相符。

50.5　第 50.4 段中所述情况是指：

（1）报告机构 3 开始向客户提供指定服务时即产生可疑事项报告义务；或

（2）当报告机构 3 向报告机构 2 的客户提供指定服务，或者第二报告主体向第一报告主体的客户提供指定服务时，按照报告机构 3 所属的特定企业集团的反洗钱和反恐融资程序评估，洗钱/恐怖融资风险等级明显提高。

特定企业集团某个成员的客户是该集团另一成员的现有客户时的客户身份识别程序豁免条款。

50.6　鉴于第 50.8 段和 50.9 段的规定，《反洗钱和反恐融资法》第 2 部分第 4 章不适用于第 50.7 段所述情况下提供的指定服务。

50.7　第 50.6 段所指的情况是：

（1）第二报告机构开始向第一报告机构的客户提供指定报务，并且这一客户是第 28 节条款中第一报告机构的现有客户；

（2）第二报告机构与第一报告机构属于同一特定企业集团的成员；并且

（3）依据已评估的洗钱/恐怖融资风险以及风险为本的制度和措施，第二报告主体可将第一报告机构的现有客户视为其现有客户。

50.8　第二报告主体必须在第 50.9 段所述情况发生后的 14 天内，采取以下一项或多项措施：

（1）进行客户身份识别程序；或

（2）依据已评估的洗钱/恐怖融资风险以及风险为本的制度和措施，评估是否可以信赖以下任一由第一报告机构先前采取的识别和核实客户身份的方式：

（a）规定核实程序；

（b）确认证明；或

（c）澳大利亚交易报告和分析中心主任核准的程序；以及

（d）报告机构3就第50.4段第（2）（a）至（c）项的内容获得的相关证明（如果适用）；或

（3）收集该客户的任何"了解你的客户"信息；或

（4）从可靠、独立来源核实已获取的该客户的"了解你的客户"信息。

以便第二报告机构合理确认该客户与其声明相符。

50.9 第50.8段所述情况是指：

（1）第二报告机构开始向客户提供指定服务时即产生可疑事项报告义务；

（2）当第二报告主体向第一报告主体的客户提供特定服务时，按照第二报告主体所属的特定企业集团的反洗钱和反恐融资程序评估，洗钱/恐怖融资风险等级明显提高。

50.10 在本章中：

（1）报告机构1指将业务全部或部分分配、变更、出售或转让给报告机构2的报告机构；

（2）报告机构2指报告机构1的业务全部或部分分配、变更、出售或转让的对象；

（3）报告机构3指将报告机构2的客户视为现有客户对待的报告机构；

（4）第一报告机构指作为特定企业集团成员中一员的报告主体；

（5）第二报告主体指与第一报告主体属于同一特定企业集团成员的报告主体；

（6）"规定核实程序"、"确认证明"、"澳大利亚交易报告和分析中心主任核准的程序"的含义同《1988年金融交易报告法》及《1990年金融交易报告准则》；

（7）"转移客户"指仅在报告机构 1 向报告机构 2 分配、变更、出售或转让全部或部分业务时，报告机构 3 的指定服务客户。

报告机构应当注意，在依据《反洗钱和反恐融资法》行事时，即使拥有隐私法豁免权，也应遵守《1988 年隐私法》，包括《国家隐私准则》的具体要求。更多关于此义务的信息，请访问 http：//www. privacy. gov. au 或致电 1300363992。

关于《2007年反洗钱和反恐融资规定(第1号)》的注释

注释 1

本次汇编的《2007 年反洗钱和反恐融资规定（第 1 号）》（依据《反洗钱和反恐融资法》第 229 条生效）的修订情况如下表所示。

名称	法律文件 联邦登记日期	施行日期	适用、除外或 过渡性条款
《2007 年反洗钱和反恐怖融资规定（第 1 号)》	2007 年 4 月 13 日 （参见 F2007L01000）	1～3 节及目录 1： 2007 年 6 月 12 日 目录 2：2007 年 12 月 12 日	—
《2007 年反洗钱和反恐怖融资规定修订文件（第 1 号)》 修订为	2007 年 6 月 28 日 （参见 F2007L01959）	2007 年 6 月 29 日	— —
《2007 年反洗钱和反恐怖融资规定修订文件（第 2 号)》	2007 年 7 月 24 日 （参见 F2007L02318）	2007 年 7 月 25 日	—
《2007 年反洗钱和反恐怖融资规定修订文件（第 3 号)》	2007 年 10 月 26 日 （参见 F2007L04255）	2007 年 10 月 27 日	—
《2007 年反洗钱和反恐怖融资规定修订文件（第 4 号)》 修订为	2007 年 12 月 18 日 （参见 F2007L04878） 2008 年 12 月 10 日	目录 1：2007 年 12 月 12 日 目录 2：2008 年 12 月 12 日	—
《2008 年反洗钱和反恐怖融资规定修订文件（第 7 号)》	（参见 F2008L04629） 2007 年 12 月 20 日	2008 年 12 月 11 日	目录 3［由 2010（第 3号）废止］
《2007 年反洗钱和反恐怖融资规定修订文件（第 5 号)》	（参见 F2007L04925）	1～3 节及目录 1： 2007 年 12 月 21 日 目录 2：2008 年 12 月 12 日 （参见 2（b）节）	

名称	法律文件 联邦登记日期	施行日期	适用、除外或 过渡性条款
修订为			
《2008 年反洗钱和反恐怖融资规定修订文件（第 1 号）》	2008 年 4 月 29 日 （参见 F2008L01170）	2008 年 4 月 30 日	—
《2008 年反洗钱和反恐怖融资规定修订文件（第 7 号）》	2008 年 12 月 10 日 （参见 F2008L04629）	2008 年 12 月 11 日	—
《2009 年反洗钱和反恐怖融资规定修订文件（第 3 号）》	2009 年 7 月 9 日 （参见 F2009L02693）	2009 年 7 月 10 日	—
《2010 年反洗钱和反恐怖融资规定修订文件（第 3 号）》	2010 年 12 月 20 日 （参见 F2010L03318）	1～3 节及目录 2： 2010 年 12 月 21 日	—
《2008 年反洗钱和反恐怖融资规定修订文件（第 1 号）》	2008 年 4 月 29 日 （参见 F2008L01170）	2008 年 4 月 30 日	—
《2008 年反洗钱和反恐怖融资规定修订文件（第 2 号）》	2008 年 5 月 2 日 （参见 F2008L01285）	2008 年 5 月 3 日	—
《2008 年反洗钱和反恐怖融资规定修订文件（第 3 号）》	2008 年 5 月 15 日 （参见 F2008L01373）	2008 年 5 月 16 日	—
《2008 年反洗钱和反恐怖融资规定修订文件（第 4 号）》	2008 年 8 月 12 日 （参见 F2008L03047）	2008 年 8 月 13 日	—
《2008 年反洗钱和反恐怖融资规定修订文件（第 5 号）》	2008 年 8 月 12 日 （参见 F2008L03048）	2008 年 8 月 13 日	—
《2008 年反洗钱和反恐怖融资规定修订文件（第 6 号）》	2008 年 10 月 9 日 （参见 F2008L03746）	2008 年 10 月 10 日	—
《2008 年反洗钱和反恐怖融资规定修订文件（第 7 号）》	2008 年 12 月 10 日 （参见 F2008L04629）	2008 年 12 月 11 日	—
《2008 年反洗钱和反恐怖融资规定修订文件（第 8 号）》	2009 年 1 月 6 日 （参见 F2009L00007）	2009 年 1 月 7 日	—

名称	法律文件 联邦登记日期	施行日期	适用、除外或 过渡性条款
《2009 年反洗钱和反恐怖融资规定修订文件（第 1 号）》	2009 年 3 月 24 日 （参见 F2009L01136）	2009 年 3 月 25 日	—
《2009 年反洗钱和反恐怖融资规定修订文件（第 2 号）》	2009 年 3 月 30 日 （参见 F2009L01198）	2009 年 3 月 31 日	—
《2009 年反洗钱和反恐怖融资规定修订文件（第 3 号）》	2009 年 7 月 9 日 （参见 F2009L02693）	2009 年 7 月 10 日	—
《2009 年反洗钱和反恐怖融资规定修订文件（第 4 号）》	2009 年 8 月 24 日 （参见 F2009L03234）	2009 年 8 月 25 日	—
《2009 年反洗钱和反恐怖融资规定修订文件（第 5 号）》	2009 年 12 月 1 日 （参见 F2009L04377）	2009 年 12 月 2 日	—
《2010 年反洗钱和反恐怖融资规定修订文件（第 1 号）》	2010 年 4 月 15 日 （参见 F2010L00964）	2010 年 4 月 16 日	—
《2010 年反洗钱和反恐怖融资规定修订文件（第 2 号）》	2010 年 9 月 15 日 （参见 F2010L02476）	2010 年 9 月 16 日	—
《2010 年反洗钱和反恐怖融资规定修订文件（第 3 号）》	2010 年 12 月 20 日 （参见 F2010L03318）	1 ~ 3 节及目录 1、2： 2010 年 12 月 21 日	—
《2011 年反洗钱和反恐怖融资规定修订文件（第 1 号）》	2011 年 3 月 4 日 （参见 F2011L00378）	目录 3：参见 2（c）节和注释 2 2011 年 3 月 5 日	

修订表

受影响的条款	影响方式
第 2 节	已废止且替代，修订文件 2008（第 1 号）
第 2 节的注释	已废止，修订文件 2008（第 7 号）
第 3 节	已废止，修订文件 2008（第 1 号）
目录 1	
标题至目录 1	已废止，修订文件 2007（第 5 号）
目录 2	
标题至目录 2	已废止，修订文件 2007（第 5 号）
目录 2	已修订，修订文件 2007（第 5 号）（由修订文件 2008（第 1 号）修订）
目录 3	
标题至目录 3	已废止，修订文件 2007（第 5 号）
目录 3	已修订，修订文件 2007（第 5 号）（由修订文件 2008（第 1 号）修订）
第 1 章	
第 1 章	已修订，修订文件 2009（第 3 号）和（第 4 号）
第 2 章	
第 2 章	已废止且替代，修订文件 2009（第 3 号）
	已修订，修订文件 2010（第 1 号）
第 3 章	
第 3 章	已修订，修订文件 2008（第 7 号）
第 7 章	
第 7 章	已修订，修订文件 2007（第 4 号）
第 11 章	
第 11 章	已增加或插入条款，修订文件 2007（第 1 号）
	已修订，修订文件 2008（第 8 号）
	已修订，修订文件 2009（第 5 号）
	已修订，修订文件 2010（第 3 号）
第 12 章	
第 12 章	已增加或插入条款，修订文件 2007（第 1 号）（由修订文件 2007（第 2 号）修订）
第 13 章	
第 13 章	已增加或插入条款，修订文件 2007（第 1 号）（由修订文件 2007（第 2 号）修订）

注释 2

《2010 年反洗钱和反恐融资规定修订文件（第 3 号）》。

以下修订自 2011 年 10 月 1 日起施行：

目录 3　关于《2007 年反洗钱和反恐融资规定（第 1 号）》的修订：

（a）废止第 19 章

（b）在第 18 章之后插入

第 19 章　大额交易报告的详细内容

19.1　本章自 2011 年 10 月 1 日起施行。

注释：第 19 章规定的义务和责任自 2011 年 9 月 30 日起生效，参见《1901 年法律解释法》第 8 节的规定。

19.2　本规定根据《反洗钱和反恐融资法》第 229 节制定，用于执行该法第 43（3）（b）段的规定。

19.3　除第 19.4 段另有规定外，根据《反洗钱和反恐融资法》第 43（2）小节上报的大额交易报告必须包含以下具体内容：

（1）如果指定服务的客户是个人：

（a）该客户的姓名全称；

（b）该客户使用过的其他任何名字，如有；

（c）该客户在商务活动中使用过的任何名字，如有；

（d）该客户的出生日期；

（e）该客户的完整地址（非邮箱地址）；

（f）该客户的通信地址，如不同于 19.3（1）（e）中的地址，如有；

（g）该客户的电话号码，如有；

（h）该客户的澳大利亚业务代码，如有；

（i）如果进行大额交易的人员不是该客户，则提供本规定第 19.3（15）（a）项列明的关于此人的详细信息，以及如适用，本规定第 19.3（15）（b）项和第 19.3（15）（c）项列明的关于此人的详细信息；

（2）如果进行交易的客户是账户的签名人而并非该账户的持有人，只需填写以下具体内容：

（a）姓名全称；

（b）该签名人使用过的其他任何名字，如有；

（c）出生日期；

（d）完整地址（非邮箱地址）；

（e）该客户的通信地址，如不同于 19.3（2）（d）中的地址，如有；

（f）电话号码，如有；

注释：当第 19.3（2）段适用时，必须根据第 19.3（1）段或第 19.3（3）段的要求提供账户持有人的具体信息。

（3）如果指定服务的客户不是个人：

（a）该客户的名称和该客户在商务活动中使用过的任何名称；

（b）关于该客户法律形式及主营业务结构的说明，如有（如合伙制、信托或公司制）；

（c）该客户主要经营地点的完整地址（非邮箱地址），如适用；

（d）该客户的通信地址，如不同于 19.3（3）（c）中的地址，如有；

（e）该客户的澳大利亚公司代码、澳大利亚机构注册代码和/或澳大利亚业务代码，如有；

（f）该客户的电话号码，如有；

（g）本规定第 19.3（15）（a）段中列明的进行大额交易人员的详细内容，以及如适用，本规定第 19.3（15）（b）和 19.3（15）（c）段中列明的进行大额交易人员的详细内容；

（4）客户的职业、行业或主要活动，或者适用于客户的行业或职业

的相关行业代码或职业代码，如有，例如（但不限于）：

（a）"2006 年澳大利亚与新西兰标准行业分类（经修订）"中的澳大利亚统计局；或

（b）澳大利亚统计局在"澳大利亚职业标准分类（修订）"中发布的适用于客户行业的相关行业代码；

（5）大额交易的具体日期；

（6）报告机构向或即将向客户提供的、涉及大额交易的指定服务的说明；

（7）如适用，客户涉及大额交易的以下金额的总额：

（a）货币，包括其中每一项组成的总额，若由现金组成，还包括每一货币的币种和总额；

（b）国际资金划转；

（c）依据 19.3（7）（f），支票；

（d）依据 19.3（7）（f），银行支票；

（e）依据 19.3（7）（f），银行汇票；

（f）如果 19.3（7）（c）、（d）或（e）中的金额无法逐个确定，则这些金额的总额；

（g）旅行支票；

（h）现金或汇票；

（i）分期付款或金融租赁支付；

（j）可转让债务票据；

（k）保险金赔付或分红；

（l）捐赠或缴纳保费；

（m）金融衍生品或期货；

（n）有价证券；

（o）贵金属；

（p）储值卡（包含发售卡或充值卡）；

（q）赌博筹码或代币；

（r）电子游戏机分红；

（s）赌注赢彩；

（t）买进某局（赌博服务）；

（u）设定赌注；以及

（v）任何其他价值。

（8）适用于大额交易的以下所有具体内容：

（A）当大额交易包含现金：

（i）以澳大利亚元计价的总金额；

（ii）若金额中包含外币，该外币的币种和金额；

（iii）收款方的名称；

（iv）收款方的完整地址（非邮箱地址），如有；

（v）收款方的出生日期，如有；

（vi）资金划转目的的说明；

（vii）如果资金划转的目的是：

（a）利用客户划转的全部或部分现金为客户开具支票；或

（b）客户向报告机构兑付所出具支票的全部或部分金额以获取现金；

以下具体内容：

（i）出票人的名称；

（ii）付款人的名称；以及

（iii）支票的金额。

（B）当大额交易涉及电子货币：

（i）电子货币的面值和金额；

（ii）电子货币折合成澳大利亚元的总金额，如有；

（iii）关于电子货币的说明，包括支持资产或物品的具体内容，如有；

（iv）收款方的姓名；

（v）收款方的完整地址（非邮箱地址），如有；

（vi）收款方的出生日期，如有；

（vii）说明资金划转的目的；

（viii）如果资金划转的目的是：

（a）利用客户划转的全部或部分电子货币为客户开具支票；或

（b）客户向报告机构兑付所出具支票的全部或部分金额以获取电子货币；

以下具体内容：

（ⅰ） 出票人的名称；

（ⅱ） 付款人的名称；以及

（ⅲ） 支票的金额。

（C） 当大额交易是法规中所列明的涉及货币的某一类型：

（ⅰ） 以澳大利亚元计价的总金额；

（ⅱ） 若金额中包含外币，则该外币的币种和金额；

（ⅲ） 说明特定交易的类型；

（ⅳ） 收款方的名称；

（ⅴ） 收款方的完整地址（非邮箱地址），如有；

（ⅵ） 收款方的出生日期，如有；

（ⅶ） 说明资金划转的目的；

（ⅷ） 如果资金划转的目的是：

（a） 利用客户划转的全部或部分货币为客户开具支票；或

（b） 客户向报告机构兑付所出具支票的全部或部分金额以获取货币；

以下具体内容：

（ⅰ） 出票人的名称；

（ⅱ） 付款人的名称；以及

（ⅲ） 支票的金额。

（D） 当大额交易是法规中所列明的涉及财产转移的某一类型：

（ⅰ） 关于特定交易类型的说明；

（ⅱ） 被转移财产以澳大利亚元计价的价值；

（ⅲ） 若被转移财产的价值涉及外币，该外币的币种和金额；

（ⅳ） 收款方的名称；

（ⅴ） 收款方的完整地址（非邮箱地址），如有；

（ⅵ） 收款方的出生日期，如有；

（ⅶ） 说明资金划转的目的；

（ⅷ） 如果资金划转的目的是：

（a） 利用客户划转的全部或部分财产为客户开具支票；或

（b） 客户向报告机构兑付所出具支票的全部或部分金额以获取财产；

以下具体内容：

（ⅰ） 出票人的名称；

（ⅱ）收款人的名称；以及

（ⅲ）支票的金额。

（9）关于涉及大额交易的、由报告机构开立的任何账户的说明，包括账户的标识号码。

（10）报告机构的名称，以及如适用，标识号码。

（11）发生大额交易的报告机构的名称，以及如适用，标识号码。

（12）发生大额交易的报告机构的地址。

（13）发生大额交易的任何标识或交易号码。

（14）可用于核实客户身份的可靠且独立的文件和/或电子数据来源的说明，如适用。

如果进行大额交易的个人不是该客户

（15）依据第19.3（17）项的规定，交易执行人不是该客户，则提供下列有关交易执行人的所有详细信息，如适用：

（a）如果进行大额交易的是个人：

（ⅰ）此人的姓名全称；

（ⅱ）此人使用过的其他任何名字；

（ⅲ）此人的出生日期，如有；

（ⅳ）此人的完整地址（非邮箱地址），如有；

（ⅴ）此人的通信地址，如不同于19.3（15）（a）（ⅳ）中的地址，如有；

（ⅵ）此人的电话号码，如有；

（ⅶ）关于此人的代理授权证明的说明，如存在且有；

（ⅷ）除非19.3（15）（b）（ⅱ）或19.3（15）（c）（ⅳ）适用，此人的职业或主要活动，如有；

（b）如果此人是客户的雇员并作为其代理人进行操作，除本章19.3（15）（a）项规定的具体内容外，还需要以下具体内容：

（ⅰ）关于此人是否以该客户的雇员身份进行交易的声明；

（ⅱ）该客户授予此人的职衔、身份或职位，如有；

（c）如果此人代表机构进行账户操作，但该机构并不是客户，除本章19.3（15）（a）项规定的具体内容外，还需以下具体内容：

（ⅰ）该机构的完整名称或其运营过程中使用过的商业名称，如有；

（ⅱ）该机构的完整地址（非邮箱地址），如有；

（ⅲ）该机构代表客户进行账户操作的代理授权证明的说明，如存在且有；

（ⅳ）该机构授予此人的职衔、身份或职位，如有；

（ⅴ）该机构的澳大利亚公司代码、澳大利亚机构组织注册代码和/或澳大利亚业务代码，如有；

（ⅵ）关于此人是否代表机构主体进行交易的声明；

用以核实本章 19.3（15）段中涉及的个人的身份的可靠且独立的文件和/或可靠且独立的电子数据的说明，如适用。

（16）特定情况下要求填写的信息：

（a）当发生第 19.3（15）段所规定的大额交易，但

（ⅰ）该交易涉及个人在非面对面情况下进行的存款操作；或

（ⅱ）交易与个人提供的《反洗钱和反恐融资法》第 6（2）小节表 1 中第 51 项和 53 项所描述的指定服务有关；则：

（b）除 19.3（1）至（14）中规定的内容外，还需提供以下具体内容：

适用于 19.3（17）（a）（ⅰ）或（ⅱ）所规定的情况的声明。

注释：当报告机构不能确定 19.3（17）（a）（ⅰ）或（ⅱ）是否适用，该报告机构可以假定该交易是由客户进行操作的。

19.4　如果大额交易是《反洗钱和反恐融资法》第 6（2）小节表 1 第 3 项所描述的某一指定服务，第 19.3（2）至 19.3（14）（含）项中所称的"客户"，首先，应仅指账户持有人和进行与该账户相关交易的签名人（如有），但需满足以下条件：

（1）若该账户还有其他签名人，澳大利亚交易报告和分析中心首席执行官可以要求报告机构以第 43（2）小节所要求的报告的补充信息形式，向其提供有关其他签名人的信息，所提供的信息与第 19.2（2）（a）至（f）项的要求一致；并且

（2）本章第 19.4 段的表述并不妨碍个人（包括澳大利亚交易报告和分析中心首席执行官）行使《反洗钱和反恐融资法》（包括根据第 49 节）赋予其获取进一步信息和文件的权力，包括有关该账户的其他签名人（如有）的信息或文件。

19.5 根据《反洗钱和反恐融资法》第 43（2）小节要求上报的报告，必须包含下列有关报告填写人员的信息：

（1） 姓名全称；

（2） 职衔或职位；

（3） 电话号码；以及

（4） 电子邮件地址。

19.6 本章中：

（1）"非面对面情形"包括使用自动银行柜员机或夜间或快速存款设备。

报告机构须注意，与其为遵守《反洗钱和反恐融资法》相关规定时，也要履行《1988 年隐私法》所规定的义务，包括要求遵守《国家隐私准则》，即使它们将豁免于"隐私法案"。欲了解更多关于需要履行这些义务的信息，请查看网页 http：//www.privacy.gov.au 或者致电 1300363992。

截至 2011 年 9 月 9 日，本次汇编并未纳入以上修订。

中国香港

打击洗钱及恐怖分子资金筹集（金融机构）条例①

章：	615	《打击洗钱及恐怖分子资金筹集（金融机构）条例》	宪报编号	版本日期
		详题	E. R. 2 of 2012	02/08/2012

　　本条例旨在订定条文，以将关于就客户作尽职审查及备存记录的规定，施加于指明金融机构；就赋予有关当局监督该等规定及本条例下的其他规定有否获遵从的权力，订定条文；就金钱服务经营者的领牌事宜及规管经营金钱服务，订定条文；设立一个复核审裁处，以复核有关当局根据本条例作出的若干决定；以及就附带及有关事宜订定条文。

　　[第 1 条 　　　　　　　　　}　　　2011 年 7 月 8 日

　　本条例（第 1 条除外）　　}　　　2012 年 4 月 1 日]

　　（略去制定语式条文——2012 年第 2 号编辑修订记录）

　　（本为 2011 年第 15 号）（＊格式变更——2012 年第 2 号编辑修订记录）

注：＊整条条例的格式已按现行法例样式更新。

部：	1	导言	15 of 2011	01/04/2012

条：	1	简称	E. R. 2 of 2012	02/08/2012

　　（1）本条例可引称为《打击洗钱及恐怖分子资金筹集（金融机构）条例》。

---

① 本条例 2011 年 6 月由香港特别行政区立法会制定，并于 2012 年 4 月 1 日起生效。

（2）至（4）（已失时效而略去——2012 年第 2 号编辑修订记录）

（编辑修订——2012 年第 2 号编辑修订记录）

条：	2	释义		15 of 2011	01/04/2012

（1）附表 1 所载释义条文，按照其内容适用于本条例。

（2）财经事务及库务局局长可借宪报公告修订附表 1 第 2 部。

条：	3	适用于政府		15 of 2011	01/04/2012

除另有明文规定外，本条例适用于政府。

条：	4	豁免承担法律责任		15 of 2011	01/04/2012

（1）有关当局或任何其他人，如在执行或本意是执行或者根据本条例赋予或委予该当局的职能时，真诚地作出任何作为或有任何不作为，均无须就该作为或不作为而招致任何民事法律责任。

（2）如任何公职人员在执行或本意是执行有关职能时，作出任何作为或有任何不作为，第（1）款所赋予的保护，并不影响政府就该作为或不作为而招致的法律责任。

部：	2	关于就客户作尽职审查及备存记录的规定		15 of 2011	01/04/2012

条：	5	附表 2 就金融机构而具有效力		15 of 2011	01/04/2012

（1）在第（2）、（3）及（4）款的规限下，附表 2 就金融机构而具有效力。

（2）附表 2 就获授权保险人而具有效力，但范围仅限于该保险人所经营的长期业务。

（3）附表 2 就获委任保险代理人或获授权保险经纪而具有效力，但范围仅限于该获委任保险代理人或该获授权保险经纪所进行的涉及《保险公司条例》（第 41 章）附表 1 第 2 部第 3 栏所描述的保险合约的交易。

（4）如认可机构发行《银行业条例》（第 155 章）第 2（1）条所界定的多用途储值卡，而该卡可储存的最大价值不可超过 ＄3000，则附表 2 并不就该项发行而适用。

（5）任何金融机构明知而违反指明的条文，即属犯罪——

（a）一经循公诉程序定罪，可处罚款 ＄1000000 及监禁 2 年；或

（b）一经循简易程序定罪，可处第 6 级罚款及监禁 6 个月。

（6）任何金融机构如出于诈骗任何有关当局的意图，而违反指明的条文，即属犯罪——

（a）一经循公诉程序定罪，可处罚款 \$ 1000000 及监禁 7 年；或

（b）一经循简易程序定罪，可处罚款 \$ 500000 及监禁 1 年。

（7）任何属金融机构的雇员，或受雇为金融机构工作，或关涉金融机构管理的人，如明知而致使或明知而准许该机构违反指明的条文，即属犯罪——

（a）一经循公诉程序定罪，可处罚款 \$ 1000000 及监禁 2 年；或

（b）一经循简易程序定罪，可处第 6 级罚款及监禁 6 个月。

（8）任何属金融机构的雇员，或受雇为金融机构工作，或关涉金融机构管理的人，如出于诈骗该金融机构或任何有关当局的意图，而致使或准许该机构违反指明的条文，即属犯罪——

（a）一经循公诉程序定罪，可处罚款 \$ 1000000 及监禁 7 年；或

（b）一经循简易程序定罪，可处罚款 \$ 500000 及监禁 1 年。

（9）在就第（7）款所订罪行而针对属金融机构的雇员或受雇为金融机构工作的人提起的法律程序中，如该人证明自己的作为，是按照该机构为确保有关指明的条文获遵守而设立和维持的政策及程序，即可以此作为免责辩护。

（10）如合伙因被裁定于犯本条所订罪行，而遭判处罚款，该项罚款须以该合伙的资金支付。

（11）在本条中——

长期业务（long term business）具有《保险公司条例》（第 41 章）第 2（1）条给予该词的含义；

指明的条文（specified provision）指附表 2 第 3（1）、（3）或（4）、5（1）或（3）、6（1）或（2）、7（2）、9、10（1）或（2）、11（1）或（2）、12（3）、（4）、（5）、（6）、（8）、（9）或（10）、13（2）、14（1）或（2）、15、16、17（1）、18（4）、19（1）、（2）或（3）、20（1）、（2）、（3）或（5）、21、22（1）或（2）或 23 条。

| 条： | 6 | 修订附表 2 | 15 of 2011 | 01/04/2012 |

财经事务及库务局局长可借宪报公告修订附表2。

条:	7	有关当局可公布指引	15 of 2011	01/04/2012

（1）有关当局可在宪报公布它认为对就附表2任何条文的施行而提供导引属适当的指引。

（2）由金融管理专员、证监会或保险业监督公布的指引，可收纳或提述由金融管理专员、证监会或保险业监督根据有关条例不时发出或公布的指引或文件，或该指引或文件的任何部分。

（3）有关当局可不时修订根据本条公布的指引的全部或任何部分，修订方式须与该当局根据本条公布该指引的权力相符，而——

（a）本条其他条文在经必要变通后，适用于该等修订，一如适用于该指引；及

（b）本条例或任何其他条例中提述该指引（不论实际如何称述）之处，除文意另有所指外，须解释为提述经如此修订的该指引。

（4）如任何人没有遵守根据本条公布的指引的条文，此事本身不会导致该人在任何司法或其他法律程序中被起诉，但在根据本条例提起而于任何法院进行的法律程序中，该指引可获接纳为证据；及如该法院觉得该指引内所列条文，攸关该法律程序中产生的任何问题，该法院在裁断该问题时，须考虑该条文。

（5）有关当局在考虑某人有否违反附表2的条文时，须顾及根据本条公布的指引内攸关有关规定的任何条文。

（6）根据本条公布的指引不是附属法例。

（7）在本条中——

有关条例（relevant ordinance）——

（a）就保险业监督而言，指《保险公司条例》（第41章）；

（b）就金融管理专员而言，指《银行业条例》（第155章）；及

（c）就证监会而言，指《证券及期货条例》（第571章）。

部:	3	监管及调查	15 of 2011	01/04/2012

条:	8	第3部的释义	15 of 2011	01/04/2012

在本部中——

调查员（investigator）指根据第 11 条获指示或委任调查任何事宜的人；

获授权人（authorized person）除在第 17 条外，指根据第 9（12）条获授权的人。

条：	9	进入业务处所等作例行视察的权力	15 of 2011	01/04/2012

（1）为确定某金融机构是否正遵从、已遵从或相当可能有能力遵从第（2）款指明的规定，获授权人可于任何合理时间——

（a）进入该机构的业务处所；

（b）查阅和复制或复印任何关于该机构所经营的业务或所进行的任何交易的记录或文件，或以其他方式记录该等记录或文件的细节；及

（c）向——

（i）该机构；或

（ii）（在第（6）款的规限下）该获授权人有合理理由相信是管有（b）段提述的记录或文件或掌握关于该等记录或文件的资料的其他人（不论该人是否与该机构有关联），作出查讯，查讯须关乎（b）段提述的记录或文件，或在该机构所经营的业务过程中进行的交易。

（2）指明的规定是不得违反以下各项的规定——

（a）本条例任何条文；

（b）根据本条例给予或施加的任何通知、规定或要求；

（c）根据本条例所指的任何牌照的任何条件；或

（d）根据本条例施加的任何其他条件。

（3）在第（8）款的规限下，获授权人在行使第（1）（b）款所赋权力时，可——

（a）要求有关金融机构；或

（b）在第（7）款的规限下，要求该获授权人有合理理由相信是管有第（1）（b）款提述的记录或文件或掌握关于该等记录或文件的资料的其他人（不论该人是否与该机构有关联），作出第（4）款指明的任何作为。

（4）指明的作为是——

（a）让获授权人取览第（1）（b）款提述的记录或文件，并在获授权人指明的期限内及指明的地点交出该等记录或文件；及

（b）回答任何关于该等记录或文件的问题。

（5）在第（8）款的规限下，获授权人在行使第（1）（c）款所赋权力时，可要求有关金融机构或第（1）（c）款提述的其他人——

（a）让获授权人取览第（1）（b）款提述的记录或文件，并在获授权人指明的期限内及指明的地点交出该等记录或文件；及

（b）回答任何为施行第（1）（c）款而提出的问题。

（6）获授权人须有合理因由相信不能够借行使第（1）（c）（ⅰ）款所赋权力而取得所寻求的资料，方可行使第（1）（c）（ⅱ）款所赋权力。

（7）获授权人须有合理因由相信不能够借行使第（3）（a）款所赋权力而取得所寻求的记录、文件或资料，方可行使根据第（3）（b）款所赋权力。

（8）本条不得解释为规定某金融机构须向获关乎该机构的有关当局以外的有关当局（在本条中称为其他监管当局）委任的获授权人，披露任何关于其任何客户的事务的资料，或交出任何关于其任何客户的事务的记录或文件，但如该其他监管当局信纳（并借书面证明它信纳）披露该等资料或交出该等记录或文件，对施行本条属必要，则不在此限。

（9）如任何人按照第（3）或（5）款施加的要求而回答问题，获授权人可借书面要求该人在该要求指明的限期内，借法定声明核实该答案。

（10）如任何人以不知悉有关资料为理由，没有按照根据第（3）或（5）款施加的要求回答问题，获授权人可借书面要求该人在该要求指明的限期内，借法定声明核实该事实及理由。

（11）第（9）或（10）款所指的法定声明可由有关获授权人监理。

（12）有关当局可为施行本条借书面授权任何人或某类别人士中的任何人为获授权人。

（13）有关当局须向它授权的获授权人提供授权书文本。

（14）在根据本条行使权力时，获授权人须在合理的切实可行的范围内，尽快出示有关当局的授权书文本，以供查阅。

（15）在本条中——

本地分行（local branch）就认可机构而言，具有《银行业条例》（第155章）第2（1）条给予该词的含义；

本地办事处（local office）就认可机构而言，具有《银行业条例》（第155 章）第 2（1）条给予该词的含义；

业务处所（business premises）——

（a）就认可机构而言，指该机构在与其业务有关联的情况下使用的处所，包括——

（ⅰ）该机构在香港的主要营业地点；

（ⅱ）该机构设立或维持的本地分行或本地办事处；

（ⅲ）纯粹作以下用途的该机构的营业地点——

（A）该机构的事务或业务的行政管理；

（B）处理交易；或

（C）储存文件、数据或记录；及

（ⅳ）（凡有根据《银行业条例》（第 155 章）第 2（14）（ca）条作出的公告，宣布某营业地点或某类别的营业地点不属该条例第 2（1）条内本地办事处的定义所指的营业地点或某类别的营业地点）该公告所宣布的该机构的营业地点或该机构的属于该公告所宣布的类别的营业地点；

（b）就持牌法团而言，指其经证监会根据《证券及期货条例》（第571 章）第 130（1）条批准的处所；

（c）就获授权保险人而言，指该保险人经营业务所在的任何处所；

（d）就获委任保险代理人而言，指——

（ⅰ）该代理人的主事人经营业务所在的任何处所；及

（ⅱ）（如该代理人在第（ⅰ）节提述的处所以外的任何非住宅处所经营业务）该非住宅处所；

（e）就获授权保险经纪而言，指该经纪经营业务所在的任何处所；

（f）就持牌金钱服务经营者而言，指根据第 27 条备存的登记册所显示的该经营者可经营金钱服务所在的处所；及

（g）就邮政署署长而言，指——

（ⅰ）邮政署署长经营汇款服务所在的处所；及

（ⅱ）管理邮政署署长所经营的汇款服务所在的处所。

条：	10	不遵从根据第 9 条施加的要求的罪行	15 of 2011	01/04/2012

（1）任何人无合理辩解而没有遵从根据第 9（3）、（5）、（9）或

（10）条对该人施加的要求，即属犯罪。

（2）任何人犯第（1）款所订罪行——

（a）一经循公诉程序定罪，可处罚款 $ 200000 及监禁 1 年；或

（b）一经循简易程序定罪，可处第 5 级罚款及监禁 6 个月。

（3）任何人——

（a）交出任何在要项上属虚假或具误导性的记录或文件，或给予在要项上属虚假或具误导性的回答，充作是遵从根据第 9（3）或（5）条对该人施加的要求；及

（b）知道该项记录、文件或回答在要项上属虚假或具误导性的，或罔顾该项记录、文件或回答是否在要项上属虚假或具误导性的，即属犯罪。

（4）任何人犯第（3）款所订罪行——

（a）一经循公诉程序定罪，可处罚款 $ 1000000 及监禁 2 年；或

（b）一经循简易程序定罪，可处第 6 级罚款及监禁 6 个月。

（5）任何人出于诈骗意图而没有遵从根据第 9（3）、（5）、（9）或（10）条对该人施加的要求，即属犯罪。

（6）任何人出于诈骗意图而交出任何在要项上属虚假或具误导性的记录或文件，或给予任何在要项上属虚假或具误导性的回答，充作遵从根据第 9（3）或（5）条对该人施加的要求，即属犯罪。

（7）任何属金融机构的雇员，或受雇为金融机构工作，或关涉金融机构管理的人，如出于诈骗意图而致使或容许该金融机构没有遵从第 9（3）、（5）、（9）或（10）条对该机构施加的要求，该人即属犯罪。

（8）任何属金融机构的雇员，或受雇为金融机构工作，或关涉金融机构管理的人，如出于诈骗意图而致使或容许该机构交出任何在要项上属虚假或具误导性的记录或文件，或给予任何在要项上属虚假或具误导性的回答，充作遵从根据第 9（3）或（5）条对该机构施加的要求，该人即属犯罪。

（9）任何人犯第（5）、（6）、（7）或（8）款所订罪行——

（a）一经循公诉程序定罪，可处罚款 $ 1000000 及监禁 7 年；或

（b）一经循简易程序定罪，可处第 6 级罚款及监禁 6 个月。

（10）即使本条例有任何规定，在以下情况下，不得根据第（1）、

（3）、（5）、（6）、（7）或（8）款就某行为而针对任何人提起刑事法律程序——

（a）过往已为施行第 14（2）（b）条就同一行为而针对该人提起法律程序；而

（b）该法律程序仍然待决，或由于过往提起该法律程序，因此不得为施行该条就同一行为而再次合法地针对该人提起法律程序。

条：	11	有关当局可委任调查员	15 of 2011	01/04/2012

（1）如有关当局——

（a）有合理因由相信有人可能已犯本条例所订罪行；或

（b）为考虑是否根据第 21 条或第 43 条行使权力，有理由查询某金融机构是否违反第 5（11）条所界定的指明的条文或第 43（1）条所指明的条文，则该当局可借书面指示一名或多于一名第（2）款指明的人，或在财政司司长的同意下，委任一名或多于一名其他人，以调查有关事宜。

（2）指明的人是——

（a）就金融管理专员而言，由财政司司长根据《外汇基金条例》（第 66 章）第 5A（3）条委任的人；

（b）就证监会而言，其雇员；

（c）就保险业监督而言，受雇任职于保险业监理处的公职人员；及

（d）就关长而言，受雇任职于香港海关的公职人员。

（3）由——

（a）在财政司司长的同意下根据第（1）款获委任；及

（b）并非第（2）款指明的人的调查员所招致的费用及开支，由立法会所拨款项支付。

（4）有关当局须向调查员提供其所作出的指示或委任的文本。

（5）调查员根据第 12（2）、（3）、（4）或（5）条向任何人首次施加要求前，须向该人出示有关当局所作出的指示或委任的文本，以供查阅。

条：	12	调查员要求交出记录或文件等的权力	15 of 2011	01/04/2012

（1）如——

（a）调查员根据第 11 条获指示或委任就某人调查任何事宜，本条适

用于该人；

（b）调查员有合理因由相信，某人管有载有或相当可能载有攸关根据第 11 条进行的调查的资料的记录或文件，本条适用于该人；或

（c）调查员有合理因由相信，某人以其他方式管有攸关根据第 11 条进行的调查的资料，本条适用于该人。

（2）调查员可借书面要求本条所适用的人——

（a）在该要求所指明的限期内及地点，交出该要求所指明的符合以下各项说明的任何记录或文件——

（ⅰ）攸关或可能攸关有关调查；及

（ⅱ）由该人管有；

（b）在该要求所指明的时间及地点会晤调查员，并回答调查员向该人提出的关乎受调查的事宜的任何问题；

（c）回应调查员向该人提出的关乎受调查的事宜的任何书面问题；及

（d）向调查员提供该人按理能够提供的与该项调查有关联的一切其他协助。

（3）如任何人按照根据第（2）（a）款施加的要求，交出记录或文件，则调查员可要求该人就该记录或文件给予解释或进一步详情。

（4）如任何人按照根据第（2）或（3）款施加的要求，给予任何回答、回应、解释或详情，则调查员可借书面要求该人在该要求所指明的限期内，借法定声明核实该项回答、回应、解释或详情。

（5）如任何人没有按照根据第（2）或（3）款所施加的要求给予任何回答、回应、解释或详情，而其理由是有关资料是该人所不知悉的或并非由该人管有的，则调查员可借书面要求该人在该要求所指明的限期内，借法定声明核实该项事实及理由。

（6）第（4）或（5）款所指的法定声明可由有关调查员监理。

（7）本条及第 11 条均不得解释为规定某金融机构须向攸关乎该机构的有关当局以外的有关当局（在本条中称为其他监管当局）指示或委任调查某事宜的调查员，披露任何关于其任何客户的事务的资料，或交出任何关于其任何客户的事务的记录或文件，但如——

（a）该调查员有合理因由相信，该客户是可能有能力提供攸关该项调查的资料的人；及

（b）该其他监管当局信纳（并借书面证明它信纳）披露该等资料或交出该等记录或文件，对该项调查属必要，则不在此限。

（8）调查员——

（a）可向有关当局提交关于调查的中期报告；及

（b）须在有关当局要求该调查员提交关于调查的中期报告后，在合理地切实可行的范围内，尽快向有关当局提交该报告。

（9）调查员须在完成调查后，在合理地切实可行的范围内，尽快向有关当局提交关于调查的最后报告。

（10）有关当局可在律政司司长的同意下，公布根据本条提交的报告。

| 条： | 13 | 不遵从根据第 12 条施加的要求的罪行 | 15 of 2011 | 01/04/2012 |

（1）任何人无合理辩解而没有遵从根据第 12（2）、（3）、（4）或（5）条对该人施加的要求，即属犯罪。

（2）任何人犯第（1）款所订罪行——

（a）一经循公诉程序定罪，可处罚款 $200000 及监禁 1 年；或

（b）一经循简易程序定罪，可处第 5 级罚款及监禁 6 个月。

（3）任何人——

（a）交出任何在要项上属虚假或具误导性的记录或文件，或给予在要项上属虚假或具误导性的回答、回应、解释或进一步详情，充作遵从根据第 12（2）或（3）条对该人施加的要求；及

（b）知道该项记录、文件或回答、回应、解释或进一步详情在要项上属虚假或具误导性的，或罔顾该项记录、文件或回答、回应、解释或进一步详情是否在要项上属虚假或具误导性的，即属犯罪。

（4）任何人犯第（3）款所订罪行——

（a）一经循公诉程序定罪，可处罚款 $1000000 及监禁 2 年；或

（b）一经循简易程序定罪，可处第 6 级罚款及监禁 6 个月。

（5）任何人出于诈骗意图而没有遵从根据第 12（2）、（3）、（4）或（5）条对该人施加的要求，即属犯罪。

（6）任何人出于诈骗意图而交出任何在要项上属虚假或具误导性的记录或文件，或给予在要项上属虚假或具误导性的回答、回应、解释或

进一步详情，充作遵从根据第 12（2）或（3）条对该人施加的要求，即属犯罪。

（7）任何属金融机构的雇员，或受雇为金融机构工作，或关涉金融机构管理的人，如出于诈骗意图而致使或容许该机构没有遵从根据第 12（2）、（3）、（4）或（5）条对该机构施加的要求时，即属犯罪。

（8）任何属金融机构的雇员，或受雇为金融机构工作，或关涉金融机构管理的人，如出于诈骗意图而致使或容许该机构交出任何在要项上属虚假或具误导性的记录或文件，或给予在要项上属虚假或具误导性的回答、回应、解释或进一步详情，充作遵从根据第 12（2）或（3）条对该机构施加的要求，即属犯罪。

（9）任何人犯第（5）、（6）、（7）或（8）款所订罪行——

（a）一经循公诉程序定罪，可处罚款 ＄ 1000000 及监禁 7 年；或

（b）一经循简易程序定罪，可处第 6 级罚款及监禁 6 个月。

（10）即使本条例有任何规定，在以下情况下，不得根据第（1）、（3）、（5）、（6）、（7）或（8）款就某行为而针对任何人提起刑事法律程序—

（a）过往已为施行第 14（2）（b）条就同一行为而针对该人提起法律程序；而

（b）该法律程序仍然待决，或由于过往提起该法律程序，因此不得为施行该条就同一行为而再次合法地针对该人提起法律程序。

（11）任何人不得仅以遵从根据第 12 条施加于该人的要求可能会导致其入罪为理由，而获豁免遵从该要求。

（12）如根据第 11 条进行调查，而调查所得导致任何人遭检控并被法院定罪，则该法院可命令该人向有关当局缴付该项调查的全部或部分费用及开支，而该当局可将该等费用及开支的全数或部分，作为拖欠该当局的民事债项予以追讨。

（13）如有关当局根据第（12）款所指的命令，就调查的费用及开支收取任何款额，而该等费用及开支的全数或任何部分是由立法会所拨款项支付的，则该当局须将该款额支付给财政司司长，但以上述拨款的金额为限。

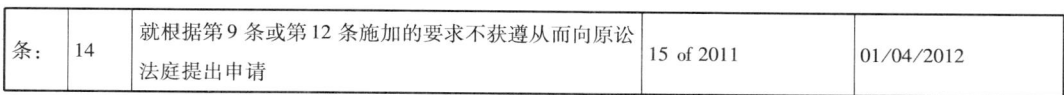

条：	14	就根据第9条或第12条施加的要求不获遵从而向原讼法庭提出申请	15 of 2011	01/04/2012

（1）　如任何人没有遵从获授权人根据第9（3）、（5）、（9）或（10）条施加的要求，或没有遵从调查员根据第12（2）、（3）、（4）或（5）条施加的要求，则该获授权人或调查员可借原诉传票，向原讼法庭提出申请，要求对该项不遵从进行查询。

（2）　原讼法庭接获根据第（1）款提出的申请后——

（a）如信纳该人不遵从有关要求是无合理辩解的，则可命令该人在原讼法庭指明的时间内遵从该要求；及

（b）如信纳该人无合理辩解而没有遵从该要求的，则可惩罚该人及明知而牵涉该项不遵从的任何其他人，惩罚方式犹如该人及该其他人犯藐视法庭罪一样。

（3）　第（1）款所指的原诉传票，须采用《高等法院规则》（第4章，附属法例A）附录A表格10。

（4）　即使本条例有任何规定，在以下条件获符合的情况下，不得为施行第（2）（b）款就某行为对某人提起法律程序——

（a）过往已根据第10（1）、（3）、（5）、（6）、（7）或（8）第或第13（1）、（3）、（5）、（6）、（7）或（8）条就同一行为对该人提起刑事法律程序；及

（b）该刑事法律程序仍待决，或由于过往提起该刑事法律程序，因此不得根据该条就同一行为再次合法地对该人提起刑事法律程序。

条：	15	导致入罪的证据在法律程序中的使用	15 of 2011	01/04/2012

（1）　如调查员根据第12（2）或（3）条，要求任何人回答或回应问题，或给予解释或进一步详情，则该调查员须确保该人已事先获告知或提醒第（2）款对该要求及有关问题，以及该项回答、回应、解释或进一步详情作为证据的可接纳性施加的限制。

（2）　即使本条例有任何规定，在第（3）款的规限下，如——

（a）调查员根据第12（2）或（3）条，要求任何人回答或回应问题或给予解释或进一步详情；及

（b）该项回答、回应、解释或进一步详情可能会导致该人入罪，而

该人在给予该项回答、回应、解释或进一步详情之前如此声称，则该要求、有关问题以及该项回答、回应、解释或进一步详情，不得在法院刑事法律程序中接纳为针对该人的证据。

（3）如该人就该项回答、回应、解释或进一步详情，而被控犯第 13（1）、（3）、（5）、（6）、（7）或（8）条或《刑事罪行条例》（第 200 章）第 V 部所订罪行，或被控犯作假证供罪，则第（2）款不适用于该等检控的刑事法律程序。

条：	16	对记录或文件的声称留置权	15 of 2011	01/04/2012

凡任何人管有根据本部被要求交出的记录或文件，而该人声称对该项记录或文件有留置权，则——

（a）该留置权并不影响交出该项记录或文件的要求；

（b）无须因该项交出或就该项交出而支付任何费用；及

（c）交出该项记录或文件并不影响该留置权。

条：	17	裁判官手令	15 of 2011	01/04/2012

（1）如裁判官根据调查员、经第 9（12）条获授权的人或有关当局的雇员或员工经宣誓而作的告发，信纳有合理理由怀疑在该项告发所指明的处所内，有或相当可能有任何记录或文件是可根据本部被要求交出的，则该裁判官可发出手令，授权该手令所指明的人、警务人员及为协助执行该手令而需要的任何其他人——

（a）在自该手令日期起计的 7 日期间内，随时进入该处所，而如有必要，可强行进入；及

（b）搜寻、检取和移走该手令所指明的人或警务人员有合理因由相信是根据本部可被要求交出的任何记录或文件。

（2）获授权人如有合理因由相信在有关处所内被发现的人，是正于或曾于该处所经营的业务有关联的情况下受雇，则可要求该人交出——

（a）该人所管有的；及

（b）该获授权人有合理因由相信是根据本部可被要求交出的，任何记录或文件，以供查验。

（3）获授权人可就任何根据第（2）款被要求交出的记录或文件——

（a）禁止在该处所内被发现的人——

（ⅰ）将该记录或文件移离该处所；

（ⅱ）删除、增添或以其他方式更改载于该记录或文件的任何事情；或

（ⅲ）以其他方式干扰该记录或文件，或致使或准许其他人干扰该记录或文件；或

（b）采取该获授权人觉得属必需的任何其他步骤，以——

（ⅰ）保存该记录或文件；或

（ⅱ）防止该记录或文件受干扰。

（4）根据第（1）款移走的任何记录或文件——

（a）可在不超过自移走当日起计的6个月期间内，予以保留；或

（b）如属或可能属任何刑事法律程序或根据本条例进行的任何法律程序所需要者，则可在为该等程序的目的所需的任何较长期间内，予以保留。

（5）获授权人如根据本条移走任何记录或文件，须在合理的切实可行的范围内，尽快在其后为此发出收据。

（6）获授权人如根据本条移走任何记录或文件，可准许如它没有被移走便会有权查阅它的人查阅该记录或文件，及在任何合理时间，复制或复印该项记录或文件，或以其他方式记录其细节。

（7）任何根据本条进入任何处所的获授权人，在有人提出要求时，须出示有关手令供查阅。

（8）《刑事诉讼程序条例》（第221章）第102条适用于已凭借本条归有关当局管有的任何财产，一如该条适用于已归警方管有的财产。

（9）任何人——

（a）无合理辩解而没有遵从根据第（2）或（3）款向该人施加的要求或禁止；或

（b）妨碍获授权人行使第（2）或（3）款授予的权力，即属犯罪。

（10）任何人犯第（9）款所订罪行——

（a）一经循公诉程序定罪，可处罚款＄1000000及监禁2年；或

（b）一经循简易程序定罪，可处第6级罚款及监禁6个月。

（11）在本条中——

获授权人（authorized person）指根据第（1）款发出的手令获授权采

取该款（a）及（b）段列明的行动的人。

条：	18	交出在资讯系统等内的资料	15 of 2011	01/04/2012

（1）如载于记录或文件内的任何资料或事项，并非以可阅读形式记录，但能够以该形式重现，则任何根据本部获赋权要求交出该记录或文件的人，也获赋权要求交出将该项资料或事项或其有关部分以可阅读形式重现而制成的版本。

（2）如载于记录或文件内的任何资料或事项，是记录于资讯系统内，则任何根据本部获赋权要求交出该记录或文件的人，亦获赋权要求交出该项资料或事项的版本，而该版本的形式须令该项资料或事项或其有关部分能够以可阅读形式重现。

（3）在本条中——

资讯系统（information system）具有《电子交易条例》（第553章）第2（1）条给予该词的含义。

条：	19	查阅被检取的记录或文件等	15 of 2011	01/04/2012

（1）如任何获授权人或调查员根据本部管有任何记录或文件，该获授权人或调查员须准许假使它没有被如此管有的话便会有权查阅它的任何其他人，在任何合理时间查阅该记录或文件，及复制或复印该记录或文件，或以其他方式记录其细节。

（2）根据第（1）款给予准许的人，可就保安或其他方面施加任何该人认为合适的合理条件。

条：	20	文件的销毁等	15 of 2011	01/04/2012

（1）凡任何人根据本部被获授权人或调查员要求交出任何记录或文件，该人如出于向该获授权人或调查员隐瞒可借该记录或文件披露的事实或事项的意图，而销毁、篡改、隐藏或以其他方式处置该记录或文件，或致使或准许他人作出该等作为，即属犯罪。

（2）任何人犯第（1）款所订罪行——

（a）一经循公诉程序定罪，可处罚款＄1000000及监禁2年；或

（b）一经循简易程序定罪，可处第6级罚款及监禁6个月。

部：	4	有关当局采取的纪律行动	15 of 2011	01/04/2012

条：	21	有关当局可采取纪律行动	15 of 2011	01/04/2012

（1） 在符合第 22 条及第 23 条的规定下，如任何金融机构违反第 5（11）条所界定的指明条文，有关当局可行使第（2）款指明的一项或多于一项权力。

（2） 指明的权力是——

（a）公开谴责有关金融机构；

（b）命令该机构在有关当局指明的日期或之前，采取该当局指明的行动，以纠正有关的违反；及

（c）命令该机构缴付最高数额如下（以金额较大者为准）的罚款——

（ⅰ） ＄10000000；或

（ⅱ）因该项违反而令该机构获取的利润或避免开支的金额的 3 倍。

（3） 根据本条被命令缴付罚款的金融机构，须在以下限期内，向有关当局缴付该罚款——

（a）该命令根据第 75 条作为指明决定而生效后的 30 日；或

（b）该当局根据第 22（2）条借通知指明的该命令生效后的较长期间。

（4） 如金融机构没有遵从根据第（1）款作出的饬令采取纠正行动的命令，有关当局可进一步命令该机构，就没有遵从命令的状况于该命令指明的采取纠正行动的限期后持续的每一日，缴付不超过 ＄100000 的按日罚款。

（5） 原讼法庭可应有关当局按第（6）款指明的方式提出的申请，在原讼法庭登记根据第（1）或（4）款作出罚款命令，而该命令一经登记，就所有目的而言，即视为原讼法庭在其民事司法管辖权范围内就缴付款项而作出的命令。

（6） 就根据第（5）款提出的申请而言，有关当局须向高等法院司法常务官交出要求登记有关命令的书面通知，以及该命令的正本及一份复本。

（7） 有关当局须将它依据一项根据本条作出的命令而收取的罚款，拨入政府一般收入。

（8） 如有关当局已根据第（1）款就某金融机构行使权力，该当局可

向公众披露其决定的详情、作出该决定的理由以及关于该个案的任何重要事实。

（9）第（2）（c）及（4）款指明的权力，不可就政府而行使。

条：	22	根据第 21 条行使权力的程序规定	15 of 2011	01/04/2012

（1）有关当局须在给予金融机构合理的陈词机会后，方可根据第 21 条就该机构行使权力。

（2）有关当局如根据第 21 条就某金融机构行使权力，须借书面通知将其决定告知该机构。

（3）第（2）款所指的通知须载有——

（a）作出该决定的理由的说明；

（b）（在适用范围内）根据该决定谴责有关金融机构的内容；

（c）（在适用范围内）根据该决定规定该机构采取的行动；

（d）（在适用范围内）根据该决定施加的罚款金额，如有关罚款须在并非第 21（3）（a）条指明的限期内缴付，则亦须载有缴付该罚款的限期；及

（e）该机构可向复核审裁处申请复核该决定的提示。

条：	23	有关当局如何行使施加罚款的权力的指引	15 of 2011	01/04/2012

（1）有关当局在首次行使第 21（2）（c）条提述的权力施加罚款前，须在宪报刊登并以其认为适当的其他方式公布指引，明示其拟采用何种方式行使该权力。

（2）有关当局在行使第 21（2）（c）条提述的权力施加罚款时，须顾及它根据第（1）款刊登及公布的指引。

（3）根据第（1）款刊登及公布的指引不是附属法例。

部：	5	对经营金钱服务的规管	15 of 2011	01/04/2012

部：	5	导言	15 of 2011	01/04/2012
分部：	1			

条：	24	第 5 部的释义	E. R. 2 of 2012	02/08/2012

在本部中——

最终拥有人（ultimate owner）——

（a）就个人而言——

（ⅰ）指最终拥有或控制该名个人的金钱服务业务的另一名个人；或

（ⅱ）（如首述个人是代表另一人行事）指该另一人；

（b）就合伙而言，指符合以下说明的个人——

（ⅰ）直接或间接地有权摊分或控制该合伙的资本或利润的不少于10%；

（ⅱ）直接或间接地有权行使在该合伙的投票权的不少于10%，或支配该比重的投票权的行使；或

（ⅲ）行使对该合伙的管理最终的控制权；及

（c）就法团而言，指符合以下说明的个人——

（ⅰ）直接或间接地拥有或控制（包括透过信托或持票人股份持有）该法团已发行股本的不少于10%；

（ⅱ）直接或间接地有权行使在该法团的成员大会上的投票权的不少于10%，或支配该比重的投票权的行使；或

（ⅲ）可行使对该法团的管理最终的控制权；

牌照（licence）指根据第30条批给的牌照，亦指根据第31条续期的牌照，并包括根据第82条当做已批给的牌照；

登记册（register）指关长根据第27条备存的持牌人登记册；

董事（director）包括任何担任董事职位的人，不论职称为何；

获授权人员（authorized officer）指根据第46条委任的人。

（编辑修订——2012年第2号编辑修订记录）

条：	25	本部不适用的人	15 of 2011	01/04/2012

本部不适用于政府，亦不适用于——

（a）认可机构；

（b）经营金钱服务的持牌法团（前提是该服务附属于该法团的主要业务）；

（c）经营金钱服务的获授权保险人（前提是该服务附属于该保险人的主要业务）；

（d）经营金钱服务的获授权保险经纪（前提是该服务附属于该经纪

的主要业务）；或

（e）经营金钱服务的获委任保险代理人（前提是该服务附属于该代理人的主要业务）。

条：	26	转授职能	15 of 2011	01/04/2012

（1）除第（2）款另有规定外，香港海关关长可借书面将其在本条例下的职能，转授予任何受雇于香港海关的公职人员。

（2）香港海关关长不得转授本条或第51条所指的职能。

条：	27	关长须备存持牌人登记册	15 of 2011	01/04/2012

（1）关长须以其认为合适的任何格式，备存一份持牌人登记册，该登记册须载有——

（a）每名持牌人的姓名或名称；及

（b）就每名持牌人而言——

（ⅰ）（如该持牌人获发牌在指明处所经营金钱服务）该持牌人可经营金钱服务所在的每一个处所的地址；或

（ⅱ）（如属任何其他情况）该持牌人的通信地址。

（2）登记册须存放于关长的办事处。

（3）为使任何公众人士能确定其是否正与持牌人有往来，登记册须提供予公众人士查阅。

（4）公众人士有权在通常办公时间内，免费查阅登记册。

条：	28	登记册或登记册内记项的核证复本获接纳为证据	15 of 2011	01/04/2012

（1）任何人缴付附表3指明的费用后，可取得——

（a）登记册、其内记项或其摘录的核证复本或未经核证复本；或

（b）由关长发出的述明某人的姓名或名称已名列于登记册（或已从登记册删除或未有名列于登记册）的证明书。

（2）看来是经关长核证的任何登记册、其内记项或其摘录的复本，在任何刑事或民事法律程序中一经交出，即可作为该复本所述事实的证据，而无须进一步证明。

（3）如某人的姓名或名称并无出现在看来是经关长所核证的登记册的复本内，此一事实可作为证据，证明该人在该复本经如此核证当日，

并没有获批给牌照。

（4）如任何证明书看来是经关长签署，并述明某人的姓名或名称已名列于登记册，或已从登记册删除或未有名列于登记册，则该证明书在任何刑事或民事法律程序中一经交出，即可作为该证明书所述事实的确证，而无须进一步证明。

| 部： | 5 | 经营金钱服务的牌照 | 15 of 2011 | 01/04/2012 |
| 分部： | 2 | | | |

| 条： | 29 | 对经营金钱服务的限制 | 15 of 2011 | 01/04/2012 |

（1）任何人在没有牌照的情况下经营金钱服务，即属犯罪。

（2）任何人犯第（1）款所订罪行，一经定罪，可处第6级罚款及监禁6个月。

（3）如任何人被裁定犯本条所订罪行，裁判官可命令取消该人在该命令指明的始于该命令的日期的期间持有牌照的资格。

| 条： | 30 | 牌照的批给 | 15 of 2011 | 01/04/2012 |

（1）要求批给牌照的申请须——

（a）以关长指明的格式及方式，向关长提出；及

（b）附随附表3指明的费用。

（2）关长可应根据第（1）款提出的申请，向申请人批给牌照以经营金钱服务。

（3）关长仅可在信纳有以下情况下，向申请人批给牌照——

（a）（ⅰ）该申请人属个人，而——

（A）该名个人属经营金钱服务的适当人选；及

（B）（如就该名个人有最终拥有人）该名最终拥有人属与经营金钱服务业务有联系的适当人选；

（ⅱ）该申请人属合伙，而——

（A）该合伙的每名合伙人均属经营金钱服务的适当人选；及

（B）（如就该合伙有最终拥有人）该名最终拥有人属与经营金钱服务业务有联系的适当人选；或

（ⅲ）该申请人属法团，而——

（A）该法团的每名董事均属与经营金钱服务有联系的适当人选；及

（B）（如就该法团有最终拥有人）该名最终拥有人属与经营金钱服务业务有联系的适当人选；及

（b）就要求在任何特定处所经营金钱服务的申请而言——

（i）该处所适合用做经营金钱服务；及

（ii）（如该处所属住宅处所）该申请人已确保取得该处所的每名占用人的书面同意，让第8条所界定的获授权人为行使第9条所指的权力而进入该处所。

（4）关长在断定某人是否是第（3）（a）款所指的适当人选时，除须考虑任何其他其认为有关的事宜外，亦须顾及以下事宜——

（a）该人是否曾被裁定犯——

（i）本条例第5（5）、（6）、（7）或（8）、10（1）、（3）、（5）、（6）、（7）或（8）、13（1）、（3）、（5）、（6）、（7）或（8）、17（8）、20（1）、61（2）或66（3）条所订罪行；

（ii）《联合国（反恐怖主义措施）条例》（第575章）第7条或第8条的条文而属违反该条例第14（1）条所订罪行；

（iii）《贩毒（追讨得益）条例》（第405章）第25（1）、25A（5）或（7）条所订罪行，或附表1指明的罪行；或

（iv）《有组织及严重罪行条例》（第455章）第25（1）、25A（5）或（7）条所订罪行，或附表1或附表2指明的罪行；

（b）该人是否曾在香港以外地方被裁定——

（i）就某作为犯了某罪行，而该作为假若是在香港作出，即会构成（a）（i）、（ii）、（iii）或（iv）段指明的罪行；

（ii）犯关乎洗钱或恐怖分子资金筹集的罪行；或

（iii）犯任何罪行，而该人曾有欺诈性、舞弊或不诚实的作为的裁断对该项定罪属必不可少；

（c）该人是否屡次不遵从根据本条例施加的要求或关长根据第51条订立的任何规例；

（d）（如该人属个人）该人是否未获解除破产的破产人或《破产条例》（第6章）下的破产程序的标的；

（e）（如该人属法团）该人是否正在清盘当中，或是否任何清盘令的标的，或是否有接管人已就该人而获委任。

（5）在批给牌照时，关长可施加其认为合适的任何条件。

（6）关长如在牌照上施加条件，须在批给该牌照时，借书面通知告知有关持牌人。

（7）根据第（5）款施加条件，在有关持牌人接获第（6）款所指的通知时或在该通知指明的时间（两者以较迟者为准）生效。

（8）关长如拒绝根据本条批给牌照，须借书面通知告知有关申请人。

（9）第（6）或（8）款所指的通知须载有——

（a）作出该决定的理由的说明；及

（b）有关持牌人或申请人（视情况所需而定）可向复核审裁处申请复核该决定的提示。

（10）除第34条另有规定外，根据本条批给的牌照有效期为2年或（如关长在特定个案中认为适当的话）关长决定的其他期间，有效期自该牌照批给当日起计。

条：	31	牌照续期	15 of 2011	01/04/2012

（1）持牌人可向关长提出申请，要求将其所持牌照续期。

（2）牌照续期的申请须——

（a）在牌照期满前45日或之前提出；

（b）以关长指明的格式及方式，向关长提出；及

（c）附随附表3指明的费用。

（3）关长可应根据第（2）款提出的申请，将有关牌照续期。

（4）第30（3）及（4）条适用于根据本条提出的牌照续期申请，一如其适用于牌照申请。

（5）在将牌照续期时，关长如认为合适，可修改或免除任何先前对有关持牌人施加的牌照条件，亦可对该持牌人施加新的条件。

（6）关长如修改或免除任何条件，或施加新的条件，须在将有关牌照续期时，借书面通知告知有关持牌人。

（7）根据第（5）款修订、免除或施加条件，在有关持牌人接获第（6）款所指的通知时或在该通知指明的时间（两者以较迟者为准）生效。

（8）关长如拒绝根据本条将牌照续期，须借书面通知告知有关持牌人。

（9）第（6）或（8）款所指的通知须载有——

（a）作出该决定的理由的述明；及

（b）有关持牌人可向复核审裁处申请复核该决定的提示。

（10）如根据本条提出将某牌照续期的申请，而在关长就该申请作出决定前，该牌照的有效期已告届满，则除非该申请被撤回，或该牌照根据第34条被撤销或暂时吊销，否则——

（a）该牌照在获续期前，仍然有效；或

（b）（如该续期申请遭拒绝）在关长拒绝将该牌照续期的决定生效前，该牌照仍然有效。

（11）根据本条批给的续期——

（a）在有关牌照的有效期届满之日的翌日生效；或

（b）（如属第（10）款适用的情况）在有关牌照的有效期若无第（10）款规定即本应届满之日的翌日有效。

（12）除第34条另有规定外，根据本条续期的牌照有效期为2年或（如关长在特定个案中认为合适的话）关长决定的较短期间，有效期自该牌照续期生效当日起计。

条：	32	修改牌照条件	15 of 2011	01/04/2012

（1）关长如在有关情况下，信纳修改或免除任何先前对有关持牌人施加的牌照条件属合理，或信纳对该持牌人施加新的条件属合理，可就有关牌照如此行事。

（2）关长如就某牌照修改或免除任何条件，或施加新的条件，须借书面通知告知有关持牌人。

（3）第（2）款所指的通知须载有——

（a）作出该决定的理由的说明；及

（b）该持牌人可向复核审裁处申请复核该决定的提示。

（4）根据本条修订、免除或施加条件，在有关持牌人接获第（2）款所指的通知时或在该通知指明的时间（两者以较迟者为准）生效。

条：	33	牌照的格式	15 of 2011	01/04/2012

牌照须采用关长指明的格式，并须——

（a）指明——

（ⅰ）（就准予在指明处所经营金钱服务的牌照而言）有关持牌人可经营金钱服务所在的每一个处所的地址；或

（ⅱ）（如属任何其他情况）有关持牌人的通信地址；

（b）批注有根据第 30 条、第 31 条或第 32 条施加或修改的条件；及

（c）指明牌照的有效期。

条：	34	撤销或暂时吊销牌照	15 of 2011	01/04/2012

（1）在以下情况下，关长可行使第（2）款指明的任何权力——

（a）关长就某牌照认为——

（ⅰ）（如有关持牌人属个人）——

（A）该名个人不再属经营金钱服务的适当人选；或

（B）（如就该名个人有最终拥有人）该名最终拥有人不再属与该持牌人经营金钱服务业务有联系的适当人选；

（ⅱ）（如有关持牌人属合伙）——

（A）该合伙的任何合伙人不再属经营金钱服务的适当人选；或

（B）（如就该合伙有最终拥有人）该名最终拥有人不再属与该持牌人经营金钱服务业务有联系的适当人选；或

（ⅲ）（如有关持牌人属法团）——

（A）该法团的任何董事不再属与该持牌人经营金钱服务业务有联系的适当人选；或

（B）（如就该法团有最终拥有人）该名最终拥有人不再属与该持牌人经营金钱服务业务有联系的适当人选；或

（b）某持牌人在任何住宅处所经营金钱服务，而——

（ⅰ）该处所的任何占用人撤销其先前给予的让第 8 条所界定的获授权人为行使第 9 条所指的权力而进入该处所的书面同意；或

（ⅱ）该处所的任何新占用人拒绝给予该项书面同意。

（2）指明的权力是——

（a）撤销有关牌照；或

（b）在关长指明的期间内或在关长指明的某事件发生之前，暂时吊销该牌照。

（3）关长须先给予有关持牌人合理的陈词机会，方可根据第（1）款

行使权力。

（4）关长如根据第（1）款就某牌照行使权力，须借书面通知将其决定告知有关持牌人。

（5）第（4）款所指的通知须载有——

（a）作出该决定的理由的说明；

（b）（就暂时吊销牌照而言）述明暂时吊销的持续期及条款；

（c）（就撤销牌照而言）述明将该牌照交回关长的期限；及

（d）提示有关持牌人可向复核审裁处申请复核该决定。

（6）根据本条作出的牌照撤销或暂时吊销，在第（4）款所指的通知指明的时间生效。

（7）如牌照根据本条遭撤销或暂时吊销，已就该牌照的批给或续期缴付的牌照费不予退回。

（8）如任何人的牌照遭撤销，但在根据第（4）款给予该人的通知指明的期限内，该人并没有将该牌照交回关长，该人即属犯罪，一经定罪，可处第5级罚款。

条：	35	拟任持牌人董事须获关长批准	15 of 2011	01/04/2012

（1）如持牌人属法团，则除非关长已应该持牌人的申请而给予书面批准，否则任何人不得成为该法团的董事。

（2）要求关长根据本条给予批准的申请须——

（a）以关长指明的格式及方式提出；及

（b）附随附表3指明的费用。

（3）如申请是就某人而提出，关长须信纳该人属与经营持牌人金钱服务业务有联系的适当人选的情况下，方可根据本条给予批准。

（4）关长在断定某人是否是第（3）款所指的适当人选时，除须考虑其认为有关的任何其他事宜外，亦须顾及第30（4）（a）、（b）、（c）、（d）及（e）条指明的事宜。

（5）关长如拒绝根据本条给予批准，须借书面通知告知有关持牌人。

（6）第（5）款所指的通知须载有——

（a）作出该决定的理由的说明；及

（b）提示该持牌人可向复核审裁处申请复核该决定。

（7）任何人无合理辩解而违反第（1）款，即属犯罪，一经定罪，可处第 5 级罚款及监禁 6 个月。

条：	36	拟任持牌人最终拥有人须获关长批准	15 of 2011	01/04/2012

（1）除非关长已应持牌人的申请而给予其书面批准，否则任何人不得成为该持牌人的最终拥有人。

（2）要求关长根据本条给予批准的申请须——

（a）以关长指明的格式及方式提出；及

（b）附随附表 3 指明的费用。

（3）如申请是就某人而提出，关长须信纳该人属与经营持牌人金钱服务业务有联系的适当人选的情况下，方可根据本条给予批准。

（4）关长在断定某人是否是第（3）款所指的适当人选时，除须考虑其认为有关的任何其他事宜外，亦须顾及第 30（4）（a）、（b）、（c）、（d）及（e）条指明的事宜。

（5）关长如拒绝根据本条给予批准，须借书面通知告知有关持牌人。

（6）第（5）款所指的通知须载有——

（a）作出该决定的理由的说明；及

（b）提示该持牌人可向复核审裁处申请复核该决定。

（7）任何人无合理辩解而违反第（1）款，即属犯罪，一经定罪，可处第 5 级罚款及监禁 6 个月。

条：	37	拟成为持牌人合伙人的人须获关长批准	15 of 2011	01/04/2012

（1）如持牌人属合伙，则除非关长已应该持牌人的申请而给予书面批准，否则任何人不得成为该合伙的合伙人。

（2）要求关长根据本条给予批准的申请须——

（a）以关长指明的格式及方式提出；及

（b）附随附表 3 指明的费用。

（3）如申请是就某人而提出，关长须信纳该人属经营金钱服务的适当人选的情况下，方可根据本条给予批准。

（4）关长在断定某人是否是第（3）款所指的适当人选时，除须考虑其认为有关的任何其他事宜外，亦须考虑第 30（4）（a）、（b）、（c）、（d）及（e）条指明的事宜。

（5）关长如拒绝根据本条给予批准，须借书面通知告知有关持牌人。

（6）第（5）款所指的通知须载有——

（a）作出该决定的理由的说明；及

（b）提示该持牌人可向复核审裁处申请复核该决定。

（7）任何人无合理辩解而违反第（1）款，即属犯罪，一经定罪，可处第5级罚款及监禁6个月。

条：	38	加入新的营业处所	15 of 2011	01/04/2012

（1）如持牌人获发牌在有关牌照指明的处所经营金钱服务，则除非关长已应有关持牌人的申请，将该指明处所以外的任何处所加入该牌照上，否则该持牌人不得在该新处所经营金钱服务。

（2）根据本条提出的申请须以关长指明的格式及方式提出。

（3）关长可在附表3指明的费用获缴付后批准本条所指的申请，并可施加任何其认为合适的条件。

（4）关长须信纳有以下的情况，方可批准本条所指的申请——

（a）有关申请所关乎的处所适合用做经营金钱服务；及

（b）如（a）段提述的处所属住宅处所，该持牌人已确保取得该处所的每名占用人的书面同意，让第8条所界定的获授权人为行使第9条所指的权力而进入该处所。

（5）关长如拒绝批准本条所指的申请，须借书面通知告知有关持牌人。

（6）第（5）款所指的通知须载有——

（a）作出该决定的理由的说明；及

（b）提示该持牌人可向复核审裁处申请复核该决定。

（7）关长在批准本条所指的申请后，须在合理的切实可行的范围内，尽快在登记册加入有关详情。

（8）任何持牌人无合理辩解而违反第（1）款，即属犯罪，一经定罪，可处第5级罚款及监禁6个月。

条：	39	申请在特定处所经营金钱服务	15 of 2011	01/04/2012

（1）如牌照并无规定持牌人在特定处所经营金钱服务，则除非关长已应有关持牌人的申请，将任何特定处所加入该牌照上，否则该持牌人

不得在该特定处所经营金钱服务。

（2）根据本条提出的申请须以关长指明的格式及方式提出。

（3）关长可在附表3指明的费用获缴付后批准本条所指的申请，并可施加任何其认为合适的条件。

（4）关长须信纳有以下的情况，方可批准本条所指的申请——

（a）有关申请所关乎的处所适合用做经营金钱服务；及

（b）如（a）段提述的处所属住宅处所，该持牌人已确保取得该处所的每名占用人的书面同意，让第8条所界定的获授权人为行使第9条所指的权力而进入该处所。

（5）关长如拒绝批准本条所指的申请，须借书面通知告知有关持牌人。

（6）第（5）款所指的通知须载有——

（a）作出该决定的理由的说明；及

（b）提示该持牌人可向复核审裁处申请复核该决定。

（7）关长在批准本条所指的申请后，须在合理的切实可行的范围内，尽快在登记册修订有关详情。

（8）任何持牌人无合理辩解而违反第（1）款，即属犯罪，一经定罪，可处第5级罚款及监禁6个月。

条：	40	持牌人有责任向关长具报详情改变	15 of 2011	01/04/2012

（1）如在与持牌人根据第30条或第31条提出的申请有关联情况下提供予关长的详情有改变，该持牌人须在自改变发生之日起计的一个月内，借书面向关长具报有关改变。

（2）就第（1）款而言，在与持牌人根据第30条或第31条提出的申请有关联的情况下提供的详情，包括根据该款具报的详情。

（3）关长在接获第（1）款所指的具报后，须在合理的切实可行的范围内，尽快在有需要的情况下修改登记册中的有关详情。

（4）任何持牌人无合理辩解而违反第（1）款，即属犯罪，一经定罪，可处第5级罚款。

条：	41	持牌人有责任向关长具报停业	15 of 2011	01/04/2012

（1）持牌人如拟自某日期（在本条中称为停业日期）起，停止经营

金钱服务，或（如适用的话）停止在有关牌照指明的任何处所经营金钱服务，须——

（a）在停业日期前，借书面向关长具报该意向及停业日期；及

（b）在自停业日期起计的 7 日内，将该牌照交回关长，以作取消或修订。

（2）关长在收到第（1）（b）款所指的牌照后，须在合理的切实可行的范围内，尽快——

（a）取消或修订该牌照；及

（b）在登记册中删除有关详情。

（3）如有牌照根据本条交回以作取消，已就该牌照的批给或续期缴付的牌照费不予退回。

（4）任何持牌人无合理辩解而违反第（1）款，即属犯罪，一经定罪，可处第 5 级罚款。

条：	42	牌照在持牌人去世等时不再有效	15 of 2011	01/04/2012

牌照在以下情况下即不再有效——

（a）该持牌人属个人，而该名个人去世；

（b）该持牌人属合伙，而该合伙解散；或

（c）该持牌人属法团，而该法团开始清盘。

部：	5	关长的纪律处分及其他权力	15 of 2011	01/04/2012
分部：	3			

条：	43	关长可采取纪律行动	15 of 2011	01/04/2012

（1）在符合第 44 条及第 45 条的规定下，关长可在以下情况下，行使第（2）款指明的一项或多于一项权力——

（a）持牌人违反根据第 51 条订立的规例；

（b）持牌人违反其牌照的任何条件；或

（c）持牌人违反第 35（1）、36（1）、37（1）、38（1）、39（1）、40（1）或 41（1）条。

（2）指明的权力是——

（a）公开谴责有关持牌人；

（b）命令有关持牌人在关长指明的日期或以前，采取关长指明的行

动，以纠正有关的违反；及

（c）命令有关持牌人缴付不多于＄1000000的罚款。

（3）根据本条被命令缴付罚款的持牌人，须在该命令根据第75条作为指明决定而生效后的以下期间内，缴付该罚款——

（a）30日；或

（b）关长根据第44（2）条指明的较长期间。

（4）如持牌人没有遵从根据第（1）款作出的命令采取纠正行动，关长可进一步命令该持牌人，就没有遵从首述命令的状况在首述命令指明的采取纠正行动的期限后持续的每一日，缴付不超过＄10000的按日罚款。

（5）原讼法庭可应关长按第（6）款指明的方式而提出的申请，在原讼法庭登记根据第（1）或（4）款作出的缴付罚款命令，该命令一经登记，即就所有目的而言，视为原讼法庭在其民事司法管辖权范围内作出的缴付款项命令。

（6）为根据第（5）款提出申请，关长须向高等法院司法常务官送交要求登记有关命令的书面通知，以及该命令的正本及一份复本。

（7）关长如已根据第（1）款就某持牌人行使权力，可向公众披露其决定的细节、作出该决定的理由以及关于该个案的任何重要事实。

条：	44	根据第43条行使权力的程序规定	15 of 2011	01/04/2012

（1）关长须先给予持牌人合理的陈词机会，方可根据第43条就该持牌人行使权力。

（2）关长如根据第43条就某持牌人行使权力，须借书面通知将有关决定告知该持牌人。

（3）第（2）款所指的通知须载有——

（a）作出该决定的理由的说明；

（b）（在适用范围内）根据该决定对有关持牌人的谴责的内容；

（c）（在适用范围内）该持牌人须根据该决定采取的行动；

（d）（在适用范围内）根据该决定判处的罚款金额及（如需缴付有关罚款的时间并非第43（3）（a）条所指定者）缴付罚款的时限；及

（e）提示该持牌人可向复核审裁处申请复核该决定。

条：	45	关长如何行使施加罚款的权力的指引	15 of 2011	01/04/2012

（1）关长在首次行使第43（2）（c）条提述的权力施加罚款前，须在宪报刊登并以其认为适当的其他方式公布指引，示明其拟采用何种方式行使该权力。

（2）关长在行使第43（2）（c）条提述的权力施加罚款时，须顾及根据第（1）款刊登及公布的指引。

（3）根据第（1）款刊登及公布的指引不是附属法例。

条：	46	关长可委任获授权人员	15 of 2011	01/04/2012

关长可为施行本部而借书面委任受雇于香港海关的任何公职人员为获授权人员。

条：	47	进入和搜查处所的手令	15 of 2011	01/04/2012

（1）如裁判官根据经宣誓而作的告发，信纳有合理理由怀疑有人已于或正于某处所犯第29条所订罪行，则该裁判官可发出手令，授权获授权人员——

（a）进入和搜查该处所；及

（b）在——

（i）于该处所发现的任何记录、文件、现金或其他物品属涉嫌罪行的证据，或是该人员觉得属或包含（或相当可能属或包含）涉嫌罪行的证据的情况下，检取、移走或扣留该记录、文件、现金或物品；及

（ii）该人员有合理因由相信在就涉嫌罪行而进行的法律程序中可能需用做证据的物件的情况下，检取、移走或扣留该物件。

（2）根据第（1）款获授权的人员可——

（a）召请任何人协助该人员进入和搜查如此获赋权进入和搜查的处所；

（b）破门及强行进入该处所；

（c）以武力移去任何妨碍该人员行使该等权力的人或物件；

（d）在觉得于该处所内发现的某人有能力（或相当可能有能力）提供攸关涉嫌罪行的调查的资料的情况下，扣留该人，直至该处所搜查完毕为止；

（e）（如在该处所内发现的载于记录或文件内的任何资料或事项，并非以可阅读形式记录，但能够以该形式重现）要求——

（i）该人员觉得是该处所负责人的人；或

（ii）该人员觉得有能力或相当可能有能力交出将该项资料或事项重现而制成的版本的人，交出将该项资料或事项或其有关部分以可阅读形式重现而制成的版本；及

（f）（如在该处所内发现的载于记录或文件内的任何资料或事项，是记录于资讯系统内）要求——

（i）该人员觉得是该处所负责人的人；或

（ii）该人员觉得有能力或相当可能有能力交出将该项资料或事项重现而制成的版本的人，交出该项资料或事项的版本，而该版本的形式须令该项资料或事项或其有关部分能够以可阅读形式重现。

（3）根据本条进入任何处所的获授权人员在有人提出要求时，须出示有关手令供查阅。

（4）任何人妨碍获授权人员行使手令或第（2）款授予的权力，即属犯罪，一经定罪，可处第6级罚款及监禁6个月。

条：	48	获授权人员拘捕及搜查等的权力	15 of 2011	01/04/2012

（1）在以下情况下，获授权人员可无须手令而将任何人拘捕或扣留以作进一步查询——

（a）该人员有合理理由怀疑该人已犯或正在犯第29条所订罪行；及

（b）该人员觉得由于以下原因，送达传票并非切实可行——

（i）该人员既不知道亦不能轻易确定该人的姓名；

（ii）该人员有合理理由怀疑该人提供的本人姓名并非该人的真实姓名；

（iii）该人未能提供令人满意的传票送达地址；或

（iv）该人员有合理理由怀疑该人提供的传票送达地址，并非有效地址。

（2）根据本条拘捕或扣留任何人的获授权人员，在有人提出要求时，须出示其获委任为获授权人员的证据。

（3）获授权人员如根据本条拘捕任何人，须立即将该人带往警署，以

按照《警队条例》（第 232 章）处理；或如该人员认为有需要作进一步的查询，则须先行将该人带往香港海关办事处，然后将该人带往警署，以按照《警队条例》（第 232 章）处理。

（4）任何人无论已被拘捕与否，均不得被扣留超过 48 小时而不予落案起诉及带到裁判法院应讯。

（5）如任何人强行反抗或企图逃避根据本条进行的拘捕或扣留，则获授权人员可使用合理所需的武力，以拘捕或扣留该人。

（6）如获授权人员已根据本条在某地方拘捕任何人，该人员可——

（a）搜查该人或该地方及其周边范围，以搜寻可能关乎与涉嫌罪行有关的任何物件；及

（b）接管因行使（a）段所指的权力而发现的该人员有合理理由怀疑属关乎涉嫌罪行的任何物件。

（7）对任何人进行的搜查，只可由与该人性别相同获授权人员进行。

部： 分部：	5 4	杂项条文	15 of 2011	01/04/2012

条：	49	保密	15 of 2011	01/04/2012

（1）任何指明人士除非是在根据本条例执行职能的过程中，或是为施行本条例的条文，或是为作出根据本条例规定做出或授权做出的事情，否则——

（a）须将——

（i）其在根据本条例执行职能或施行本条例的条文时获悉的事宜；或

（ii）其在协助其他人根据本条例执行职能或施行本条例的条文过程中获悉的事宜，保密，并协助将之保密；

（b）除（a）段提述的任何事宜所关乎的人外，不得将该等事宜传达予任何其他人；及

（c）不得容受或准许任何其他人有途径接触——

（i）其在根据本条例执行职能或施行本条例的条文时得以管有的任何记录或文件；或

（ii）其在协助任何其他人根据本条例执行职能或施行本条例的条文

过程中而得以管有的记录或文件。

（2）即使第（1）款有任何规定，指明人士可——

（a）披露公众已可得到的资料；

（b）以在香港提起刑事法律程序为出发点而披露资料，或为该等程序的目的而披露资料；

（c）以根据香港法律在香港开始进行任何调查为出发点而披露资料，或为该等调查的目的而披露资料；

（d）为向以专业身份行事或拟以专业身份行事的大律师、律师或其他专业顾问就根据本条例引起的任何事宜征询意见而披露资料，或为由该等大律师、律师或顾问为就该等事宜给予意见而披露资料；

（e）在与其作为其中一方的司法或其他法律程序有关联的情况下，披露资料；及

（f）按照法庭、裁判官或审裁处的命令，或按照香港法律或根据香港法律施加的要求而披露资料。

（3）即使第（1）款有任何规定，关长可——

（a）以撮要形式披露资料，但该撮要须是以关长管有的资料（包括某些人根据本条例任何条文提供的资料）编成，而撮要的编纂手法，须使人无法从中确定关乎任何人的业务或身份的详情或其营业详情；

（b）向复核审裁处披露资料；

（c）在第（4）款的规限下，向以下的人或机构披露资料——

（ⅰ）财政司司长；

（ⅱ）金融管理专员；

（ⅲ）保险业监督；

（ⅳ）证监会；

（ⅴ）个人资料私隐专员；

（ⅵ）申诉专员；或

（ⅶ）财政司司长根据第（10）款授权的公职人员；

（d）在第（4）款的规限下，及在其认为以下条件均获符合的情况下，向在香港以外地方的某主管当局或规管机构披露资料——

（ⅰ）该当局或机构执行与本条例赋予关长的职能相似的职能，或规管、监管或调查银行服务、保险服务或其他金融服务；及

（ⅱ）该当局或机构已受充分的保密条文所规限；及

（e）（如有关资料是从某人处取得或接获）在该人同意下披露资料，如该等资料与另一人有关，则关长亦可在该人及该另一人均同意的情况下披露该等资料。

（4）关长仅可在信纳有以下的情况下，根据第（3）（c）及（d）款披露资料——

（a）为维护持牌人或其客户的利益或公众利益，披露该资料是可取或合宜的；或

（b）披露该资料会使其收受者能够执行其职能，或会协助该收受者执行其职能，而披露该资料并非有违持牌人或其客户的利益或公众利益。

（5）关长在根据第（3）款披露任何资料时，可施加其认为适当的条件。

（6）在不局限第（5）款的原则下，关长可施加以下条件——

（a）（如有关资料已向某人披露）除非已获关长同意，否则该人不得向其他人披露该资料；及

（b）除非已获关长同意，否则直接或间接从该人取得或接获该资料的其他人，不得向其他人披露该资料。

（7）第（3）（e）款并不规定关长在任何民事法律程序中，披露关长可根据该款披露或已根据该款披露的资料，亦不规定关长就任何民事法律程序披露该等资料。

（8）任何人——

（a）违反第（1）款；或

（b）明知关长已就根据第（3）款披露资料施加第（6）款提述的条件，而违反该条件，或协助、教唆、怂使或促致任何人违反该条件，即属犯罪。

（9）任何人犯第（8）款所订罪行，即属犯罪——

（a）一经循公诉程序定罪，可处罚款＄1000000及监禁2年；或

（b）一经循简易程序定罪，可处第6级罚款及监禁6个月。

（10）财政司司长可授权任何公职人员为关长可根据第（3）（c）（ⅶ）款披露资料的对象。

（11）在本条中——

指明人士（specified person）指——

（a）关长；

（b）受雇于香港海关的人；或

（c）协助关长执行本条例赋予职能的人。

条：	50	修订附表 3	15 of 2011	01/04/2012

关长可借宪报公告修订附表 3。

条：	51	规例	15 of 2011	01/04/2012

香港海关关长可订立规例，以更佳地施行本部的条文，及达致本部的目的。

条：	52	就牌照申请等提供虚假资料属罪行	15 of 2011	01/04/2012

（1）任何人在与要求批给牌照或将牌照续期的申请有关联的情况下——

（a）作出在要项上属虚假或具误导性的陈述；并

（b）知道该项陈述在要项上属虚假或具误导性，或罔顾该项陈述是否在要项上属虚假或具误导性的，即属犯罪。

（2）任何人在与要求批给牌照或将牌照续期的申请有关联的情况下——

（a）在某项陈述中遗漏任何要项，以致该项陈述成为虚假或具误导性的陈述；及

（b）知道该项陈述遗漏该要项，或罔顾该项陈述是否遗漏该要项，即属犯罪。

（3）任何人犯第（1）或（2）款所订罪行，一经定罪，可处第 5 级罚款及监禁 6 个月。

条：	53	检控时限	15 of 2011	01/04/2012

即使《裁判官条例》（第 227 章）第 26 条有任何规定，就本部所订罪行（可公诉罪行除外）而提出的法律程序，可于关长发现或知悉有关罪行后 12 个月内提出。

部：	6	打击洗钱及恐怖分子资金筹集（金融机构）复核审裁处	15 of 2011	01/04/2012

部:	6	释义	15 of 2011	01/04/2012
分部:	1			

条:	54	第 6 部的释义	15 of 2011	01/04/2012

在本部中——

各方（parties）就复核而言，指——

（a）作出有关的指明决定的指明当局；及

（b）提出有关复核申请的人；

局长（Secretary）指财经事务及库务局局长；

指明决定（specified decision）指——

（a）由金融管理专员作出的行使第 21 条所指的任何权力的决定；

（b）由证监会作出的行使第 21 条所指的任何权力的决定；

（c）由保险业监督作出的行使第 21 条所指的任何权力的决定；

（d）由关长作出的以下决定——

（ⅰ）行使第 21 条所指的任何权力；

（ⅱ）根据第 30 条施加牌照条件；

（ⅲ）拒绝根据第 30 条批给牌照；

（ⅳ）根据第 31 条修改或施加牌照条件；

（ⅴ）拒绝根据第 31 条将牌照续期；

（ⅵ）根据第 32 条修改或施加牌照条件；

（ⅶ）根据第 34 条撤销或暂时吊销牌照；

（ⅷ）拒绝根据第 35 条给予批准让某人成为持牌人的董事；

（ⅸ）拒绝根据第 36 条给予批准让某人成为持牌人的最终拥有人；

（ⅹ）拒绝根据第 37 条给予批准让某人成为属持牌人的合伙的合伙人；

（ⅺ）拒绝根据第 38 条批准要求在牌照上加入新的处所的申请；

（ⅻ）拒绝根据第 39 条批准要求在特定处所经营金钱服务的申请；或

（ⅹⅲ）行使第 43 条所指的任何权力；

指明当局（specified authority）——

（a）就指明决定的定义中的（a）段所指的指明决定而言，指金融管理专员；

（b）就指明决定的定义中的（b）段所指的指明决定而言，指证监会；

（c）就指明决定的定义中的（c）段所指的指明决定而言，指保险业监督；及

（d）就指明决定的定义中的（d）段所指的指明决定而言，指关长；

审裁处（Tribunal）指第 55 条设立的打击洗钱及恐怖分子资金筹集（金融机构）复核审裁处；

复核（review）指审裁处根据第 60（1）条复核某指明决定；

复核申请（application for review）指根据第 59（1）条提出的申请。

部:	6	打击洗钱及恐怖分子资金筹集（金融机构）复核审裁处	15 of 2011	01/04/2012
分部:	2			

条:	55	审裁处的设立	15 of 2011	01/04/2012

（1）现设立一个中文名称为"打击洗钱及恐怖分子资金筹集（金融机构）复核审裁处"而英文名称为"Anti – Money Laundering and Counter – Terrorist Financing（Financial Institutions）Review Tribunal"的审裁处。

（2）审裁处具有司法管辖权按照本部及附表 4 复核指明决定，以及聆听和裁定任何复核所引起或与任何复核有关联的任何问题或争议点。

（3）局长如认为适当，可为任何复核的目的而增设审裁处，而本条例的条文在经必要的变通后，适用于每个增设的审裁处，一如该等条文适用于审裁处。

条:	56	审裁处的组成	15 of 2011	01/04/2012

（1）除附表 4 另有规定外，审裁处由局长委任的以下人士组成——

（a）一名主席；及

（b）2 名其他成员。

（2）审裁处主席须属符合以下条件的人——

（a）具资格根据《高等法院条例》（第 4 章）第 9 条获委任为法官；及

（b）不属公职人员，或仅凭借根据任何条例设立的委员会或审裁处的主席的身份而属公职人员。

| 条： | 57 | 审裁处的主席及其他成员可获酬金 | 15 of 2011 | 01/04/2012 |

（1）审裁处的主席及其他成员可获附局长认为适当的款额，作为其服务酬金。

（2）根据本条须附的款额，由政府一般收入支付。

| 条： | 58 | 附表4具有效力 | 15 of 2011 | 01/04/2012 |

（1）附表4就审裁处具有效力。

（2）局长可借宪报公告修订附表4。

| 条： | 59 | 要求复核指明决定的申请 | 15 of 2011 | 01/04/2012 |

（1）任何人如因就其作出的指明决定感到受屈，可在告知该决定的通知送出后的 21 日内，向审裁处申请复核该决定。

（2）即使第（1）款有任何规定，在第（3）款的规限下，凡有因指明决定感到受屈的人提出申请——

（a）审裁处可借命令延展根据第（1）款就该指明决定提出复核申请的限期；而

（b）该命令一经作出，根据第（1）款提出该申请的限期即据此延展。

（3）只有在以下情况下，审裁处才可根据第（2）款批给延展——

（a）申请人及指明当局均已获给予合理的陈词机会；及

（b）审裁处信纳有良好因由批给延展。

（4）复核申请须——

（a）借书面提出；及

（b）述明该申请所据的理由。

（5）在接获复核申请后，审裁处须在合理的切实可行的范围内，尽快将该申请的复本送交指明当局。

| 条： | 60 | 审裁处作出的复核裁定 | 15 of 2011 | 01/04/2012 |

（1）审裁处在对某指明决定的复核作出裁定时，可——

（a）确认、更改或推翻该决定，及（如推翻该决定）以审裁处认为适当的任何其他决定取代该决定；或

（b）将有关事宜连同它认为适当的任何指示发还有关指明当局处理。

（2）如审裁处根据第（1）（a）款更改某指明决定，或以任何其他决定取代某指明决定，经更改的该指明决定或用以取代该指明决定的其他决定，可以是指明当局便有权根据它据以作出该指明决定的同一条文或根据其他条文而就提出有关复核申请的人作出的任何决定（不论是否较经更改或被取代的该指明决定严苛或宽松）。

（3）在复核某指明决定时，审裁处须给予复核各方合理的陈词机会。

（4）就审裁处进行的法律程序而言，任何事实事宜须在相对可能性的衡量下予以确立。

条：	61	审裁处的权力	15 of 2011	01/04/2012

（1）在符合附表4的规定下，审裁处为某项复核的目的，可主动或应复核的任何一方的申请——

（a）收取及考虑以口述证供、书面陈述或文件提供的材料，不论该等材料在法院中是否可获接纳为证据；

（b）决定收取（a）段所述的任何材料的方式；

（c）借审裁处主席签署的书面通知，要求某人出席聆讯、提供证据及交出由该人管有或控制并与该复核的标的有关的任何物品、记录或文件；

（d）监誓；

（e）讯问或安排讯问任何出席聆讯的已宣誓或未经宣誓的人，并要求该人据实回答审裁处认为就该复核而言属适当的问题；

（f）命令证人为该复核的目的以誓章提供证据；

（g）命令任何人不得发表或以其他方式披露审裁处所收取的任何材料；

（h）禁止发表或披露审裁处在闭门进行的聆讯（或聆讯中闭门进行的任何部分）中收取的材料；

（i）在顾及公正原则后，基于审裁处认为适当的理由及按审裁处认为适当的条款及条件，搁置该复核的任何程序；及

（j）决定在该复核中须依循的程序。

（2）任何人无合理辩解而有以下行为，即属犯罪——

（a）没有遵从审裁处根据第（1）款作出或施加的命令、通知、禁令或要求；

（b）干扰审裁处聆讯使其无法进行，或在审裁处聆讯过程中有其他不检行为；

（c）按审裁处根据第（1）款作出的要求于某地方出席审裁处聆讯后，未经审裁处准许而离开该地方；

（d）阻碍任何人为某复核的目的出席审裁处聆讯、提供证据或交出任何物品、记录或文件，或阻吓任何人为该目的作出该等作为；

（e）因任何人出席审裁处聆讯而威胁或侮辱该人，或令该人蒙受损失；或

（f）因审裁处主席或任何其他成员以主席或成员身份执行职能，而在任何时间威胁或侮辱主席或该成员，或令主席或该成员蒙受损失。

（3）任何人犯第（2）款所订罪行——

（a）一经循公诉程序定罪，可处罚款 ＄1000000 及监禁 2 年；或

（b）一经循简易程序定罪，可处第 6 级罚款及监禁 6 个月。

（4）任何人不得仅以遵从审裁处根据第（1）款作出或施加的命令、通知、禁令或要求可能会导致该人入罪为理由，而获豁免遵从该命令、通知、禁令或要求。

| 条： | 62 | 强迫提供的会导致入罪的证据的使用 | 15 of 2011 | 01/04/2012 |

（1）凡任何人按照审裁处根据第 61（1）（c）、（e）或（f）条施加或作出的要求或命令，给予或提供任何证据、答案或资料，本条适用于该等证据、答案或资料。

（2）即使本条例有任何规定，及在第（3）款的规限下，上述的人给予或提供的证据、答案或资料，以及审裁处施加或作出的要求或命令，均不得在法院的刑事法律程序中获接纳为针对该人的证据。

（3）如该人就上述证据、答案或资料而被控犯第 61（2）（a）条或《刑事罪行条例》（第 200 章）第 Ⅴ 部所订罪行，或被控犯作假证供罪，则第（2）款不适用于该等检控的刑事法律程序。

| 条： | 63 | 审裁处处理的藐视罪 | 15 of 2011 | 01/04/2012 |

（1）审裁处在惩罚犯藐视罪者方面所具有的权力，与原讼法庭所具有的相同。

（2）在不局限第（1）款赋予审裁处的权力的原则下，如任何人无合

理辩解而作出第61（2）（a）、（b）、（c）、（d）、（e）或（f）条所指的行为，则审裁处有权以该人犯藐视罪而惩罚该人，犹如该人犯藐视法庭罪一样，而审裁处在这方面所具有的权力，与原讼法庭所具有的相同。

（3）审裁处在根据本条行使惩罚犯藐视罪者的权力时，须采用原讼法庭在行使相同权力惩罚犯藐视罪者时采用的举证准则。

（4）即使本条例有任何规定——

（a）在以下情况下，审裁处不得根据本条行使权力，以决定是否就某行为以某人犯藐视罪而惩罚该人——

（i）过往已根据第61（2）条就同一行为而针对该人提起刑事法律程序；及

（ii）该刑事法律程序仍待决；或由于过往提起该刑事法律程序，因此不得合法地根据该条就同一行为而再次针对该人提起刑事法律程序；及

（b）在以下情况下，不得根据第61（2）条就某行为而针对某人提起刑事法律程序——

（i）审裁处过往已根据本条行使权力，以决定是否就同一行为以该人犯藐视罪而惩罚该人；及

（ii）因行使该权力而产生的法律程序仍待决；或由于过往已行使该权力，因此不得合法地根据本条再次行使权力，以决定是否就同一行为以该人犯藐视罪而惩罚该人。

条：	64	受保密权涵盖的资料	15 of 2011	01/04/2012

凡某认可机构担任提出复核申请的人的银行或财务顾问，本部及附表4并不规定该机构披露该人以外的该机构客户的事务的资料。

条：	65	讼费	15 of 2011	01/04/2012

（1）审裁处可就——

（a）为复核的目的而需要或被要求（无论是否以证人身份）出席的人；或

（b）该复核的任何一方，就该复核及该复核的申请而合理地招致的讼费，借命令向该等人士判给一笔审裁处认为数额适当的款项。

（2）如审裁处根据第（1）款将讼费——

（a）判给第（1）（a）款所指的人，该讼费须由审裁处认为适当的有关复核的某一方支付，并可作为民事债项予以追讨；或

（b）判给第（1）（b）款所指的一方，该讼费须由有关复核的另一方支付，并可作为民事债项予以追讨。

（3）《高等法院规则》（第4章，附属法例A）第62号命令适用于审裁处根据第（1）款判给讼费，亦适用于该等讼费的评定。

条：	66	审裁处的裁定的通知	15 of 2011	01/04/2012

（1）审裁处须在完成复核后，在合理的切实可行的范围内，尽快宣告——

（a）其裁定及作出该裁定的理由；及

（b）它根据第65条就该复核作出的任何命令，以及作出该命令的理由。

（2）审裁处如就复核闭门进行聆讯或其任何部分，可借命令禁止发表或披露——

（a）第（1）（a）款提述的其裁定或作出该裁定的理由，或该裁定或理由的任何部分；或

（b）第（1）（b）款提述的其命令或作出该命令的理由，或该命令或理由的任何部分。

（3）任何人无合理辩解而没有遵从审裁处根据第（2）款作出的命令，即属犯罪。

（4）任何人犯第（3）款所订罪行——

（a）一经循公诉程序定罪，可处罚款＄1000000及监禁2年；或

（b）一经循简易程序定罪，可处第6级罚款及监禁6个月。

条：	67	审裁处命令的格式及证明	15 of 2011	01/04/2012

（1）审裁处命令须借书面记录，并由审裁处主席签署。

（2）在没有相反证据的情况下，任何文件如看来是由审裁处主席签署的审裁处命令，须被推定为妥为作出并签署的审裁处命令，而无须提出关于作出或签署该命令的证明，亦无须证明签署该命令的人确是审裁处主席。

条：	68	审裁处命令可在原讼法庭登记	15 of 2011	01/04/2012

（1）凡审裁处按终审法院首席法官借根据第 76 条订立的规则订明的方式发出书面通知，原讼法庭可在接获该通知后，在原讼法庭登记审裁处的命令。

（2）就所有目的而言，根据第（1）款登记的命令须视为原讼法庭在其司法管辖权范围内作出的命令。

条：	69	申请暂缓执行指明决定	15 of 2011	01/04/2012

（1）除第（2）及（3）款另有规定外，就某指明决定提出复核申请，本身并不具有暂缓执行该决定的效力。

（2）提出复核申请或根据第 59（2）条提出申请的人，可在审裁处就该复核或申请作出裁定前，随时向审裁处申请暂缓执行该申请所关乎的指明决定。

（3）在接获根据第（2）款提出的申请后，审裁处须在合理的切实可行的范围内尽快进行聆讯，以裁定该申请。

（4）审裁处可借命令暂缓执行有关决定，并可在讼费、缴存款项于审裁处或其他事宜方面，定出它认为适当的条件，而该项暂缓执行须受该等条件规限。

条：	70	申请暂缓执行审裁处的裁定	15 of 2011	01/04/2012

（1）在审裁处就复核作出裁定后，该复核的任何一方可随时向审裁处提出申请，要求暂缓执行该裁定。

（2）审裁处可应根据第（1）款提出的申请，借命令暂缓执行有关裁定，并可在讼费、缴存款项于审裁处或其他事宜方面，定出它认为适当的条件，而该项暂缓执行须受该等条件规限。

部： 分部：	6 3	向上诉法庭提出上诉	15 of 2011	01/04/2012

条：	71	获许可向上诉法庭提出上诉	15 of 2011	01/04/2012

（1）在第（2）款的规限下，如复核的任何一方对就复核作出的裁定感到不满，该方可针对该裁定，向上诉法庭就法律问题或事实问题或法

律兼事实问题提出上诉。

（2）除非上诉法庭已批予上诉许可，否则任何人不得根据第（1）款提出上诉。

（3）第（2）款所指的上诉许可——

（a）可就在有关裁定中出现的某特定争论点而批予；及

（b）可在上诉法庭认为确需上诉得到公正、迅速及合乎经济原则的处置而需要的条件规限下批予。

（4）上诉法庭须信纳有以下情况，方可为第（2）款的目的而批予上诉许可——

（a）有关上诉有合理机会得直；或

（b）有其他有利于秉行公正的理由，因而该上诉应予审理。

条：	72	上诉法庭的权力	15 of 2011	01/04/2012

（1）上诉法庭可就针对审裁处的裁定的上诉——

（a）判上诉得直；

（b）驳回上诉；

（c）更改或推翻该裁定，及（如推翻该裁定）以上诉法庭认为适当的任何其他裁定，取代该裁定；或

（d）将有关事宜连同它认为适当的任何指示，发还审裁处或有关的指明当局处理。

（2）如上诉法庭根据第（1）（c）款更改某裁定，或以任何其他裁定取代某裁定，经更改的该裁定或用以取代该裁定的其他裁定，可以是审裁处本有权根据它据以作出该裁定的同一条文或根据其他条文而就有关复核作出的任何裁定（不论是否较经更改或被取代的该裁定严苛或宽松）。

（3）在本条所指的上诉中，上诉法庭可作出它认为适当的支付讼费命令。

条：	73	上诉不暂缓执行审裁处的裁定	15 of 2011	01/04/2012

（1）在不损害第 70 条的原则下，根据第 71 条针对审裁处的裁定提出上诉，本身并不具有暂缓执行该裁定的效力。

（2）如有上诉根据第 71 条针对某裁定提出，上诉法庭可应有关复核

的任何一方向它提出的申请，命令暂缓执行该裁定。

（3）在根据第（2）款作出命令时，上诉法庭可施加其认为适当的任何条件，包括关于讼费及缴存款项于审裁处的条件。

条：	74	无其他上诉权	15 of 2011	01/04/2012

除第 71 条及《高等法院条例》（第 4 章）第 50 条另有规定外，审裁处所作的裁定属终局决定，不可上诉。

部：	6	杂项条文	15 of 2011	01/04/2012
分部：	4			

条：	75	指明决定的生效时间	15 of 2011	01/04/2012

（1）除本条例另有规定外，凡有指明决定就任何人而作出——

（a）如该人在第 59（1）条指明的 21 日限期届满前，借书面通知有关指明当局该人不会就该决定提出复核申请，则该决定在该人如此通知该指明当局时生效；

（b）如该人在第 59（1）条指明的 21 日限期内，没有通知有关当局该人不会就该决定提出复核申请，亦没有就该决定提出复核申请，则该决定在该限期届满时生效；或

（c）如该人在第 59（1）条指明的 21 日限期内，就该决定提出复核申请，而——

（ⅰ）审裁处确认该决定，则该决定在如此获确认时生效；

（ⅱ）审裁处更改该决定，或以另一决定取代之，则该决定在被更改或取代时，按该项更改或取代的条款而生效；或

（ⅲ）该人撤回该申请，则该决定在该申请被撤回时生效。

（2）即使第（1）款有任何规定，有关当局如认为为维护公众利益就某指明决定如此行事属适当的话，可在关乎该决定的通知中，指明如非因本款则该决定本会生效的时间以外的另一时间，作为该决定生效的时间，而在此情况下，该决定在如此指明的时间生效。

条：	76	终审法院首席法官订立规则的权力	15 of 2011	01/04/2012

终审法院首席法官可订立规则——

（a）就关于根据第 68（1）条在原讼法庭登记审裁处的命令的事宜，

作出规定；或

（b）规管根据第 71 条提出的上诉的聆讯程序。

部：	7	杂项条文	15 of 2011	01/04/2012

条：	77	行政长官会同行政会议订立规例	15 of 2011	01/04/2012

（1）行政长官会同行政会议可为更佳地施行本条例（第 5 部除外）的条文，及达致本条例（第 5 部除外）的目的，订立规例。

（2）在不局限第（1）款的原则下，有关规例可包括任何保留、过渡性、附带、补充、关于证据的及相应条文（无论该等条文是否涉及任何主体法例或附属法例的条文）。

条：	78	举证准则	15 of 2011	01/04/2012

如有关当局为本条例的任何条文（关乎刑事法律程序或任何罪行的条文除外）的目的而需证明或信纳——

（a）任何人违反——

（ⅰ）任何条例的条文；

（ⅱ）根据任何条例给予或施加的通知、规定或要求；

（ⅲ）根据本条例批给的任何牌照的任何条件；或

（ⅳ）根据本条例施加的任何其他条件；

（b）任何人曾对任何非法作为或不作为负有责任；

（c）任何人曾辅助、怂使、促致或诱使他人作出任何事情，因而导致（a）或（b）段提述的任何事宜发生；

（d）任何人曾牵涉或参与导致（a）或（b）段提述的任何事宜发生的任何事情；

（e）任何人曾企图作出或曾与他人串谋作出导致（a）或（b）段提述的任何事宜发生的任何事情；或

（f）（a）、（b）、（c）、（d）及（e）段提述的任何事宜可能发生，该有关当局按照适用于在法院进行的民事法律程序的举证准则证明或信纳（a）、（b）、（c）、（d）、（e）或（f）段（视情况所需而定）提述的事宜，即属足够。

条：	79	有关当局就某些罪行提出检控	15 of 2011	01/04/2012

（1）有关当局可以本身的名义，检控本条例所订罪行或串谋犯该罪的罪行。但如有关当局如此提出检控，该罪行须作为可循简易程序审讯的罪行而由裁判官审讯。

（2）为检控第（1）款所述罪行的目的，没有资格根据《法律执业者条例》（第159章）以大律师身份执业或以律师身份行事的有关当局的雇员或员工——

（a）可就其负责的案件出席审讯，并可在裁判官席前陈词；并

（b）就该项检控享有根据该条例有资格以大律师身份执业或以律师身份行事的人的所有其他权利。

（3）本条并不降损律政司司长在检控刑事罪行方面的权力。

条:	80	有关当局发出通知	15 of 2011	01/04/2012

（1）根据本条例关长获授权或须向持牌人发出或送出的通知或其他文件（不论实际如何称述），如留在或邮寄往该持牌人所持牌照指明的其可经营金钱服务的处所或多于一个处所当中任何处所，就所有目的而言，须视为已妥为发出或送出。

（2）《保险公司条例》（第41章）第55条在经必要变通后，就根据本条例保险业监督获授权或须向任何人发出或送出通知或其他文件（不论实际如何称述）的事宜而适用，一如就该条提述的通知或其他文件的发出或送达而适用。

（3）《银行业条例》（第155章）第134条在经必要变通后，就根据本条例金融管理专员获授权或须向任何人发出或送出通知或其他文件（不论实际如何称述）的事宜而适用，一如就该条提述的通知的送达而适用。

（4）《证券及期货条例》（第571章）第400条在经必要变通后，就根据本条例证监会获授权或须向任何人发出或送出通知或其他文件（不论实际如何称述）的事宜而适用，一如就该条提述的通知、指示或其他文件的发出或送达而适用。

条:	81	法律专业保密权	15 of 2011	01/04/2012

（1）除第（2）款另有规定外，本条例不影响除本条例外可基于法律专业保密权的理由而产生的任何声称、权力或享有权。

（2）第（1）款不影响根据本条例提出披露法律执业者（不论该法律执业者是否在香港取得资格以大律师身份执业或以律师身份行事）的客户的姓名或名称及地址的要求。

条：	82	关于在本条例生效前经营业务的货币兑换商及汇款代理人的过渡性条文	15 of 2011	01/04/2012

（1）如在紧接生效日期前，任何人的姓名或名称作为货币兑换商名列于根据修订前的《有组织及严重罪行条例》第 24B（2）条备存的记录册，该人须当做为在该日期已获批给牌照，在所有于紧接该日期前列载在该记录册为该人经营货币兑换商业务所在的处所，经营金钱服务，而本条例据此适用于该人。

（2）如在紧接生效日期前，任何人的姓名或名称作为汇款代理人名列于根据修订前的《有组织及严重罪行条例》第 24B（2）条备存的记录册，该人须当做为在该日期已获批给牌照，在所有于紧接该日期前列载在该记录册为该人经营汇款代理人业务所在的处所，经营金钱服务，而本条例据此适用于该人。

（3）根据第（1）或（2）款当做已批给的牌照——

（a）在自生效日期起计的 60 日期间届满前，持续有效；或

（b）（如在该期间届满前，有关的人已根据第 30 条申请批给牌照）在以下事情发生（以较早者为准）前，持续有效——

（ⅰ）该申请的牌照获批给；

（ⅱ）关长拒绝批给牌照的决定生效；或

（ⅲ）该申请被撤回。

（4）在本条中——

生效日期（commencement date）指本条例的生效日期；

修订前的《有组织及严重罪行条例》（*Pre – Amended Organized and Serious Crimes Ordinance*）指在紧接生效日期前有效的《有组织及严重罪行条例》（第 455 章）；

货币兑换商（money changer）具有修订前的《有组织及严重罪行条例》第 24A 条给予该词的含义；

汇款代理人（remittance agent）具有修订前的《有组织及严重罪行条例》第 24A 条给予该词的含义。

部:	8	（已失时效而略去—2012 年第 2 号编辑修订记录）	E. R. 2 of 2012	02/08/2012

部: 分部:	8 1	（已失时效而略去—2012 年第 2 号编辑修订记录）	E. R. 2 of 2012	02/08/2012

条:	83	（已失时效而略去—2012 年第 2 号编辑修订记录）	E. R. 2 of 2012	02/08/2012

部: 分部:	8 2	（已失时效而略去—2012 年第 2 号编辑修订记录）	E. R. 2 of 2012	02/08/2012

条:	84	（已失时效而略去—2012 年第 2 号编辑修订记录）	E. R. 2 of 2012	02/08/2012

部: 分部:	8 3	（已失时效而略去—2012 年第 2 号编辑修订记录）	E. R. 2 of 2012	02/08/2012

条:	85	（已失时效而略去—2012 年第 2 号编辑修订记录）	E. R. 2 of 2012	02/08/2012

部: 分部:	8 4	（已失时效而略去—2012 年第 2 号编辑修订记录）	E. R. 2 of 2012	02/08/2012

条:	86	（已失时效而略去—2012 年第 2 号编辑修订记录）	E. R. 2 of 2012	02/08/2012

部: 分部:	8 5	（已失时效而略去—2012 年第 2 号编辑修订记录）	E. R. 2 of 2012	02/08/2012

条:	87	（已失时效而略去—2012 年第 2 号编辑修订记录）	E. R. 2 of 2012	02/08/2012

部: 分部:	8 6	（已失时效而略去—2012 年第 2 号编辑修订记录）	E. R. 2 of 2012	02/08/2012

条:	88	（已失时效而略去—2012 年第 2 号编辑修订记录）	E. R. 2 of 2012	02/08/2012

条:	89	（已失时效而略去—2012 年第 2 号编辑修订记录）	E. R. 2 of 2012	02/08/2012

条:	90	（已失时效而略去—2012 年第 2 号编辑修订记录）	E. R. 2 of 2012	02/08/2012

条:	91	（已失时效而略去—2012 年第 2 号编辑修订记录）	E. R. 2 of 2012	02/08/2012

附表:	1	释义	E. R. 2 of 2012	02/08/2012

［第 2 条］

第 1 部

1. 在本条例中——

文件（document）具有《证券及期货条例》（第 571 章）附表 1 第 1 部第 1 条给予该词的含义；

金钱（money）指属任何形式或货币的金钱；

金钱服务（money service）指——

（a）货币兑换服务；或

（b）汇款服务；

洗钱（money laundering）指出于达致下述效果的意图的行为：使——

（a）属于犯香港法律所订可公诉罪行或作出假使在香港发生即属犯香港法律所订可公诉罪行的作为而获取的收益的任何财产，看似并非该等收益；或

（b）全部或部分、直接或间接代表该等收益的任何财产，看似不如此代表该等收益；

记录（record）具有《证券及期货条例》（第 571 章）附表 1 第 1 部第 1 条给予该词的含义；

恐怖分子资金筹集（terrorist financing）指——

（a）在下述情况以任何方法直接或间接地提供或筹集财产—（由 2012 年第 20 号第 12 条修订）

（ⅰ）怀疑有将该财产的全部或部分用于作出一项或多于一项恐怖主义行为的意图（不论该财产实际上有否被如此使用）；或

（ⅱ）知道该财产的全部或部分将会用于作出一项或多于一项恐怖主义行为（不论该财产实际上有否被如此使用）（由 2012 年第 20 号第 12 条修订）；

（b）在知道某人是或罔顾某人是否恐怖分子或与恐怖分子有联系者的情况下，以任何方法向该人直接或间接提供任何财产或金融（或有关的）服务，或为该人的利益而以任何方法直接或间接提供任何财产或金融（或有关的）服务；或（由 2012 年第 20 号第 12 条修订）

（c）在知道某人是或罔顾某人是否恐怖分子或与恐怖分子有联系者的情况下，为该人的利益而以任何方法直接或间接筹集财产，或为该人的利益而以任何方法直接或间接寻求金融（或有关的）服务（由 2012 年第 20 号第 12 条增补）；

财产（property）包括——

（a）金钱、货品、据法权产及土地，不论是位于香港或其他地方；及

（b）（a）段界定的财产所产生或附带的义务、地役权及各类产业、权益及利润，不论是现有的或将来的、或有的或既有的；

货币（currency）包括支票及旅行支票；

货币兑换服务（money changing service）指在香港作为业务经营的货币兑换服务，但不包括由管理酒店的人如此经营的、符合以下说明的服务——

（a）该服务在该酒店的处所经营，主要为方便入住该酒店的顾客；及

（b）只包括该人以港元货币作兑换的购入非港元货币的交易；

汇款服务（remittance service）指在香港作为业务经营的、提供以下一种或多于一种交易的服务——

（a）将金钱或安排将金钱送往香港以外地方；

（b）从香港以外地方或安排从香港以外地方收取金钱；

（c）安排在香港以外地方收取金钱；

职能（function）包括权力及责任；

复核审裁处（Review Tribunal）指第 54 条界定的审裁处。

2. 在恐怖分子资金筹集的定义中，恐怖分子（terrorist）、恐怖主义行为（terrorist act）及与恐怖分子有联系者（terrorist associate）具有《联合国（反恐怖主义措施）条例》（第 575 章）第 2（1）条给予该等词的含义（由 2012 年第 20 号第 12 条修订）。

3. 只为资金传送而向金融机构提供信息系统或其他支援系统的人，就本条例而言，不被视为经营汇款服务的人。

第 2 部

1. 在本条例中——

有关当局（relevant authority）——

（a）就认可机构而言，指金融管理专员；

（b）就持牌法团而言，指证监会；

（c）就获授权保险人、获委任保险代理人或获授权保险经纪而言，指保险业监督；及

（d）就持牌金钱服务经营者或邮政署署长而言，指关长；

金融管理专员（Monetary Authority）指根据《外汇基金条例》（第66章）第5A条委任的金融管理专员；

金融机构（financial institution）指——

（a）认可机构；

（b）持牌法团；

（c）获授权保险人；

（d）获委任保险代理人；

（e）获授权保险经纪；

（f）持牌金钱服务经营者；或

（g）邮政署署长；

保险业监督（Insurance Authority）指根据《保险公司条例》（第41章）第4条委任的保险业监督；

持牌法团（licensed corporation）具有《证券及期货条例》（第571章）附表1第1部第1条给予该词的含义；

持牌金钱服务经营者（licensed money service operator）指第24条界定的牌照的持有人；

邮政署署长（Postmaster General）指香港邮政署署长，并包括邮政署副署长及每位邮政署助理署长；

认可机构（authorized institution）具有《银行业条例》（第155章）第2（1）条给予该词的含义；

获委任保险代理人（appointed insurance agent）具有《保险公司条例》（第41章）第2（1）条给予该词的含义；

获授权保险人（authorized insurer）指根据《保险公司条例》（第41章）授权的保险人；

获授权保险经纪（authorized insurance broker）具有《保险公司条例》

（第 41 章）第 2（1）条给予该词的含义；

证监会（Securities and Futures Commission）指《证券及期货条例》（第571 章）第 3（1）条提述的证券及期货事务监察委员会；

关长（Commissioner）指香港海关关长、任何香港海关副关长、任何香港海关助理关长，或获香港海关关长根据第 26 条转授其任何职能的人。

（编辑修订—2012 年第 2 号编辑修订记录）

| 附表: | 2 | 关于就客户作尽职审查及备存记录的规定 | E. R. 2 of 2012 | 02/08/2012 |

［第 3、5、6 及 7 条］

第 1 部

释义

1. 释义

（1）在本附表中——

公共机构（public body）包括——

（a）任何行政、立法、市政或市区议会；

（b）政府的任何部门或政府承担的任何事业；

（c）任何地方或公共主管当局或任何地方或公共事业；

（d）由行政长官或政府委任而不论有酬或无酬的各类委员会或其他团体；及

（e）根据或为施行任何成文法则而有权力以执行公务身份行事的各类委员会或其他团体；

代理银行服务（correspondent banking）指由一间认可机构向另一间机构提供银行服务，使后者能向其本身客户提供服务及产品；

先前客户（pre‒existing customer）就金融机构而言，指在本条例的生效日期前已与该机构建立业务关系的客户；

法人（legal person）包括属法团或并非法团的任何公共机构及任何团体；

非经常交易（occasional transaction）指金融机构和与该机构没有业务关系的客户之间的交易；

客户尽职审查措施（customer due diligence measures）指在本附表第 2 （1）条列出的措施；

政治人物（politically exposed person）指——

（a）在中华人民共和国以外地方担任或曾担任重要公职的个人——

（ⅰ）并包括国家首脑、政府首长、资深从政者、高级政府、司法或军事官员、国有企业高级行政人员及重要政党干事；但

（ⅱ）不包括第（ⅰ）节所述的任何类别的中级或更低级官员；

（b）（a）段所指的个人的配偶、伴侣、子女或父母，或该名个人的子女的配偶或伴侣；或

（c）与（a）段所指的个人关系密切的人；

财务特别行动组织（Financial Action Task Force）指由在 1989 年于巴黎举行的七大工业国财长会议成立的打击清洗黑钱财务特别行动组织；

业务关系（business relationship）在某人与金融机构之间，指符合以下说明的业务、专业或商业关系——

（a）延续一段时间是该关系的元素；或

（b）在该人首次以该机构的准客户身份接触该机构时，该机构期望延续一段时间是该关系的元素；

实益拥有人（beneficial owner）——

（a）就法团而言——

（ⅰ）指符合以下说明的个人——

（A）直接或间接地拥有或控制（包括透过信托或持票人股份持有）该法团已发行股本的不少于10%；

（B）直接或间接地有权行使在该法团的成员大会上的投票权的不少于10%，或支配该比重的投票权的行使；或

（C）行使对该法团的管理最终的控制权；或

（ⅱ）（如该法团是代表另一人行事）指该另一人；

（b）就合伙而言——

（ⅰ）指符合以下说明的个人——

（A）直接或间接地有权摊分或控制该合伙的资本或利润的不少于10%；

（B）直接或间接地有权行使在该合伙的投票权的不少于10%，或支

配该比重的投票权的行使；或

（C）行使对该合伙的管理最终的控制权；或

（ⅱ）（如该合伙是代表另一人行事）指该另一人；

（c）就信托而言，指——

（ⅰ）有权享有信托财产的资本的既得权益的不少于 10% 的任何个人，而不论该人是享有该权益的管有权、剩余权或复归权，亦不论该权益是否可予废除；

（ⅱ）该信托的财产授予人；

（ⅲ）该信托的保护人或执行人；或

（ⅳ）对该信托拥有最终的控制权的个人；及

（d）就不属（a）、（b）或（c）段所指的人而言，指——

（ⅰ）最终拥有或控制该人的任何个人；或

（ⅱ）（如该人是代表另一人行事）该另一人；

对等司法管辖区（equivalent jurisdiction）指——

（a）属财务特别行动组织的成员的司法管辖区（香港除外）；或

（b）施加与根据本附表而施加的规定相类似的规定的司法管辖区；

识别文件（identification document）——

（a）就个人而言，指该人的身份证、身份证明书、签证身份书或旅行证件（该等文件为《入境条例》（第 115 章）第 2（1）条所界定者）；

（b）就《公司条例》（第 32 章）第 2（1）条所界定的公司而言，指根据该条例发出予该公司的公司注册证书；

（c）就《公司条例》（第 32 章）第 2（1）条所界定的非香港公司而言，指根据该条例发出予该公司的公司注册证明书；

（d）就在香港以外地方成立为法团但并非（c）段所指的公司的法团而言，指由在该地方执行与公司注册处处长职能类同的职能的主管当局发出予该法团的公司注册证书或注册证明书，或任何其他证明其成立为法团的文件；

（e）就在香港经营业务的合伙而言，指根据《商业登记条例》（第 310 章）第 6 条发出予该合伙的商业登记证；及

（f）就并无在香港经营业务的合伙而言，指其合伙协议，或任何由政府机构发出的证明其成立或注册的文件。

（2）就第（1）款中政治人物定义的（b）段而言，如根据某人与某名个人共同生活的地方的法律，该人被视为等同于该名个人的配偶，该人即属该名个人的伴侣。

（3）就第（1）款中政治人物定义的（c）段而言，如某人符合以下说明，该人即属与某名个人（首述个人）关系密切的人——

（a）该人是与首述个人有密切业务关系的个人（在首述个人属某法人或信托的实益拥有人的情况下，包括同样属该法人或信托的实益拥有人的个人）；或

（b）该人是属某法人或信托的实益拥有人的个人，而该法人或信托是为首述个人的利益而成立的。

（4）就本附表而言，电传转账是由一家机构（在本附表中称为汇款机构）代表某人借电子方式进行的交易，目的是将某笔金钱转往某家机构（在本附表中称为收款机构）（该机构可以是汇款机构或另一机构）以提供予该人或另一人（在本附表中称为收款人），而无论是否有一家或多于一家机构（在本附表中称为中介机构）参与完成有关金钱转账。

第 2 部　对客户作尽职审查的规定

第 1 分部

一般条文

2. 何谓客户尽职审查措施

（1）以下措施为适用于金融机构的客户尽职审查措施——

（a）识别客户的身份，及根据以下来源所提供的文件、数据或资料，核实该客户的身份——

（ⅰ）政府机构；

（ⅱ）有关当局或任何其他有关主管当局；

（ⅲ）在香港以外地方执行与有关当局或任何其他有关主管当局职能相类似的职能的主管当局；或

（ⅳ）有关当局认可的任何其他可靠及独立来源；

（b）（如就客户而言有某实益拥有人）识别该实益拥有人，及除第

（2）款另有规定外，采取合理措施，核实该实益拥有人的身份，从而使该机构信纳它知道该实益拥有人为何人；如客户属法人或信托，该等措施包括可使该机构能了解该法人或信托的拥有权及控制权结构的措施；

（c）（如将要建立业务关系）取得关于与该机构建立业务关系的目的及拟具有的性质的资料，但如有关目的及拟具有的性质属显而易见则除外；及

（d）（如某人看似是代表客户行事）——

（i）识别该人的身份，及采取合理措施，根据以下来源所提供的文件、数据或资料，核实该人的身份——

（A）政府机构；

（B）有关当局或任何其他有关主管当局；

（C）香港以外地方执行与有关当局或任何其他有关主管当局职能相类似的职能的主管当局；或

（D）有关当局认可的任何其他可靠及独立来源；及

（ii）核实该人代表客户行事的授权。

（2）除在本附表第 15 条提述的情况下，如任何个人凭借本附表第 1（1）条中实益拥有人的定义的（a）（i）（A）或（B）、（b）（i）（A）或（B）或（c）（i）段，而属某客户的实益拥有人，有关金融机构无须核实该人的身份，但在以下情况下除外——

（a）就该定义的（a）（i）（A）段所指的个人而言，该人直接或间接地拥有或控制（包括透过信托或持票人股份持有）有关法团已发行股本不少于 25%；

（b）就该定义的（a）（i）（B）段所指的个人而言，该人直接或间接地有权行使有关法团的成员大会上的投票权不少于 25%，或支配该比重的投票权的行使；

（c）就该定义的（b）（i）（A）段所指的个人而言，该人直接或间接地有权摊分或控制有关合伙的资本或利润不少于 25%；

（d）就该定义的（b）（i）（B）段所指的个人而言，该人直接或间接地有权行使在有关合伙的投票权不少于 25%，或支配该比重的投票权的行使；或

（e）就该定义的（c）（ⅰ）段所指的个人而言，该人有权享有有关信托财产的资本的既得权益不少于25％，而不论该个人是享有该权益的管有权、剩余权或复归权，亦不论该权益是否可予废除。

3. 何时须执行客户尽职审查措施

（1）除本附表第4条另有规定外，在以下情况下，金融机构须就客户执行客户尽职审查措施——

（a）（除第（2）款另有规定外）在与该客户建立业务关系之前；

（b）在为该客户执行涉及相等于 $120000 或以上的款额（或折算为任何其他货币的相同款额）的非经常交易之前，不论该交易是以单一次操作执行，或是以该机构觉得是有关联的若干次操作执行；

（c）即使有（b）段的规定，在为该客户执行涉及相等于 $8000 或以上的款额（或折算为任何其他货币的相同款额）并属电传转账的非经常交易之前，不论该交易是以单一次操作执行，或是以该机构觉得是有关联的若干次操作执行；

（d）当该机构怀疑客户或客户的户口涉及洗钱或恐怖分子资金筹集时；

（e）当该机构怀疑过往为识别客户的身份或核实客户的身份而取得的资料是否真实或充分时。

（2）即使有第（1）（a）款的规定，在以下情况下，金融机构可在与客户建立业务关系之后才核实客户的身份，或客户的实益拥有人的身份——

（a）与为就客户的业务正常运作不造成干扰，如此行事是必需的；及

（b）在业务关系建立之后才进行核实而可能引致的洗钱或恐怖分子资金筹集风险，已获有效管理。

（3）根据第（2）款在与客户建立业务关系之后才进行核实的金融机构，须在该关系建立之后，在合理的切实可行的范围内，尽快完成有关核实。

（4）如金融机构不能够遵守第（1）或（3）款，它——

（a）不可与该客户建立业务关系，亦不可与该客户执行任何非经常交易；或

（b）（如它已与该客户建立业务关系）须在合理的切实可行的范围

内，尽快结束该关系。

4. 简化客户尽职审查

（1）在本附表第 3（1）（a）、（b）及（c）条所列的任何情况中，如金融机构有合理理由相信客户属第（3）款所指的客户，该机构可只就该客户执行本附表第 2（1）（a）、（c）及（d）条所列的客户尽职审查措施，而无须执行所有措施。

（2）如在金融机构的客户（不属第（3）款所指者）的实益拥有权链状架构中，有属该款所指的实体，该机构在本附表第 3（1）（a）、（b）及（c）条所列的任何情况中，就该架构中的实益拥有人执行本附表第 2（1）（b）条所列的措施时，无须识别或核实以下人士的身份：该实体的实益拥有人，或在该架构中位于该实体以上的任何人的实益拥有人。

（3）客户属——

（a）金融机构；

（b）符合以下说明的机构——

（i）在对等司法管辖区成立为法团或设立；

（ii）经营的业务与金融机构所经营者相类似；

（iii）设有措施，以确保与本附表所施加的规定相类似的规定获遵从；及

（iv）在有否遵从该等规定方面，受到在该司法管辖区执行与任何有关当局职能相类似的职能的主管当局监管；

（c）在任何证券市场上市的法团；

（d）投资公司，而负责就该投资公司的所有投资者执行与客户尽职审查措施相类似的措施的人属——

（i）金融机构；

（ii）符合以下说明的机构——

（A）在香港成立为法团或设立；

（B）设有措施，以确保与根据本附表所施加的规定相类似的规定获遵从；及

（C）在有否遵从该等规定方面，受到监管；或

（iii）符合以下说明的机构——

（A）在对等司法管辖区成立为法团或设立；

（B）设有措施，以确保与根据本附表所施加的规定相类似的规定获遵从；及

（C）在有否遵从该等规定方面，受到监管；

（e）政府或香港的公共机构；或

（f）对等司法管辖区的政府或在对等司法管辖区执行与公共机构的职能相类似的职能的机构。

（4）在本附表第 3（1）（a）、（b）及（c）条所列的任何情况中，如金融机构有合理理由相信，与交易有关的产品属第（5）款所指的产品，该机构可只就客户执行本附表第 2（1）（a）、（c）及（d）条所列的客户尽职审查措施，而无须执行所有措施。

（5）产品属——

（a）向雇员提供退休福利的公积金计划、退休金计划、退休计划或离职金计划（不论实际如何称述），而计划的供款是从受雇工作获得的入息中扣减而作出的，且计划的规则并不准许转让计划下的成员利益；

（b）为公积金计划、退休金计划、退休计划或离职金计划（不论实际如何称述）的目的而购买、不载有退回条款及不可用做抵押品的保险单；或

（c）符合以下说明的人寿保险单——

（i）须缴付的每年保费不多于 $ 8000（或折算为任何其他货币的相同款额）；或

（ii）须缴付的一笔整付保费不多于 $ 20000（或折算为任何其他货币的相同款额）。

（6）如金融机构的客户为律师或律师行，则在本附表第 3（1）（a）、（b）及（c）条所列的任何情况中，该机构无须就符合以下说明的户口而执行本附表第 2（1）（b）条所列的措施——

（a）该户口以客户的名义开设；

（b）该户口内客户的当事人的金钱及证券已混合在一起；及

（c）该户口是由客户以其当事人的代理人身份管理。

（7）在本条中——

证券（securities）具有《证券及期货条例》（第 571 章）附表 1 第 1

部第 1 条给予该词的含义。

5. 持续监察业务关系的责任

（1）金融机构须借以下措施，持续监察其与客户的业务关系——

（a）不时复核为遵从根据本部施加的规定而由该机构取得的关于客户的文件、数据及资料，以确保该等文件、数据及资料反映现况及仍属相关的；

（b）对为客户执行的交易进行适当的审查，以确保它们符合该机构对客户、客户的业务及风险状况，及客户的资金来源的认知；及

（c）识辩符合以下说明的交易——

（i）复杂、款额大得异乎寻常或进行模式异乎寻常；及

（ii）并无明显经济或合法目的，并审查该等交易的背景及目的，并借书面列明其审查所得。

（2）如金融机构在其首次按照本部所订的规定就某先前客户执行客户尽职审查之前，根据第（1）（a）款就该客户执行其责任，该机构只需复核其在进行复核时所持有的关于该客户的文件、数据及资料。

（3）如——

（a）金融机构的客户不曾为身份识别的目的而现身；

（b）金融机构从公众知悉的资料或它管有的资料中，知悉其客户或其客户的实益拥有人属政治人物；或

（c）金融机构的客户或该客户的实益拥有人涉及本附表第 15 条提述的情况，该机构须在根据本条监察它与该客户的业务关系时，采取额外措施，以应对因该客户或该实益拥有人属（a）、（b）或（c）段所指的客户或实益拥有人而可能引致的洗钱或恐怖分子资金筹集风险。

6. 关于先前客户的条文

（1）就并非属本附表第 7 条适用的客户的先前客户而言，除在本附表第 3（1）（d）条及（e）条指明的情况外，当有以下的情况，金融机构亦须执行客户尽职审查——

（a）有关乎该客户的符合以下说明的交易发生——

（i）该交易凭借其款额或性质属异乎寻常或可疑的；或

（ii）该交易不符合该机构对该客户、客户的业务或风险状况或客户的资金来源的认知；或

（b）该客户的户口的操作模式出现相当程度的转变。

（2）金融机构如未能遵从第（1）款的规定，须在合理的切实可行的范围内，尽快结束它与有关客户的业务关系。

7. 关于先前受代理的银行的条文

（1）本条适用于符合以下说明的认可机构的客户（在本条中称为受代理银行）——

（a）该客户属处于香港以外地方的机构，而其正在经营的业务，与认可机构所经营的业务相类似；及

（b）在本条例的生效日期前，该客户与首述的认可机构已建立代理银行服务关系。

（2）认可机构除非已符合下述情况，否则须在本条例的生效日期结束它与受代理银行的代理银行服务关系——

（a）在该日期前的某时间，它已就该银行执行本附表第14（1）条所列的措施，而它在当时信纳该银行的打击洗钱及打击恐怖分子资金筹集的管控措施是充分并有效的；

（b）在该日期前，它已以文件记录它的责任及该银行负有的责任；及

（c）在该日期前的某时间，它信纳就该银行的客户（限于能够直接操作由它为该银行维持的户口的客户）而言，该银行——

（ⅰ）已核实该等客户的身份，并会按照与本附表所施加的规定相类似的规定，持续监察该银行与该等客户的业务关系；及

（ⅱ）能够应它的要求，向它提供该银行按照与本附表所施加的规定相类似的规定而就该等客户取得的文件、数据或资料。

第2分部

特别规定

8. 本分部的规定是增补本附表第3条及第5条的规定

金融机构除须遵守本附表第3条及第5条的规定外，亦须遵守本分部的规定。

9. 客户没有为身份识别的目的而现身时适用的特别规定

如客户不曾为身份识别的目的而现身，金融机构须执行以下最少一

项措施——

（a）以本附表第 2（1）（a）条提述的但不曾用于根据该条核实该客户身份的文件、数据或资料为基础，进一步核实该客户的身份；

（b）采取增补措施，核实该客户提供的所有资料；

（c）确保就该客户的户口作出的付款（如有多于一次的付款作出，则指第一次的付款）是经由以该客户的名义在以下的机构开设的户口进行——

（ⅰ）认可机构；或

（ⅱ）符合以下说明的机构——

（A）在对等司法管辖区成立为法团或设立；

（B）所经营的业务与认可机构所经营者相类似；

（C）设有措施，以确保与根据本附表施加的规定相类似的规定获遵从；及

（D）在有否遵从该等规定方面，受到主管当局监管，而该主管当局在该司法管辖区执行的职能，与金融管理专员的职能相类似。

10. 客户属政治人物时适用的特别规定

（1）如金融机构从公众知悉的资料或它管有的资料中，知悉其客户或其客户的实益拥有人属政治人物，则它在与该客户建立业务关系之前，须——

（a）取得其高级管理层的批准；及

（b）采取合理措施，确立该客户或该实益拥有人的财富来源，及将会牵涉拟建立的业务关系中的资金来源。

（2）如金融机构从公众知悉的资料或它管有的资料中，获悉其现有客户或其现有客户的实益拥有人属政治人物或已成为政治人物，则除非有以下情况，它不可维持与该客户的业务关系——

（a）它已取得其高级管理层的批准；及

（b）它已采取合理措施，确立该客户或该实益拥有人的财富来源，及牵涉业务关系中的资金来源。

11. 关于保险单的特别规定

（1）每当某保险单的保单持有人指明或指定一名受益人或一名新受益人，金融机构须——

（a）（如该受益人是借姓名或名称被指明的）记录该受益人的姓名或名称；

（b）（如该受益人是借描述或其他方式被指定的）取得关于该受益人的足够资料，以使本身信纳它可于下列时间（以较早者为准）确立该受益人的身份——

（i）在该受益人行使根据该保险单归属于该受益人的权益时；或

（ii）在该受益人按照该保险单的条款获得付款（如有多于一次的付款，则指第一次付款）时。

（2）金融机构须在以下时间（以较早者为准）执行第（3）款指明的措施——

（a）在有关受益人行使根据有关保险单归属于该受益人的权益时；或

（b）在按照该保险单的条款该受益人获得付款（如有多于一次的付款，则指第一次付款）时。

（3）指明措施是——

（a）根据以下来源所提供的文件、数据或资料，核实有关受益人的身份——

（i）政府机构；

（ii）有关当局或任何其他有关主管当局；

（iii）在香港以外地方的主管当局，而它执行的职能，与有关当局或任何其他有关主管当局的职能相类似；或

（iv）有关当局认可的任何其他可靠及独立来源；及

（b）如有关受益人是法人或信托——

（i）识别其实益拥有人；及

（ii）如在顾及该等实益拥有人的特定情况后，有高度的洗钱或恐怖分子资金筹集风险，采取合理措施核实该等实益拥有人的身份，以使有关金融机构知道该等实益拥有人为何人。

12. 关于电传转账的特别规定

（1）除第（2）款另有规定外，本条适用于由金融机构进行的涉及相等于 $ 8000 或以上的款额（或折算为任何其他货币的相同款额）的电传转账。

（2）本条不适用于以下的电传转账——

（a）在两家金融机构之间的电传转账，而每家机构均只代表本身行事；

（b）在一家金融机构与一家外地机构之间的电传转账，而每家机构均只代表本身行事；

（c）符合以下说明的电传转账——

（i）因使用信用卡或扣账卡（例如以扣账卡经自动柜员机从银行账户提取金钱、以信用卡取得现金垫支或以信用卡或扣账卡就货品或服务付款）进行的交易而引致的，但如该卡是用以完成金钱转账则除外；及

（ii）该信用卡或扣账卡的号码，已包括在附随该项转账的信息或付款表格内。

（3）在进行电传转账之前，属汇款机构的金融机构须记录——

（a）汇款人的姓名或名称；

（b）该汇款人在该机构开立的账户（该账户为电传转账所付金钱的来源）的号码，或（如没有此账户）由该机构编配予该电传转账的独特参考编号；及

（c）汇款人的地址或（如没有地址）汇款人的客户识别号码或识别文件号码或（如汇款人属一名个人）汇款人的出生日期及地方。

（4）在第（3）（a）及（c）款所述的资料被记录前，该等资料须由有关金融机构根据以下来源所提供的文件、数据或资料核实——

（a）政府机构；

（b）有关当局或任何其他有关主管当局；

（c）在香港以外地方的主管当局，而它执行的职能，与有关当局或任何其他有关主管当局的职能相类似；或

（d）有关当局认可的任何其他可靠及独立来源。

（5）除第（6）及（7）款另有规定外，属汇款机构的金融机构须在附随有关电传转账的信息或付款表格内，包括根据第（3）款就该项转账记录的资料。

（6）金融机构可就本地电传转账而在附随该项转账的信息或付款表格内，只包括根据第（3）（b）款就该项转账记录的另一资料；但它若如此行事，则须在收取它的转账指示的另一金融机构或有关当局的要求下，在接获该要求后的3个营业日内，向该另一金融机构或该有关当局提供根

据第（3）（a）及（c）款就该项转账记录的资料。

（7）如有多于一项电传转账来自单一汇款人，并集合在一个群组档案中，传递予在香港以外地方的一个或多于一个的收款人，则如有以下情况，金融机构并不需就每一项电传转账遵从第（5）款的规定——

（a）根据第（3）（b）款记录的资料，被包括在附随每一项电传转账的信息或付款表格内；及

（b）该群组档案载有根据第（3）款记录的资料。

（8）如金融机构在电传转账中以中介机构身份行事，它须将其连同该项转账一并获得的所有资料，传递予收取它的转账指示的机构。

（9）如金融机构在本地电传转账中属收款机构，则——

（a）如有关电传转账并无附随根据第（3）（b）款规定的资料，该金融机构须在合理的切实可行的范围内，尽快——

（ⅰ）向发出转账指示给它的机构，取得有关资料；及

（ⅱ）（如未能取得有关资料）——

（A）考虑限制或结束它与第（ⅰ）节提述的机构的业务关系；或

（B）采取合理措施，降低所涉的洗钱或恐怖分子资金筹集的风险；或

（b）如该金融机构察觉到附随的看来是第（3）（b）款所规定的资料并不完整，或不具意义，它须在合理的切实可行的范围内，尽快采取合理措施，降低所涉的洗钱或恐怖分子资金筹集的风险。

（10）如金融机构在并非本地电传转账的电传转账中属收款机构，则——

（a）如该项转账并无附随根据第（3）款规定的资料，该金融机构须在合理的切实可行的范围内，尽快——

（ⅰ）向发出转账指示给它的机构，取得有关的遗漏资料；及

（ⅱ）（如未能取得有关的遗漏资料）——

（A）考虑限制或结束它与第（ⅰ）节提述的机构的业务关系；或

（B）采取合理措施，降低所涉的洗钱或恐怖分子资金筹集的风险；或

（b）如该金融机构察觉到任何附随的看来是第（3）款所规定的资料并不完整，或不具意义，它须在合理的切实可行的范围内，尽快采取合

理措施，降低所涉的洗钱或恐怖分子资金筹集的风险。

（11）在本条中——

外地机构（foreign institution）指符合以下说明的机构—

（a）位于香港以外地方；及

（b）所经营的业务与金融机构所经营的相类似；

本地电传转账（domestic wire transfer）指符合以下说明的电传转账：参与该项转账的汇款机构及收款机构，与及（如有一家或多于一家的中介机构涉及在该项转账）中介机构或所有中介机构均位于香港的金融机构；

汇款人（originator）就电传转账而言，指——

（a）符合以下说明的人：该人在汇款机构开立账户，而该项转账所涉金钱，是自该账户转账的；或

（b）（如没有此账户）指示汇款机构进行该项转账的人；

营业日（business day）指不属以下任何日子的日子——

（a）公众假日；或

（b）《释义及通则条例》（第 1 章）第 71（2）条界定的烈风警告日或黑色暴雨警告日。

13. 关于汇款交易的特别规定

（1）凡持牌金钱服务经营者进行涉及相等于 $ 8000 或以上的款额（或折算为任何其他货币的相同款额）的汇款交易，而该项交易并非电传转账，本条适用于该项交易。

（2）在进行汇款交易之前，持牌金钱服务经营者须——

（a）识别汇款人的身份；

（b）借参考汇款人的识别文件，核实汇款人的身份；及

（c）记录——

（ⅰ）汇款人的姓名；

（ⅱ）汇款人的识别文件的号码，以及（如汇款人的识别文件是旅行证件）发出旅行证件的地方；

（ⅲ）汇款人的地址；

（ⅳ）所涉的货币及款额；及

（ⅴ）接获指示的日期及时间、收款人的姓名及地址，以及送递的

方式。

（3）在本条中——

汇款人（originator）就由持牌金钱服务经营者进行的汇款交易而言，指——

（a）符合以下说明的人：该人在持牌金钱服务经营者开立账户，而该项交易所涉金钱，是自该账户汇出的；或

（b）（如没有此账户）指示持牌金钱服务经营者进行该项交易的人；

汇款交易（remittance transaction）指为将金钱或安排将金钱送往香港以外地方而进行的交易。

14. 关于代理银行服务关系的特别规定

（1）凡位于香港以外地方的某机构（在本条中称为拟受代理银行）所经营的业务，与认可机构所经营者相类似，该认可机构在与拟受代理银行建立代理银行服务关系前，须——

（a）收集关于拟受代理银行的足够资料，以令本身能够完全了解拟受代理银行的业务的性质；

（b）基于公众可用的资料，断定拟受代理银行的信誉，以及在该地方执行与金融管理专员的职能相类似的职能的主管当局对拟受代理银行的监管的质素；及

（c）评估拟受代理银行的打击洗钱及打击恐怖分子资金筹集的管控措施。

（2）认可机构除非已符合以下条件，否则不得与拟受代理银行建立代理银行服务关系——

（a）它已取得其高级管理层的批准；

（b）在遵守第（1）款的规定后，它信纳拟受代理银行的打击洗钱及打击恐怖分子资金筹集的管控措施是充分并有效的；

（c）它已以文件记录它的责任及拟受代理银行的责任；及

（d）凡拟受代理银行的某些客户将会能够直接操作它为拟受代理银行维持的账户，它信纳就该等客户而言，拟受代理银行——

（i）将会核实该等客户的身份，并将会按照与本附表所施加的规定相类似的规定持续监察拟受代理银行与该等客户的业务关系；及

（ii）将会能够应它的要求，向它提供拟受代理银行按照与本附表所

施加的规定相类似的规定而就该等客户取得的文件、数据或资料。

15. 关于其他高度风险情况的规定

金融机构须在有关当局借给予该机构的书面通知指明的情况下，及在任何其他以性质而论属可引致洗钱或恐怖分子资金筹集的高度风险的情况下——

（a）（如将要建立业务关系）——

（i）取得其高级管理层的批准，以建立该业务关系；及

（ii）采取——

（A）合理措施，以确立有关客户或实益拥有人的财富来源，及该业务关系将会涉及的资金来源；或

（B）额外措施，以降低所涉的洗钱或恐怖分子资金筹集的风险；

（b）（如已建立业务关系）——

（i）取得其高级管理层的批准，以继续该业务关系；

（ii）（如就有关客户而言有某实益拥有人）采取合理措施，以核实该实益拥有人的身份，从而使该机构信纳它知道该实益拥有人是何人；及

（iii）采取——

（A）合理措施，以确立有关客户或实益拥有人的财富来源，及该业务关系所涉的资金来源；或

（B）额外措施，以降低所涉的洗钱或恐怖分子资金筹集的风险；或

（c）（如将执行非经常交易）采取额外措施，以降低所涉的洗钱或恐怖分子资金筹集的风险。

第 3 分部

禁止

16. 匿名账户等

金融机构不得为任何客户开立或维持匿名账户，亦不得为任何客户以虚构的姓名或名称开立或维持账户。

17. 与空壳银行的代理银行服务关系

（1）认可机构不得与符合以下说明的法团建立或维持代理银行服务关系——

（a）在香港以外地方成立为法团；

（b）获批准在该地方经营银行业务；

（c）在该地方并无实体存在；及

（d）并非符合以下说明的法团的有联系者——

（i）在特定司法管辖区成立为法团；

（ii）获批准在该司法管辖区经营银行业务；及

（iii）在该司法管辖区实体存在。

（2）就第（1）（c）及（d）（iii）款而言，如有以下情况，则某法团即属在某地方或司法管辖区实体存在——

（a）该法团在该地方或司法管辖区任何处所经营银行业务；及

（b）该法团有至少一个全职雇员在该处所执行与银行业务有关的职责。

（3）就第（1）（d）款而言，如有以下情况，某法团即属另一法团的有联系者——

（a）该法团是该另一法团的附属公司；或

（b）有至少一名属该法团的控制人的个人，同时属该另一法团的控制人。

（4）在本条中——

附属公司（subsidiary）指具有《公司条例》（第32章）给予该词的含义；

相关者（associate）就有权行使关于某法团的投票权或控制该等投票权的行使的人而言，或就持有某法团股票的人而言，指以明示或隐含方式与上述的人有口头或书面协议或安排的另一人，而根据该协议或安排，双方在行使其关于该法团的投票权时是行动一致的，或该协议或安排是关乎获取、持有或处置该法团的股票或其他权益的；

控制人（controller）就某法团而言，指符合以下说明的人——

（a）该法团的董事是惯于按照该人的指示或指令行事的；如该法团是另一法团的附属公司，则该另一法团的董事是惯于按照该人的指示或指令行事的。但如该等董事惯于按照该人的指示及指令行事，纯粹因为该等董事参照该人以专业身份作出的意见而行事，则属例外；或

（b）该人（不论单独或连同其任何有相关者）有权在该法团的成员大会上行使50%以上的投票权或控制该数量的投票权的行使；如该法团

是另一法团的附属公司，则该人（不论单独或连同其任何相关者）有权在该另一法团的成员大会上行使 50% 以上的投票权或控制该数量的投票权的行使。

第 4 分部

杂项条文

18. 借助中介人执行客户尽职审查措施

（1）在不抵触第（2）款的条文下，在以下情况下，金融机构可借助第（3）款指明中介人执行客户尽职审查措施——

（a）该中介人借书面同意担任该机构的中介人；及

（b）该机构信纳该中介人可应它的要求，没有延误地向它提供该中介人在执行客户尽职审查措施时取得的文件复本，或取得的数据或资料的记录。

（2）借助中介人执行客户尽职审查措施的金融机构，仍然根据本条例就未有执行客户尽职审查措施负有法律责任。

（3）指明中介人是——

（a）任何可令金融机构信纳其本身有充分程序以防止洗钱及恐怖分子资金筹集的任何以下人士——

（i）在香港执业的律师；

（ii）在香港执业的会计师；

（iii）在香港执业的香港特许秘书公会的现行会员；

（iv）根据《受托人条例》（第 29 章）第 VIII 部注册并在香港经营信托业务的信托公司；

（b）属认可机构、持牌法团、获授权保险人、获委任保险代理人或获授权保险经纪的金融机构；或

（c）符合以下说明的在对等司法管辖区执业的律师、公证人、核数师、专业会计师、信托或公司服务提供者或税务顾问，或在对等司法管辖区经营信托业务的信托公司，或在对等司法管辖区经营与（b）段所述的金融机构所经营的业务相类似的业务的机构——

（i）按该司法管辖区的法律规定，须根据该法律注册或领牌或受规管；

（ii）已有措施确保遵从与根据本附表施加的规定相类似的规定；及

（iii）在遵从该等规定方面，受到该司法管辖区主管当局监管，而该主管当局所执行的职能，与有关当局的职能相类似。

（4）借助中介人执行客户尽职审查措施的金融机构须——

（a）在该中介人执行该措施之后，立刻从该中介人取得该中介人在执行该措施时取得的数据或资料，但本段并不规定该机构同时从该中介人取得该中介人在执行该措施时取得的任何文件的复本，或如此取得的任何数据或资料的记录；及

（b）确保该中介人在该机构于本附表第20（2）条或（3）条提述的期间（视情况所需而定）作出要求时，会在接获该要求后，在合理的切实可行的范围内，尽快向该机构提供该中介人在执行该措施时取得的任何文件的复本，或如此取得的任何数据或资料的记录。

（5）第（3）（a）款在自本条例的生效日期起计的3年期完结时失效。

（6）本条并不阻止金融机构借助其代理人执行客户尽职审查措施，但该机构仍然根据本条例就未有执行该客户尽职审查措施负有法律责任。

（7）在本条中——

会计师（certified public accountant）具有《专业会计师条例》（第50章）第2（1）条给予该词的含义。

19. 金融机构须设立程序

（1）金融机构须设立及维持有效的程序，以断定某客户或某客户的实益拥有人是否是政治人物。

（2）进行电传转账的金融机构须设立及维持有效的程序，以辨识及处理与本附表第12（5）条不符的遵守有关的电传转账。

（3）金融机构须就每种类别的客户、业务关系、产品及交易，设立及维持为履行本附表第3条、第4条、第5条、第9条、第10条及第15条所指的责任的目的并且不抵触本条例的有效措施。

第3部

备存记录的规定

20. 备存记录的责任

（1）金融机构须——

（a）就每项由它进行的交易，备存按照本附表第 2 部在与该项交易有关联的情况下取得的文件的正本或复本，及如此取得的数据及资料的记录；及

（b）就它的每名客户，备存——

（i）在按照本附表第 2 部识别及核实该客户或该客户的任何实益拥有人的身份时取得的文件的正本或复本，及如此取得的数据及资料的记录；及

（ii）关乎该客户的户口及与该客户及该客户的实益拥有人的业务通讯的档案的正本或复本。

（2）第（1）（a）款规定须备存的记录，须在自有关交易完成的日期起计的 6 年期间内备存，不论有关的业务关系是否在该段期间内终止亦然。

（3）第（1）（b）款规定须备存的记录，须在与有关客户的业务关系继续期间备存，及在自有关的业务关系终止的日期起计的 6 年期间内备存。

（4）如有以下情况，有关当局可借给予金融机构的书面通知，要求该机构在有关当局指明的、较第（2）款或第（3）款（视情况所需而定）提述的期间为长的期间，备存关乎某指明交易或客户的记录——

（a）有关当局信纳该记录攸关其正在进行的刑事或其他调查；或

（b）该记录攸关有关当局在该通知指明的任何其他目的。

（5）根据第（4）款获发给通知的金融机构，须在该通知指明的期间备存有关记录。

21. 记录备存形式

本附表第 20 条规定须备存的记录，须以以下方式备存——

（a）（如该记录包含文件）以下两者之一——

（i）备存该文件的正本；或

（ii）以微缩影片或电脑数据库备存该文件的复本；或

（b）（如该记录包含数据或资料）以微缩影片或电脑数据库备存该数据或资料的记录。

第 4 部

杂项条文

22. 责任扩及在香港以外的分行及附属企业

（1）在香港成立为法团的金融机构须确保——

（a）其分行；及

（b）其在香港以外地方经营与金融机构相同的业务的附属企业，设有程序，确保与根据本附表第 2 部及第 3 部施加的适用于该机构的规定相类似的规定在该地方法律准许的范围内获遵守。

（2）如金融机构的分行或附属企业经营业务所在的地方的法律并不准许实行关乎第（1）款提述的任何规定的任何程序，该机构须——

（a）将此情况通知有关当局；及

（b）采取增补措施，以有效地降低该分行或附属企业因不能遵从该等规定而面对的洗钱及恐怖分子资金筹集风险。

（3）在本条中——

分行（branch）就某金融机构而言，指该机构在香港以外地方的分行（在该地方所经营的业务与该机构所经营的相类似），不论该分行的业务是否受该地方的法律或规例所限制，亦不论该分行是否在该地方被称为代理人；

附属企业（subsidiary undertaking）须按照《公司条例》（第 32 章）附表 23 解释。

23. 金融机构须防止违反本附表第 2 部或第 3 部金融机构须采取所有合理措施，以——

（a）确保有适当的预防措施存在，以防止本附表第 2 部或第 3 部的任何规定遭违反；及

（b）降低洗钱及恐怖分子资金筹集风险。

（编辑修订——2012 年第 2 号编辑修订记录）

附表:	3	费用	15 of 2011	01/04/2012

〔第 28 条、第 30 条、第 31 条、第 35 条、第 36 条、第 37 条、第 38

条、第 39 条及第 50 条〕

项目	详情	费用 $
1.	核证登记册内记项或其摘录的复本	每份 160
2.	提供登记册内记项或其摘录的未经核证复本	每页或每页的部分 1
3.	提供第 28（1）（b）条指明的证明书	每份 160
4.	申请批给牌照	3310
	就每多一个营业处所，另加	2220
	就每一个须判定是否适当人选的人，另加	860
5.	申请牌照续期	790
	就每多一个营业处所，另加	355
	就每一个须判定是否适当人选的人，另加	860
6.	申请要求批准担任持牌人董事	就提出申请所关乎的每一人 860
7.	申请要求批准担任持牌人最终拥有人	就提出申请所关乎的每一人 860
8.	申请要求批准担任持牌人合伙人	就提出申请所关乎的每一人 860
9.	申请要求加入新的营业处所	每一新的营业处所 2220
10.	申请要求在特定处所经营金钱服务	每一营业处所 2220

附表：4	关于打击洗钱及恐怖分子资金筹集（金融机构）复核审裁处的条文	15 of 2011	01/04/2012

〔第 55 条、第 56 条、第 58 条、第 61 条及第 64 条〕

1. 释义

（1）在本附表中——

主席（chairperson）指审裁处主席；

委员（panel member）指根据本附表第 2（1）条委出的委员团的委员；

普通成员（ordinary member）指并非主席的审裁处成员。

（2）在本附表中——

各方（parties）、局长（Secretary）、指明决定（specified decision）、指明当局（specified authority）、审裁处（Tribunal）、复核（review）及复核

申请（application for review）具有第 6 部给予该等词的含义。

2. 委出委员团

（1）局长须委出由局长认为适合获委任为审裁处普通成员的人组成的委员团，公职人员不得获委任。

（2）在不抵触第（4）款及第（5）款的条文下，委员的任期为局长认为适当的任何期间。

（3）任何人获委任或再度委任为委员的任期届满，可获再度委任。

（4）委员可借向局长发出书面通知而辞职。

（5）局长可基于某委员丧失履行职务能力、破产、疏于职守、有利益冲突或行为失当的理由，而借书面通知将该委员免任。

（6）为免生疑问，第 55（3）条并不规定根据第（1）款委任任何人组成多于一个委员团。

3. 主席的任期

（1）主席的委任任期不得超过 3 年。

（2）任何人获委任或再度委任为主席的任期届满，可获再度委任。

（3）主席可借向局长发出书面通知而辞职。

（4）辞职通知在以下日期生效——

（a）局长接获该通知的日期；或

（b）（如该通知有指明较后的日期）该较后的日期。

（5）局长可基于以下理由，而借书面通知将主席免任——

（a）主席不再具有根据第 56（2）条获委任为主席的资格；或

（b）主席丧失履行职务能力、破产、疏于职守、有利益冲突或行为失当。

4. 普通成员的委任

（1）为裁定某项复核，局长须按主席的建议，就该项复核委任 2 名委员为审裁处的普通成员。

（2）在不抵触第（3）款及第（5）款的条文下，获委任普通成员的委员，获委任就指明的复核行事，并可在委任或再度委任为普通成员的任期届满后，获再度委任。

（3）普通成员可借向局长发出书面通知而辞职。

（4）辞职通知在以下日期生效——

（a）局长接获该通知的日期；或

（b）（如该通知有指明较后的日期）该较后的日期。

（5）普通成员停任委员时，即停任普通成员。

5. 关乎主席及普通成员的进一步规定

（1）如主席的委任任期在复核法律程序展开之后但在该项复核获裁定之前届满，则该人可继续为该项复核的目的担任主席，直至该项复核获裁定为止。

（2）如在复核法律程序进行期间，审裁处的成员有所变动，在复核的各方同意下，即使有该项变动，该法律程序仍可继续进行。

（3）如没有各方的同意，上述法律程序即告终止，但可重新开始。

6. 程序

（1）主席须按为使审裁处能裁定复核而需要的频密程度，召开审裁处聆讯。

（2）在接获要求复核的申请后的任何时间，主席可向该项复核的各方，作出关于以下事宜的指示——

（a）该项复核各方的任何一方须遵从的程序事宜；及

（b）遵从该等事宜的时限。

（3）主席及 2 名普通成员须出席审裁处任何聆讯。

（4）审裁处每次聆讯均由主席主持。

（5）每项有待审裁处裁定的问题，须由主席及普通成员所投的过半数票数裁定，但法律问题须由主席单独裁定。

（6）除第（7）款及第（8）款另有规定外，审裁处每次聆讯均须公开进行。

（7）如审裁处主动或应有关复核的任何一方的申请而裁定，为达到公正，某次聆讯或其中任何部分不应该公开进行，则审裁处可闭门进行该次聆讯或该部分聆讯。

（8）如有人根据第（7）款申请闭门聆讯，该申请的聆讯须闭门进行。

（9）复核的各方均有权在任何与该项复核有关的审裁处聆讯中——

（a）亲自陈词，或——

（i）（就任何法团而言）透过其高级人员或雇员陈词；

（ⅱ）（就任何合伙而言）透过一名合伙人陈词；或

（ⅲ）（就指明当局而言）透过一名代表陈词；及

（b）透过律师或大律师陈词，或在审裁处许可下，透过任何其他人陈词。

（10）主席须为审裁处每次聆讯拟备研讯程序的记录，该记录须载有主席认为适当的关乎该程序的详情。

（11）在本条中——

代表（representative）——

（a）就金融管理专员而言，指财政司司长根据《外汇基金条例》（第66章）第5A（3）条委任的人；

（b）就证监会而言，指其雇员；

（c）就保险业监督而言，指受雇任职于保险业监理处的公职人员；及

（d）就关长而言，指受雇任职于香港海关的公职人员。

7. 初步会议

（1）在符合第（2）款的规定下，在接获要求复核的申请后的任何时间，主席可主动或应该项复核的任何一方提出的申请，指示为以下目的举行会议，而该项复核的各方或其代表须出席会议——

（a）使各方能够准备进行该项复核；

（b）协助审裁处为该项复核的目的就争议点作出裁定；及

（c）一般而言，确使该项复核得以在公正、迅速和合乎经济原则的情况下进行。

（2）主席根据第（1）款作出的指示，只可在复核各方均同意主席作出该指示的情况下作出。

（3）在根据第（1）款作出指示前，主席可考虑有关复核的各方就该复核申请呈交审裁处的任何材料。

（4）按照第（1）款所指的指示举行的会议，须由主席主持。

（5）在按照第（1）款所指的指示而举行会议时，主席可——

（a）给予其认为使有关复核得以在公正、迅速和合乎经济原则的情况下进行而属必要或可取的指示；及

（b）设法促使有关复核的各方达成他们按理应就该项复核达成的协议。

（6）在按照第（1）款所指的指示而举行会议后，主席须向审裁处报告其认为适当的关乎该会议的事宜。

8. 同意令

（1）在接获要求复核的申请后的任何时间，审裁处或主席可作出其根据本条例任何条文有权作出的命令，不论任何其他适用于作出该命令的规定是否已符合，但作出该命令的先决条件是——

（a）该项复核的各方要求并同意审裁处或主席根据本条作出以下命令；及

（b）该项复核的各方同意以下命令的所有条款。

（2）尽管本附表或第6部有任何规定，如审裁处或主席根据第（1）款作出命令，该命令就所有目的而言，须视为审裁处或主席根据本条例有关条文作出的命令，并视为符合在其他方面适用于该命令作出的规定。

（3）在本条中——

命令（order）包括任何裁断、裁定及其他决定。

9. 主席作为审裁处唯一成员

（1）在复核申请提出后但在审裁处举行聆讯以裁定该项复核前的任何时间，如该项复核的各方借书面通知，告知审裁处各方同意该项复核可由主席作为审裁处唯一成员单独裁定，则主席可作为审裁处唯一成员裁定该项复核。

（2）如有以下情况，主席亦可作为审裁处唯一成员裁定某项申请——

（a）该项申请根据第59（2）条向审裁处作出，其目的是要求延展提出复核申请的限期；或

（b）该项申请根据第69（2）条向审裁处作出，其目的是要求暂缓执行某指明决定。

（3）如主席根据第（1）或第（2）款作为审裁处唯一成员裁定某项复核，则由主席作为审裁处唯一成员构成的审裁处，就所有目的而言，须视为连同2名普通成员构成的审裁处。

（4）主席在作为审裁处唯一成员根据第（2）（b）款作出任何裁定后，须向审裁处报告——

（a）作出该裁定及作出该裁定的理由；及

（b）主席认为适当的关乎该裁定的其他事宜。

（5）如有第（2）（b）款描述的申请，而——

（a）主席因伤病、不在香港或其他原因而不能执行其职能，或

（b）主席认为自己就该申请执行其职能，是不恰当或不可取的，一名原讼法庭法官或暂委法官须在获终审法院首席法官为此目的委任后裁定该申请，犹如该法官或暂委法官是根据本条例委任的主席一样，而本条例的条文据此对其适用。

10. 特权和豁免权

除本条例另有规定外——

（a）审裁处、其主席及普通成员；以及

（b）复核的各方，以及复核所涉的任何证人、律师、大律师或其他人，就该项复核享有的特权和豁免权，与假使该项复核是在原讼法庭进行的民事法律程序该等人士便会享有的一样。

打击洗钱及恐怖分子资金筹集指引①
（认可机构适用）

目　录

---

① 本指引 2012 年 1 月由香港金融管理局制定，并于 2012 年 4 月 1 日起实施。

第1章　概览

引言		
	1.1	本指引是根据第615章《打击洗钱及恐怖分子资金筹集（金融机构）条例》（打击洗钱条例）第7条公布。
	1.1a	本指引亦由金融管理专员根据《银行业条例》（第155章）第7（3）条发出的，并会取代于2010年7月更新的第3.3号指引《防止清洗黑钱活动指引》及"《防止清洗黑钱活动指引》补充文件及阐释备注"。
	1.1b	除金融管理专员根据打击洗钱条例所发出的指引外，同为注册机构或有联系实体的认可机构必须参考证券及期货事务监察委员会根据打击洗钱条例所发出的指引中第7.39段及7.40段，以识别有关证券及期货行业的具体可疑交易。
	1.2	本指引中的用语及缩写应参照本指引词汇部分载列的释义。其他词语或短语的诠释则应按照打击洗钱条例所载列的释义。
	1.3	本指引由香港金融管理局（"金管局"）公布，为认可机构提供导引。一般来说，本指引第1~10章为认可机构提供的导引，与其他有关当局根据各自的监管制度所提供的导引并无差异。如金管局认为适合在第1~10章提供补充导引，则会以斜体字加入其中，以便识别。此外，第11~12章提供适用于认可机构的行业导引。
	1.4	本指引旨在供金融机构及它们的主管人员和职员使用。本指引的目的在于： （a）提供有关洗钱及恐怖分子资金筹集（洗钱／恐怖分子资金筹集）的一般背景资料，包括适用于香港的打击洗钱及恐怖分子资金筹集（打击洗钱／恐怖分子资金筹集）法例的主要条文的概要；及 （b）提供实际导引，以助有关金融机构及其高级管理层在考虑其特别情况后，去制定及执行相关经营领域的政策、程序及管控措施，以符合打击洗钱／恐怖分子资金筹集的法定及监管规定。
	1.5	有关当局会不时检讨本指引的相关性及适用性，并在有需要时作出修订。
	1.6	鉴于不同金融机构的组织及法律结构，以及它们的业务活动的性质与范畴均存在重大差异，故并无单一普遍适用的执行措施。此外，必须强调的是，本指引的内容并非，亦不应被诠释为已无遗地包罗所有符合法定及监管规定的途径。
	1.7	本指引为执行打击洗钱条例附表2（附表2）所列条文提供导引。这有助金融机构以契合其特定业务风险状况的方式去履行它们的法律及监管责任。与本导引不相符之处及其依据，应记录在案，而金融机构亦须做好准备，向有关当局说明与本导引不相符的依据。
打击洗钱条例第7条	1.8	如任何人没有遵守本指引的任何条文，此事本身不会令致该人可在任何司法或其他法律程序中被起诉，但在根据打击洗钱条例提起而于任何法院进行的法律程序中，本指引可获接纳为证据；及如该法院觉得本指引内所列条文，攸关该法律程序中产生的任何问题，该法院在裁断该问题时，须考虑该条文。

洗钱及恐怖分子资金筹集活动的性质		
打击洗钱条例附表1第1条	1.9	打击洗钱条例附表1第1部第1条界定了"洗钱"一词的含义，该词指出于达致下述效果的意图的行为： 使—— （a）属于犯香港法律所订可公诉罪行或作出假使在香港发生即属犯香港法律所订可公诉罪行的作为而获取的收益的任何财产，看似并非该等收益；或 （b）全部或部分、直接或间接代表该等收益的任何财产，看似不如此代表该等收益。
	1.10	洗钱可分为3个常见阶段，当中经常涉及多宗交易。金融机构应留意可能涉及犯罪活动的征兆。这些阶段包括： （a）存放——以实物方式处置来自非法活动的现金得益； （b）分层交易——透过复杂多层的金融交易，将非法得益及其来源分开，从而隐藏款项的来源、掩饰审计线索和隐藏拥有人的身份；及 （c）整合——为犯罪得来的财富制造表面的合法性。当分层交易的过程成功，整合计划便实际地把经清洗的得益回流到一般金融体系，令人以为有关收益来自或涉及合法的商业活动。
打击洗钱条例附表1第1条	1.11	打击洗钱条例附表1第1部第1条界定了"恐怖分子资金筹集"一词的含义，该词指： （a）在下述情况以任何方法直接或间接地提供或筹集财产—— （ⅰ）怀有将该财产的全部或部分用于作出一项或多于一项恐怖主义行为的意图（不论该财产实际上有否被如此使用）；或 （ⅱ）知道该财产的全部或部分将会用于作出一项或多于一项恐怖主义行为（不论该财产实际上有否被如此使用）；或 （b）明知某人是恐怖分子或与恐怖分子有联系者，或罔顾某人是否恐怖分子或是否与恐怖分子有联系者，而作出以下行为：以任何方法直接或间接地向该人提供任何财产或金融（或有关的）服务，或为该人的利益，而以任何方法直接或间接地提供该财产或服务；或 （c）明知某人是恐怖分子或与恐怖分子有联系者，或罔顾某人是否恐怖分子或是否与恐怖分子有联系者，而作出以下行为：以任何方法直接或间接地为该人的利益筹集财产或寻求金融（或有关的）服务。
	1.12	恐怖分子或恐怖组织需要财政支援来达到目的。他们往往需要隐藏或掩饰他们与资金来源的联系。因此，恐怖分子集团同样必须寻找清洗资金的途径（不论有关的资金来源是否合法），以便在不被当局发现的情况下使用资金。
与洗钱及恐怖分子资金筹集活动有关的法例		
	1.13	财务特别行动组织（特别组织）在1989年成立，是一个就打击洗钱制定国际标准的跨政府组织。在2001年10月它的权责扩大至打击恐怖分子资金筹集活动。为确保其标准在全球全面而有效地执行，特别组织会透过评核来监察各司法管辖区的合规情况，并在评核后进行严格的跟进程序，其中包括识别高度风险及不合作的司法管辖区。特别组织可能会加强对这些地区的审查工作，而特别组织的成员及国际社会也可能对这些司法管辖区采取针对措施。很多大型经济体系都已加入特别组织，形成国际合作的全球网络，促进成员司法管辖区之间的交流。作为特别组织的成员，香港有责任实施特别组织所订立的打击洗钱规定，包括40项建议及9项特别建议（下文统称"特别组织的建议"）①。香港必须符合国际打击洗钱标准，以维持它作为国际金融中心的地位。

---

① 可在特别组织的网站 http：//www.fatf–gafi.org 查阅特别组织的建议。

续表

	1.14	在香港，与洗钱／恐怖分子资金筹集有关的四项主要法例为打击洗钱条例、《贩毒（追讨得益）条例》、《有组织及严重罪行条例》及《联合国（反恐怖主义措施）条例》。金融机构及它们的主管人员和职员均须充分了解他们在不同法例之下的各种责任，这点至关重要。
打击洗钱条例		
条例附表2第23条	1.15	打击洗钱条例将关于客户尽职审查（尽职审查）及备存记录的规定施加于金融机构，以及赋予有关当局权力，以监督该等规定及打击洗钱条例下的其他规定的合规情况。此外，附表2第23条规定金融机构须采取所有合理措施，以（a）确保有适当的预防措施存在，以防止附表2第2及第3部的任何规定遭违反；及（b）降低洗钱／恐怖分子资金筹集的风险。
打击洗钱条例第5条	1.16	根据打击洗钱条例，金融机构如（1）明知；或（2）出于诈骗任何有关当局的意图而违反打击洗钱条例指明的条文，即属犯罪。"指明的条文"载列于打击洗钱条例第5（11）条。金融机构如明知而违反指明的条文，最高可被判监禁2年及罚款一百万港元。金融机构如出于诈骗任何有关当局的意图而违反指明的条文，一经定罪，最高可被判监禁7年及罚款一百万港元。
打击洗钱条例第5条	1.17	根据打击洗钱条例，任何金融机构的雇员，或受雇为金融机构工作，或关涉金融机构管理的人，如（1）明知；或（2）出于诈骗该金融机构或任何有关当局的意图，而致使或准许该金融机构违反打击洗钱条例指明的条文，即属犯罪。任何金融机构的雇员，或受雇为金融机构工作，或关涉金融机构管理的人，如明知而违反指明的条文，一经定罪，最高可被判监禁2年及罚款一百万港元。该人如出于诈骗该金融机构或任何有关当局的意图而违反指明的条文，一经定罪，最高可被判监禁7年及罚款一百万港元。
打击洗钱条例第21条	1.18	有关当局可向违反打击洗钱条例的任何指明的条文的金融机构采取纪律行动。可采取的纪律行动包括公开谴责有关金融机构、命令该金融机构采取任何行动以纠正有关违反事项，以及命令该金融机构缴付最高数额一千万港元或因有关的违反而令该金融机构获取的利润或避免的开支的金额的3倍的罚款（以金额较大者为准）。
《贩毒（追讨得益）条例》		
	1.19	《贩毒（追讨得益）条例》载有可对涉嫌从贩毒活动所得的资产进行调查、在逮捕涉嫌罪犯时将资产冻结，以及在定罪后没收贩毒得益的条文。
《有组织及严重罪行条例》		
	1.20	除其他事项外，《有组织及严重罪行条例》： （a）赋予香港警方及香港海关人员调查有组织罪行及三合会活动的权力； （b）赋予法院司法管辖权，没收来自有组织及严重罪行的得益，以及就被控触犯《有组织及严重罪行条例》所指罪行的被告人的财产发出限制令及押记令； （c）增订一项有关来自可公诉罪行得益的洗钱罪行；及 （d）容许法院在适当的情况下收取有关违法者及有关罪行的资料，以决定当有关罪行构成有组织／与三合会有关的罪行或其他严重罪行时，是否适宜作出更重的判刑。
《联合国（反恐怖主义措施）条例》		
	1.21	《联合国（反恐怖主义措施）条例》旨在实施联合国安全理事会（安理会）2001年9月28日第1373号决议中关于防止向恐怖主义行为提供资金的决定。除了安理会第1373号决议中强制执行的措施外，《联合国（反恐怖主义措施）条例》亦实施特别组织的特别建议中某些与恐怖分子资金筹集有关的较具迫切性的建议。

《贩毒（追讨得益）条例》及《有组织及严重罪行条例》第 25 条	1.22	根据《贩毒（追讨得益）条例》及《有组织及严重罪行条例》的规定，如有人知道或有合理理由相信任何财产代表任何人的贩毒或来自可公诉罪行的得益而仍处理该财产，即属犯罪。若犯此罪，经定罪后的最高刑罚为监禁 14 年及罚款五百万港元。
《联合国（反恐怖主义措施）条例》第 6 条、第 7 条、第 8 条、第 13 条及第 14 条	1.23	除其他事项外，《联合国（反恐怖主义措施）条例》订明，向恐怖分子或与恐怖分子有联系者提供或筹集财产及向他们提供任何财产或金融（或有关的）服务，均属违法。若犯此罪，一经定罪，最高刑罚为监禁 14 年及罚款。《联合国（反恐怖主义措施）条例》亦容许将恐怖分子财产冻结，然后充公有关财产。
《贩毒（追讨得益）条例》及《有组织及严重罪行条例》第 25A 条、《联合国（反恐怖主义措施）条例》第 12 条及第 14 条	1.24	根据《贩毒（追讨得益）条例》、《有组织及严重罪行条例》及《联合国（反恐怖主义措施）条例》，任何人如知悉或怀疑任何财产是直接或间接代表任何人的贩毒或可公诉罪行的得益、曾在与贩毒或可公诉罪行有关的情况下使用，或拟在与贩毒或可公诉罪行有关的情况下使用或为恐怖分子财产，而未能在合理范围内尽快作出披露，即属犯罪。若犯此罪，一经定罪，最高刑罚为监禁 3 个月及罚款 50000 港元。
《贩毒（追讨得益）条例》	1.25	根据《贩毒（追讨得益）条例》、《有组织及严重罪行条例》及《联合国（反恐怖主义措施）条例》，"通风报信"也罪犯 25A 条、《联合国（反罪行为。任何人如知道或怀疑已曾作出披露，而仍向其他人披恐怖主义措施）条例》第 12 条及 14 条露任何相当可能损害与跟进首述披露而进行的调查的事宜，即属犯罪。若犯此罪，一经定罪，最高刑罚为监禁 3 年及罚款。

第 2 章 打击洗钱／恐怖分子资金筹集制度及在香港以外进行的业务

打击洗钱／恐怖分子资金筹集制度		
附表 2 第 23（a）及（b）条	2.1	金融机构必须采取一切合理措施，确保设有合适的保障措施，以降低洗钱／恐怖分子资金筹集的风险，以及防止违反附表 2 第 2 部或第 3 部的任何规定。为确保符合此项规定，金融机构应执行适当的内部打击洗钱／恐怖分子资金筹集政策、程序及管控措施（下文统称"打击洗钱／恐怖分子资金筹集制度"）。
风险因素		
	2.2	虽然并无一套制度可侦测及防止所有洗钱／恐怖分子资金筹集活动，金融机构应在顾及所提供的产品及服务、客户的类别及地理位置等因素后，设立及执行充分及适当的打击洗钱／恐怖分子资金筹集制度（包括接纳客户的政策及程序）。
产品／服务的风险		
	2.3	金融机构应考虑所提供产品及服务的特性，以及它们所面对的洗钱／恐怖分子资金筹集风险程度。就此而言，金融机构应在推出任何新产品及服务前评估该产品及服务的风险（特别是那些可引致科技发展被不当使用，或方便于洗钱／恐怖分子资金筹集计划中匿藏身份的风险），以及确保执行适当的额外措施及管控程序，以降低及管理相关的洗钱／恐怖分子资金筹集的风险。

交付／分销渠道的风险		
	2.4	金融机构亦应考虑在交付／分销渠道方面可能面对的洗钱／恐怖分子资金筹集风险的程度。这些可包括采用非面对面的开户方法的网上、邮寄或电话销售渠道。透过中介人进行的业务促销也可能会增加风险，因为客户与金融机构之间的业务关系会变得间接。
客户风险		
	2.5	当评估客户风险时，金融机构应考虑客户是谁、从事哪些业务，以及任何其他可能显示客户涉及较高风险的资料。
	2.6	如客户的法律形式容许个人卸除本身的财产拥有权，但同时可保留对该财产的某种控制权，或与客户有业务联系的业务／行业界别较容易涉及贪污事宜，则金融机构应提高警觉。例子包括： （a）能在最终的相关主事人的身份可不作披露的情况下而成立为法团的公司； （b）不能保证可知悉其真正相关主事人或控制人的身份的某些形式的信托或基金； （c）容许代名人股东；及 （d）发行持票人股份的公司。
	2.7	金融机构亦应考虑客户活动性质所蕴含的风险，以及有关交易本身可能就是一宗犯罪交易。举例来说，军火买卖及军火买卖资金筹集就是一种引致多重风险（包括洗钱及其他风险）的业务活动，例如： （a）采购合约产生的贪污风险； （b）与政治人物有关的风险；及 （c）恐怖主义及恐怖分子资金筹集的风险，因付运货物可能会被转移他处。
国家风险		
	2.8	与客户及中介人有联系的业务经营所在国家或地理位置如牵涉大量有组织罪行、贪污情况恶化及缺少制度防止及侦察洗钱／恐怖分子资金筹集的情况，金融机构应倍加关注。金融机构可参照公开资料或由专门的国家、国际、非政府及商业组织所公布的有关贪污风险的相关报告及资料库（例如 Transparency International 按各国被认知的贪污水平排名的 Corruption Perceptions Index，以评估哪些国家最容易涉及贪污情况）。
有效管控		
	2.9	为确保适当执行该等政策及程序，金融机构应制定有效管控措施，涵盖范畴包括： （a）高级管理层的监督； （b）委任一名合规主任及一名洗钱报告主任①； （c）合规及审核职能；及 （d）职员甄选及培训②。
高级管理层的监督		

---

① 洗钱报告主任的职责及职能详载于第7.19段至7.30段。就某些金融机构而言，合规主任及洗钱报告主任的职能可由同一职员履行。

② 有关职员培训的其他导引，请参阅第9章。

	2.10	任何金融机构的高级管理层都有责任有效管理业务；就打击洗钱／恐怖分子资金筹集而言，这包括监督下文所述职能。
	2.11	高级管理层应： （a）信纳金融机构的打击洗钱／恐怖分子资金筹集制度能够应付风险评估所识别的洗钱／恐怖分子资金筹集风险； （b）委任一名董事或高级经理担任合规主任，全面负责建立及维持金融机构的打击洗钱／恐怖分子资金筹集制度；及 （c）委任金融机构一名高级职员担任洗钱报告主任，作为报告可疑交易的中央联络点。
	2.12	为使合规主任及洗钱报告主任能有效地履行他们的职责，高级管理层应在切实可行的范围内，确保合规主任及洗钱报告主任： （a）独立于所有营运及业务职能（视金融机构规模的限制）； （b）通常长驻香港； （c）在该金融机构具有一定的资历及权力； （d）与高级管理层能够保持定期联络，并在有需要时能直接联络高级管理层，以确保高级管理层信纳本身已符合各项法定责任，以及机构亦已采取充分有力的保护措施抵御洗钱／恐怖分子资金筹集风险； （e）完全熟悉适用于金融机构的法定及监管规定，以及金融机构的业务所产生的洗钱／恐怖分子资金筹集风险； （f）能够及时取得一切可取得的资料（来自内部来源如尽职审查记录及外部来源如有关当局通函）；及 （g）配备充足资源，包括职员及合规主任及洗钱报告主任的适当替补人选（如切实可行的话，即替代或代理合规主任及洗钱报告主任，而他们应具有相同地位）。
合规主任及洗钱报告主任		
	2.13	合规主任的主要职能是作为金融机构的一个中心点，监督一切防止及侦察洗钱／或恐怖分子资金筹集的活动，以及向高级管理层提供支援及导引，确保洗钱／恐怖分子资金筹集风险得到充分的管理。合规主任尤其应负责： （a）制定及／或持续复核金融机构的打击洗钱／恐怖分子资金筹集制度，以确保制度反映现况及符合当前的法定及监管规定；及 （b）全方位监督金融机构的打击洗钱／恐怖分子资金筹集制度，包括监察成效及在有需要时执行更严格的管控及程序。
	2.14	为了有效地履行这些职责，合规主任应考虑多个范畴，包括： （a）管理及测试打击洗钱／恐怖分子资金筹集制度的方法； （b）识别及矫正打击洗钱／恐怖分子资金筹集制度中的不足之处； （c）报告制度内的数字，包括内部报告及向联合财富情报组（财富情报组）作出的披露； （d）降低与来自没有执行或没有充分执行特别组织建议的国家的人的业务关系及交易所引致的洗钱／恐怖分子资金筹集风险； （e）与高级管理层就打击洗钱／恐怖分子资金筹集的主要问题进行沟通，包括（如适用）重大的合规不足情况； （f）有关新法例、监管规定或导引的变更或变更建议； （g）符合附表2第2或第3部列述的外地分行或附属企业的规定，以及有关当局就此方面发出的任何导引；及 （h）打击洗钱／恐怖分子资金筹集方面的职员培训。

	2.15	洗钱报告主任应在识别及报告可疑交易方面担当积极的角色。所履行的主要职能预计包括： (a) 复核所有内部披露及例外情况报告，并根据一切知悉的资料，决定是否有需要向财富情报组作出报告； (b) 备存该等内部复核的所有记录； (c) 如已作任何披露，提供有关如何避免"通风报信"的导引；及 (d) 就防止及侦察洗钱／恐怖分子资金筹集、调查或合规事宜作为与财富情报组、执法当局及任何其他主管当局的主要联络点。
合规及审核职能		
	2.16	在切实可行的情况下，金融机构应设立独立的合规及审核职能。这职能应能与金融机构的高级管理层直接沟通。
	2.17	金融机构的合规及审核职能应包括定期对打击洗钱／恐怖分子资金筹集制度（特别是辨识及报告可疑交易的制度）作出复核，例如抽样测试，以确保成效。复核的频密程度及范围应与洗钱／恐怖分子资金筹集风险及金融机构的业务规模相称。在适当情况下，金融机构应寻求外界资源进行复核。
	2.17a	内部审计在定期独立评估认可机构的打击洗钱活动政策与程序方面具有重要作用。这包括查证合规职能的成效、有关大额或可疑交易的管理资讯报告是否足够、可疑交易报告的质素，以及检讨前线职员在打击洗钱活动方面的责任的警觉性。内部审计部门应具有足够的专门知识及资源，以执行其职责。
职员甄选		
	2.18	金融机构必须设立、维持及操作适当程序，确保信纳任何新雇员的诚信。
在香港以外进行的业务		
附表2第22（1）条	2.19	在香港成立为法团的金融机构应确保它们在外地的分行或附属企业设有集团的打击洗钱／恐怖分子资金筹集政策，以确保所有外地分行及在香港以外地方经营与金融机构相同业务的所有分行及附属企业设有程序，使它们能在当地法律准许的范围内，遵守与根据附表2第2部及第3部施加的尽职审查及备存记录规定相类似的规定。金融机构应将集团政策通知外地的分行及附属企业。
附表2第22（2）条	2.20	金融机构在香港以外地方的分行或附属企业如因当地法律不准许而未能遵守与根据附表2第2部及第3部施加的规定相类似的规定，金融机构必须—— (a) 将有关不能遵从规定的情况通知有关当局；及 (b) 采取额外措施，以便有效地降低该分行或附属企业因不能遵从该等规定而面对的洗钱／恐怖分子资金筹集风险。
《有组织及严重罪行条例》及《贩毒（追讨得益）条例》第25（A）条	2.21	如怀疑全部或部分财产直接或间接代表可公诉罪行的得益，一般应在产生有关怀疑及在备存相关交易记录的司法管辖区内作出报告。不过，在某些情况下（例如户口设在香港），可能须向财富情报组报告该等情况①，但只在《有组织及严重罪行条例》及《贩毒（追讨得益）条例》第25（A）条适用的情况下才适用。

---

① 《有组织及严重罪行条例》第25（A）条指出可公诉罪行包括若在香港发生即会构成可公诉罪行的外地行为。故此，在香港的金融机构如有关于洗钱的资料，不论有关行为在哪里发生，都应该考虑要求财富情报组作出澄清及向该组报告。

第3章 风险为本的方法

引言		
	3.1	借助风险为本的方法进行尽职审查及持续监察,是公认的打击洗钱／恐怖分子资金筹集的有效方法。风险为本的方法的一般原则是如客户经评估为属于较高洗钱／恐怖分子资金筹集风险的客户,金融机构应采取更严格的措施去管理及降低该等风险,但如客户属于较低风险,则可相应地执行简化措施。 采用风险为本的方法的优点在于可以按照优先次序,以最具效益的方式分配资源,从而令最大的风险可以得到最高度的关注。
一般规定		
	3.2	金融机构应视客户的背景及该客户使用的产品、交易或服务,采用风险为本的方法来决定尽职审查措施及持续监察程序的程度,借以令防止及降低洗钱／恐怖分子资金筹集的措施与已识别的风险相称。不过,该等措施必须符合打击洗钱条例的法定规定。 采用风险为本的方法能使金融机构对客户采取相称的管控及监督措施,借以判断: (a)对直接客户执行尽职审查的程度;用于核实任何实益拥有人及看似代表客户行事的任何人的身份的措施的程度; (b)对关系进行持续监察的程度;及 (c)降低任何已识别风险的措施。 举例来说,风险为本的方法可能需要对高度风险客户,例如财产及资金来源不清楚或需要设立复杂架构的个人(或法人实体)执行广泛的尽职审查。 金融机构应能够向有关当局证明尽职审查及持续监察的应用程度,就客户的洗钱／恐怖分子资金筹集风险而言是合适的。
	3.3	并无普遍接受的方法可用来订明风险为本的方法的性质及应用程度。不过,一个有效的风险为本的方法定必涉及在客户层面对客户的洗钱／恐怖分子资金筹集风险进行识别及归类,以及根据已识别风险设立合理措施。一个有效的风险为本的方法可让金融机构对它的客户作出合理的业务判断。 风险为本的方法不是要阻止金融机构与客户进行交易或与准客户建立业务关系,而是要协助金融机构有效地管理潜在的洗钱／恐怖分子资金筹集的风险。
客户接纳／风险评估		
	3.4	金融机构可利用洗钱／恐怖分子资金筹集风险评级来评估个别客户的洗钱／恐怖分子资金筹集风险。

续表

| | | 虽然没有一组普遍接受的风险因素，以及没有应用这些风险因素的单一方法，可用来断定客户的洗钱／恐怖分子资金筹集的风险评级，可考虑的相关因素可能包括：

1. 国家风险
客户居住在高风险的司法管辖区①或与该等司法管辖区有关联，例如：
（a）被特别组织识别为缺乏执行打击洗钱／恐怖分子资金筹集策略的司法管辖区；
（b）受到例如联合国制裁、禁制或受制于其他类似措施的国家；
（c）容易涉及贪污的国家；及
（d）被认为与恐怖分子活动有密切联系的国家。
在评估与客户有关的国家风险时，金融机构可考虑本地法例（《联合国制裁条例》、《联合国（反恐怖主义措施）条例》），及从联合国、国际货币基金组织、世界银行、特别组织等取得的资料，以及金融机构本身或其他集团实体（如金融机构隶属某跨国集团）的经验，这些经验可能显示其他司法管辖区的弱点。

2. 客户风险
以下例子中的客户可能被认为涉及较低洗钱／恐怖分子资金筹集风险：
（a）受雇或有来自合法来源的定期收益来源以支持所从事的业务活动的客户；及
（b）客户信誉，例如众所周知、历史悠久及有信誉的私人公司，并可从独立来源查核有关公司的记录，包括拥有权及控制权等资料。 |
| 3.5 | 但是，某些客户基于本身性质或行为可能代表较高的洗钱／恐怖分子资金筹集风险。这些因素可能包括：
（a）客户的公开概况显示他们与政治人物有牵连或联系；
（b）关系的复杂程度，包括在无合法商业理由下使用法人架构、信托及使用代名人及持票人股份；
（c）要求使用保密号码户口或交易的保密程度不必要地高；
（d）参与现金密集型业务；
（e）产生资金／资产的业务活动的性质、范畴及地点（考虑敏感或高风险活动）；及
（f）不轻易核实财富来源或拥有权（适用于高度风险客户及政治人物）。

3. 产品／服务的风险
引致较高风险的因素可能包括：记录风险评估
（a）服务本身提供较多机会以匿名行事；及
（b）有能力汇集相关客户／资金。

4. 交付／分销渠道的风险
产品分销渠道可能会改变客户的风险状况。这可能包括采用非面对面的开户方法的网上、邮寄或电话销售渠道。透过中介人进行的业务销售也可能会增加风险，因为客户与金融机构之间的业务关系会变得间接。 |

持续复核

| | | 识别较高风险客户、产品及服务，包括交付渠道及地理位置，均非固定的评估。评估将取决于情况怎样发展，以及威胁如何演变，这些因素会随时间而改变。此外，虽然在开始建立客户关系时就应进行风险评估，但就某些客户而言，必须待客户已开始透过户口进行交易，其全面的风险状况才会变得清晰，监察客户交易及持续复核遂成为一个设计合理的风险为本的方法的基本元素。故此，金融机构可能需要不时或根据从主管当局获取的资料调整它对某个别客户的风险评估，以及复核适用于该客户的尽职审查及持续监察程度。 |
| 3.6 | |

---

① 有关没有执行或没有充分执行特别组织建议，或在其他方面面对较高风险的司法管辖区的导引载于第 4.15 段。

续表

	3.7	金融机构应定期复核它的政策及程序，以及评估它的降低风险程序及管控措施是否有效运作。
	3.8	金融机构应就本章涵盖的风险评估备存记录及相关文件，以便向有关当局证明（其中包括）： （a）它如何评估客户的洗钱／恐怖分子资金筹集风险；及 （b）基于该客户的洗钱／恐怖分子资金筹集风险，所执行的尽职审查及持续监察程度是合适的。

第 4 章　客户尽职审查

4.1　引言 — 客户尽职审查		
	4.1.1	打击洗钱条例对尽职审查措施加以界定（请参阅第4.1.3段），并且订明金融机构在何种情况下须执行尽职审查措施（请参阅第4.1.9段）。① 打击洗钱条例指出金融机构可按具体情况采取额外措施（请参考下文的更严格的尽职审查）或采取简化的尽职审查措施。本章列出有关当局在这方面的期望，以及就达到此等期望的方法作出建议。在可行的情况下，本指引就如何遵守打击洗钱条例规定和为达此目的而落实的程序赋予金融机构若干程度的酌情权。
	4.1.2	尽职审查资料是一项重要工具，可用以确定是否有理据去知悉或怀疑有否洗钱／恐怖分子资金筹集活动。
附表2第2条	4.1.3	以下是适用于金融机构的尽职审查措施： （a）利用从可靠及独立来源取得的文件、数据或资料，去识别和核实客户的身份（请参阅第4.2段）； （b）如客户有实益拥有人，识别及采取合理措施去核实该实益拥有人的身份，从而使该金融机构信纳它知道该实益拥有人为何人；如客户属法人或信托，该等措施包括可使该金融机构了解有关法人或信托的拥有权及控制权结构（请参阅第4.3段）； （c）取得与该金融机构建立业务关系的目的及拟具有的性质（如有）的资料，除非有关目的及拟具有的性质是显而易见的（请参阅第4.6段）；及 （d）如某人看似是代表客户行事： （ⅰ）识别该人的身份，及采取合理措施，根据可靠及独立来源取得的文件、数据或资料，核实该人的身份；及 （ⅱ）核实该人代表客户行事的授权（请参阅第4.4段）。
	4.1.4	打击洗钱条例并无就"客户"一词的定义作出界定。其定义应根据惯常意思及按业界的运作方式作出推断。

---

① 就本指引而言，信托是指明示信托或附有具有法律约束力文件（即信托契据或任何其他形式）的任何类似安排。

	4.1.4a	一般而言，"客户"一词指与认可机构建立业务关系或与认可机构进行交易的人士。这通常并不包括某一交易的第三方。例如，在付款电传转账交易中，一家汇款认可机构并不会视其收款人（而收款人与认可机构并没有其他关系）为其客户。
	4.1.5	在决定什么才是核实实益拥有人的身份及什么才是了解法人或信托的拥有权和控制权结构的合理措施时，金融机构应考虑和顾及个别客户本身及其业务关系在洗钱／恐怖分子资金筹集方面引致的风险。金融机构应适当地考虑第3章所列述的措施。
	4.1.6	对于与没有执行或没有充分执行特别组织建议（请参阅第4.15段）的司法管辖区有关联的客户，金融机构应采取均衡而合乎常理的做法。虽然金融机构在该等情况下应格外谨慎，除非有关当局透过"书面通知"施加一般或特定规定（请参阅第4.16.1段），否则金融机构无须拒绝与该等客户的业务往来，或是自动将他们归类为高风险客户，因而使该等客户接受更严格的尽职审查程序。反之，金融机构应衡量个别境下的所有情况，并且评估是否存在高于正常的洗钱／恐怖分子资金筹集风险。
附表2第1条	4.1.7	打击洗钱条例对某人与金融机构之间的"业务关系"一词的定义作出界定，意思是指符合以下说明的业务、专业或商业关系： （a）延续一段时间是该关系的元素；或 （b）在该人首次以该金融机构的准客户身份接触该机构时，该机构期望延续一段时间是该关系的元素。
附表2第1条	4.1.8	打击洗钱条例对某人与金融机构之间的"非经常交易"一词的定义作出界定，意思是指金融机构与该机构没有业务关系的客户之间的交易①。
附表2第3（1）条	4.1.9	尽职审查规定适用于以下情况： （a）在开始建立业务关系之时； （b）在执行以下非经常交易之前②； （ⅰ）非经常交易总值涉及相等于120000港元或以上的款额，而不论交易是以单一次操作执行，或是以该金融机构觉得是有关联的若干次操作执行；或 （ⅱ）属电传转账的非经常交易总值涉及相等于8000港元或以上的款额，而不论交易是以单一次操作执行，或是以该金融机构觉得是有关联的若干次操作执行； （c）当金融机构怀疑客户或客户的账户涉及洗钱／恐怖分子资金筹集时③；或 （d）当金融机构怀疑过往为识别客户的身份或核实客户的身份而取得的资料是否真实或充分时。
	4.1.10	金融机构应提高警觉，留意一连串有关联的非经常交易达至或超越电传转账的8000港元的尽职审查门槛和其他各类交易的120000港元门槛的可能性。如金融机构知悉交易款额达至或超越此等门槛，必须执行全面尽职审查程序。
	4.1.11	与非经常交易有关联的因素取决于交易本身的特征，举例来说，如在一段短时间内，支付数笔款给予同一收款人，而该数笔款项的资金是来自同一个或多个来源，或客户定期将款项转账至一个或多个目的地。在决定交易事实上是否有关联，金融机构应将此等因素与进行交易的时间一并加以考虑。

---

① 请注意，非经常交易不适用于保险及证券业。
② 举例来说，非经常交易可包括电传转账、货币兑换、购买银行本票或礼券。
③ 此准则适用但不须考虑120000港元的门槛。

续表

	4.1.11a	认可机构如替非账户持有人办理现金交易，例如将现金存入现有账户，而该存款人士的姓名不在该账户委托书上，认可机构则须谨慎处理和提高警觉。如交易总值涉及相等于120000港元或以上，或是属于不寻常的交易，则应要求存款人出示明确的身份证明文件（参考附录A），机构亦须将该等文件的副本存档。
4.2 识别和核实客户身份		
附表2第2（1）（a）条	4.2.1	金融机构必须参考由以下可靠及独立来源提供的文件、数据或资料，以识别和核实客户的身份①： （a）政府机构； （b）有关当局或任何其他有关主管当局； （c）在香港以外地方执行与有关当局或任何其他有关主管当局职能相类似的职能的主管当局；或 （d）有关当局认可的任何其他可靠及独立来源。
4.3 识别和核实实益拥有人的身份		
附表2第1及2（1）（b）条	4.3.1	实益拥有人通常是指最终拥有、控制客户或由客户代其进行交易或活动的个人。关于并非以职务身份代表法人或信托的个人客户，客户本身通常就是实益拥有人。在此情况下，金融机构无须积极主动地去追寻实益拥有人，但如有迹象显示客户并非代表其本身行事，则须进行适当查询。
	4.3.2	当个人被识别为实益拥有人时，金融机构应设法取得与第4.8.1段所述资料相同的识别身份资料。
	4.3.3	根据打击洗钱条例，客户与实益拥有人的身份核实规定并不相同。
	4.3.4	金融机构有责任依据它对洗钱／恐怖分子资金筹集风险作出的评估，采取合理措施去核实实益拥有人的身份，从而使有关机构信纳它知道该实益拥有人为何人。
附表2第1及2（2）条	4.3.5	金融机构应识别客户的所有实益拥有人的身份。在核实实益拥有人的身份方面，除非存在附表2第15条提述的情况（"高度风险"），打击洗钱条例规定金融机构采取合理措施去核实拥有或控制法团、合伙或信托25%或以上投票权或股本的任何实益拥有人的身份。在附表2第15条提述的高度风险的情况下，有关规定的门槛为10%②。
	4.3.6	至于实益拥有人，金融机构应取得他们的住址（及永久地址，如不相同），以及在顾及有关实益拥有人的数目、实体的性质及当中的利益分布、任何业务，合约或家族关系的性质及范畴后，可采用风险为本的方法去决定是否需要采取合理措施去核实地址。
4.4 识别及核实看似代表客户行事的人的身份		

---

① 请参阅附录A。该附录载有有关当局承认属于可作身份核实用途的可靠及独立来源的文件。
② 如根据附表2第15条，现有客户被重新分类为高度风险客户，倘若存在通风报信风险的情况，金融机构可考虑延迟按照已提高的门槛（即由25%修改为10%）采取核实实益拥有人身份的合理措施。

附表 2 第 2（1）(d）条	4.4.1	如某人看似是代表客户行事，金融机构必须： （i）识别该人的身份，及采取合理措施，根据以下来源所提供的文件、数据或资料，核实该人的身份—— （A）政府机构； （B）有关当局或任何其他有关主管当局； （C）在香港以外地方执行与有关当局或任何其他有关主管当局职能相类似的职能的主管当局；或 （D）有关当局认可的任何其他可靠及独立来源；及 （ii）核实该人代表客户行事的授权。
	4.4.2	一般的规定是取得与第 4.8.1 段所述相同的识别身份资料。在采取合理措施去核实看似是代表客户行事的人（例如获授权的账户签署人及受委托人）的身份时，在可行的情况下，金融机构应参考附录 A 列示的文件及其他方法。一般而言，金融机构应识别及核实获授权指令调动资金或资产的人。
附表 2 第 2（1）(d）(ii）条	4.4.3	金融机构应取得书面授权①，借以核实看似代表客户行事的个人获授权这样做。
附表 2 第 2（1）(d）条	4.4.4	金融机构或许有时难以识别及核实客户的签署人，如客户备有一份颇长的账户签署人名单，特别是如该等客户长驻在香港以外地方。在该等情况下，金融机构可采用风险为本的方法去决定适当措施来遵守这些规定。举例来说，在核实与客户有关的账户签署人时，如客户为金融机构或上市公司②，金融机构可采取较简化的方法。提供一份签署人名单③，而该名单记录了账户签署人的姓名，及有关账户签署人的身份及行事权限已由独立于身份被核实的人的部门或该客户的人员（例如合规、审核或人力资源）作出确认，或足以显示已符合这些规定。 另一项主要与海外客户有关及可与缩短签署人名单一并或分开考虑的选择，是根据附表 2 第 18 条的规定使用中介人。

4.5　身份的特征及证据

	4.5.1	无论是任何形式的身份证明文件，都不能完全保证是真确的或是代表有关人士的真正身份，而金融机构应知道某类文件较其他文件易于伪造。如对任何获得的文件有任何怀疑，金融机构应采取切实可行及适当的步骤，以确定所获得的文件是否真确，或曾否已被报称遗失或被窃。有关措施可包括搜寻可供大众查阅的资料、与有关部门接触（例如透过入境处的热线电话与该部门接触），或是要求有关客户提供佐证。如仍未能消除疑虑，则不应接受该文件，并且考虑应否向有关当局举报。 如文件是以外语书写，则金融机构应采取适当的步骤，令本身有合理理由信纳该文件可为有关客户的身份提供证据（例如确保评估该等文件的职员精通有关外语，或向合资格人士取得该等文件的译本）。

4.6　业务关系的目的及拟具有的性质

---

① 在法团方面，金融机构应取得董事会的决议案或类似书面授权。
② 已考虑第 4.15 段提供的意见。
③ 或等同。

附表2第2（1）（c）条	4.6.1	金融机构必须了解业务关系的目的及拟具有的性质。在某些情况下，这是不言而喻的，但在许多情况下，有关金融机构或须取得这方面的资料。
	4.6.2	除非目的及拟具有的性质属显而易见，否则金融机构应就开立账户或建立业务关系的拟有目的及理由方面，向所有新客户索令其满意的资料，并把该等资料记录在开户文件内。视有关金融机构对该情况的风险评估而定，可能有关联的资料包括： （a）业务／职业／雇佣的性质及详情； （b）预期透过有关业务关系进行的活动的程度及性质（例如可能作出的典型交易）； （c）客户的所在地； （d）业务关系上所使用的资金的预期来源及源头；及 （e）最初及持续的财富及收入来源。
	4.6.3	这项规定亦适用于非香港居民。虽然大部分非香港居民均基于完全合法的理由与香港的金融机构建立业务关系，但有些非香港居民却可能存在较高的洗钱／恐怖分子资金筹集风险。金融机构应明白非香港居民设法在香港建立业务关系的理由。

4.7　识别和核实身份的时间

一般规定

附表2第3（1）条	4.7.1	金融机构必须在建立任何业务关系前或执行指明非经常交易前完成尽职审查程序（例外情况载于第4.7.4段）。
附表2第3（4）条	4.7.2	如金融机构未能根据第4.7.1段完成尽职审查程序，则不可与有关客户建立业务关系或执行非经常交易，并且应评估其未能提供资料的理据，以便知悉或怀疑是否有洗钱／恐怖分子资金筹集活动，并向财富情报组提交报告。

在建立业务关系时延迟进行身份核实

	4.7.3	在建立业务关系前应先取得客户的识别资料（包括任何实益拥有人的资料），以及关于业务关系的目的及拟具有的性质的资料。所有延迟核实客户或实益拥有人的身份而可能引致的任何洗钱／恐怖分子资金筹集风险，已获有效管理； （b）为对客户的业务正常运作不造成干扰，如此行事是必需的； （c）在合理的切实可行的范围内尽快完成有关核实；及 （d）如未能在合理的切实可行的范围内尽快完成有关核实，将会结束该业务关系。
附表2第3（2），（3）及（4）（b）条	4.7.4	但是，在例外的情况下，金融机构可在建立业务关系后核实客户及任何实益拥有人的身份，只要： （a）所有延迟核实客户或实益拥有人的身份而可能引致的任何洗钱/恐怖分子资金筹集风险，已获有效管理； （b）为对客户的业务正常运作不造成干扰，如此行事是必需的； （c）在合理的切实可行的范围内尽快完成有关核实；及 （d）如未能在合理的切实可行的范围内尽快完成有关核实，将会结束该业务关系。
	4.7.5	有需要对客户的业务正常运作不造成干扰的情况现列举如下： （a）证券交易—证券业内的公司或中介人可能须在与客户联络后十分短的时间内根据市况执行交易，因而须在完成身份核实前执行交易；及 （b）人寿保险业务—就识别和核实保单内受益人而言，可能须在与保险单持有人建立业务关系之后才识别及核实保单内受益人的身份。但在所有该等情况下，必须在付款时或之前，或受益人拟行使根据该保险单归属于该受益人的权益时识别及核实其身份。

	4.7.6	如客户获准在核实身份前使用业务关系，金融机构必须采取与延迟核实身份的条件有关的适当风险管理政策及程序。此等政策及程序应包括： （a）制定完成身份核实措施的时限； （b）在等候完成身份核实期间定期监察该等关系，以及定期将等候完成身份核实的情况向高级管理层报告； （c）取得其他必需的尽职审查资料； （d）确保在合理的切实可行的情况下尽快核实身份； （e）告知客户，金融机构在责任上因身份核实措施未能完成而终止业务关系； （f）适当地限制在等候完成身份核实措施期间的交易次数及类别；及（g）确保不支付客户的资金给任何第三者。在下述条件规限下，或可作出例外安排①而付款给第三者： （i）没有洗钱／恐怖分子资金筹集活动的怀疑； （ii）洗钱／恐怖分子资金筹集的风险评定属于低度； （iii）交易经高级管理层批准，而高级管理层在批准进行交易前已对业务性质作出考虑；及 （iv）收款人的姓名／名称与监察名单不吻合，例如恐怖分子嫌疑人物及政治人物。
	4.7.7	金融机构不得利用此等豁免措施去规避尽职审查程序，尤其是在以下情况： （a）知悉或怀疑或有洗钱／恐怖分子资金筹集活动的情况； （b）察觉到令它们对客户或实益拥有人的身份或意向有怀疑的事宜；或 （c）有关业务关系被评定属较高风险。
未能完成身份核实		
附表2第3（4）（b）条	4.7.8	身份核实应在一段合理时间内完成②。如未能在该段时间内完成核实，除非能合理解释延迟核实的原因，否则金融机构应在合理的切实可行的情况下尽快暂停或终止有关业务关系。合理时限的例子是： （a）金融机构应在建立业务关系后不迟于30个工作日内完成有关核实； （b）如有关核实在建立业务关系后30个工作日后仍未能完成，金融机构应暂时中止与客户的业务关系及避免进行进一步交易（在可行情况下将资金退回资金来源则不在此限）；及 （c）如有关核实在建立业务关系后120个工作日后仍未能完成，金融机构应终止与客户的业务关系。
《贩毒（追讨得益）条例》及《有组织及严重罪行条例》第25A条及《联合国（反恐怖主义措施）条例》第12条	4.7.9	金融机构应评估未能完成核实是否有理据令其知悉或怀疑有洗钱／恐怖分子资金筹集情况，并考虑是否宜向财富情报组提交报告。
	4.7.10	如在终止业务关系时已收到客户的资金或其他资产，在可行的情况下，金融机构应将有关资金或资产退回该等资金或资产的来源。一般来说，这是指把资金或资产退回客户／户口持有人，可是这方法并非经常可行。

---

① 应注意有关例外情况不适用于保险业。
② 同一原则适用于核实直接客户的地址，例如合理的时限是90个工作日。

续表

	4.7.11	金融机构应慎防洗钱／恐怖分子资金筹集的风险，因为这是可将资金"转变"的方法之一（例如把现金转为银行本票）。如客户要求将有关金钱或其他资产转移给第三者，金融机构应评估此举是否有理据令其知悉或怀疑有洗钱／恐怖分子资金筹集情况，并考虑是否宜向财富情报组提交报告。
确保客户资料反映现况		
附表2第5（1）（a）条	4.7.12	客户的身份一经圆满地核实，金融机构就没有责任再执行身份核实（除非对过往为识别客户的身份而取得的资料是否真实或充分有所怀疑）。但是，金融机构亦应不时采取步骤，以确保为遵从附表2第2条及第3条的规定而取得的客户资料能反映现况及仍属相关的。为达此目的，金融机构应定期复核客户的现有资料。 若遇有触发事件时，便是金融机构采取上述行动的适当时机。这些触发事件包括： （a）将进行一项重大交易①； （b）客户账户的操作模式出现相当程度的转变②； （c）金融机构对客户文件的标准作出颇大的修订；或 （d）金融机构知悉有关客户的资料并不足够。 在所有情况下，金融机构应在其政策及程序中就决定复核周期的因素或何为触发事件作出清晰界定。
	4.7.13	金融机构最低限度应每年对所有高度风险客户（不动户除外）的状况进行一次复核，并在认为有需要时对有关状况进行更频密的复核，以确保备存记录反映现况及相关的尽职审查资料。但是，金融机构应在其政策及程序中，清晰界定什么是不动户。
4.8 自然人		
识别		
附表2第2条	4.8.1	就识别个人客户的身份而言，金融机构应收集以下资料以作识别： （a）全名； （b）出生日期； （c）国籍；及 （d）身份证明文件的类别及号码。
核实（香港居民）		
附表2第2（1）（a）条	4.8.2	就香港永久性居民而言，金融机构应参考他们的香港身份证，以核实个人的姓名、出生日期及身份证号码。金融机构应保存一份个人的身份证复本。
	4.8.3	至于在香港出生而年龄在12岁以下及无持有有效旅游证件或香港身份证的儿童，在核实身份时可参考他们的香港出生证明书。 每当与未成年人士建立业务关系时，应按照以上规定记录及核实该未成年人士的父母或代表或陪同该未成年人士的监护人的身份。

---

① 重大一词并非必要与金钱的款额有关，可包括不寻常的交易或与有关金融机构对客户的认识不一致的交易。

② 应参考附表2第6条"关于先前客户的条文"。

	4.8.4	至于非永久性居民，金融机构应参考其有效的旅游证件（例如未过期的国际护照），以核实其姓名、出生日期、国籍，以及旅游证件的号码及类别。在此方面，金融机构应保存一份载有持证人的照片及个人详情的"个人资料页"的复本。 另一选择是金融机构可参考这些非永久性居民的香港身份证，以核实其姓名、出生日期及身份证号码，并且参考以下资料，以核实其国籍： （a）有效旅游证件； （b）载有个人的照片的相关国民（即由政府或国家发出）身份证；或 （c）任何由政府或国家发出而可证实国籍的文件。 金融机构应保存上述文件的复本。
核实（非香港居民）		
附表 2 第 2（1）（a）条	4.8.5	至于有为身份核实目的而现身香港的非香港居民，金融机构应参考他们的有效旅游证件（例如未过期的国际护照），以核实他们的个人姓名、出生日期、国籍及旅游证件的类别及号码。在此方面，金融机构应保存一份载有持证人照片及个人资料的"个人资料页"的复本。
附表 2 第 2（1）（a）条	4.8.6	至于没有为身份核实目的而现身香港的非香港居民，金融机构应参考以下资料，以核实有关人士的身份，包括姓名、出生日期、国籍、身份证明文件或旅游证件的号码及类别： （a）有效旅游证件； （b）载有有关个人照片的相关国民（即由政府或国家签发）身份证；或 （c）载有个人照片的有效国家驾驶执照；或 （d）附录 A 所列载的任何其他证件。
附表 2 第 9 条	4.8.7	关于以上第 4.8.6 段，如客户没有为身份识别目的而现身，金融机构必须参考第 4.12 段的导引及执行附表 2 第 9 条的措施。
识别及核实地址		
	4.8.8	由于住址是核实有关个人身份及背景的有用资料，金融机构应取得及核实与其建立业务关系的直接客户的住址（及永久地址，如两者不相同）。
	4.8.9	为免生疑问，代表信托建立业务关系或执行交易的信托受托人方视为客户，因此在直接客户关系中的受托人的地址加以核实。
	4.8.10	核实住址的方法可包括取得以下资料①： （a）在最近三个月内发出的公用事业账单； （b）最近由政府部门或机构发出的通讯（即最近三个月内发出的）； （c）最近三个月内由认可机构、持牌法团或获授权保险人发出的结单； （d）金融机构到访该住址的记录； （e）客户就金融机构寄往客户所提供的地址的信件签署的认收信； （f）与有关个人同住的直系家庭成员发出的信件，证实申请人居于该香港地址、列示该直系家庭成员与申请人之间的关系，并且连同该成员居于同一地址的证据（适用于无法提供其本身姓名的住址证明的人士，例如学生及家庭主妇）； （g）最近三个月内发出的流动电话或收费电视结单（寄往客户所提供的地址）； （h）由香港的护养院、安老院或残疾人士护理院发出而令金融机构信纳属可靠及可证实申请人的居所的信件； （i）由香港的大学或学院发出而令金融机构信纳属可靠及可证实申请人的居所的信件； （j）由税务局适当加盖厘印的香港租约； （k）由合适领事馆盖章的现有有效香港家庭佣工雇佣合约（当中的雇主姓名与申请人护照内的批注所载者相同）； （l）由香港的雇主发出的信件及受雇证明。有关信件及证明令金融机构信纳属可靠及可证实申请人报称的香港居所地址； （m）律师的认购楼宇确定书或确认业权的法律文件；及 （n）非香港居民：由政府发出的附有照片的驾驶执照或载有目前居住地址的国民身份证或对等司法管辖区的银行发出而令金融机构信纳当中的地址已获核实的银行结单。

---

① 所提供例子并非详尽无遗。

续表

	4.8.11	金融机构或许未能经常采取上一段建议的任何方法,这点是可以理解的。有关例子包括有些国家没有邮递服务,或是实际上并无街名,而它们的居民是要依靠邮政信箱或雇主传递邮件的。有些客户可能无法提供符合上述标准的地址证明。在此等情况下,金融机构可因应其风险程度,采取合乎常理的其他方法,例如向一位经核实为其海外雇主的董事或经理索取信件,以证实所述客户的海外住址(或提供可找到当地住址的详细指示)。 此外,亦有一些情况是客户的住址只是临时居所,因此无法提供正常地址核实所需的文件,例如按短期合约聘用的外籍雇员。金融机构应采取富有弹性的程序,利用其他方法取得核实所需的资料,例如雇佣合约的复本,或银行或雇主的书面确认。在特别情况下,金融机构应采取富有弹性的手法(例如客户是无家可归者)。为免生疑问起见,居于香港的人士或公司在香港注册及/或营运的公司客户,只提供邮政信箱地址是不足够的。
其他考虑因素		
	4.8.12	在大多数情况下,根据标准的核实规定行事是足够的。但是,如基于客户的性质、业务、所在地或产品的特点等,客户或产品或服务被评为属高度洗钱/恐怖分子资金筹集的风险,则金融机构应考虑是否要求有关客户提供额外的身份资料及/或须否采取额外的身份核实措施。
	4.8.13	附录 A 载列一份获有关当局认可供身份核实之用的独立及可靠来源的文件清单。
4.9　法人及信托		
一般条文		
	4.9.1	至于法人,主要规定是要识别在客户背后最终控制或实益拥有业务或客户的资产的人。金融机构一般会对该客户的管理行使最终控制权的人士倍加留意。
附表 2 第 2(1)(b)条	4.9.2	在决定谁是法人的实益拥有人时(在客户并非一名自然人的情况下),金融机构的目标是要得知谁是拥有或控制法人的业务关系的人,或谁是控制及管理资金内的任何法律实体的主脑。核实实益拥有人的身份时,须依从第 3 章的指引使用风险为本的方法执行核实。
	4.9.3	如拥有人是另一名法人或信托,则目标是要执行合理的措施,以识别背后的法人或信托及核实实益拥有人的身份。就此而言,什么才构成控制权须视有关机构的性质而定,可能是指无须进一步获授权而受命管理资金、账户或投资的人。
附表 2 第 2(1)(b)条	4.9.4	至于除自然人外的客户,金融机构应确保它们充分了解客户的法律形式、结构及拥有权,并且应额外取得关于其业务性质的资料,以及寻求有关产品或服务的理由,除非该等理由属显而易见。
附表 2 第 5(1)(a)及 6 条	4.9.5	金融机构应不时进行复核,以确保所持有的客户资料反映现况及属相关的。进行复核的方法包括进行公司查册、设法取得委任董事的决议案复本、留意董事辞职,或是采取其他适当方法。
	4.9.6	许多实体的互联网网址载有关于该等实体的资料。金融机构应留意有关资料虽然有助提供它们可能需要的客户、其管理层及业务方面的资料,但该等资料可能是未经独立核实的。

法团		
识别资料		
	4.9.7	金融机构须按照标准规定取得下述资料，继而根据洗钱／恐怖分子资金筹集的风险，决定是否需要作进一步身份核实，以及如有需要，决定进一步核实身份的程度。金融机构亦应决定是否需要取得有关法团的额外资料、其营运情况及其背后的个人的资料。 金融机构应取得及核实属法团的客户的以下资料： （a）全名； （b）注册日期及地点； （c）登记或注册号码；及 （d）在注册地的注册办事处地址。 如客户的业务地址与上文第（d）项的注册办事处地址不同，金融机构应取得业务地址的资料，并在切实可行的范围内，进行核实。
	4.9.8	在核实第4.9.7段提及的客户资料的过程中，金融机构亦应取得以下资料①： （a）公司注册证书及商业登记证（如适用）的复本； （b）公司组织章程大纲及细则的复本，以证明规管及约束公司的权力；及 （c）公司的拥有权及控制权结构详情，例如拥有权架构表。 为免生疑问，这项规定不适用于附表2第4（3）条涵盖的公司。
	4.9.9	金融机构应②记录所有董事的姓名及以风险为本的方法核实董事的身份。
	4.9.10	金融机构应： （a）证实公司仍有注册及未解散、清盘、停业或被除名； （b）独立地识别及核实记录在公司注册地的公司登记册内的董事及股东姓名；及 （c）核实公司在公司注册地的公司注册办事处地址。
	4.9.11	金融机构从以下途径核实第4.9.10段的资料： 在本地注册的公司： （a）搜寻香港公司注册处的档案及取得一份公司报告③； 在海外注册的公司： （b）在公司注册地的注册处进行类似公司查册及取得一份公司报告④； （c）取得一份由有关公司的当地注册代理人签发的职权证明书（现任职位证明书）或等同文件；或 （d）与公司查册报告类似的文件或由相关司法管辖区的专业第三者核证的职权证明书（现任职位证明书），证实该文件所载有关第4.9.10段提及的资料是正确及准确的。 为免生疑问，这项规定不适用于附表2第4（3）条涵盖的公司。
	4.9.12	如金融机构根据第4.9.11段取得公司的查册报告，当中载有例如公司注册证书、公司的组织大纲及章程等资料，则金融机构便无须根据第4.9.8段再次从客户取得相同资料。

---

① 所提供例子并非详尽无遗。

② 当然，金融机构可能已需要核实某一董事的身份，如该董事是代表实益拥有人行事或该董事看似是代表客户行事（例如账户签署人）（请参阅第4.3段及第4.4段）。

③ 另一办法是金融机构可向客户取得一份由公司注册处或专业第三者认证的公司查册报告的认证副本。该公司查册报告应在过去6个月内签发。为免生疑问，由客户自行认证的报告不足以达到此目的。

④ 金融机构可接纳由专业第三者认证的职权证明书（现任职位证明书）的认证副本。该证明书应在过去6个月内签发。为免生疑问，由客户自行认证的证明书不足以达到此目的。

实益拥有人		
附表2第1条	4.9.13	就法团而言，打击洗钱条例将实益拥有人的定义界定为： （i）符合以下说明的个人—— （a）直接或间接地拥有或控制（包括透过信托或持票人股份持有）该法团已发行股本不少于10%； （b）直接或间接地有权行使在该法团的成员大会上的投票权的不少于10%，或支配该比重的投票权的行使；或 （c）行使对该法团的管理最终的控制权；或 （ii）如该法团是代表另一人行事是指该另一人。
	4.9.14	金融机构应识别及记录所有实益拥有人的身份，以及采取合理措施核实以下人士的身份： （a）所有持有25%（适用于正常风险的情况）或以上／10%（适用于高度风险的情况）或以上投票权或股本的股东； （b）对法团的管理层作出最终控制的任何个人；及 （c）客户代表的任何人。
	4.9.15	至于有多层拥有权结构的公司，金融机构必须明白有关公司的拥有权及控制权结构，同时亦须充分识别公司的中介层。金融机构可自行决定取得这些资料的方法，例如借助取得纳入或附有有关公司的拥有权图表的董事声明，而有关董事声明对中介层有所描述（所包括资料应基于风险的敏感度来作出决定及最低限度应包括公司名称、公司注册地，以及在适当情况下包括所采用的特定结构的理据），目的是要随拥有权结构找出属金融机构的直接客户的最终实益拥有人，以及核实该等个人的身份。
	4.9.16	金融机构的例行工作无须包括核实有关公司的拥有权结构内中介公司的详情。如公司的复杂拥有权结构（例如涉及多层拥有权、不同司法管辖区、信托等）并没有明显商业目的，则会提高风险，金融机构或许因而可能需要采取进一步行动，以确保有合理理由信纳有关实益拥有人的身份。
	4.9.17	故此，是否需要核实有关公司拥有权结构内的中介公司层，主要视金融机构对有关结构的全面了解、风险评估，以及在有关情况下所取得的资料是否足够令金融机构认为已采取充分措施去识别实益拥有人的身份而定。
	4.9.18	如因拥有权太分散，金融机构应集中识别及采取合理措施核实对该公司的管理行使最终控制权的人士。
合伙及非法团团体		
	4.9.19	合伙及非法团团体虽然主要由个人或一组个人运作，但仍与个人有别，因为当中涉及业务。此业务的洗钱／恐怖分子资金筹集风险状况很可能与个人的风险状况不同。
附表2第1条	4.9.20	就合伙而言，打击洗钱条例将实益拥有人界定为： （i）符合以下说明的个人 （a）直接或间接地有权摊分或控制该合伙的资本或利润不少于10%； （b）直接或间接地有权行使在该合伙的投票权不少于10%，或支配该投票权的行使；或 （c）行使对该合伙的管理最终的控制权；或 （ii）如该合伙是代表另一人行事，指该另一人。

附表2第1条	4.9.21	就除合伙外的非法团团体而言，实益拥有人： （i）指最终拥有或控制该非法团团体的个人；或 （ii）如该非法团团体是代表另一人行事，指该另一人。
	4.9.22	金融机构应取得该合伙或非法团团体的以下资料： （a）全名； （b）业务地址；及 （c）可对该合伙或非法团团体的管理行使控制权的全体合伙人及个人的姓名，以及拥有或控制其资本或利润或其投票权不少于10%的个人的姓名。 如已存在合伙安排，应向合伙取得授权开立账户及赋权有关人士操作账户的委托书。
	4.9.23	金融机构有责任根据来自可靠及独立来源的证据来核实客户的身份。如有关合伙或非法团团体为众所周知、有信誉的组织，并在业内历史悠久，而且有大量有关其本身、其合伙人及控制人的公开资料，则确认该客户是否具有相关专业或行业协会会员身份，可能足以作为该客户身份的可靠及独立的证据。但金融机构仍必须采取合理措施核实有关合伙或非法团团体的实益拥有人①的身份。
	4.9.24	其他合伙及非法团团体会较为低调，其合伙人及控制人的人数通常亦较少。要核实该等客户的身份，金融机构应首先考虑合伙及控制人的人数。人数如相对较少，该客户应被视为一集体；如人数较多，金融机构须决定是否继续将该客户视为一集体，或是否视相关专业或贸易协会会员身份为可信纳的证据。 除非有适当的国家登记册记项可供查核，否则在上述任何一种情况下，金融机构均须取得合伙契约（或如客户为独资经营者或其他非法团团体，则其他证据），使其信纳该实体的存在。
	4.9.25	至于客户为会社、会所、社团、慈善组织、宗教组织、院校、友好互助社团、合作社或公积金社团，金融机构应要求阅览该等机构的组织章程，借以令其信纳该等机构的合法目的。

信托

一般条文

	4.9.26	信托并不具备独立的法人资格。其本身无法与他人建立业务关系或进行非经常交易。代表信托订立业务关系或进行非经常交易的受托人会被视为客户（即受托人代表第三者—信托及与信托有关的个人行事）。
附表2第1条	4.9.27	就信托而言，打击洗钱条例将实益拥有人界定为： （i）有权享有信托财产的资本的既得权益的不少于10%的任何个人，而不论该人是享有该权益的管有权、剩余权或复归权，亦不论该权益是否可予废除； （ii）该信托的财产授予人； （iii）该信托的保护人或执行人；或 （iv）对该信托拥有最终控制权的个人。

---

① 应参阅第4.3.5段。

续表

	4.9.28	金融机构应收集由受托人（即客户）代表其行事的信托的下列识别身份资料： （a）信托名称； （b）成立／结算日期； （c）信托文书所载的司法管辖区，有关安排受该司法管辖区的法律监管； （d）任何官方机构授予的识别号码（如有）（例如报税识别号码或慈善或非牟利团体登记号码）； （e）受托人的身份证明资料—须符合有关的个人或法团导引； （f）财产授予人及任何保护人或执行人的身份证明资料—须符合有关的个人／法团导引；及 （g）已知受益人的身份证明资料①。已知受益人指根据信托文书的条款，被识别为在合理预期中可从信托资金或收益中获益的人士或该类别人士。
核实信托		
	4.9.29	金融机构应核实信托的名称及成立日期，并取得适当证据，以核实信托的存在、法律形式及参与各方，即受托人、财产授予人、保护人和受益人等。如受益人已被界定，金融机构应尽可能识别其身份。如受益人尚未确定，金融机构应集中于识别财产授予人及／或信托为其利益而设立的该类别人士的身份。符合此项要求的最直接方法是复核信托契据的适当部分。 在顾及所涉及的洗钱／恐怖分子资金筹集风险后，采取以下的合理措施来核实信托的存在、法律形式及参与各方，可包括： （a）复核信托文书的复本及保存文件的删节本； （b）参考成立信托的相关国家的合适登记册②； （c）由以专业身份行事的受托人③签发的书面确认书； （d）由已复核相关文书的律师签发的书面确认书；或 （e）至于金融机构的附属信托公司（或联营信托公司）所管理的信托，该金融机构或可依赖其附属信托公司（或联营信托公司）的书面确认书。 为免生疑问，采取合理措施核实④个别各方（即受托人、财产授予人、保护人、受益人等）的真正身份仍是必要的。
	4.9.30	如只有一类受益人可供识别，金融机构应确定及述明该类人士所涵盖的范围（例如已悉其姓名的个人的子女）。
	4.9.31	假如设立信托的司法管辖区没有等同香港的打击洗钱法例，金融机构便应加倍留意。
代名人账户		
	4.9.31a	认可机构在处理代名人账户时，应了解有关各方的关系。认可机构应取得代名人及代名人所代表行事的人士身份的足够证明，以及有关安排的其他详情。
其他考虑因素		

---

① 请参阅第 4.9.27（ⅰ）段。

② 决定登记册是否合适时，应顾及须有足够透明度（例如中央登记系统，而该系统的国家登记处用来记录已在该国家登记的信托及其他法律安排）。拥有权及控制权资料如有改变，该等资料必须加以更新。

③ 就此而言，"以专业身份行事的受托人"是指他们在包含或包括提供信托管理服务（或某方面的信托理服务）的行业或业务的过程中管理信托。

④ 请参阅第 4.3.5 段及第 4.9.27 段。

	4.9.32	附录 A 载列一份获有关当局认可供身份核实之用的独立及可靠来源的文件清单。

4.10 简化的客户尽职审查（简化尽职审查）

一般条文		
	4.10.1	打击洗钱条例界定了何谓尽职审查措施，并订明在何种情况下金融机构必须执行尽职审查。简化尽职审查是指无须执行全面尽职审查措施，实际上是指金融机构无须识别及核实实益拥有人的身份①。但是，尽职审查的其他程序方面必须执行，而持续监察业务关系仍然是必要的。金融机构必须有合理理据支持才可采用简化尽职审查措施，并可能须向有关当局证明这些理据。
附表 2 第 3（1）（d）及（e）条、第 4（1）、（3）、（5）及（6）条	4.10.2	不过，当金融机构怀疑客户、客户的账户或其交易涉及洗钱／恐怖分子资金筹集活动，或当该金融机构怀疑过往为识别客户的身份或核实客户的身份而取得的资料是否真实或充分时，均不得进行简化尽职审查，而不论有关客户、产品及账户类别是否属下文第 4.10.3 段、4.10.15 段及 4.10.17 段所指者。
附表 2 第 4（3）条	4.10.3	打击洗钱条例界定可对以下客户进行简化尽职审查： （a）打击洗钱条例所界定的金融机构； （b）符合以下说明的机构—— （i）在对等司法管辖区成立或设立为法团或设立（请参阅第 4.20 段）； （ii）经营的业务与金融机构所经营者相类似； （iii）设有措施，以确保与附表 2 所施加的规定相类似的规定获遵从；及 （iv）在有否遵从该等规定方面，受到在该司法管辖区执行与任何有关当局职能相类似的职能的主管当局监管； （c）在任何证券市场上市的法团（"上市公司"）； （d）投资公司，而负责就该投资公司的所有投资者执行与客户尽职审查措施相类似的措施的人属—— （i）金融机构； （ii）符合以下说明的在香港或对等司法管辖区成立或设立为法团的机构 —— i．设有措施，以确保与根据附表 2 所施加的规定相类似的规定获遵从；及 ii．在有否遵从该等规定方面，受到监管； （e）政府或香港的公共机构；或 （f）对等司法管辖区的政府或在对等司法管辖区执行与公共机构的职能相类似职能的机构。
附表 2 第 4（2）条	4.10.4	如客户（不属附表 2 第 4（3）条所指者）在其拥有权结构当中，有属附表 2 第 4（3）条所指的法律实体，该金融机构在与该客户建立业务关系或为其进行非经常交易时，无须识别或核实该法律实体的实益拥有人的身份。但是，金融机构仍须识别在拥有权结构中与该法律实体无关联的实益拥有人的身份，以及采取合理措施核实其身份。

---

① 包括最终拥有或控制客户的个人及客户代表的人（例如属金融机构客户的相关客户）。

续表

附表 2 第 2（1）（a）、 （c） 及（d） 条	4.10.5	为免生疑问，金融机构仍必须按照本指引的相关规定： （a） 识别客户的身份及核实该①客户的身份； （b） 如将要与金融机构建立业务关系而有关目的及拟具有的性质并不明显，取得与金融机构建立业务关系的目的及拟具有的性质的资料；及 （c） 如某人看似是代表客户行事— （ⅰ） 识别该人的身份及采取合理措施核实该人的身份；及 （ⅱ） 核实该人是否获客户授权代其行事。
本地及外地金融机构		
附表 2 第 4（3）（a） 及（b） 条	4.10.6	金融机构可对属打击洗钱条例所界定为金融机构之客户，或经营类似金融机构所经营的业务的机构，并且符合附表 2 第 4（3）（b）条所载列准则的客户进行简化尽职审查。如客户并不符合有关准则，金融机构必须执行附表 2 第 2 条载列的所有尽职审查措施。 金融机构可对属打击洗钱条例界定为金融机构之客户进行简化尽职审查，而该金融机构在以下情况： （a） 以代名人公司的名义开立账户，以便代表第二名提述的金融机构或其相关客户持有基金单位；或 （b） 以投资公司的名义开立账户，并以投资公司的服务供应商（例如基金经理或保管人）的身份开立账户，而相关投资者无权控制该投资公司的资产管理； 只要第二名提述的金融机构： （ⅰ） 已在下述情况下进行尽职审查： （A） 在代名人公司代表第二名提述的金融机构或第二名提述的相关客户持有基金单位的情况下，已对它的相关客户进行尽职审查；或 （B） 在第二名提述的金融机构以投资公司的服务供应商（例如基金经理或保管人）的身份行事的情况下，已根据打击洗钱条例的规定，对投资公司进行尽职审查，及 （ⅱ） 根据合约文件或协议获授权操作有关账户。
	4.10.7	为确定有关机构已符合附表 2 第 4（3）（a） 及（b） 条的准则，金融机构一般只需核实该机构是否在有关司法管辖区的获认可（及受监管）金融机构名单内，便已足够。
上市公司		
附表 2 第 4（3）（c） 条	4.10.8	金融机构可对在证券市场上市②的公司客户执行简化尽职审查，意即金融机构无须识别上市公司的实益拥有人的身份。在该等情况下，金融机构取得有关公司在证券交易所的上市地位证明已属足够。在所有其他情况下，金融机构应遵循本指引第 4.9 段所载的法人尽职审查规定。
投资公司		
附表 2 第 4（3）（d） 条	4.10.9	如金融机构能确定负责对投资公司的所有投资者执行与尽职审查措施相类似措施的人属附表 2 第 4（3）（d）条所载的任何机构类别，金融机构可对有关投资公司进行简化尽职审查。
	4.10.10	投资公司可为法人或信托形式，亦可为一集体投资计划或其他投资实体。

---

① 关于金融机构及上市公司，请分别参阅第 4.10.7 段及第 4.10.8 段。
② 应参考第 4.15 段。

续表

	4.10.11	不论该投资公司是否根据其成立所在司法管辖区的管治法律，负责对相关投资者执行尽职审查，如法律许可的话，投资公司可委任另一机构（"获委任机构"），例如基金经理、受托人、管理人、过户代理、过户登记处或保管人执行客户尽职审查。如负责执行尽职审查的有关人士（投资公司①或获委任机构）属附表 2 第 4（3）（d）条所载列的任何机构类别，金融机构可对该投资公司进行简化尽职审查，只要其信纳该投资公司已保证设有可靠的制度及管控措施，以按照与附表 2 所载列相类似的规定对相关投资者执行尽职审查（包括识别及核实身份）。
	4.10.12	为免生疑问，如投资公司或获委任机构均不属附表 2 第 4（3）（d）条所载列的任何机构类别，金融机构必须识别任何拥有或控制该投资公司不少于 10% 权益的投资者的身份。金融机构可采用以风险为本的方法，决定是否适宜依赖负责执行尽职审查的投资公司或获委任机构（视情况而定）发出的书面陈述，列明据其实际所知，该等投资者的身份或该等投资者（如适用）在投资公司并不存在。在作出风险为本的决定时，金融机构应考虑投资公司是否为一指定的小组人士运作。如金融机构接纳此等陈述，有关情况须记录下来、保存及定期作出复核。如已识别拥有或控制超过 25% 权益的投资者，金融机构本身必须采取合理措施核实该等投资者的身份。
政府及公共机构		
附表 2 第 4（3）（e）及（f）条	4.10.13	如客户为香港政府、香港的任何公共机构、对等司法管辖区的政府机构或在对等司法管辖区执行类似公共机构职能的机构，金融机构可对该客户进行简化尽职审查。
附表 2 第 1 条	4.10.14	公共机构包括： （a）任何行政、立法、市政或市区议会； （b）政府的任何部门或政府承担的任何事业； （c）任何地方或公共主管当局或任何地方或公共事业； （d）由行政长官或政府委任而不论有酬或无酬的各类委员会或其他团体；及 （e）根据或为施行任何成文法则而有权力以执行公务身份行事的各类委员会或其他团体。
特定产品的简化尽职审查		
附表 2 第 4（4）及（5）条	4.10.15	如金融机构有合理理由相信客户进行的交易与下列任何产品有关，金融机构可对该客户进行简化尽职审查： （a）向雇员提供退休福利的公积金计划、退休金计划、退休计划或离职金计划（不论实际如何陈述），而计划的供款是从受雇工作获得的入息中扣减而作出的，且计划的规则并不准许转让计划下的成员利益； （b）为公积金计划、退休金计划、退休计划或离职金计划（不论实际如何陈述）的目的而购买、不载有退回条款及不可用作抵押品的保险单；或 （c）符合以下说明的人寿保险单— （i）须缴付的每年保费不多于 8000 港元（或折算为任何其他货币的相同款额）；或 （ii）须缴付的一笔整付保费不多于 20000 港元（或折算为任何其他货币的相同款额）。

① 如管治法律或可执行的监管规定要求投资公司执行尽职审查，及投资公司在法律许可下委派或外派一家获委任机构执行客户尽职审查，以符合其法律或监管规定，就附表 2 第 4（3）（d）条而言，有关投资公司可被视为负责执行尽职审查的一方。

	4.10.16	就第4.10.15段（a）项而言，金融机构一般可视雇主为客户及对雇主进行简化尽职审查。如金融机构与雇员建立业务关系，则应根据第4.8段所列规定识别及核实有关雇员的身份。
律师的当事人户口		
附表2第4（6）条	4.10.17	如金融机构的客户为律师或律师行，则金融机构无须识别该客户所开设的当事人账户的实益拥有人的身份，但必须符合以下准则： （a）该当事人账户以客户的名义开设； （b）该账户内客户的当事人的金钱或证券已混合在一起；及 （c）该账户是由客户以其当事人的代理人身份管理。
	4.10.18	除对客户执行正常的尽职审查外，当为律师或律师行开设当事人账户时，金融机构应确立该账户的拟议用途，即用以持有汇集的客户资金或是某特定客户的资金。
	4.10.19	金融机构应取得证据以信纳律师已被认可在香港或对等司法管辖区执业。金融机构可假设该律师设有可靠及适当的制度去识别每名客户的身份，以及可向相关客户分配资金，从而对其执行简化尽职审查，除非他们知悉律师或律师行的相反或负面资料（例如负面的消息或受到律师会谴责）。
	4.10.20	如当事人账户是代表单一客户开设，或每名个别客户都开有一个附属账户，以及资金并没有汇集在金融机构内，则金融机构除了核实开设账户的律师的身份外，亦应识别相关当事人的身份。
4.11 高度风险的情况		
附表2第15条	4.11.1	附表2第15条指出，金融机构在任何以性质而论属可引致洗钱／恐怖分子资金筹集的高度风险的情况下，必须采取额外措施以降低洗钱／恐怖分子资金筹集的风险。 应采取额外措施①或更严格的尽职审查措施，以降低洗钱／恐怖分子资金筹集的风险。就说明目的而言，有关措施包括： （a）取得客户的额外资料（例如有关联者②、账户或关系）及更频密地更新客户状况，包括身份证明的资料； （b）取得业务关系拟具有的性质（例如预期的账户活动）、财富来源及资金来源的额外资料； （c）取得高级管理层批准开展或继续该关系；及 （d）借助增加执行管控措施的次数及时间，以及筛选需要进一步查验的交易模式，以加强监察业务关系。 为免生疑问，必须参考第4.7.13段的规定，最低限度须每年对高度风险的客户进行复核。
4.12 客户没有为身份识别的目的而现身		

---

① 额外措施应记录在金融机构的政策及程序内。

② 可考虑取得及采取合理措施去核实董事及账户签署人的地址。

	4.12.1	金融机构必须对没有为身份识别的目的而现身的客户，进行相等于与现身的客户①同样有效的客户身份识别程序及持续监察标准。如客户不曾为身份识别的目的而现身，金融机构通常无法判断身份证明文件是否确实与交往的客户有关，因而存在更大的风险。
附表2第5（3）（a）及9条	4.12.2	打击洗钱条例要求金融机构采取额外措施，以抵消不曾为身份识别目的而现身的客户所涉及的风险。如客户不曾为身份识别的目的而现身，金融机构须执行以下最少一项措施以降低风险： （a）以附表2第2（1）（a）条提述的但不曾用于根据该条核实该客户身份的文件、数据或资料为基础，进一步核实该客户的身份； （b）采取增补措施，核实该客户提供的所有资料； （c）确保存入该客户的账户的第一次的存款，是来自以该客户名义，在认可机构或在对等司法管辖区经营的境外银行开设的账户；而该司法管辖区须已设有措施确保与根据附表2施加的规定相类似的规定获遵从，以及在有否遵从该等规定方面，受到在该司法管辖区的银行监管局监管。 应按照洗钱／恐怖分子资金筹集的风险，考虑取得经适合的证明人所认证的文件的复本。
适合的证明人及认证程序		
	4.12.3	金融机构可委聘适合的独立证明人，以防范所提供的文件与正接受身份核实的客户不相符的风险。但是，为确使认证有效，证明人须查阅文件正本。
	4.12.4	认证身份核实文件的适合证明人选可包括： （a）附表2第18（3）条指明的中介人； （b）在对等司法管辖区的司法人员； （c）发出身份核实文件的国家的大使馆、领事馆或高级专员公署的人员；及 （d）太平绅士。
	4.12.5	证明人必须在文件的复本上签署并写上日期（在下方以大楷清楚列示其姓名），并于当中清楚注明其职位或身份。证明人必须说明该复本文件为正本文件的真确复本（或具类似效力的字词）。
	4.12.6	金融机构仍须就未有执行订明的尽职审查负有法律责任，所以在考虑接纳经认证的复本时必须审慎行事，特别是当有关文件来自被视为涉及高风险的国家或来自任何司法管辖区的不受监管的实体。 在任何情况下，当金融机构未能确定认证文件的正确性，或怀疑有关文件与客户无关，金融机构应采取额外措施，以降低洗钱／恐怖分子资金筹集的风险。
4.13 政治人物		
一般条文		
附表2第1及10条	4.13.1	近年来国际间一直高度重视向拥有重要政治背景的人物或担任重要公职人员提供金融及商业服务所涉及的风险。然而，政治人物的地位并不一定表示有关个人涉及贪污或曾因任何贪污行为而导致入罪。

---

① 为免生疑问，这并不限于在香港现身，面对面地会面可在香港以外的地方进行。

续表

	4.13.2	但是，该等政治人物的职务及职位使他们容易涉及贪污。如有关人士来自外地国家，而当地政府及社会普遍存在贿赂、贪污及金融违规的问题，风险便会更大。该等国家如没有足够的打击洗钱／恐怖分子资金筹集标准，风险形势会更为险峻。
附表2第15条	4.13.3	根据打击洗钱条例的法定释义（参阅下文第4.13.5段），政治人物只包括在中华人民共和国①以外地方担任主要公职的个人。至于本地政治人物，凭借他们所担任的职位，亦可能出现高风险情况，故亦应执行更严格的尽职审查。故此，金融机构应采用风险为本的方法，以决定是否对本地政治人物执行下文第4.13.11段的措施。
附表2第1、15及5（3）（c）条	4.13.4	政治人物的法定释义当然不排除国家次级政要。地区政府首长、地区政府部长及大城市市长的贪污情况并非较不严重，因为某些司法管辖区的国家次级人员可能接触大量资金。如某客户被识别为担任重要公职的国家次级人员，金融机构应适当地执行更严格的尽职审查。这亦适用于经金融机构评估为具有较高风险的本地国家次级人员。金融机构在判断什么是重要公职时应考虑多项因素，例如具有一般重大影响力的人士、对公共采购或国有企业等有重大影响力或控制权的人士。
（外地）政治人物		
附表2第1条	4.13.5	打击洗钱条例将政治人物界定为： （a）在中华人民共和国以外地方担任或曾担任重要公职的个人— （i）包括国家首脑、政府首长、资深从政者、高级政府、司法或军事官员、国有企业高级行政人员及重要政党干事； （ii）但不包括第（i）节所述的任何类别的中级或更低级官员； （b）上文（a）段所指的个人的配偶、伴侣、子女或父母，或该名个人的子女的配偶或伴侣；或 （c）与（a）段所指的个人关系密切的人（请参阅第4.13.6段）。
附表2第1条	4.13.6	打击洗钱条例将关系密切的人界定为— （a）该人为与上文第4.13.5（a）段所述某人有密切业务关系的个人，包括属法人或信托的实益拥有人的个人，而第4.13.5（a）段所述的人亦是该法人或信托的实益拥有人；或 （b）该人是属某法人或信托的实益拥有人的个人，而该法人或信托是为上文第4.13.5（a）段所述某人的利益而成立的。
	4.13.7	处理贪污所得款项，或处理非法转移的政府、超国家或援助资金的金融机构须面对声誉及法律风险，包括可能因协助清洗犯罪所得的得益而遭刑事检控。
	4.13.8	金融机构若知悉或怀疑将与某政治人物建立业务关系，可在业务关系一开始的时候执行更严格的尽职审查并进行持续监察，以降低风险。
附表2第19（1）条	4.13.9	金融机构须设立及维持有效的程序（例如参考公开资料及／或与可得知的商业资料库核对），以断定某客户或某客户的实益拥有人是否为政治人物。这些程序应透过风险为本的方法，扩大至与客户有关联的人士。

---

① 请参考第1章《释义及通则条例》中关于中华人民共和国的释义。

	4.13.10	金融机构可利用或参考某些专门化的国家、国际、非政府及商业组织所发布的贪污风险的公开资料或相关的报告及资料库，（例如 Transparency International 按各国被认知的贪污水平排名的 Corruption Perceptions Index），以评估哪些国家最容易涉及贪污情况。 如客户与之有业务联系的国家或该客户之业务界别较容易涉及贪污，金融机构应特别提高警觉。
	4.13.10a	认可机构可证明其符合第 4.13.9 段（这亦适用于本地政治人物）的规定，例如通过实施政策和程序，在建立业务关系前及在建立业务关系后定期，利用公开资料或商用电子资料库筛查客户及实益拥有人的名称，尽可能在务实范围内，确定他是否为政治人物。认可机构亦应采取风险为本的方法，将筛查的程序伸展至客户的有关联者。认可机构可依靠其境外办事处进行筛选的过程。
	4.13.10b	除了考虑了第三章外，认可机构在处理与政界人士的业务关系（或可能建立的业务关系）时应考虑的风险因素包括： （a）政界人士担任公职或曾受委履行公职的国家有否引起任何特别关注，并要考虑到有关人士的职位； （b）任何无法解释来源的财富或收入（即有关政界人士所拥有的资产价值与其收入水平不相称）； （c）预计会收到来自政府机构或国有企业的大额款项； （d）财富来源被描述为就政府合约所赚取的佣金； （e）政界人士要求认可机构就交易作出任何形式的保密安排；及 （f）利用在政府拥有的银行开设的账户或政府账户作为某项交易中的资金来源。
附表 2 第 5（3） （b）及 10 条	4.13.11	当金融机构知悉某客户或某客户的实益拥有人属政治人物，则应（ⅰ）在与该客户建立业务关系之前或（ⅱ）在维持现有的业务关系之前（如其后才发现该客户或实益拥有人属政治人物），执行下列更严格的尽职审查措施： （a）取得其高级管理层的批准； （b）采取合理措施，确立该客户或该实益拥有人的财富来源及资金来源；及 （c）按照所评估的风险就该段关系执行更严格的监察措施。
	4.13.12	金融机构须按照所评估的风险决定采取其认为合理的措施，以确立资金来源及财富来源。实际上，这一般涉及向政治人物取得资料，并将有关资料与公开资料来源（例如资产与入息声明）对照核实；部分司法管辖区要求某些高级公职人员提交这类声明，内容通常包括官员的财富来源及当前商业利益等资料。但是，金融机构应注意，并非所有声明均为公开资料，而某政治人物客户可基于合法理由拒绝提供有关资料的复本。金融机构亦应知悉，某些司法管辖区会对其政治人物持有外地银行账户或担任其他职务或受薪工作施加限制。
高级管理层的批准		
	4.13.13	打击洗钱条例并无述明哪一个级别的高级管理层可批准建立或维持与政治人物的业务关系，但金融机构应在审批过程中考虑金融机构合规主任的意见，而政治人物的潜在敏感度越高，审批过程涉及的人员级别就越应提高。
本地政治人物		

续表

	4.13.14	就本指引而言，本地政治人物的释义是指： （a）在中华人民共和国以内地方担任或曾担任重要公职的个人 （ⅰ）并包括国家首脑、政府首长、资深从政者、高级政府、司法或军事官员、国有企业高级行政人员或重要政党干事； （ⅱ）但不包括第（ⅰ）节所述的任何类别的中级或更低级官员； （b）上文（a）段所指的个人的配偶、伴侣、子女或父母，或该名个人的子女的配偶或伴侣；或 （c）与（a）段所指的个人关系密切的人（请参阅第4.13.6段）。
	4.13.15	金融机构应采取合理措施以断定某名个人是否属本地政治人物。
附表2第5（3）（c）及15条	4.13.16	如知悉某名个人属本地政治人物，金融机构应进行风险评估，以断定该人是否涉及较高的洗钱／恐怖分子资金筹集风险。本地政治人物的地位本身并非必然附带较高风险。如金融机构评定某人涉及较高的洗钱／恐怖分子资金筹集风险，则应执行第4.11.1段所指明的更严格的尽职审查及监察措施。
	4.13.17	金融机构应为有关当局、其他主管当局及核数师保留评估复本；如对该名个人的活动一旦产生怀疑，当即复核该人的有关评估。
定期复核		
	4.13.18	关于经评估为涉及较高风险的外地政治人物及本地政治人物，他们须最少每年接受复核一次。金融机构应复核客户尽职审查资料，以确保资料反映现况及仍属相关的。
4.14 持票人股份		
	4.14.1	持票人股份指由持有实物股票的人所全资拥有的股本证券。发行法团并无登记股份拥有人或追踪拥有权的转让情况。股份拥有权的转让只涉及交付实物文件。故此，持票人股份缺乏普通股的监管及管控，因为其拥有权从来不作记录。鉴于持票人股份涉及较高的洗钱／恐怖分子资金筹集风险，特别组织要求容许法人可发行持票人股份的国家采取适当措施，以确保有关股份不会被滥用做洗钱用途。
附表2第15条	4.14.2	为了降低持票人股份被利用来隐藏实益拥有权资料的机会，金融机构必须对股本中有持票人股份的公司采取额外措施，因为在此情况下通常难以识别实益拥有人的身份。金融机构应采取程序以确立该等股份的持有人及实益拥有人的身份，并确保即时获得知会有关持有人或实益拥有人的变动情况。
	4.14.3	持票人股份如已存放于认可／注册保管人，金融机构应寻求这方面的独立证据（例如注册代理发出的认可／注册保管人持有持票人股份的确认书、认可／注册保管人身份，以及有权享有股份所附带权利的人士的名称及地址）。金融机构应取得证据以确定持票人股份的认可／注册保管人，作为其持续定期复核的一部分。
	4.14.4	股份如非存放于认可／注册保管人，金融机构应在开立账户前及其后每年取得每名持有相关股本10%或以上的实益拥有人发出的声明。鉴于持票人股份涉及较高的洗钱／恐怖分子资金筹集风险，金融机构或可选择采取较打击洗钱条例所订明者更高程度的减轻风险措施，并取得每名持有相关股本5%或以上的实益拥有人发出的声明。金融机构亦应要求客户即时知会有关股份拥有权的任何变动情况。

4.15 没有执行或没有充分执行特别组织的建议或引致较高风险的司法管辖区		
	4.15.1	金融机构应特别注意下述情况，并应格外审慎： （a）与来自没有执行或没有充分执行特别组织建议的司法管辖区的人士（包括法人及其他金融机构）的业务关系及交易；及 （b）与评估为较高风险的司法管辖区有关联的交易及业务。 基于金融机构就上述任何一种情况作出的风险评估，附表2第15条的特别规定可能适用。除确定及记录建立业务关系的商业理据外，金融机构亦须采取合理措施，以确立该等客户的资金来源。
	4.15.2	在断定哪个司法管辖区没有执行或没有充分执行特别组织的建议或可能在其他方面存在较高风险时，金融机构应考虑（其中包括）： （a）有关当局向金融机构发出的通函； （b）该司法管辖区是否受到例如由联合国等组织所实施的制裁、禁令或类似措施的约束。此外，基于某些组织的地位或某些措施的性质，金融机构亦可能需要在某些情况下相信一些由与联合国相似但未被全球公认的组织所实施的制裁或措施； （c）该司法管辖区是否被一些可靠消息来源识别为缺乏适当打击洗钱／恐怖分子资金筹集活动的法律、法规和其他措施； （d）该司法管辖区是否被一些可靠消息来源识别为向恐怖分子提供资金或支持恐怖活动，以及有指定恐怖主义组织在其境内运作；及 （e）该司法管辖区是否被一些可靠消息来源识别为有严重程度的贪污或其他犯罪活动。 "可靠资料来源"是指由一些广为人知和有良好声誉的组织所提供及被广泛流传的资讯。除特别组织及其区域性组织以外，这些来源可包括（但不限于）超国家或国际组织例如国际货币基金组织，由不同的财富情报组所组成的埃格蒙特集团及有关的政府组织和非政府机构。由这些可靠消息来源提供的资讯并没有相同于法律或规例的效用，亦不应被视为决定风险较高的当然因素。 金融机构应注意在没有执行或没有充分执行特别组织建议的司法管辖区，或已知在防止洗钱／恐怖分子资金筹集方面标准较低的其他司法管辖区开展业务时潜在的信誉风险。 如在香港成立为法团的金融机构于该等司法管辖区设有营运单位，该金融机构便应特别谨慎，确保这些营运单位实施有效的防止洗钱／恐怖分子资金筹集的管控措施。金融机构尤其应确保这些境外营运单位采取类似香港的政策及程序。此外，香港总办事处的职员亦应对境外营运单位进行合规及内部审计查核。
4.16 有关当局的书面通知		
附表2第15条	4.16.1	如特别组织提出要求（可能包括强制执行更严格的尽职审查或采取针对措施①）或在其他独立于特别组织但却被视为属较高风险的情况下，有关当局可透过书面通知： （a）对金融机构施加一般责任，要求采取更严格的尽职审查措施；或 （b）要求金融机构采取书面通知内所指或所述的特定针对措施。 更严格的尽职审查／针对措施的类别与风险性质及／或缺乏程度是相称的。
4.17 依赖中介人执行客户尽职审查		
一般条文		

---

① 关于严重缺乏执行特别组织建议及改善进度未如理想的司法管辖区，特别组织可能建议执行针对措施。

续表

附表 2 第 18 条	4.17.1	在不抵触附表 2 第 18 条所载列的准则下，金融机构可借助中介人执行附表 2 第 2 条所指明的任何部分的尽职审查措施。但是，确保符合尽职审查规定的最终责任仍由金融机构承担。 为免生疑问，在以下情况不视做依赖中介人： （a）外判或代理关系，即代理人按照合约安排代金融机构执行其尽职审查职能。在该情况下，该外判或代理乃视做等同于金融机构（即有关过程及文件均属于金融机构本身）；及 （b）金融机构之间代客户处理的业务关系、账户或执行的交易。 实际上，对第三者的依赖往往来自同一金融服务集团里另一成员的介绍，或在某些司法管辖区则透过另一金融机构或第三者介绍。
附表 2 第 18（1）及 18（4）（b）条	4.17.2	金融机构必须取得中介人的书面确认，表示： （a）它同意履行该职责；及 （b）它将应要求没有延误地提供它在代表金融机构执行尽职审查措施过程中取得的任何文件或记录的复本。 金融机构必须确保如它在打击洗钱条例的备存记录规定所列明的期间对该中介人作出要求，该中介人会在接获该要求后，在合理的切实可行的范围内，尽快向金融机构提供该中介人在执行该尽职审查措施时取得的任何文件的复本、数据或资料的记录。
	4.17.3	金融机构须取得令人信纳的证据，以确认中介人的地位及资格。该等证据可包括中介人监管机构所提供的佐证或中介人所提供有关其地位、规定、政策及程序的证据。
附表 2 第 18（4）（a）条	4.17.4	借助中介人执行尽职审查措施的金融机构须在该中介人执行该措施之后，立刻从该中介人取得该中介人在执行该措施时取得的数据或资料，但本段并没有规定金融机构须同时从该中介人取得该中介人在执行该措施时取得的文件的复本、数据或资料的记录。
	4.17.5	这些文件及记录如由中介人备存，金融机构须向中介人取得承诺，在金融机构与有关客户的业务关系持续期间，以及由有关业务关系终止的日期起计的 6 年期间内，或直至有关当局可能指明的有关时间，备存所有相关的尽职审查资料。金融机构亦须向中介人取得承诺，在中介人即将结业或不再以中介人身份代金融机构行事的情况下，提供所有相关的尽职审查资料的复本。
	4.17.6	金融机构应不时进行抽样测试，以确保中介人会应要求尽快提供尽职审查的资料及文件。
	4.17.7	金融机构如对中介人的可靠性产生怀疑，当即采取合理步骤复核该中介人履行其尽职审查职责的能力。金融机构如欲终止与中介人的关系，则应立即向中介人取得所有的尽职审查资料。如金融机构对中介人先前执行的尽职审查措施有任何怀疑，则须在合理的切实可行的范围内，尽快执行所需的尽职审查措施。
本地中介人		
附表 2 第 18（3）（b）条	4.17.8	金融机构可依赖认可机构、持牌法团、获授权保险人、获委任保险代理人或获授权保险经纪执行任何部分的尽职审查措施。

附表 2 第 18（3）（a）条 附表 2 第 18（5）条	4.17.9	金融机构亦可依赖以下类别的本地中介人： （a）在香港执业的律师； （b）在香港执业的执业会计师； （c）在香港执业的香港特许秘书公会的现行会员；及 （d）根据《受托人条例》第 VIII 部注册并在香港经营信托业务的信托公司，只要该中介人可令金融机构信纳其本身有充分程序以防止洗钱／恐怖分子资金筹集的活动。让金融机构依赖这些中介人的安排，在打击洗钱条例的生效日期起计的 3 年后失效。
海外中介人		
附表 2 第 18（3）（c）条	4.17.10	金融机构只可依赖符合以下说明的在对等司法管辖区经营业务或执业的海外中介人： （a）属下列任何一类业务或职业： （ⅰ）经营与第 4.17.8 段所述的金融机构所经营的业务相类似的业务的机构； （ⅱ）律师或公证人； （ⅲ）核数师、专业会计师或税务顾问； （ⅳ）信托或公司服务提供者；及 （ⅴ）经营信托业务的信托公司； （b）按该司法管辖权的法律规定，须根据该司法管辖权的法律注册或领牌或受规管； （c）已有措施确保遵从与附表 2 所施加的规定相类似的规定；及 （d）在遵从该等规定方面，受到该司法管辖权主管当局监管，而该主管当局所执行的职能，与有关当局的职能相类似。
	4.17.11	要符合上述本地及海外中介人的规定，金融机构或须： （a）复核该中介人在打击洗钱／恐怖分子资金筹集方面的政策及程序；或 （b）查询该中介人的声誉及监管记录，以及任何集团的打击洗钱／恐怖分子资金筹集标准的应用及审核程度。
4.18　先前客户		
对先前客户应用打击洗钱条例及指引		
附表 2 第 6 条	4.18.1	当有以下情况，金融机构必须对先前客户（于 2012 年 4 月 1 日打击洗钱条例生效前与之建立业务关系的客户）执行附表 2 及本指引所指明的尽职审查措施： （a）有关乎该客户的交易发生而该交易凭借其款额或性质属异乎寻常或可疑的；或该交易不符合金融机构对该客户、客户的业务或风险状况或客户的资金来源的认知； （b）该客户的账户的操作模式出现相当程度的转变； （c）金融机构怀疑该客户或该客户的账户涉及洗钱／恐怖分子资金筹集；或 （d）金融机构怀疑过往为识别客户的身份或核实客户的身份而取得的资料是否真实或充分。
	4.18.2	触发事件可包括把不动户重新活跃起来或某账户的实益拥有权或控制权有变，但金融机构将须考虑其本身客户及业务特有的其他触发事件。
附表 2 第 5 条	4.18.3	金融机构须注意，附表 2 第 5 条所述的持续监察规定亦适用于先前客户（请参阅第 5 章）。
4.19　禁用匿名账户		
附表 2 第 16 条	4.19.1	金融机构不得为任何新客户或现有客户维持匿名账户或以虚构的姓名或名称维持账户。如存在没有保密号码的账户，金融机构必须以完全符合打击洗钱条例规定的方式维持有关账户。金融机构必须按照本指引妥为识别及核实该客户的身份。在所有情况下，不论关系是否牵涉保密号码户口，金融机构必须向已获适当授权的合规主任、其他适当的人员、有关当局、其他主管当局及核数师提供识别及核实客户身份的记录。

续表

4.20	司法管辖区的对等	
一般条文		
附表 2 第 4（3）（b）（ⅰ）、4（3）（d）（ⅲ）、4（3）（f）、9（c）（ⅱ）、18（3）（c）条	4.20.1	司法管辖区的对等及断定是否对等是在打击洗钱条例下采取尽职审查措施的一个重要环节。举例来说，附表 2 第 4 条限制对在对等司法管辖区成立或设立为法团及经营的业务与金融机构所经营者相类似的外地机构采取简化尽职审查。附表 2 第 18 条则限制金融机构只可借助在对等司法管辖区执业或经营业务的境外中介人执行尽职审查措施。
	4.20.2	根据打击洗钱条例，对等司法管辖区是指： （a）属特别组织的成员的司法管辖区（香港除外）；或 （b）施加类似附表 2 所施加的规定的司法管辖区。
断定司法管辖权是否对等		
	4.20.3	故此，就司法管辖区的对等目的而言，金融机构或须自行评估及断定，除特别组织成员以外，哪个司法管辖区的规定与附表 2 所施加的规定相类似。这样做时，金融机构须将其对该司法管辖区的评估记录在案，有关评估或包括下列考虑因素： （a）是否某司法管辖区地区小组的成员，而该小组表明只接受承诺打击洗钱／恐怖分子资金筹集，并备有适当的法律和监管制度以支持该承诺的司法管辖区为成员。如某司法管辖区为该小组的成员，金融机构在评估该司法管辖区是否可能"对等"时可视之为一项支持因素； （b）相互评估报告—倍加注意特别组织、执行与特别组织相类似职能的地区组织、国际货币基金组织及世界银行所进行的评估工作。金融机构应注意相互评估报告只在有关"时间点"适用，并应如此诠释； （c）特别组织透过国际合作观察小组（International Co – operation Review Group）程序发布的缺乏执行打击洗钱／恐怖分子资金筹集策略的司法管辖区名单； （d）有关当局不时发出的忠告通函，提醒金融机构哪些司法管辖区在管控打击洗钱／恐怖分子资金筹集方面表现欠佳； （e）专门化的国家、国际、非政府及商业的机构所发布的司法管辖区、实体及个人名单，而名单内的司法管辖区、实体及个人所牵涉或据称牵涉的活动令人对于它们在打击洗钱／恐怖分子资金筹集方面的诚信产生怀疑，例如 Transparency International 按各国被认知的贪污水平排名的 Corruption Perceptions Index；及 （f）第 4.15 段就"没有执行或没有充分执行特别组织建议或在其他方面面对较高风险的司法管辖区"提供的导引。
	4.20.4	金融机构各自根据特定情况作出有关司法管辖区是否对等的判断，而高级管理层亦须就该判断负责。故此，断定某一司法管辖区是否属对等的理由（属特别组织成员的司法管辖区除外）必须在作出决定时记录在案，且有关决定是根据最新及相关的资讯作出。评估记录及所考虑因素应予以保留，供监管审查及定期复核之用，同时有关决定是根据反映现况及仍属相关的资料所作出。
4.21	保管箱服务	
	4.21.1a	假如认可机构向非账户持有人提供保管或保管箱服务，认可机构须进行客户尽职审查的规定。

第 5 章 持续监察

一般条文		
附表 2 第 5（1）条	5.1	有效的持续监察措施对了解客户的活动至关重要，它不但是有效地打击洗钱／恐怖分子资金筹集系统中一个不可缺少的部分，亦有助金融机构了解客户及侦查异常或可疑活动。 金融机构须借以下措施，持续监察与客户的业务关系： （a）不时复核根据附表 2 第 2 条及第 3 条取得的关于客户的文件、数据及资料，以确保该等文件、数据及资料反映现况及仍属相关的①； （b）监察客户的交易活动（包括现金及非现金交易），以确保它们与客户的业务性质、风险状况及资金来源相符。异乎寻常的交易活动模式可能与该客户的预期交易模式不相符，或与所提供产品或服务类别应涉及的正常业务活动不相符；及 （c）辨识复杂、大额或异乎寻常的交易，或无明显经济或合法目的之交易模式；这些都可能显示洗钱／恐怖分子资金筹集的活动。
	5.2	未能执行持续监察可能会导致金融机构被罪犯利用，也会令人对该金融机构的制度及管控措施，或对其管理层的审慎程度、诚信或是否合适及妥当产生疑问。
	5.3	金融机构应考虑须加以监察的可能特征包括： （a）交易性质及类别（例如不寻常金额或频密程度）； （b）一连串交易的性质（例如多次现金存款）； （c）任何交易的金额，尤其须关注特别大额的交易； （d）付款／收款的地点；及 （e）该客户的正常活动或营业额。
	5.4	与客户的业务关系基础随时间过去会发生变化，金融机构应对此等变化提高警觉。这些变化可在以下情况下发生： （a）推出较高风险的新产品或服务； （b）客户设立新法团或信托架构； （c）客户的既定活动或营业额有变或增多；或 （d）交易性质转变或交易量或交易规模变大等。
	5.5	业务关系如发生重大的基本变化，金融机构应采取进一步的尽职审查程序，以确保充分了解所涉及的洗钱／恐怖分子资金筹集风险及业务关系的基本情况。持续监察程序必须考虑到上述的变化。
	5.6	金融机构向财富情报组提交报告时应对业务关系进行适当复核，以及视乎情况更新尽职审查资料。这有助金融机构评估合适的持续复核及监察水平。
采用风险为本的方法进行监察		
	5.7	监察程度应与客户的风险状况挂钩，而有关风险状况仍按照第 3 章所述的风险评估作出判断。最有效的做法是将资源集中于洗钱／恐怖分子资金筹集风险较高的业务关系上。

---

① 请参阅第 4.7.12 段及第 4.7.13 段。

续表

附表 2 第 5（3）条	5.8	金融机构在监察涉及较高风险的业务关系时必须采取额外措施。金融机构须对高风险关系（例如涉及政治人物的业务关系）进行更频密的监察及加强监察。在监察高风险情况时，相关考虑因素可包括： （a）是否备有足够的程序或管理资讯系统，为相关人员（例如合规主任、洗钱报告主任、前线职员、客户经理及保险代理人）提供适时的资讯，包括因执行更严格的尽职审查措施或其他额外措施而取得的任何关联账户或客户关系的资讯；及 （b）如何监察较高风险客户的资金、财富及收益来源，以及如何记录有关情况的任何变化。
方法及程序		
	5.9	在考虑什么是监察客户的交易及活动的最佳方法时，金融机构应考虑下列因素： （a）业务的规模及复杂程度； （b）对业务所产生的洗钱／恐怖分子资金筹集风险的评估； （c）系统及管控措施的性质； （d）满足其他业务需要的现存监察程序；及 （e）产品及服务的性质（包括交付或沟通途径）。 有多种方法可达致以上目标，包括特殊报告（例如大额交易的特殊报告）及交易监察系统。特殊报告有助金融机构得知运作情况。
	5.9a	认可机构应监察现金及非现金交易（例如账户间的转账或银行间的转账）。目的是要对客户的交易及其与认可机构的整体关系有全面理解。就此而言，认可机构在监察客户的整体关系时，在可行情况下以及利用风险为本方法，亦应考虑包括客户在认可机构境外之业务单位所设立的账户及其账户内的交易。
附表 2 第 5（1）（c）条	5.10	如发现复杂、大额或异乎寻常的交易，或并无明显经济或合法目的之交易模式，金融机构应查验该等交易的背景、目的及情况（如适合）。这些查验的发现及结果应以书面方式记录在案，借以为有关当局、其他主管当局及核数师提供协助。备存有关决策、决策人，以及决策理由的妥善记录，将有助金融机构证明它们已适当地处理异常或可疑活动。
《贩毒（追讨得益）条例》及《有组织及严重罪行条例》第 25A（5）条及《联合国（反恐怖主义措施）条例》第 12（5）条	5.11	该等查验可包括询问客户问题——一个合理的人在该等情况下凭常理会提出的问题。该等凭诚信适当地进行的查询并不构成通风报信（参阅：〈www.jfiu.gov.hk/eng/suspicious_ask.html〉）。这些查询直接与尽职审查的规定挂钩，并反映出在侦查异常或可疑活动中"了解你的客户"的重要性。该等查询及查询结果应以书面方式记录在案，借以为有关当局、其他主管当局及核数师提供协助。如有任何怀疑情况，必须向财富情报组提交报告。
	5.12	客户如提出现金交易（包括存款及提款）及转账给第三者，而该等要求与该客户的已知合理惯例并不相符，金融机构必须审慎处理有关情况，并作出进一步的相关查询。如金融机构未能信纳任何现金交易或第三者转账为合理交易，并因此认为有可疑，则应向财富情报组提交可疑交易报告。

第 6 章　金融制裁及恐怖分子资金筹集

金融制裁及扩散资金筹集		
	6.1	香港的金融制裁制度适用于所有人，而非只限于金融机构。
《联合国制裁条例》第 3（1）条	6.2	第 537 章《联合国制裁条例》授权行政长官订立规例，以执行联合国安全理事会所决定的制裁，并指明或指定相关的人及实体。
	6.3	这些制裁通常禁止直接或间接为某指定人士的利益或财物提供任何资金或经济资源或处理属于该指定人士的任何资金或经济资源。
	6.4	有关当局向所有金融机构分发根据《联合国制裁条例》刊登于政府宪报的指定名单。
	6.5	虽然根据香港法律，金融机构一般并无任何责任关注其他司法管辖区的其他组织或主管当局发出的名单，但经营国际业务的金融机构仍须注意该等司法管辖区的相关金融／贸易制裁制度的范畴及重点。如这些制裁可能对金融机构的业务构成影响，则金融机构应考虑这会对其程序引致什么影响，例如考虑监察有关人士，以确保不会向名列某外地司法管辖区制裁名单的人士支付款项或接收来自该等人士的款项。
《联合国制裁条例》下的适用规例	6.6	行政长官可就禁令批予特许，准许向《联合国制裁条例》的指定人士提供资金及经济资源。寻求有关特许的金融机构应向商务及经济发展局提出书面申请。
恐怖分子资金筹集		
	6.7	恐怖分子资金筹集一般指进行牵涉财产的交易，而有关财产由恐怖分子拥有或曾经或意图用于协助作出恐怖主义行为。打击洗钱制度先前并无明确涵盖这一点，该制度着重处理犯罪得益，即财产来源才是重点关注所在。在恐怖分子资金筹集方面，重心在于财产的终点或用途，而有关财产可以是从合法来源取得的。
安理会第 1373（2001）号决议	6.8	联合国安全理事会已通过联合国安全理事会（安理会）第 1373（2001）号决议，要求全体成员国采取行动，防止和遏制恐怖分子资金筹集行为。安理会反恐怖主义委员会就实施关于恐怖主义的安理会决议发出的指引载于 www. un. org/Docs/sc/committees/1373/，供各方查阅。
安理会第 1267（1999）号决议；第 1390（2002）号决议；第 1617（2005）号决议	6.9	联合国亦已根据相关的安理会决议（例如安理会第 1267（1999）号、第 1390（2002）号及第 1617（2005）号决议）公布因涉及乌萨马·本拉登、亚盖达组织和塔利班组织而遭受联合国金融制裁的个人及组织的名单。联合国全体成员国根据国际法律均须冻结名列该名单的任何法人的资金及经济资源，并且就任何与该名单吻合的可疑姓名／名称向有关当局报告。
	6.10	第 575 章《联合国（反恐怖主义措施）条例》于 2002 年制定，以实施安理会第 1373 号决议的强制性内容及特别组织的特别建议。
《联合国（反恐怖主义措施）条例》第 6 条	6.11	保安局局长获权冻结怀疑是恐怖分子的财产，并可指示除根据特许的授权外，任何人不得处理该已冻结的财产。如违反此项规定，最高可被判 7 年监禁及未指定金额的罚款。

续表

	6.12	《联合国（反恐怖主义措施）条例》第6条主要赋予保安局局长行政权力，冻结怀疑恐怖分子的财产，冻结期可长达两年，期间有关当局可向法院申请法令没收该财产。这项行政冻结机制令保安局局长一旦接到在香港的怀疑恐怖分子财产的情报，即可采取冻结行动。
《联合国（反恐怖主义措施）条例》第8及14条	6.13	除根据保安局局长批予的特许的授权外，任何人不得以任何方法直接或间接地向恐怖分子或与恐怖分子有联系者提供任何财产或金融服务，亦不得为该人的利益而提供该等财产或服务。任何人亦不得以任何方法直接或间接地为恐怖分子或与恐怖分子有联系者的利益筹集财产或寻求金融（或有关的）服务。如违反此项规定，最高可被判14年监禁及未指定金额的罚款。
	6.14	《联合国（反恐怖主义措施）条例》第8条对冻结本身并无影响。（ⅰ）除根据保安局局长批予的特许的授权外，该条文禁止任何人在知道某人是或有合理理由怀疑某人是恐怖分子或与恐怖分子有联系者的情况下，以任何方法向该人直接或间接提供任何财产或金融服务，以及禁止为该人的利益而直接或间接提供该等财产或金融服务；及（ⅱ）该条文禁止任何人在知道某人是或有合理理由怀疑某人是恐怖分子或与恐怖分子有联系者的情况下，以任何方法为该人的利益直接或间接筹集财产或寻求金融（或有关的）服务。
《联合国（反恐怖主义措施）条例》第6（1）条	6.15	保安局局长可就禁令批予特许，准许将已冻结的财产及经济资源解冻，并容许根据《联合国（反恐怖主义措施）条例》，向指定人士支付款项，或为该人的利益而支付款项。寻求有关特许的金融机构须向保安局提出书面申请。
《联合国（反恐怖主义措施）条例》第4（1）条	6.16	如某人被联合国安全理事会委员会指定为恐怖分子，而他的资料详情其后根据《联合国（反恐怖主义措施）条例》第4条在政府宪报公告中刊登，有关当局会向所有金融机构分发该指定名单。
《大规模毁灭武器（提供服务的管制）条例》第4条	6.17	根据第526章《大规模毁灭武器（提供服务的管制）条例》第4条，如某人向他人提供任何服务，而该人基于合理理由相信或怀疑该等服务可能与大规模毁灭武器扩散有关，该人即属犯罪。提供服务被广泛界定为及包括借出款项或以其他方式提供金融资助。
	6.18	金融机构有不少途径可以借鉴参考，包括海外主管当局的相关指定名单，例如美国政府根据相关行政命令制订的指定名单。有关当局可不时促请金融机构注意该等指定名单。 金融机构故应确定本身有适当系统，借以与相关名单核对及确保名单反映现况，以达筛查的目的。

数据库备存及筛查（客户及付款）

	6.19	金融机构应采取措施，确保遵守打击恐怖分子资金筹集的相关法规及法例。金融机构及它们的职员应充分了解本身的法律责任，以及职员应获提供充足导引及培训。金融机构须订立打击恐怖分子资金筹集的政策及程序。识别可疑交易的制度及机制应涵盖恐怖分子资金筹集及洗钱事宜。
	6.20	金融机构应能够识别涉及恐怖分子嫌疑人物及指定人士的交易，以及就该等交易作出报告，这点至关重要。为此，金融机构须确保备存记录恐怖分子嫌疑人物及指定人士名称及详细资料的数据库，以综合所知的各种名单的资料。金融机构亦可另作安排，查阅由第三者服务供应商备存的数据库。

续表

	6.21	金融机构须确保数据库已收录相关的指定名单。该数据库尤其应收录政府宪报刊登的名单及根据美国行政命令第 13224 号指定的名单。每当资料有变化时，该数据库亦应及时更新，让职员易于查阅，从而识别可疑交易。
	6.22	对金融机构的整个客户群持续进行全面筛查，是防止恐怖分子资金筹集及违反制裁规定的一项基本的内部管控措施。筛查方式应如下： （a）在建立关系当时，根据当时的恐怖分子及制裁指定名单对客户进行筛查；及 （b）其后当有关当局刊登新的恐怖分子及制裁指定名单后，应在切实可行的范围内，尽快根据新的指定名单对整个客户群进行筛查。
	6.22a	认可机构亦应采取风险为本的方法，将筛查的程序应伸展至客户的有关联者。认可机构可依靠其境外办事处进行筛选的过程。
	6.23	金融机构须设有若干筛查付款指示的措施，以确保不会向指定人士支付款项。金融机构对于可疑的电传转账指示必须提高警觉。
	6.24	如出现值得怀疑的情况，金融机构应在建立业务关系或处理交易前，尽可能执行更严格的查核。
	6.25	有关筛查及任何结果应记录在案或以电子方式记录，显示已符合上文第 6.22 段至第 6.24 段的规定。
	6.26	如金融机构怀疑某项交易与恐怖分子有关，应向财富情报组作出报告。如该项交易因其他理由看似可疑，即使没有证明与恐怖分子直接有关，也应该向财富情报组作出报告，因该项交易其后可能会显露出与恐怖分子有关联。
	6.26a	如发现有任何可疑的恐怖分子资金筹集或违反裁制的活动，认可机构亦应向金管局汇报。

第 7 章 可疑交易报告

一般事项		
《贩毒（追讨得益）条例》及《有组织及严重罪行条例》第 25A（1）条及《联合国（反恐怖主义措施）条例》第 12（1）条	7.1	根据《贩毒（追讨得益）条例》及《有组织及严重罪行条例》第 25A 条，任何人如知悉或怀疑财产是代表贩毒得益或可公诉罪行的得益而没有作出披露，即属犯罪。同样的，根据《联合国（反恐怖主义措施）条例》第 12 条，任何人如知悉或怀疑某财产是恐怖分子财产而没有就该等财产作出披露，亦属犯罪。根据《贩毒（追讨得益）条例》及《有组织及严重罪行条例》，任何人如没有就所知悉或怀疑事项作出报告，最高可被判监禁 3 个月及罚款 50000 港元。

续表

《贩毒（追讨得益）条例》及《有组织及严重罪行条例》第25A（2）条及《联合国（反恐怖主义措施）条例》第12（2）条	7.2	向财富情报组提交报告，可就报告中所披露的洗钱／恐怖分子资金筹集罪行的作为，为金融机构提供法定免责辩护，只要： （a）报告是在金融机构作出所披露作为之前作出，而该作为（交易）是得到财富情报组的同意的；或 （b）报告是在金融机构作出所披露作为（交易）之后，由金融机构主动及在合理范围内尽快作出的。
《贩毒（追讨得益）条例》及《有组织及严重罪行条例》第25A（4）条及《联合国（反恐怖主义措施）条例》第12（4）条	7.3	在作出该等披露方面，雇员若已根据雇主订立的程序向适当人士报告所怀疑事项，他已完全履行了有关法定规定。
《贩毒（追讨得益）条例》及《有组织及严重罪行条例》第25A（5）条及《联合国（反恐怖主义措施）条例》第12（5）条	7.4	向任何人士透露任何可能会对调查工作有影响的资讯（通风报信），即属犯罪。如告知客户已作出报告，这会影响调查工作，因而已犯罪。
	7.5	知悉或怀疑一旦确立，下列一般性原则应予应用： （a）如怀疑存在洗钱／恐怖分子资金筹集的情况，即使金融机构没有进行交易，亦没有交易透过金融机构进行，也必须作出披露①； （b）在确定有关怀疑后，必须在切实可行范围内尽快作出披露；及 （c）金融机构必须确保已设有内部管控及制度，以防止任何董事、高级管理人员及雇员触犯向披露所涉及的有关客户或任何其他人通风报信的罪行。金融机构亦应该小心，以免向客户作出查询时导致发生通风报信的情况。
	7.6	尽职审查及持续监察措施提供了辨认异常与可疑交易及事件的基础。识别可疑活动的一个有效方法是去充分了解客户，以及他们的情况及预期的正常活动；一旦某项交易或指令，或连串交易或连串指令变得异常，即可识别出来。
	7.7	金融机构必须确保已为职员②提供充足导引，在顾及职员可能遇到的交易及指令性质、产品或服务类别及交付方式（即不论为当面或遥控交付），让职员在发生洗钱／恐怖分子资金筹集情况时即产生怀疑或能将有关情况辨别出来。这也使职员能识别及评估相关资料，以判断某项交易或指令在该等情况下是否可疑。

---

① 举报责任要求任何人举报怀疑洗钱／恐怖分子资金筹集的情况，而不论所涉金额。《贩毒（追讨得益）条例》及《有组织及严重罪行条例》第25A（1）条及《联合国（反恐怖主义措施）条例》第12（1）条所述的举报责任适用于"任何财产"。根据这些条文，只要产生怀疑即确立举报责任，而无须考虑交易本身。因此，不论某项交易事实上有否进行（并涵盖试图进行的交易），举报责任亦都适用。

② 就第7章而言，职员包括获委任保险代理人。

知悉与怀疑的比较		
	7.8	金融机构有责任在知悉或怀疑存在洗钱/恐怖分子资金筹集情况下作出举报。一般而言，知悉可能包括： （a）实际知悉； （b）知悉一个合理的人会认为是事实的情况；及 （c）知悉某些会令合理的人提出查询的情况。
	7.9	怀疑是较为主观。怀疑是个人的，并且缺乏确凿的证据作证明。
	7.10	因可用于犯罪活动的交易类别不胜其数，故难以断定什么会构成可疑交易。
	7.11	关键在于充分了解该客户的业务，从而辨别某项交易或连串交易是否异常，以及透过查验有关异常状况，辨别是否有可疑的洗钱/恐怖分子资金筹集情况。如某项交易在金额、来源、目的地或类别方面与已知的客户合法业务或其个人活动等不一致，该项交易应视为异常，金融机构因而应提高警觉。
财富情报组"SAFE"方法	7.12	如金融机构就某项活动或交易进行查询并取得它认为属可信纳的解释，则可断定没有怀疑的理由，故不再采取进一步行动。但是，如金融机构进行的查询未能取得有关该活动或交易的可信纳的解释，则可断定为有怀疑的理由，并必须作出披露（请参阅：〈www.jfiu.gov.hk/eng/suspicious_ask.html〉）。
	7.13	对知悉或怀疑的人而言，他无须知道涉及洗钱的相关犯罪活动的性质，或资金本身是否确实从犯罪而来。
	7.14	下文列出在某些情况下可能会产生可疑交易的例子（非详尽无遗）： （a）无明显合法目的及/或看来没有商业理据的交易或指令； （b）明显过于繁复或不构成最合理、方便或安全的营业方式的交易、指令或活动； （c）如客户要求的交易，在没有合理解释的情况下，超出一般要求的正常服务范围，或超出有关该特定客户的金融服务业务的经验； （d）在没有合理解释的情况下，交易规模或模式与先前已建立的任何模式不相符； （e）如客户拒绝提供所要求的资料而没有合理解释，或拒绝配合尽职审查及/或持续监察程序； （f）在没有合理解释的情况下，已建立业务关系的客户只为某单一交易或在某段极短的期间利用该段关系； （g）广泛使用信托或离岸结构产品，而在当时情况下该客户使用该等服务并不切合其本身需要； （h）在没有合理解释的情况下，在高风险司法管辖区①进行转账往来，与该客户已宣布的业务交易或权益并不相符；及 （ⅰ）与第三者或透过第三者户口进行不必要的资金或其他财产的调度往来。 有关什么可能构成可疑交易的其他例子载于第7.39段至第7.44段。这些例子并非详尽无遗，仅旨在提供一些有关洗钱的最基本途径的例子。但是，识别上文或第7.39段至第7.44段所列示的任何一类交易之后，金融机构应及时作进一步调查，这至少可促使其对有关资金来源作出初步查询。 金融机构也应注意到，个别交易当中的环节可能显示财产涉及恐怖分子资金筹集活动。特别组织已就金融机构如何侦察恐怖分子资金筹集事宜发出导引②。金融机构要熟悉该导引中所载的特点，按标题归类为：（ⅰ）账户；（ⅱ）存款及提款；（ⅲ）电传转账；（ⅳ）客户或其身份的特色；以及（ⅴ）与值得关注的地点挂钩之交易。

---

① 有关断定何谓高风险司法管辖区的导引载于第4.15段。
② 可在特别组织网站查阅，网址为 www.fatf-gafi.org/dataoecd/39/21/34033955.pdf。

续表

	7.15	《贩毒（追讨得益）条例》、《有组织及严重罪行条例》及《联合国（反恐怖主义措施）条例》禁止金融机构或其职员就已提交可疑交易报告一事作出可能损害随之进行的调查的任何披露。金融机构在与客户建立关系或进行非经常交易的过程中，在执行尽职审查职责时存在着无意中向客户通风报信的风险。 客户察觉到可能作出可疑交易报告或调查的情况，可能会损害日后进行的可疑洗钱／恐怖分子资金筹集调查。故此，如金融机构怀疑有洗钱／恐怖分子资金筹集的交易，在执行尽职审查程序时必须考虑通风报信的风险。金融机构应确保其雇员在进行尽职审查时必须察觉此等敏感性问题。
举报时间及方式		
	7.16	当金融机构知悉或怀疑某财产代表犯罪得益或恐怖分子财产，必须在合理范围内尽快向财富情报组作出披露①。现强烈推荐有关金融机构使用标准表格，或注册用户可使用电子渠道"STREAMS"②。有关报告方法及建议的其他详情，可于 www. jfiu. police. gov. hk 查阅。如须作出紧急披露，特别是当有关账户是一宗正在进行的调查的一部分，这必须在披露中述明。如情况特殊而须作出紧急披露，可考虑初步以电话通知。
	7.17	视何时得悉或出现可疑情况，金融机构可在可疑交易或活动发生前作出披露（而不论该拟作交易最终有否成事），或如某项交易或活动仅在事后才看似可疑，则可在该交易或活动完成后始作披露。
《贩毒（追讨得益）条例》及《有组织及严重罪行条例》第25A（1）条、《联合国（反恐怖主义措施）条例》第12（1）条	7.18	法律规定金融机构须将该项知悉或怀疑所根据的任何事宜连同披露一并提交。客户如已指示金融机构移动资金或其他财产、结束账户、安排现金备取或对业务关系作出重大变动，则尤其需要立即作出披露。在该等情况下，可考虑紧急联络财富情报组。
内部报告		
	7.19	金融机构应委任一名洗钱报告主任作为报告可疑交易的中央联络点。金融机构应制订措施去持续查核其政策及程序，以确保符合法律及监管规定，以及对合规情况加以检测。在此方面采取的措施的类别及程度，应与洗钱／恐怖分子资金筹集风险及业务规模配合。
	7.20	金融机构应确保洗钱报告主任在机构内有足够的地位及充足资源来履行职能。

---

① 披露的目的是要履行第7.1 段所述的责任。如金融机构欲举报罪行，应直接向香港警务处举报。
② STREAMS（可疑交易报告及管理系统）是一个协助接收、分析及发放可疑交易报告的网络平台，尤其推荐须频繁作出报告的金融机构使用 STREAMS。其他详情可向财富情报组索取。

《贩毒（追讨得益）条例》及《有组织及严重罪行条例》第25A（4）条、《联合国（反恐怖主义措施）条例》第12（4）条	7.21	鉴于洗钱报告主任可充分查阅所有相关文件及接触其他各方，他有责任考虑所接收到的一切内部披露。但是，洗钱报告主任不应仅被动地接收可疑交易的专案报告。反之，洗钱报告主任应积极参与识别及报告可疑交易。这可能包括定期复核特殊报告、大额或非常规交易报告，以及职员作出的专案报告。为履行该等职能，所有金融机构必须确保洗钱报告主任得到全体职员的充分合作及可完全查阅所有相关文件，让他能够判断是否存在值得怀疑或已知的任何试图进行或实质的洗钱／恐怖分子资金筹集情况。
	7.22	洗钱报告主任如未能尽职地考虑所有相关材料，可导致重要资料被忽略，以致未能按照法律规定向财富情报组披露可疑交易或活动或试图进行的可疑交易或活动。另外，此亦可导致重要资料被忽略，以致所披露其实是不必要的。
	7.23	金融机构应设立及维持程序以确保： (a) 全体职员均知悉洗钱报告主任的身份及作出内部披露报告时应遵循的程序；及 (b) 所有披露报告必须送达洗钱报告主任，不得出现无故延误。
	7.24	即使金融机构可能有意建立内部制度，让职员向洗钱报告主任发送报告前先咨询其主管或经理的意见，但在任何情况下，非负责洗钱报告／合规职能的主管或经理均不得过滤职员所提交的报告。金融机构的法律责任是在合理范围内尽快作出报告，故报告流程应尽可能缩短，令发现可疑交易的职员与洗钱报告主任之间涉及的人数越少越好，从而确保报告能迅速、保密及无障碍地送交洗钱报告主任。
	7.25	所有向洗钱报告主任作出的可疑活动报告均必须以文件记录（如为紧急情况，可在通过电话进行初步讨论后再作记录）。 该报告必须包括有关客户的全部详情，以及尽可能完整陈述导致产生怀疑的全部资料。
《贩毒（追讨得益）条例》及《有组织及严重罪行条例》第25A（5）条、《联合国（反恐怖主义措施）条例》第12（5）条	7.26	洗钱报告主任必须确认收到有关报告，并同时提醒有关人士他们在责任上不可作出通风报信的事宜。有关通风报信的条文包括已于内部提交的可疑交易报告，但尚未向财富情报组报告的情况。
	7.27	就某交易或事件的可疑情况作出报告，并不代表再无须要就同一客户的更多可疑交易或事件作出报告。更多可疑交易或事件，不论是否属同一性质或有别于先前的可疑情况，均必须继续向洗钱报告主任报告，如恰当，他将向财富情报组作进一步报告。

续表

	7.28	当评估某项内部披露时，洗钱报告主任必须采取合理步骤以考虑所有相关资料，包括金融机构内部使用或提供给金融机构的有关报告所牵涉实体的尽职审查及持续监察资料。这可包括： （a）复核透过有关联账户进行之其他交易模式及交易量； （b）任何先前的客户指示模式、业务关系年期及查阅尽职审查及持续监察资料和文件；及 （c）按照财富情报组推荐的有系统方法来适当地查问客户①，借以识别可疑交易。
	7.29	作为复核的一部分，有可能需要查核其他关联账户或关系。即使需要搜寻关联账户或关系的资料，但亦应在及时向财富情报组作出报告的法定规定，以及因须搜寻更多关联账户或关系的相关资料而引致延误之间取得适当平衡。有关评估过程，连同所得出的结论均应记录在案。
	7.30	完成评估后，洗钱报告主任若判定有知悉或怀疑的理由，则应于评估完成后，在合理范围内尽快将有关资料连同有关该项知悉或怀疑所根据的任何事宜的资料向财富情报组披露。假使他们凭诚信而决定不向财富情报组提交可疑交易报告，而洗钱报告主任是在考虑过所有可获取的资料后作出没有可疑情况的结论，则金融机构不大可能会因没有报告而负上刑事法律责任。但是，最重要的是洗钱报告主任必须将他们的慎重考虑和采取的行动妥为备存记录，证明他们是以合理的方式行事。
记录内部报告		
	7.31	金融机构必须建立及保存向洗钱报告主任作出的所有洗钱／恐怖分子资金筹集报告的完整记录。该记录应收录作出报告日期、其后处理报告的人员、评估结果、报告有否导致须向财富情报组作出披露，以及报告的相关文件存放何处等详情。
向财富情报组作出报告的记录		
	7.32	金融机构必须建立及保存向财富情报组作出的披露的完整记录。该记录必须收录有关披露日期、作出披露的人，以及披露的相关文件存放何处等详情。如果认为恰当，这记录册可与内部报告记录册合并处理。
报告后续事宜		

---

① 有关详情，请浏览 www.jfiu.gov.hk。

续表

	7.33	金融机构应注意： （a）向财富情报组提交报告可作为洗钱／恐怖分子资金筹集的法定免责辩护仅限于该特定报告中所披露的作为。这不会免除金融机构因该账户的持续运作而涉及的法律、声誉或监管风险； （b）财富情报组就交易前的报告作出"同意"的回应，不应被解释为该账户持续运作的"健康证明"或显示该账户不会令金融机构涉及风险； （c）向财富情报组提交报告后，金融机构应立即对业务关系进行适当复核，而不论财富情报组其后有否给予任何反馈意见； （d）金融机构对某客户的账户运作或某段业务关系一旦表示关注，应立即采取合理行动减轻风险。向财富情报组提交报告后继续运作该业务关系，而不再进一步考虑有关风险及施加适当的管控措施以减轻所发现的风险，是不可接受的做法； （e）已向财富情报组报告的关系应由洗钱报告主任进行适当复核。如有需要，有关问题应上报至金融机构的高级管理层，并配合金融机构的业务目标及减轻所发现风险的能力，以断定如何处理该段关系，从而减轻该段关系所带来的任何潜在的法律或声誉风险；及 （f）如金融机构因与客户继续维持业务关系而蒙受风险，则它并无义务维持该等关系。建议金融机构在初次向财富情报组披露之时即表明可能终止关系的意向，让财富情报组得以在初期阶段就有关行动提供意见。
《贩毒（追讨得益）条例》及《有组织及严重罪行条例》第25A（1）（c）及（2）（a）条、《联合国（反恐怖主义措施）条例》第1及12（2）（a）条	7.34	财富情报组会确认收到机构根据《贩毒（追讨得益）条例》及《有组织及严重罪行条例》第25A条，以及《联合国（反恐怖主义措施）条例》第12条作出的披露。如无须立即采取行动，例如就有关账户发出限制令，财富情报组一般会"同意"有关机构根据《贩毒（追讨得益）条例》及《有组织及严重罪行条例》第25A（2）条运作该账户。本指引的附录B载有该封信件的样本。至于透过电子渠道"STREAM"作出的披露，则会经由同一渠道收到电子收据。财富情报组就该项知悉或怀疑所根据的任何事宜，要求金融机构提供更多资料或要求作出澄清。
	7.35	虽然并无法定规定必须就调查作出回应，香港警方及香港海关对设立有效的回应程序颇为重视。财富情报组会在每季报告①提供反馈意见，或应要求向作出披露的金融机构作出回应，阐述调查的当时状况。
	7.36	经财富情报组初步分析后，将予编制的报告会交由财务调查人员作进一步调查。金融机构必须确保在规定期限内就所有提交令作出回应，并提供一切属该等提交令范围的资料或材料。金融机构在遵守规定时限方面如遇到困难，洗钱报告主任应第一时间联络调查的主管人员，寻求进一步导引。

---

① 作出与金融业相关的每季报告的目的，是要提高该行业对打击洗钱／恐怖分子资金筹集的认识。每季报告包括两部分：（ⅰ）对可疑交易报告的分析及（ⅱ）关注事项及意见。可从财富情报组的网址（www.jfiu.gov.hk）取得该报告。取阅该报告须使用密码。可到上述网址的个案分析及意见项目之下查阅有关详情，或直接联络财富情报组。

续表

《贩毒（追讨得益）条例》第10及11条、《有组织及严重罪行条例》第15条及16条、《联合国（反恐怖主义措施）条例》第6条	7.37	在执法调查期间，金融机构可能会收到限制令，以便在调查结果出来之前冻结某些资金或财产。金融机构必须确保它能够冻结该限制令涉及的相关财产。应注意该限制令不一定适用于某业务关系中涉及的全部资金或财产，而金融机构应考虑在已取得财富情报组的适当同意下，可动用哪些资金或财产（如有）。
《贩毒（追讨得益）条例》第3条、《有组织及严重罪行条例》第8条、《联合国（反恐怖主义措施）条例》第13条	7.38	被告一经定罪，法院可下令没收其犯罪所得，而金融机构如持有属于该被告的资金或其他财产（法院认为代表其犯罪得益），则可能会收到没收令。如法院信纳某些财产属恐怖分子财产，亦可下令充公有关财产。
可疑交易举例		
	7.39	利用现金交易进行洗钱活动的例子： （a）个别人士或公司存入异常庞大的现金，而其表面业务活动通常是透过支票及其他工具进行。 （b）任何个人或公司的现金存款在没有明显原因下大量增加，尤其是这些存款其后在短期内自账户调走及/或转至一个通常与该客户没有关联的目的地。 （c）客户利用许多存款单存入现金，使得每项存款的总额并不引人注目，但所有存款合计则数目非常庞大。 （d）公司账户的交易，包括存款及提款，均以现金进行，而不利用一般与商业运作有关的付款和入账方式（例如支票、信用证、汇票等）。 （e）客户经常支付或存入现金，借以要求银行发出银行汇票，进行货币转移或取得其他可转让及随时可出售的货币票据。 （f）客户要求将大量小面额现钞转为大面额现钞。 （g）经常将现金转换为其他货币。 （h）分行的现金交易较平常的大幅增加（总行的统计数字应可察觉现金交易的异常情况）。 （i）客户的存款中有伪钞或伪造工具。 （j）客户将大笔金钱转到海外地点或从海外地点转入大笔金钱，并指定以现金付款。 （k）利用夜间保管设施存入大量现金，借此避免与机构直接接触。 （l）尽管客户在机构设有账户，仍利用现金结算方式购入或出售大量外币。 （m）客户经常存入大量现金，但账户支票则大多发给通常与其零售业务没有关联的个别人士及公司。

	7.40	利用银行账户进行洗钱活动的例子： （a）客户希望保持多个似乎与其业务种类不符的受托人或客户账户（包括进行涉及名义上的交易）。 （b）客户拥有多个账户，并把现金存入每个账户，而这些存款合计起来金额非常庞大。 （c）任何个人或公司账户显示几乎没有一般个人银行或与商业有关的活动，而是用来接收或支付大量没有明显用途或与账户持有人及／或其业务没有明显关系的金钱（例如，账户的来往数额大幅增加）。 （d）开立账户时不愿意提供一般资料、提供极少或虚假资料，或在申请开立账户时，提供机构难以查证或需昂贵费用方可查证的资料。 （e）支出额与同日或前一天的现金存款额互相吻合。 （f）存入经背书转给客户的大额第三者支票。 （g）从一个原本不活跃／不动户或刚从海外突然收到一大笔存款的账户，提取大量现金。 （h）多名客户一同在同一时间要求不同的出纳员处理大额现金交易或外汇交易。 （i）个别人士较多使用保管设施。 （j）公司代表避开与分行接触。 （k）专业公司利用客户账户或公司内部账户或信托账户存入的现金或可转让票据数额大幅上升，尤其是这些存款迅速在其他客户公司及信托账户间转账。 （l）客户拒绝提供有关资料，而在一般情况下，这些资料是会使客户有资格获得信贷或其他被视为重要的银行服务。 （m）多位人士在没有足够理由的情况下，将款项存入同一账户。 （n）客户以其宣称从事的业务类型为理由，拥有异常大量的账户，并／或在此等账户之间进行过度频密的资金转拨。 （o）资金周转速度迅速，即账户每日开始与结终时的结余均不多，并不能反映该账户的巨额资金流量。 （p）多名存户同时使用单一银行账户。 （q）账户以一外币兑换商名义开立，并接受有规律的存款。 （r）账户以一离岸公司名义运作，其资金流动属有规律性质。
	7.41	利用与投资有关的交易进行洗钱活动的例子： （a）购入证券而交由机构保管，但从该客户表面情况看来，此举似乎并不适合该客户。 （b）客户要求提供投资管理服务（外币或证券），而资金来源并不明确或与客户的表面情况不符。 （c）以现金结算较大数额或不寻常的证券交易。 （d）没有明显目的或在似乎不寻常的情况下买卖证券。
	7.42	涉及离岸国际活动的洗钱活动的例子： （a）由设于制毒或贩毒活动可能十分猖獗的国家的海外分行、联号或其他银行介绍的客户。 （b）利用信用证或其他贸易金融方法在国家间调动金钱，而这种贸易与客户的日常业务不符。 （c）客户定期将大笔不能明确地鉴定为真正交易的款项（包括电传交易）支付于通常和毒品的制造、处理或销售有关的国家，或定期从这些国家收到大笔款项。 （d）累积大量结余，与客户的已知业务营业额不符，而这些款项其后转入客户在海外的账户。 （e）经常要求发给旅行支票、外币汇票或其他可转让票据。 （f）经常存入旅行支票及外币汇票存款，特别是这些支票及汇票是海外发出的。 （g）账户收到许多电传转账，但每宗转账数额均低于汇款国家中的申报规定。 （h）客户从避税天堂的国家接受电传转账，或向此等国家发出电传转账，尤其是客户并没有明显商业理由进行此等转账，又或此等转账与客户的业务或过往情况不符合。

续表

	7.43	涉及认可机构雇员及代理人的洗钱活动的例子： （a）雇员个性有所转变，例如变得生活奢华。 （b）任何与代理人进行的交易，但未能获悉最终受益人或对方的身份，违反了有关业务种类的正常程序。
	7.44	利用有抵押及无抵押贷款进行洗钱活动的例子： （a）客户突然能够清偿问题贷款。 （b）要求将客户资产抵押予机构，以便获得贷款，但资产的来源不详或资产与客户的情况不符。 （c）客户要求机构提供或安排资金，但客户在有关交易所提供资金的来源并不明确，尤其是其中涉及物业。 （d）客户不愿意或拒绝说明贷款的目的，或偿还款项的来源，又或提供一个可疑的目的或来源。

第8章 备存记录

一般法律及监管规定		
	8.1	备存记录是审计线索中重要的一环，可借以侦查、调查及没收罪犯或恐怖分子的财产或资金。备存记录有助调查当局确定疑犯的财政状况、追查罪犯或恐怖分子的财产或资金，以及协助法院审查所有相关的过往交易，以评估有关财产或资金是否刑事或恐怖分子罪行的收益，或是否与该等罪行有关联。
	8.2	金融机构应按照本身的业务规模、性质及复杂程度，保存所需及充分的客户、交易及其他记录，以符合打击洗钱条例、本指引及其他监管规定，借以确保： （a）为经由金融机构提存的任何与客户及客户的实益拥有人（如适用）有关的资金，账户或交易，备存清晰及完备的审计线索； （b）可适当地识别及核实任何客户及客户的实益拥有人（如适用）； （c）及时地为有适当授权的有关当局、其他机构及审计人员提供所有客户及交易的记录及资讯；以及 （d）金融机构能符合本指引其他章节指明的任何相关规定，以及有关当局发出的其他指引。除其他事项外，记录应包括客户风险评估记录（参阅第3.8段）、可疑交易报告登记册（参阅第7.32段）及培训记录（参阅第9.9段）。
备存关于客户身份及交易的记录		
附表2第20（1）（b）（i）条 附表2第2（1）（c）条 附表2第20（1）（b）（ii）条	8.3	金融机构应备存： （a）在识别及核实任何客户及／或客户的实益拥有人及／或受益人及／看似是代表客户行事的人及／客户的其他有关联者的身份时取得的文件的正本或复本，及如此取得的数据及资料的记录； （b）为执行更严格的尽职审查或持续监察而取得的客户及／或客户的实益拥有人的任何额外资料； （c）（如适用）业务关系的目的及拟具有的性质的文件的正本或复本，以及有关数据及资料的记录； （d）关乎客户的账户（例如开户表格、保险申请表格、风险评估表格），以及与客户和客户的实益拥有人的业务通讯①（最低限度应包括与尽职审查措施或账户的运作有显著改变有关的业务通讯）的记录及文件的正本或复本。

---

① 不要求金融机构要保存每一封通信，例如与客户的连串电邮，但金融机构应保存足够通信，显示已遵守打击洗钱条例的规定。

附表 2 第 20（3）条	8.4	第 8.3 段提述的所有文件及记录应在与客户维持业务关系的期间内备存，及在有关业务关系终止后的 6 年期间内备存。
附表 2 第 20（1）（a）条	8.5	金融机构应保存所取得的与交易有关的文件的正本或复本，以及有关数据及资料的记录。这些资料应足以重组个别交易及确立任何可疑账户或客户的财政概况。这些记录可包括： （a）进行交易各方的身份； （b）交易的性质及日期； （c）涉及的货币种类及金额； （d）资金的来源（如知道）； （e）存入及提取资金的方式，例如以现金、支票等； （f）资金的目的地； （g）指示及授权的方式；以及 （h）交易涉及的账户种类及账户的识别号码（如适用）。
附表 2 第 20（2）条	8.6	所有在第 8.5 段提述的文件及记录应在自有关交易完成的日期起计的 6 年期间内备存，不论有关业务关系是否在该段期间内终止。
附表 2 第 21 条	8.7	如该记录包含文件，应备存该文件的正本，或以微缩影片或电脑数据库备存该文件的复本。如该记录包含数据或资料，该记录应以微缩影片或电脑数据库备存。
附表 2 第 20（4）条	8.8	如该记录与正在进行的刑事或其他调查，或与在书面通知中指明的任何其他目的有关，在此等情况下，有关当局可借给予金融机构的书面通知，要求有关机构在有关当局指明的较第 8.4 段及 8.6 段提述的期间为长的期间，备存与指定交易或客户有关的记录。
中介人保存的记录		
附表 2 第 18（4）（b）条	8.9	如金融机构借助中介人执行客户尽职审查措施，并由中介人持有客户的识别及核实文件，有关金融机构仍有责任遵守所有备存记录的规定。金融机构应确保执行该等措施的中介人已设立系统，以遵从打击洗钱条例及本指引下所有备存记录的规定（包括第 8.3 段至 8.8 段提述的规定），以及中介人会在收到金融机构的要求后，尽快在合理地切实可行的范围内提供有关文件及记录。
附表 2 第 18（4）（a）条	8.10	为免生疑虑起见，借助中介人执行客户尽职审查措施的金融机构应立刻取得该中介人在执行该措施时取得的资料，例如姓名／名称及地址。
	8.11	金融机构应确保中介人在终止提供服务后会将文件及记录交回金融机构。
附表 2 第 3 部	8.12	不论在何处保存识别及交易记录，金融机构必须符合香港的所有法律及监管规定，特别是例附表 2 第 3 部的规定。

第 9 章　职员培训

	9.1	职员培训是有效防止及侦察洗钱／恐怖分子资金筹集活动系统内重要的一环。如没有为使用系统的职员提供充分培训，则即使是一个设计精湛的内部监控系统，其成效也会受到影响。
	9.2	金融机构应为职员①提供执行打击洗钱／恐怖分子资金筹集职务方面的培训，在新职员开始执行职务前，培训工作尤其重要。
	9.3	金融机构应实施清晰及明确的政策，确保在打击洗钱／恐怖分子资金筹集方面，为有关职员提供充分培训。
	9.4	个别金融机构在适当考虑本身业务的规模及复杂性和洗钱／恐怖分子资金筹集的类别和风险程度后，可因应本身的需要，调整不同组别职员的培训计划的时间表和内容。
	9.5	金融机构应在打击洗钱／恐怖分子资金筹集方面，为职员提供适当的培训。培训的频密程度应足以令职员维持他们在打击洗钱／恐怖分子资金筹集方面的知识和能力。
	9.6	金融机构应促使职员留意： （a）机构及职员本身的法定责任，以及根据《贩毒（追讨得益）条例》、《有组织及严重罪行条例》及《联合国（反恐怖主义措施）条例》，因未能举报可疑交易而可能需要承担的后果； （b）根据《贩毒（追讨得益）条例》、《有组织及严重罪行条例》、《联合国（反恐怖主义措施）条例》、《联合国制裁条例》及打击洗钱条例，任何与金融机构及职员本身职责有关的其他法定及监管责任，以及违反此等责任而可能需要承担的后果； （c）其机构在打击洗钱／恐怖分子资金筹集方面的政策及程序，包括识别及举报可疑交易；及 （d）任何洗钱／恐怖分子资金筹集的崭新及新兴技巧、方法及趋势，而这些技巧、方法及趋势是职员履行打击洗钱／恐怖分子资金筹集的特定职责所需具备的。

---

① 就第 9 章而言，职员包括获委任保险代理人。

	9.7	此外，以下培训的范畴或适用于特定类别的职员： （a）所有新职员（不论资历） （ⅰ）洗钱／恐怖分子资金筹集的背景及金融机构对洗钱／恐怖分子资金筹集问题的重视的简介；及 （ⅱ）识别可疑交易及向洗钱报告人员举报任何可疑交易的必要，以及认识"通风报信"的罪行。 （b）与公众有直接接触的职员（例如前线工作人员、代表获授权保险人行事的获委任保险代理人）： （ⅰ）在金融机构的洗钱／恐怖分子资金筹集策略方面，这类职员作为与潜在洗钱人的第一个接触点的重要性； （ⅱ）金融机构在客户尽职审查及备存记录方面的政策及程序上的规定，而这些规定是与这类职员的职责相关的；及 （ⅲ）就可能出现可疑交易的情况及相关政策及程序等方面提供培训，例如报告的流程及应何时提高额外警觉； （c）后勤职员（视乎他们的职责）： （ⅰ）客户核实及相关处理程序的适当培训，及 （ⅱ）如何识别不寻常活动，包括不正常的结算、付款及交付指示； （d）经理级人员包括内部审计人员及合规主任： （ⅰ）更高层次的培训，培训范围应涵盖打击洗钱／恐怖分子资金筹集制度的各方面；及 （ⅱ）涵盖监督及管理职员、系统审查、进行随机抽查，以及向财富情报组举报可疑交易的职责的特定培训；及 （e）洗钱报告主任： （ⅰ）涵盖评估所收到的可疑交易报告及向财富情报组报告可疑交易的职责的特定培训；及 （ⅱ）与打击洗钱／恐怖分子资金筹集所有一般规定／发展同步的培训。
	9.8	金融机构应视可运用的资源及职员的培训需要，考虑在提供培训时混合使用各种培训技巧及工具。这些技巧及工具可包括网上学习系统、课堂上的集思培训、相关录影带及纸张形式或以内联网为本的程序手册。金融机构可考虑使用特别组织的文章及典型案件作为培训材料。所有培训材料应是最新的，并且应符合现行规定及标准。
	9.9	无论使用哪种培训方法，金融机构应备存记录，监察谁人已接受培训、职员何时接受培训，以及所提供培训的类别。记录应最少保存3年①。
	9.10	金融机构应监察培训的效用。这可透过以下方法达致： （a）测试职员对机构在打击洗钱／恐怖分子资金筹集方面的政策及程序及对他们的法定及监管责任的理解，以及他们辨认可疑交易的能力；及 （b）监察职员在机构的打击洗钱／恐怖分子资金筹集制度方面的合规情况，以及监察内部报告的质和量，借此找出进一步的培训需要，并且采取适当行动。

---

① 保险机构应最少保存记录3年，由评估日期开始起计，即每年的7月31日。

第 10 章 电传转账

一般规定		
	10.1	本章主要适用于认可机构及金钱服务经营者。如其他金融机构以汇款机构或收款机构的身份行事，它们亦应遵守打击洗钱条例附表 2 第 12 条的规定及本章提供的指引。如金融机构是电传转账的汇款人或收款人／受益人，它们并非以汇款机构或收款机构的身份行事，因此在该交易方面无须遵守附表 2 第 12 条的规定及本章提供的指引。
附表 2 第 1（4）条及第 12（11）条	10.2	电传转账是由一家机构（汇款机构）代表某人（汇款人）借电子方式进行的交易，目的是将该人或另一人（收款人／受益人）可使用的某笔金钱转往某家机构（收款机构）（该机构可以是汇款机构或另一机构）给该人或另一人（收款人／受益人），而无论是否有一家或多于一家机构（中介机构）参与完成有关金钱转账。
附表 2 第 12（2）条	10.3	本章不适用于以下电传转账： （a）在两家金融机构之间的电传转账，而每间机构只代表本身行事； （b）在一家金融机构与一家外地机构之间的电传转账，而每家机构只代表本身行事； （c）符合以下说明的电传转账— （ⅰ）因使用信用卡或扣账卡（例如以扣账卡经由自动柜员机从银行户口提取金钱，以信用卡取得现金垫支，或以信用卡或扣账卡就货品及服务付款）进行的交易而引致的，但如该卡是用以完成金钱转账则除外，及 （ⅱ）该信用卡或扣数卡的号码，已包括在附随该项转账的信息或付款表格内。
	10.4	至于 SWIFT 使用者，上述豁免适用于 MT200 系列的付款，以及 MT400 及 MT700 系列的信息，如它们是用于支票的结算及履行银行间的贸易融资责任。 如汇款人为金融机构，就打击洗钱条例而言，提供金融机构的银行识别代号①已构成提供汇款人的完整资料。这种情况有时甚至适用于 SWIFT 的 MT102 及 MT103 的信息，虽然在可行情况下亦宜同时提供账户号码。此项豁免亦适用于商业实体识别代号②，虽然在有关情况下仍须附上账户号码。不过，收款机构仍可能要求提供地址资料。
	10.5	特别组织于 2001 年 10 月发出第 VII 项特别建议③，旨在提高所有本地及跨境电传转账的透明度，以便更易执法，借以追踪恐怖分子及罪犯以电子方式过户的资金。巴塞尔银行监管委员会指引文件《跨境电汇直接拨付讯息的尽职审核及透明度》（2009 年 5 月）亦表明监管此方面的意向。

---

① 银行识别代号亦称为 SWIFT 代号。

② 编配给非金融机构（例如企业）的银行识别代号称为商业实体识别代号。

③ 此项特别建议经修订说明由特别组织于 2008 年 2 月 29 日发出，并可于特别组织的网站查阅。

汇款机构		
附表 2 第 12（3）条	10.6	汇款机构必须确保金额相等于或多于 8000 港元（或同等价值的其他货币）的所有电传转账，必须随附表 2 第 12（3）条所规定的齐备及经核实的汇款人资料，包括： （a）汇款人的姓名／名称； （b）该汇款人在金融机构开立的户口（该户口为电传转账所支付金钱的来源）的号码，或独特参考编号①（适用于非账户持有人）；及 （c）汇款人的地址或如没有地址，汇款人的客户识别号码或识别文件号码（如客户为自然人，则提供香港身份证号码，或如汇款人为法人，则提供商业登记号码）或如汇款人为个人，则该汇款人的出生日期及地点。 下文（请参阅第 10.17 段）载有一项本地电传转账的特惠条文。
	10.7	只要汇款机构信纳地址经已核实，则可于电传转账信息内加入汇款人的"通信地址"。
附表 2 第 12（4）条	10.8	汇款机构必须确保已核实付款附随的所有汇款人资料。金融机构的账户持有客户的身份一经核实，即视为已符合打击洗钱条例的核实要求，一般无须再对该账户持有人的资料作进一步核实，虽然汇款机构可就个别个案行使酌情权。
附表 2 第 3（c）条、12（3）条及（4）条	10.9	对于非账户持有人的交易，汇款机构必须核实随附于相等于或超过 8000 港元等值款额的电传转账的客户的身份及汇款人的所有资料。至于少于 8000 港元（或等值金额）的非经常电传转账，汇款机构一般无须核实汇款人的身份，除非汇款机构认为数项电传转账交易似乎有关联，且涉及的金额相等于或超过 8000 港元的等值金额。根据打击洗钱条例的备存记录规定（请参阅第 8 章），核实的证据必须与客户资料一并保留。
	10.10	少于 8000 港元或同等价值外币的电传转账，汇款机构可选择不将一切所需资料加入电传转账信息内。不过，有关汇款人的相关资料应由汇款机构记录及保留，并须在收款机构或相关当局提出要求后 3 个营业日内提交。在考虑是否采用 8000 港元的门槛时，汇款机构应考虑其电传转账业务的业务及营运特色。在切实可行的情况下，有关方面鼓励汇款机构尽量将相关汇款人资料加入随附于所有电传转账交易的信息内。
	10.11	对于账户持有人为汇款人的电传转账，汇款人的姓名／名称及地址（或获批准的其他资料）一般应与账户持有人的资料相符。任何凌驾于客户资料规定的要求应不予理会；如怀疑客户有任何不恰当的动机，应向汇款机构的洗钱报告主任报告。
	10.12	如怀疑客户可能代表第三者进行电传转账，汇款机构尤应谨慎行事。如电传转账的汇款人填上第三者的姓名／名称，或似乎与客户的日常业务／活动不符，应要求客户提供有关电传转账性质的进一步解释。

---

① 由汇款机构编配的独特参考编号可用以追踪电传转账的汇款人。

续表

	10.13	账户持有人及非账户持有人的相关汇款人资料均应予以记录及保留。
	10.14	汇款机构应采用风险为本的方式，透过考虑多项因素，如受益人的姓名／名称、电传转账的目的地及金额等，检查某些电传转账是否可疑。
	10.15	汇款机构应就如何处理跨境及本地电传转账制定明确的政策。有关政策应涵盖以下范畴： （a）备存记录； （b）核实汇款人身份的资料①；及 （c）信息所包含的资料。
	10.16	汇款机构应对与其已建立业务关系的汇款人进行持续尽职审查，包括将电传转账纳入持续尽职审查程序，以及审查客户在整个业务关系进行的交易，以确保其交易与它对客户、其业务及风险概况的认识一致。汇款机构可在进行持续尽职审查的过程中采用风险为本的方式。有关过程应定期进行审核，以确保仍然有效。
本地电传转账		
附表2第12（6）条	10.17	如汇款及收款机构均位于香港，随附于电传转账的汇款人资料可以只包括汇款人的账户号码或用做追踪电传转账汇款人的独特参考编号。
附表2第12（6）条	10.18	不过，如收款机构或有关当局提出要求，汇款机构须于接获要求后3个营业日内提供汇款人的完整资料（请参阅第10.6段）。
收款机构		
	10.19	如任何价值的电传转账的受益人并非账户持有人，收款机构应记录收款人的身份及地址。对于金额相等于或超过8000港元的电传转账，收款机构应凭借收款人的身份证或旅游证件，核实收款人的身份。
群组档案转账		
附表2第12（7）条	10.20	汇款机构可将多项转账集合在一个群组档案中，以整批方式转账至海外的收款机构。在该等情况下，在群组档案中的个别转账仅须附带汇款人的客户账户号码（或如没有账户号码，则独特参考编号），但群组档案必须载有汇款人的完整资料。
中介机构		
附表2第12（8）条	10.21	如金融机构在电传转账中以中介机构的身份行事，必须确保在转账中保留随附于电传转账的所有汇款人资料，并将有关资料转交付款链中的下一家机构。
附表2第19（2）条	10.22	检查有否缺少完整的汇款人资料的规定适用于中介机构，情况一如有关资金的转账直接由中介机构收取。
	10.23	中介机构进行转账付款的系统，宜具备将所有与转账一同接收的资料转发的功能。不过，如中介机构技术上无法传送来自香港以外地区的转账的汇款人资料，则必须以其他沟通方式将汇款人的资料通知收款机构，不论是在付款内说明有关资料或透过信息系统或其他方式传达有关资料。

---

①　如汇款人为非账户持有人，机构应遵循本章在识别及核实客户身份及备存记录方面，就电传转账所订明的规定。

续表

遗漏汇款人的资料、资料不完整或不具意义①		
附表2第19（2）条	10.24	金融机构必须设立及维持有效的程序，以辨识及处理接获的电传转账，借以遵从汇款人资料的相关规定。
附表2第12（9）（a）及12（10）（a）条	10.25	如有关的本地或跨境电传转账并无附随汇款人的资料，该金融机构须在合理的切实可行的范围内，尽快向发出转账指示的机构，取得有关资料。如未能取得有关资料，该金融机构须考虑限制或结束它与该机构的业务关系，或采取合理措施，降低所涉的洗钱／恐怖分子资金筹集的风险。
附表2第12（9）（b）及12（10）（b）条	10.26	如该金融机构察觉到附随的看来是汇款人的资料并不完整或不具意义，它须在合理的切实可行的范围内，尽快采取合理措施，降低所涉的洗钱／恐怖分子资金筹集的风险。 金融机构可实施有效的风险为本的程序及系统，对接收的付款进行适当程度的事后随机抽查，以识别载有不完整或不具意义的汇款人资料的电传转账，借此证明已符合辨识不合规格转账的规定。有关金融机构应对下列转账进行较严谨的抽查： （a）来自非位于对等司法管辖区的机构的转账，尤其是已知是未有采用足够国际信息准则（即第7项特别建议）的司法管辖区的转账； （b）来自高风险司法管辖区的机构的转账； （c）价值较高的转账；及 （d）于先前抽查中被发现没有遵守相关资料规定的机构的转账。
附表2第12（9）（b）条及第12（10）（b）条	10.27	如收款机构察觉到付款信息载有不具有意义或不完整的资料，则必须要求提供完整的汇款人资料。收款机构须就纠正资料不全的转账定下限期。
附表2第12（9）（b）条及第12（10）（b）条	10.28	如收款机构未能于限期内取得完整及具意义的资料，则必须在顾及相关因素（如受益人的姓名／名称、转账款项的来源及金额等）后，决定是否限制或结束它与发出转账指示的机构的业务关系，或采取合理措施，降低所涉的洗钱／恐怖分子资金筹集的风险。
	10.29	收款机构亦应考虑采用其他特定措施，例如在交付付款时，按"申报及识别"基准，检查收款人／受益人以现金收取的所有转账中的汇款人资料是完整及有意义的。
	10.30	金融机构亦应考虑在款项转账中察觉到的不完整及不具意义资料，是否构成怀疑的理据，以及就此向财富情报组举报是否合适。
	10.31	如在香港的汇款机构经常未能就涉款相等于或超过8000港元等值金额的电传转账提供所需的汇款人资料，收款机构应向有关当局报告有关情况。如汇款机构被发现经常未能遵守有关资料方面的规定，收款机构应考虑采取行动，包括在拒绝接纳有关机构日后的转账，或决定是否全面限制或终止与该机构的关系或转账业务前，先作出警告及定下限期。
	10.32	如转入的电传转账的款额少于8000港元及所载的付款资料并不完整（即第VII项特别建议成为强制规定时低于有关门槛标准），金融机构可要求提供完整资料，但建议可在有关情况下采用风险为本的方法行事。
附表2第20（1）条	10.33	应按照打击洗钱条例保留所有电子付款及信息的记录。

① 此条文只适用于作为收款机构的金融机构。

与跨境电传转账有关的直接拨付信息		
	10.34	跨境电传转账的过程通常涉及多间机构。除汇款机构及收款机构外，跨境电传转账的结算通常涉及向汇款的机构或收款机构提供代理银行服务的其他机构（直接中介机构）。直接拨付信息是该等机构为安排资金，以结算跨境电传转账所产生的银行同业付款责任而使用的信息。
	10.35	对于涉及直接拨付信息的电传转账，汇款机构应确保向直接中介机构发出的信息载有汇款人及收款人的资料。载于直接拨付信息内的汇款人及收款机构资料，应与发给收款机构的相应直接跨境电传转账信息所载相同。汇款机构在可行情况下，应在直接拨付信息中加入受益人的其他身份资料，这在减轻错误冻结、封阻或拒收客户资产，或不恰当延误直接拨付的风险是有需要的。
	10.36	直接中介机构应订立清晰的政策及程序，以确保即时得知直接拨付信息中用以储存汇款人及收款人资料的相关栏目并无漏填。此外，有关机构亦要制定及执行多项政策及程序，以监管跨境电传转账直接拨付信息内的汇款人及收款人资料是否明显地不具意义或不完整。其监管可于处理交易后根据风险敏感基准进行。直接中介机构亦应执行其他措施，包括将汇款人及受益人的名字与恐怖分子及恐怖分子嫌疑人物的资料库进行核对。
	10.37	收款机构应识别及核实受益人的身份，亦应设立有效的风险为本的程序，以识别及处理欠缺完整汇款人资料的电传转账。
	10.38	至于认可机构的更详尽导引（尤其是直接中介机构的责任），可参考香港金局管于2010年2月8日颁布的《有关处理跨境电汇直接拨付讯息的指引文件》。

第 11 章　代理银行服务

一般条文		
附表2第1（1）条	11.1	根据打击洗钱条例，代理银行服务①指一家认可机构（代理银行）向另一家机构（受代理银行）提供银行服务（例如信贷、存款、收款、结算、支付或其他类似服务），使后者能向其本身客户提供服务及产品。代理银行服务可包括开立账户、交换密押的方法等。
	11.2	代理银行服务关系的范围及提供产品及服务的范畴将根据受代理银行的需要，以及认可机构的能力及意愿而有所不同，认可机构亦应考虑信贷、运作及信誉方面的风险。代理认可机构会以代理人（中介人）的身份代受代理银行行事，并代受代理银行的客户执行或处理付款或其他交易。相关客户可为个人、公司甚至其他金融服务公司。交易的受益人／收款人可为认可机构的客户、受代理银行本身或在大多数情况下其他银行的客户。

---

① 就本指引而言，代理银行服务关系指跨境代理银行服务关系。然而，认可机构可考虑就与其他认可机构建立的代理银行服务关系，同样采用本章制定的措施。

	11.3	代理认可机构通常与交易的相关方无直接关系,因此无法核实其身份。认可机构通常仅可取得相关交易的性质及目的的有限资料,尤其是处理电子付款(例如电传转账)或支票结算。基于这些理由,用洗钱/恐怖分子资金筹集的观点来看,代理银行服务被视为高风险。为有效降低有关风险,打击洗钱条例对代理银行服务关系订明了特别的尽职审查要求。
附表2第14(1)条	11.4	与拟受代理银行建立代理银行服务关系前,认可机构必须: (a)收集关于拟受代理银行的足够资料,以令本身能够完全了解拟受代理银行的业务的性质; (b)基于公众可用的资料,断定拟受代理银行的信誉,以及在该地方执行与金管局的职能相类似的职能的主管当局对拟受代理银行的监管的质素;及 (c)评估拟受代理银行的打击洗钱/恐怖分子资金筹集的管控措施。
收集拟受代理银行的足够资料		
	11.5	应收集的资料包括但不限于: (a)拟受代理银行的拥有权及管理层架构①; (b)拟受代理银行的业务性质; (c)拟受代理银行的注册地; (d)拟受代理银行的注册地是否设有打击洗钱/恐怖分子资金筹集的规例及银行规管,以及相关的质素②; (e)拟受代理银行就打击洗钱/恐怖分子资金筹集作出的努力③及其打击洗钱/恐怖分子资金筹集的管控措施是否足够; (f)拟受代理银行的声誉④及历史;及 (g)开立账户的目的。
评定拟受代理银行的监管质素		
	11.6	透过公开资料(例如公共网站及年报)可取得拟受代理银行的认可资格及其他资料,包括其所属国家的银行规管及监管制度。认可机构应考虑该等公开资料,以确定拟受代理银行于近期是否曾经接受与洗钱/恐怖分子资金筹集有关的任何调查或不利的监管行动。
拟受代理银行的打击洗钱/恐怖分子资金筹集的管控措施		
附表2第14(2)(a)条	11.7	认可机构必须取得高级管理层的批准后方可与拟受代理银行建立代理银行服务关系。认可机构须备有一份妥为记录的正式职权授权书,方可使用风险为本的方法,厘定认可机构内部就建立新的代理银行服务关系所需的合适批准级别。
附表2第14(2)(b)条	11.8	除非在遵照第11.4段的规定及参考第11.5段至11.9段的导引后,认可机构信纳拟受代理银行的打击洗钱/恐怖分子资金筹集管控措施是充分并有效的,否则认可机构不可与拟受代理银行建立代理银行服务关系。

① 认可机构可在进行筛查时利用风险为本的方法。

② 在评估规例的程度时,认可机构可考虑确定拟受代理银行是否必须核实其客户的身份,以及是否须要应用与特别组织准则或打击洗钱条例规定相类似的管控措施。可参考第11.12段。

③ 认可机构在评估外地的受代理银行在打击洗钱/恐怖分子资金筹集方面的努力时,应留意受代理银行是否获准为空壳银行开户或与其进行交易。

④ 请参阅第11.6段。

续表

附表2第14（2）（c）条	11.9	打击洗钱条例亦要求认可机构以文件记录其责任及拟受代理银行的责任，这包括与打击洗钱／恐怖分子资金筹集有关的责任。如两家认可机构有明确共识①，得知哪一家机构会执行打击洗钱／恐怖分子资金筹集的哪些所需措施，则无须（如适用）将各自的责任归纳为一份书面文件。
	11.10	如认可机构的拟受代理银行允许其客户直接使用该拟受代理银行的账户进行本身的交易（即直接付款账户），认可机构则应格外谨慎处理。认可机构因此应确定是否允许拟受代理银行的客户使用代理银行服务。
附表2第14（2）（d）条	11.11	根据打击洗钱条例，就拟受代理银行的某些客户将能够直接操作认可机构为拟受代理银行维持的账户而言，认可机构除非已符合以下条件，否则不得与拟受代理银行建立代理银行服务关系： 认可机构信纳拟受代理银行— （a）将会核实该等客户的身份，并将会按照与打击洗钱条例相类似的规定持续监察拟受代理银行与该等客户的业务关系；及 （b）将会能够应认可机构的要求，向认可机构提供拟受代理银行按照与打击洗钱条例相类似的规定而就该等客户取得的文件、数据或资料。
	11.12	关于在没有执行或没有充分执行特别组织的建议，或在其他方面存在较高洗钱／恐怖分子资金筹集风险②的司法管辖区注册成立的受代理银行，认可机构与这些银行维持代理银行服务关系时应格外留意。一般而言，在有关情况下须进行更严格的尽职审查，包括取得有关银行的实益拥有权③的详情，以及更多关于该银行在防止洗钱／恐怖分子资金筹集的政策及程序方面的详尽资料。此外，亦应执行更严格的持续监察程序，包括监察在该代理银行账户所进行的活动，例如制订交易报告以供合规人员复核交易及密切监察可疑的转账等。
	11.13	认可机构亦应定期复核及更新受代理银行的资料概况，以确保所保存的资料能反映现况及仍属相关。对拟受代理银行进行的定期复核可根据风险敏感基准而进行。当受代理银行的风险状况出现相当程度的转变，或受代理银行的账户之交易活动金额或交易量出现突然及／或重大改变时，认可机构亦应复核及更新有关资料。
	11.14	如在复核的过程中，若受代理银行拒绝提供尽职审查所需的资料，或受代理银行的打击洗钱／恐怖分子资金筹集的管控措施被重新评估为不足或无效，则认可机构必须采取一切合理措施，以降低洗钱／恐怖分子资金筹集的风险（例如采取额外尽职审查措施、调整其风险评估及考虑终止有关业务关系）。
先前受代理的银行		

---

① 如认可机构只为汇款或信息的目的而与受代理银行交换 SWIFT BKE 或授予 RMA 授权，受代理银行的责任则会受 SWIFT 的条款及条件约束，以遵守一切相关法律及规例（包括有关银行业务、洗钱、恐怖分子资金筹集、经济制裁、竞争及资料传输的法律及规例）。

② 有关指引载于第4.15段。

③ 包括进行名称筛查。

附表 2 第 7 (1) 条	11.15	先前受代理的银行是指认可机构的以下客户： (a) 该客户属处于香港以外地方的机构，而其正在经营的业务，与认可机构所经营的业务相类似；及 (b) 在打击洗钱条例的生效日期（即 2012 年 4 月 1 日）前，该客户与首述的认可机构已建立代理银行服务关系。
附表 2 第 7 (2) 条	11.16	认可机构除非已符合下述情况，否则须在打击洗钱条例生效日期结束它与受代理银行的代理银行服务关系： (a) 在该日期前的某时间，它已就该银行执行附表 2 第 14 (1) 条所列的措施，而它在当时信纳该银行的打击洗钱及打击恐怖分子资金筹集的管控措施是充分并有效的； (b) 在该日期前，它已以文件记录它的责任及该银行负有的责任；及 (c) 在该日期前的某时间，它信纳就该银行的客户（限于能够直接操作由它为该银行维持的户口的客户）而言，该银行： （ⅰ）已核实该等客户的身份，并会按照与附表 2 所施加的规定相类似的规定，持续监察该银行与该等客户的业务关系；及 （ⅱ）能够应它的要求，向它提供该银行按照与附表 2 所施加的规定相类似的规定而就该等客户取得的文件、数据或资料。
空壳银行		
附表 2 第 17 条	11.17	认可机构不应与空壳银行①建立或继续维持代理银行服务关系，并应采取合适措施，确保不会与允许空壳银行使用其账户的受代理银行建立或继续维持代理银行服务关系。
认可机构的母银行、总办事处或海外分行执行的尽职审查		
	11.18	认可机构依赖母银行、总办事处或海外分行建立代理银行服务关系的情况颇为常见，母银行、总办事处或海外分行会执行尽职审查，并承担对现有代理银行服务关系进行评估及复核的责任。就有关安排，认可机构必须确保有关评估及复核已顾及其特定情况及业务安排，以及在香港所建立的个别代理银行服务关系。认可机构仍然必须遵守载于本指引的规定，因此，建议母银行、总办事处或海外分行的评估或复核只能作为客户尽职审查程序的起点，或视情况修改评估，以符合金管局的规定。认可机构亦应确保可应要求提供受代理银行的资料，且不会出现延误的情况。

---

① 空壳银行为符合下列条件的法团：（ⅰ）在香港以外地方注册成立为法团；（ⅱ）获批准在该地方经营银行业务；（ⅲ）在该地方并无实体存在；及（ⅳ）并非与须接受有效综合监管的受规管金融服务集团有联系。

第 12 章 私人银行业务①

一般规定		
	12.1	由于私人银行业务关系的独特性，所以一般涉及较高的洗钱风险。整体而言，私人银行业务较零售银行业务复杂，亦提供更多个人化的服务。私人银行业务的独特之处之一，是客户与客户经理之间的紧密联系，及客户经理为客户提供的"一站式"全面理财服务。
	12.2	因此，认可机构应确保已了解及管理随之而来的风险，并在接纳客户、尽职审查及监察程序方面，为私人银行客户制订特别条款。
	12.3	一般而言，认可机构不会接受无人介绍的私人银行客户。因此除非可取得至少一位银行家的推荐或其他合适的转介方式，否则直接要求建立关系之外来客户的申请一般不获接纳。
	12.4	为方便处理境外办事处介绍的客户（如适用），认可机构应考虑设立全球性的客户尽职审查政策，以确保相类似标准的客户尽职审查适用于整个集团的私人银行客户。
私人银行业务的尽职审查过程		
	12.5	认可机构应对私人银行业务关系进行更大程度的尽职审查，其程度应超越第 4 章所载适用于一般零售银行业务的标准。认可机构应取得各私人银行客户的全面客户资料概况，包括： （a）开立账户的目的及理由； （b）业务或就业背景； （c）估计的资产净值； （d）财富来源（在可行及合适的情况下，以提供财富来源的经济活动作为佐证）； （e）家庭背景，如配偶、及视情况父母（例如财富透过继承而来）的资料； （f）资金来源（即于开立账户时所接纳的款项的来源及其过户方式）； （g）预期账户活动情况，包括业务及交易的性质及水平；及 （h）推荐资料（例如介绍人、何时介绍及与介绍人的关系有多久）或其他可以证明客户声誉的资料的来源（如适用）。 此外，认可机构应信纳客户使用复杂的业务架构及／或信托及私人投资工具是为真实及合法的目的。 上述所有有关私人银行客户的资料应妥善存入客户档案内。
	12.6	如属由富有人士（即最终实益拥有人）拥有的离岸投资公司，而该人士以该等公司作为订约方，与认可机构建立私人银行业务关系，认可机构可采用较简化的方法来取得有关公司客户的拥有权、董事及账户签署人的独立证明文件。这即是说，若该等投资公司的注册成立地并没有公司查册或职权证明书（或等同文件），或未能提供有关其董事及主要股东的具体资料，而认可机构又信纳： （ⅰ）它们知悉最终实益拥有人的身份；及 （ⅱ）没有洗钱活动怀疑，则认可机构可接受由最终实益拥有人或订约方发出有关上述各方的身份及与上述各方的关系的自我声明书。容许较简化的方法的条件是： （a）已就最终实益拥有人进行全面及详尽的客户查证程序。一般来说，有关这类客户的全面及详尽的客户查证程序应包括本章列出的程序。 （b）经高级管理层批准采取较简化的方法，并予以妥善记录。

---

① 本章应与金管局 2009 年 7 月 14 日的通告《防范私人银行及财富管理业务出现职员滥用职权及欺诈行为》一并阅读。

	12.7	与客户直接会面是整体客户尽职审查的重要部分，会有助取得客户的上述个人资料概况及厘定风险。一般而言，认可机构不应与未有进行直接会面的客户建立私人银行业务关系。客户经理应将直接会面的详情记录存档，例如会面的日期、时间、地点、出席人士的姓名、客户的资料概况、讨论概要（例如会面目的）及评估等。
更严格的客户尽职审查		
	12.8	如认可机构评定洗钱／恐怖分子资金筹集的风险较高，则应采用第4.11.1段详述的更严格的尽职审查措施。如考虑或最终决定适宜采取更严格的尽职审查措施，认可机构必须将作出的决定及有关的考虑因素及充分理据记录在案。
	12.9	接纳私人银行客户时须经由高级管理层批准。至于高风险或敏感的客户①，则须考虑取得高级管理层及相关的独立批准部门的额外批准。
专责客户关系管理		
	12.10	认可机构应确保客户经理有充足的时间及资源进行尽职审查程序及持续监察他们的客户。
	12.11	由于客户经理一般会与客户建立紧密的关系，为降低洗钱风险，客户经理所作出跟客户有关的活动及交易情况须要经常向主管人员汇报及由其复核。认可机构应确保账户的开立，包括：客户尽职审查的文件、尽职审查及持续监察是否充分，由独立于客户经理的职员进行审核，证明已有效地降低任何滥用权及／或利益冲突的风险。
持续复核及监察		
	12.12	即使在没有涉及触发事件的情况下，私人银行客户（不包括不动户）应定期接受复核，以确保有关机构所持有的客户的尽职审查资料能反映现况及仍属相关的。进行定期复核的频密程度可以风险为本的方法来厘定，并于认可机构的政策及程序中作出明确制定。 高风险或敏感客户应最少每年接受一次复核，以确保有关机构所持有的客户的尽职审查资料能反映现况及仍属相关的。 但是，就不活跃／不动户而言，认可机构必须在执行任何交易前复核该客户尽职审查资料。
	12.13	认可机构应尽可能定期与私人银行客户进行直接会面。
	12.14	认可机构应设立有效的监察系统（例如根据资产规模、资金周转额、客户敏感度或其他相关准则），及时对不寻常交易进行抽查及监察。

---

① 私人银行业务的敏感客户包括（ⅰ）政治人物；（ⅱ）从事交易涉及洗钱业务活动或行业的人士，例如博彩、夜总会、赌场等；（ⅲ）定居于或其资金来自被识别为没有充分执行特别组织的建议或涉及较高的犯罪及贪污风险国家的人士；及（ⅳ）被个别认可机构视为敏感人物的任何其他人士。

附录 A　可用于识别客户身份的可靠及独立来源的例子

附表 2 第 2（1）（a）（ⅳ）及 2（1）（d）（ⅰ）（D）条	1	金融机构应根据实际身在香港的个人的香港身份证或旅游证件来核实他们的身份。金融机构应经常根据香港居民的香港身份证、身份证明书或签证身份书来识别及／或核实他们的身份。非居民的身份则应根据他们的有效旅游证件作出核实。
	2	至于没有现身香港的非香港居民，金融机构应根据以下资料来识别及／或核实有关人士的身份： （a）有效的国际护照或其他旅游证件；或 （b）附有有关个人照片的有效国民（即由政府或国家签发）身份证；或 （c）由主管的国家或政府机构签发的有效国家（即由政府或国家签发）驾驶执照①，执照上有照片证明申请人的身份。
	3	旅游证件是指附有持有人照片，能确定持有人的身份及国籍、原居地或永久居留地的护照或其他证件。以下文件为可作身份核实用途的旅游证件： （a）澳门特别行政区永久居民身份证； （b）台湾居民往来内地通行证； （c）海员身份证明文件（根据《国际劳工组织公约》／《1958 年海员身份证件公约》签发）； （d）内地居民的台湾旅游许可证； （e）由入境事务处处长签发的澳门居民旅游证； （f）因公往来香港澳门特别行政区通行证；及 （g）往来港澳通行证。
	4	至于在香港出生而并无持有有效旅游证件或香港身份证②的未成年人，则可根据他们的香港出生证明书来核实他们的身份。每当与未成年人建立业务关系时，金融机构应同时按照以上规定记录及核实该未成年人士的父母或代表或陪同该未成年人士的监护人的身份。
	5	金融机构如要识别及／或核实公司客户的身份，可于该公司的注册地的公司注册处进行查册，并取得一份完整的公司查册报告，用以证实目前用作参考的公司的全部资料（或外地对等资料）。
	6	至于没有国民身份证的司法管辖区，以及如客户没有附有相片的旅游证件或驾驶执照，金融机构可采取以风险为本的方法，破例接受其他文件作为身份识别证据。该等文件上应尽可能附有该个人的照片。

---

① 为免生疑问，国际驾驶许可证及执照不能用于此目的。

② 凡年满 11 岁及以上的所有香港居民均须登记办理身份证。香港永久居民持有香港永久性居民身份证。永久居民的身份证（即香港永久性居民身份证）在身份证正面个人出生日期的下方注有大写英文字母"A"。

附录 B　财富情报组发出的通讯样本

机密

联合财富情报组

香港邮政总局信箱第 6555 号

电话：28663366

传真：25294013

电邮：jfiu@police.gov.hk

洗钱报告主任

×　×　×　×　×　×

传真号码：×　×　×　×　×　×　×　×

先生／女士：

可疑交易报告

财富情报组编号：　　　来函档号：　　　收件日期

×　×　　　　　　×　×　　　　　×　×

财富情报组已收到你根据《贩毒（追讨得益）条例》（第 405 章）／《有组织及严重罪行条例》（第 455 章）第 25A（1）条及《联合国（反恐怖主义措施）条例》（第 575 章）第 12（1）条提交的上述可疑交易报告。

按照目前所得的资料，本组现根据《贩毒（追讨得益）条例》及《有组织及严重罪行条例》第 25A（2）条及《联合国（反恐怖主义措施）条例》第 12（2）条给予同意。

如有疑问，请致电（852）2860 × × × ×与高级督察× × × × ×先生联络。

联合财富情报组主管

（　　　代行）

2012 年× ×月× ×日

机密

个人资料

联合财富情报组

香港邮政总局信箱第 6555 号

电话：28663366

传真：25294013

电邮：jfiu@ police. gov. hk

本组档号：

来函档号：

××××××

洗钱报告主任

传真号码：×××××××

先生/女士：

《贩毒（追讨得益）条例》／《有组织及严重罪行条例》

你向财富情报组作出的以下披露：

财富情报组编号：	来函档号：	收件日期
××	××	××

与××××××的人员进行的一项×××××调查有关（档案编号：××××××）。

本人是香港法例第455章《有组织及严重罪行条例》第25A（2）条所述的获授权人员，现特通知你由于附件 A 所列述账户的资金相信是犯罪得益，本人不同意你进一步处理该账户内的资金。

请你注意根据《有组织及严重罪行条例》第 25 条，凡任何人处理明知是或有合理理由相信有关金钱是代表从可公诉罪行的得益，即属犯罪。上述资料必须严加保密，而根据《有组织及严重罪行条例》第 25A（5）条，任何人如向未获授权人士披露本信的内容（包括被调查的事宜），因而有可能损害警方进行的调查，可能已犯罪。账户持有人或任何其他人士均不得获告知此通信的内容。

任何人如与贵机构接触及设法进行涉及此账户的交易，请贵机构职员立即与本个案的主管联络，并且拒绝执行有关交易。如账户持有人或第三者质疑银行他们为何不能处理有关账户内的资金，请指示有关人士与个案主管联络，而且不能透露任何进一步资料。

如有其他疑问或需要我们对本信的内容作出澄清，请与个案主管×××××督察（电话：××××××××）或本信的签署人（电话：×××××××）联络。

联合财富情报组主管××××××警司

2012 年××月××日

副本：个案主管

机密

附件 A

编号	账户持有人	账户号码
1.		

主要用语及缩写词汇

用语／缩写	含义
未成年人	未成年人是指未满 18 岁的人［《释义及通则条例》（第 1 章）–第 3 条的释义］
可疑交易报告	可疑交易报告；亦指报告或披露
打击洗钱／恐怖分子资金筹集	打击洗钱及恐怖分子资金筹集
打击洗钱条例	《打击洗钱及恐怖分子资金筹集（金融机构）条例》（第 615 章）
《有组织及严重罪行条例》	《有组织及严重罪行条例》（第 455 章）
有关联者	客户的有关联者包括实益拥有人及有权指令该客户的活动的任何自然人。为免生疑问，有关联者一词包括任何董事、股东、实益拥有人、签署人、受托人、财产授予人／资产提供者／创立人、保护人，以及法律安排界定的受益人。
更严格的尽职审查	更严格的客户尽职审查
附表 2	《打击洗钱及恐怖分子资金筹集（金融机构）条例》附表 2
信托	就本指引而言，信托是指明示信托或附有具法律约束力的文件（即信托契据或任何其他形式）的任何类似安排。
洗钱／恐怖分子资金筹集	洗钱及／或恐怖分子资金筹集
《保险公司条例》	《保险公司条例》（第 41 章）

续表

用语／缩写	含义
风险为本的方法	尽职审查及持续监察的风险为本的方法
个人	个人指自然人，已身故的自然人除外
特别组织	财务特别行动组织
高级管理层	高级管理层是指一家商号的董事（或董事会）及高级经理（或对等职级），他们个别或共同负责管理及监督该商号的业务，可包括商号的行政总裁、董事长或其他高级营运管理人员（视情况而定）。
财富情报组	联合财富情报组
《贩毒（追讨得益）条例》	《贩毒（追讨得益）条例》（第 405 章）
《银行业条例》	《银行业条例》（第 155 章）
尽职审查	客户尽职审查
《联合国（反恐怖主义措施）条例》	《联合国（反恐怖主义措施）条例》（第 575 章）
《联合国制裁条例》	《联合国制裁条例》（第 537 章）
简化尽职审查	简化客户尽职审查
《证券及期货条例》	《证券及期货条例》（第 571 章）

证券及期货事务监察委员会
打击洗钱及恐怖分子资金筹集指引

生效日期

　　本指引自 2012 年 4 月 1 日起生效。本指引连同《证券及期货事务监察委员会发出适用于有联系实体的防止洗钱及恐怖分子资金筹集的指引》取代 2009 年 9 月发出的《防止洗黑钱及恐怖分子筹资活动的指引》。

目　　录

第1章　概览

引言		
	1.1	本指引是根据第615章《打击洗钱及恐怖分子资金筹集（金融机构）条例》（打击洗钱条例）第7条公布。
	1.1a	本指引亦是根据《证券及期货条例》（第571章）第399条公布。
	1.2	本指引中的用语及缩写应参照本指引词汇部分载列的释义。其他词语或短语的诠释则应按照打击洗钱条例所载列的释义。
	1.2a	在适当情况下，其他词语或短语的诠释应按照《证券及期货条例》所载列的释义。
	1.3	本指引由证券及期货事务监察委员会（"证监会"）公布，为持牌法团提供导引。一般来说，本指引第1~10章为持牌法团提供的导引，与其他有关当局根据各自的监管制度所提供的导引并无差异。如证监会认为适合在第1~10章提供补充导引，则会以斜体字加入其中，以便识别。
	1.4	本指引旨在供金融机构及它们的主管人员和职员使用。本指引的目的在于： (a) 提供有关洗钱及恐怖分子资金筹集（洗钱/恐怖分子资金筹集）的一般背景资料，包括适用于香港的打击洗钱及恐怖分子资金筹集（打击洗钱/恐怖分子资金筹集）法例的主要条文的概要；及 (b) 提供实际导引，以助有关金融机构及其高级管理层在考虑其特别情况后，去制定及执行相关经营领域的政策、程序及管控措施，以符合打击洗钱/恐怖分子资金筹集的法定及监管规定。
	1.4a	除香港金融管理局（"金管局"）发出的《打击洗钱及恐怖分子资金筹集指引》外，注册机构必须按照本指引第7.39段至7.40段以识别证券、期货合约或杠杆式外汇业务（以下统称为"证券业"或"证券业务"）的特定可疑交易。
	1.5	有关当局会不时检讨本指引的相关性及适用性，并在有需要时作出修订。
	1.6	鉴于不同金融机构的组织及法律结构，以及它们的业务活动的性质与范畴均存在重大差异，故并无单一普遍适用的执行措施。此外，必须强调的是，本指引的内容并非，亦不应被诠释为已无遗地包罗所有符合法定及监管规定的途径。
	1.7	本指引为执行打击洗钱条例附表2（附表2）所列条文提供导引。这有助金融机构以切合其特定业务风险状况的方式去履行它们的法律及监管责任。与本导引不相符之处及其依据，应记录在案，而金融机构亦须做好准备，向有关当局说明与本导引不相符的依据。
打击洗钱条例第7条	1.8	如任何人没有遵守本指引的任何条文，此事本身不会令致该人可在任何司法或其他法律程序中被起诉，但在根据打击洗钱条例提起而于任何法院进行的法律程序中，本指引可获接纳为证据；及如该法院觉得本指引内所列条文，攸关该法律程序中产生的任何问题，该法院在裁断该问题时，须考虑该条文。

《证券及期货条例》第 399（6）条	1.8a	如任何人没有遵守本指引的条文，此事本身不会令致他可在任何司法或其他法律程序中被起诉，但在根据《证券及期货条例》提起而于任何法庭进行的法律程序中，本指引可获接纳为证据，如该法庭觉得本指引内所列条文与该法律程序中产生的问题有关，在裁定该问题时，须考虑该条文。
《证券及期货条例》第 193 条及第 194 条	1.8b	此外，如持牌法团及持牌代表（如适用）没有遵守本指引的任何规定，则可能会对其适当人选资格产生负面影响，并可能会被视为失当行为。
《证券及期货条例》第 193 条及第 196 条	1.8c	同样的，如任何注册机构没有遵守金管局发出的《打击洗钱及恐怖分子资金筹集指引》的任何规定，或没有按照本指引第 7.39 段至第 7.40 段条文，则可能会对其适当人选资格产生负面影响，并可能会被视为失当行为。
洗钱及恐怖分子资金筹集活动的性质		
打击洗钱条例附表 1 第 1 条	1.9	打击洗钱条例附表 1 第 1 部第 1 条界定了"洗钱"一词的含义，该词指出于达致下述效果的意图的行为：使— （a）属于犯香港法律所订可公诉罪行或作假使在香港发生即属犯香港法律所订可公诉罪行的作为而获取的收益的任何财产，看似并非该等收益；或 （b）全部或部分、直接或间接代表该等收益的任何财产，看似不如此代表该等收益。
	1.10	洗钱可分为 3 个常见阶段，当中经常涉及多宗交易。金融机构应留意可能涉及犯罪活动的征兆。这些阶段包括： （a）存放—以实物方式处置来自非法活动的现金得益； （b）分层交易—透过复杂多层的金融交易，将非法得益及其来源分开，从而隐藏款项的来源、掩饰审计线索和隐藏拥有人的身份；及 （c）整合—为犯罪得来的财富制造表面的合法性。当分层交易的过程成功，整合计划便实际地把经清洗的得益回流到一般金融体系，令人以为有关收益来自或涉及合法的商业活动。
证券业务在洗钱过程中的可能用途		
	1.10a	由于证券业务不再主要以现金作交易媒介，所以相对于其他金融业务（例如银行业）来说，上述业务并不那样适合用来初步存放从犯罪活动所得款项。不过，如该等交易以现金支付，这些业务被利用来存放黑钱的风险便不容忽视，因此必须进行尽职审查。
	1.10b	证券业务较有可能被用于洗钱的第二个阶段，即分层交易的过程。有别于透过银行网络清洗黑钱的做法，这些业务为洗钱人士提供可行的途径，让他们可以显著地改变有关款项的形式。这些改变除了可以将手头现金变为现金存款之外，还可以将任何形式的款项转化为截然不同的资产或一系列的资产，例如证券或期货合约。基于买卖这些金融工具的市场的流通性，上述转变可以十分频密地进行。
	1.10c	现金等值的投资工具（例如不记名债券及其他无须借助身份登记资料来证明所有权的投资），对洗钱的人士来说可能特别具吸引力。

续表

	1.10d	正如先前所述，由于证券市场的流通性，这些市场的交易对洗钱人士来说有其吸引力。由于有关交易能将利用合法和不法收益取得的投资组合随时变现、可以隐藏不法收益的来源、有各种不同的投资媒介可供选择，以及可以在各种投资媒介之间轻易地转移资金，因此对洗钱人士提供具吸引力的途径，从而有效地将犯罪收益融入一般经济体系。
	1.10e	以下图表详列有关证券业的洗钱流程。 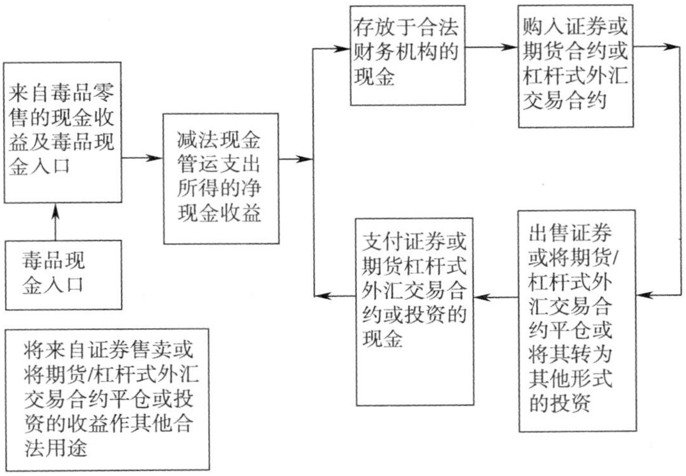 联合财富情报组网站（www.jfiu.gov.hk）及财务行动特别组织网站（www.fatf-gafi.org）载有洗钱方法的其他例子及显示与恐怖分子筹资活动有关的财务交易特征的详情。
打击洗钱条例附表1第1条	1.11	打击洗钱条例附表1第1部第1条界定了"恐怖分子资金筹集"一词的含义，该词指： （a）在下述情况以任何方法直接或间接地提供或筹集财产—— （ⅰ）怀有将该财产的全部或部分用于作出一项或多于一项恐怖主义行为的意图（不论该财产实际上有否被如此使用）；或 （ⅱ）知道该财产的全部或部分将会用于作出一项或多于一项恐怖主义行为（不论该财产实际上有否被如此使用）；或 （b）明知某人是恐怖分子或与恐怖分子有联系者，或罔顾某人是否恐怖分子或是否与恐怖分子有联系者，而作出以下行为：以任何方法直接或间接地向该人提供任何财产或金融（或有关的）服务，或为该人的利益，而以任何方法直接或间接地提供该财产或服务；或 （c）明知某人是恐怖分子或与恐怖分子有联系者，或罔顾某人是否恐怖分子或是否与恐怖分子有联系者，而作出以下行为：以任何方法直接或间接地为该人的利益筹集财产或寻求金融（或有关的）服务。
	1.12	恐怖分子或恐怖组织需要财政支援来达到目的。他们往往需要隐藏或掩饰他们与资金来源的联系。因此，恐怖分子集团同样必须寻找清洗资金的途径（不论有关的资金来源是否合法），以便在不被当局发现的情况下使用资金。

与洗钱及恐怖分子资金筹集活动有关的法例

续表

	1.13	财务特别行动组织（特别组织）在 1989 年成立，是一个就打击洗钱制定国际标准的跨政府组织。在 2001 年 10 月它的权责扩大至打击恐怖分子资金筹集活动。为确保其标准在全球全面而有效地执行，特别组织会透过评核来监察各司法管辖区的合规情况，并在评核后进行严格的跟进程序，其中包括识别高度风险及不合作的司法管辖区。特别组织可能会加强对这些地区的审查工作，而特别组织的成员及国际社会也可能对这些司法管辖区采取针对措施。很多大型经济体系都已加入特别组织，形成国际合作的全球网络，促进成员司法管辖区之间的交流。作为特别组织的成员，香港有责任实施特别组织所订立的打击洗钱规定，包括 40 项建议及 9 项特别建议（下文统称"特别组织的建议"）①。香港必须符合国际打击洗钱标准，以维持它作为国际金融中心的地位。
	1.14	在香港，与洗钱/恐怖分子资金筹集有关的四项主要法例为打击洗钱条例、《贩毒（追讨得益）条例》、《有组织及严重罪行条例》及《联合国（反恐怖主义措施）条例》。金融机构及它们的主管人员和职员均须充分了解他们在不同法例之下的各种责任，这点至关重要。
打击洗钱条例		
附表 2 第 23 条	1.15	打击洗钱条例将关于客户尽职审查（尽职审查）及备存记录的规定施加于金融机构，以及赋予有关当局权力，以监督该等规定及打击洗钱条例下的其他规定的合规情况。此外，附表 2 第 23 条规定金融机构须采取所有合理措施，以（a）确保有适当的预防措施存在，以防止附表 2 第 2 部及 3 部的任何规定遭违反；及（b）降低洗钱/恐怖分子资金筹集的风险。
打击洗钱条例第 5 条	1.16	根据打击洗钱条例，金融机构如（1）明知；或（2）出于诈骗任何有关当局的意图而违反打击洗钱条例指明的条文，即属犯罪。"指明的条文"载列于打击洗钱条例第 5（11）条。金融机构如明知而违反指明的条文，最高可被判监禁 2 年及罚款一百万港元。金融机构如出于诈骗任何有关当局的意图而违反指明的条文，一经定罪，最高可被判监禁 7 年及罚款一百万港元。
打击洗钱条例第 5 条	1.17	根据打击洗钱条例，任何金融机构的雇员，或受雇为金融机构工作，或关涉金融机构的管理的人，如（1）明知；或（2）出于诈骗该金融机构或任何有关当局的意图，而致使或准许该金融机构违反打击洗钱条例指明的条文，即属犯罪。任何金融机构的雇员，或受雇为金融机构工作，或关涉金融机构管理的人，如明知而违反指明的条文，一经定罪，最高可被判监禁 2 年及罚款一百万港元。该人如出于诈骗该金融机构或任何有关当局的意图而违反指明的条文，一经定罪，最高可被判监禁 7 年及罚款一百万港元。
打击洗钱条例第 21 条	1.18	有关当局可向违反打击洗钱条例的任何指明的条文的金融机构采取纪律行动。可采取的纪律行动包括公开谴责有关金融机构、命令该金融机构采取任何行动以纠正有关违反事项，以及命令该金融机构缴付最高数额一千万港元或因有关的违反而令该金融机构获取的利润或避免的开支的金额的 3 倍的罚款（以金额较大者为准）。
《贩毒（追讨得益）条例》		

---

① 可在特别组织的网站 www. fatf – gafi. org 查阅特别组织的建议。

续表

	1.19	《贩毒（追讨得益）条例》载有可对涉嫌从贩毒活动所得的资产进行调查、在逮捕涉嫌罪犯时将资产冻结，以及在定罪后没收贩毒得益的条文。
《有组织及严重罪行条例》		
	1.20	除其他事项外，《有组织及严重罪行条例》： （a）赋予香港警方及香港海关人员调查有组织罪行及三合会活动的权力； （b）赋予法院司法管辖权，没收来自有组织及严重罪行的得益，以及就被控触犯《有组织及严重罪行条例》所指罪行的被告人的财产发出限制令及押记令； （c）增订一项有关来自可公诉罪行得益的洗钱罪行；及 （d）容许法院在适当的情况下收取有关违法者及有关罪行的资料，以决定当有关罪行构成有组织／与三合会有关的罪行或其他严重罪行时，是否适宜作出更重的判刑。
《联合国（反恐怖主义措施）条例》		
	1.21	《联合国（反恐怖主义措施）条例》旨在实施联合国安全理事会（安理会）2001 年 9 月 28 日第 1373 号决议中关于防止向恐怖主义行为提供资金的决定。除了安理会第 1373 号决议中强制执行的措施外，《联合国（反恐怖主义措施）条例》亦实施特别组织的特别建议中某些与恐怖分子资金筹集有关的较具迫切性的建议。
《贩毒（追讨得益）条例》及《有组织及严重罪行条例》第 25 条	1.22	根据《贩毒（追讨得益）条例》及《有组织及严重罪行条例》的规定，如有人知道或有合理理由相信任何财产代表任何人的贩毒或来自可公诉罪行的得益而仍处理该财产，即属犯罪。若犯此罪，经定罪后的最高刑罚为监禁 14 年及罚款五百万港元。
《联合国（反恐怖主义措施）条例》第 6 条、第 7 条、第 8 条、第 13 条及第 14 条	1.23	除其他事项外，《联合国（反恐怖主义措施）条例》订明，向恐怖分子或与恐怖分子有联系者提供或筹集财产或向他们提供任何财产或金融（或有关的）服务，均属违法。若犯此罪，一经定罪，最高刑罚为监禁 14 年及罚款。《联合国（反恐怖主义措施）条例》亦容许将恐怖分子财产冻结，然后充公有关财产。
《贩毒（追讨得益）条例》及《有组织及严重罪行条例》第 25A 条、《联合国（反恐怖主义措施）条例》第 12 条及第 14 条	1.24	根据《贩毒（追讨得益）条例》、《有组织及严重罪行条例》及《联合国（反恐怖主义措施）条例》，任何人如知悉或怀疑任何财产是直接或间接代表任何人的贩毒或可公诉罪行的得益、曾在与贩毒或可公诉罪行有关的情况下使用，或拟在与贩毒或可公诉罪行有关的情况下使用或为恐怖分子财产，而未能在合理范围内尽快作出披露，即属犯罪。若犯此罪，一经定罪，最高刑罚为监禁 3 个月及罚款 50000 港元。
《贩毒（追讨得益）条例》及《有组织及严重罪行条例》第 25A 条、《联合国（反恐怖主义措施）条例》第 12 条及第 14 条	1.25	根据《贩毒（追讨得益）条例》、《有组织及严重罪行条例》及《联合国（反恐怖主义措施）条例》，"通风报信"也属犯罪行为。任何人如知道或怀疑已曾作出披露，而仍向其他人披露任何相当可能损害为跟进前述披露而进行的调查的事宜，即属犯罪。若犯此罪，一经定罪，最高刑罚为监禁 3 年及罚款。

第 2 章　打击洗钱/恐怖分子资金筹集
制度及在香港以外进行的业务

打击洗钱/恐怖分子资金筹集制度		
附表 2 第 23（a）及（b）条	2.1	金融机构必须采取一切合理措施，确保设有合适的保障措施，以降低洗钱/恐怖分子资金筹集的风险，以及防止违反附表 2 第 2 部或第 3 部的任何规定。为确保符合此项规定，金融机构应执行适当的内部打击洗钱/恐怖分子资金筹集政策、程序及管控措施（下文统称"打击洗钱/恐怖分子资金筹集制度"）。
风险因素		
	2.2	虽然并无一套制度可侦测及防止所有洗钱/恐怖分子资金筹集活动，金融机构应在顾及所提供的产品及服务、客户的类别及地理位置等因素后，设立及执行充分及适当的打击洗钱/恐怖分子资金筹集制度（包括接纳客户的政策及程序）。
产品/服务的风险		
	2.3	金融机构应考虑所提供产品及服务的特性，以及它们所面对的洗钱/恐怖分子资金筹集风险程度。就此而言，金融机构应在推出任何新产品及服务前评估该产品及服务的风险（特别是那些可引致科技发展被不当使用，或方便于洗钱/恐怖分子资金筹集计划中匿藏身份的风险），以及确保执行适当的额外措施及管控程序，以降低及管理相关的洗钱/恐怖分子资金筹集的风险。
交付/分销渠道的风险		
	2.4	金融机构亦应考虑在交付/分销渠道方面可能面对的洗钱/恐怖分子资金筹集风险的程度。这些可包括采用非面对面的开户方法的网上、邮寄或电话销售渠道。透过中介人进行的业务促销也可能会增加风险，因为客户与金融机构之间的业务关系会变得间接。
客户风险		
	2.5	当评估客户风险时，金融机构应考虑客户是谁、从事哪些业务，以及任何其他可能显示客户涉及较高风险的资料。
	2.6	如客户的法律形式容许个人卸除本身的财产拥有权，但同时可保留对该财产的某种控制权，或与客户有业务联系的业务/行业界别较容易涉及贪污事宜，则金融机构应提高警觉。例子包括： (a) 能在最终的相关主事人的身份可不作披露的情况下而成立为法团的公司； (b) 不能保证可知悉其真正相关主事人或控制人的身份的某些形式的信托或基金； (c) 容许代名人股东；及 (d) 发行持票人股份的公司。
	2.7	金融机构亦应考虑客户活动性质所蕴含的风险，以及有关交易本身可能就是一宗犯罪交易。举例来说，军火买卖及军火买卖资金筹集就是一种引致多重风险（包括洗钱及其他风险）的业务活动，例如： (a) 采购合约产生的贪污风险； (b) 与政治人物有关的风险；及 (c) 恐怖主义及恐怖分子资金筹集的风险，因付运货物可能会被转移他处。

续表

国家风险		
	2.8	与客户及中介人有联系的业务经营所在国家或地理位置如牵涉大量有组织罪行、贪污情况恶化及缺少制度防止及侦察洗钱/恐怖分子资金筹集的情况，金融机构应倍加关注。金融机构可参照公开资料或由专门的国家、国际、非政府及商业组织所公布的有关贪污风险的相关报告及资料库（例如 Transparency International 按各国被认知的贪污水平排名的 Corruption Perceptions Index，以评估哪些国家最容易涉及贪污情况）。
有效管控		
	2.9	为确保适当执行该等政策及程序，金融机构应制定有效管控措施，涵盖范畴包括： （a）高级管理层的监督； （b）委任一名合规主任及一名洗钱报告主任①； （c）合规及审核职能；及 （d）职员甄选及培训②。
高级管理层的监督		
	2.10	任何金融机构的高级管理层都有责任有效管理业务；就打击洗钱/恐怖分子资金筹集而言，这包括监督下文所述职能。
	2.11	高级管理层应： （a）信纳金融机构的打击洗钱/恐怖分子资金筹集制度能够应付风险评估所识别的洗钱/恐怖分子资金筹集风险； （b）委任一名董事或高级经理担任合规主任，全面负责建立及维持金融机构的打击洗钱/恐怖分子资金筹集制度；及 （c）委任金融机构一名高级职员担任洗钱报告主任，作为报告可疑交易的中央联络点。
	2.12	为使合规主任及洗钱报告主任能有效地履行他们的职责，高级管理层应在切实可行的范围内，确保合规主任及洗钱报告主任： （a）独立于所有营运及业务职能（视金融机构规模的限制）； （b）通常长驻香港； （c）在该金融机构具有一定的资历及权力； （d）与高级管理层能够保持定期联络，并在有需要时能直接联络高级管理层，以确保高级管理层信纳本身已符合各项法定责任，以及机构亦已采取充分有力的保护措施抵御洗钱/恐怖分子资金筹集风险； （e）完全熟悉适用于金融机构的法定及监管规定，以及金融机构的业务所产生的洗钱/恐怖分子资金筹集风险； （f）能够及时取得一切可取得的资料（来自内部来源如尽职审查记录及外部来源如有关当局通函）；及 （g）配备充足资源，包括职员及合规主任及洗钱报告主任的适当替补人选（如切实可行的话，即替代或代理合规主任及洗钱报告主任，而他们应具有相同地位）。

---

① 洗钱报告主任的职责及职能详载于第7.19段至第7.30段。就某些金融机构而言，合规主任及洗钱报告主任的职能可由同一职员履行。

② 有关职员培训的其他导引，请参阅第9章。

合规主任及洗钱报告主任		
	2.13	合规主任的主要职能是作为金融机构的一个中心点，监督一切防止及侦查洗钱/或恐怖分子资金筹集的活动，以及向高级管理层提供支援及导引，确保洗钱/恐怖分子资金筹集风险得到充分的管理。合规主任尤其应负责： （a）制定及/或持续复核金融机构的打击洗钱/恐怖分子资金筹集制度，以确保制度反映现况及符合当前的法定及监管规定；及 （b）全方位监督金融机构的打击洗钱/恐怖分子资金筹集制度，包括监察成效及在有需要时执行更严格的管控及程序。
	2.14	为了有效地履行这些职责，合规主任应考虑多个范畴，包括： （a）管理及测试打击洗钱/恐怖分子资金筹集制度的方法； （b）识别及矫正打击洗钱/恐怖分子资金筹集制度中的不足之处； （c）报告制度内的数字，包括内部报告及向联合财富情报组（财富情报组）作出的披露； （d）降低与来自没有执行或没有充分执行特别组织建议的国家的人的业务关系及交易所引致的洗钱/恐怖分子资金筹集风险； （e）与高级管理层就打击洗钱/恐怖分子资金筹集的主要问题进行沟通，包括（如适用）重大的合规不足情况； （f）有关新法例、监管规定或导引的变更或变更建议； （g）符合附表2第2部或第3部列述的外地分行或附属企业的规定，以及有关当局就此方面发出的任何导引；及 （h）打击洗钱/恐怖分子资金筹集方面的职员培训。
	2.15	洗钱报告主任应在识别及报告可疑交易方面担当积极的角色。所履行的主要职能预计包括： （a）复核所有内部披露及例外情况报告，并根据一切知悉的资料，决定是否有需要向财富情报组作出报告； （b）备存该等内部复核的所有记录； （c）如已作出任何披露，提供有关如何避免"通风报信"的导引；及 （d）就防止及侦查洗钱/恐怖分子资金筹集、调查或合规事宜作为与财富情报组、执法当局及任何其他主管当局的主要联络点。
合规及审核职能		
	2.16	在切实可行的情况下，金融机构应设立独立的合规及审核职能。这一职能应能与金融机构的高级管理层直接沟通。
	2.17	金融机构的合规及审核职能应包括定期对打击洗钱/恐怖分子资金筹集制度（特别是辨识及报告可疑交易的制度）作出复核，例如抽样测试，以确保成效。复核的频密程度及范围应与洗钱/恐怖分子资金筹集风险及金融机构的业务规模相称。在适当情况下，金融机构应寻求外界资源进行复核。
职员甄选		
	2.18	金融机构必须设立、维持及操作适当程序，确保信纳任何新雇员的诚信。
在香港以外进行的业务		
附表2第22（1）条	2.19	在香港成立为法团的金融机构应确保它们在外地的分行或附属企业设有集团的打击洗钱/恐怖分子资金筹集政策，以确保所有外地分行及在香港以外地方经营与金融机构相同业务的所有分行及附属企业设有程序，使它们能在当地法律准许的范围内，遵守与根据附表2第2部及第3部施加的尽职审查及备存记录规定相类似的规定。金融机构应将集团政策通知外地的分行及附属企业。

续表

附表2第22（2）条	2.20	金融机构在香港以外地方的分行或附属企业如因当地法律不准许而未能遵守与根据附表2第2部及第3部施加的规定相类似的规定，金融机构必须 — （a）将有关不能遵从规定的情况通知有关当局；及 （b）采取额外措施，以便有效地降低该分行或附属企业因不能遵从该等规定而面对的洗钱/恐怖分子资金筹集风险。
《有组织及严重罪行条例》及《贩毒（追讨得益）条例》第25（A）条	2.21	如怀疑全部或部分财产直接或间接代表可公诉罪行的得益，一般应在产生有关怀疑及在备存相关交易记录的司法管辖区内作出报告。不过，在某些情况下（例如户口设在香港），可能须向财富情报组报告该等情况①，但只在《有组织及严重罪行条例》及《贩毒（追讨得益）条例》第25（A）条适用的情况下才适用。

第3章 风险为本的方法

引言		
	3.1	借助风险为本的方法进行尽职审查及持续监察，是公认的打击洗钱/恐怖分子资金筹集的有效方法。风险为本的方法的一般原则是如客户经评估为属于较高洗钱/恐怖分子资金筹集风险的客户，金融机构应采取更严格的措施去管理及降低该等风险，但如客户属于较低风险，则可相应地执行简化措施。 采用风险为本的方法的优点在于可以按照优先次序，以最具效益的方式分配资源，从而令最大的风险可以得到最高度的关注。
一般规定		
	3.2	金融机构应视客户的背景及该客户使用的产品、交易或服务，采用风险为本的方法来决定尽职审查措施及持续监察程序的程度，借以令防止及降低洗钱/恐怖分子资金筹集的措施与已识别的风险相称。不过，该等措施必须符合打击洗钱条例的法定规定。 采用风险为本的方法能使金融机构对客户采取相称的管控及监督措施，借以判断： （a）对直接客户执行尽职审查的程度；用以核实任何实益拥有人及看似代表客户行事的任何人的身份的措施的程度； （b）对关系进行持续监察的程度；及 （c）降低任何已识别风险的措施。 举例来说，风险为本的方法可能需要对高度风险客户，例如财产及资金来源不清楚或需要设立复杂架构的个人（或法人实体）执行广泛的尽职审查。金融机构应能够向有关当局证明尽职审查及持续监察的应用程度，就客户的洗钱/恐怖分子资金筹集风险而言是合适的。

---

① 《有组织及严重罪行条例》第25（4）条指出可公诉罪行包括若在香港发生即会构成可公诉罪行的外地行为。故此，在香港的金融机构如有关于洗钱的资料，不论该行为在哪里发生，都应该考虑要求财富情报组作出澄清及向该组报告。

续表

	3.3	并无普遍接受的方法可用来订明风险为本的方法的性质及应用程度。不过，一个有效的风险为本的方法定必涉及在客户层面对客户的洗钱/恐怖分子资金筹集风险进行识别及归类，以及根据已识别风险设立合理措施。一个有效的风险为本的方法可让金融机构对它的客户作出合理的业务判断。 风险为本的方法不是要阻止金融机构与客户进行交易或与准客户建立业务关系，而是要协助金融机构有效地管理潜在的洗钱/恐怖分子资金筹集的风险。
客户接纳/风险评估		
	3.4	金融机构可利用洗钱/恐怖分子资金筹集风险评级来评估个别客户的洗钱/恐怖分子资金筹集风险。
	3.5	虽然没有一组普遍接受的风险因素，以及没有应用这些风险因素的单一方法，可用来断定客户的洗钱/恐怖分子资金筹集的风险评级，可考虑的相关因素可能包括： 1．国家风险 客户居住在高风险的司法管辖区①或与该等司法管辖区有关联，例如： （a）被特别组织识别为缺乏执行打击洗钱/恐怖分子资金筹集策略的司法管辖区； （b）受到例如联合国制裁、禁制或受制于其他类似措施的国家； （c）容易涉及贪污的国家；及 （d）被认为与恐怖分子活动有密切联系的国家。 在评估与客户有关的国家风险时，金融机构可考虑本地法例（《联合国制裁条例》、《联合国（反恐怖主义措施）条例》），及从联合国、国际货币基金组织、世界银行、特别组织等取得的资料，以及金融机构本身或其他集团实体（如金融机构隶属某跨国集团）的经验，这些经验可能显示其他司法管辖区的弱点。 2．客户风险 以下例子中的客户可能被认为涉及较低洗钱/恐怖分子资金筹集风险： （a）受雇或有来自合法来源的定期收益来源以支持所从事的业务活动的客户；及 （b）客户信誉，例如众所周知、历史悠久及有信誉的私人公司，并可从独立来源查核有关公司的记录，包括拥有权及控制权等资料。 但是，某些客户基于本身性质或行为可能代表较高的洗钱/恐怖分子资金筹集风险。这些因素可能包括： （a）客户的公开概况显示他们与政治人物有牵连或联系； （b）关系的复杂程度，包括在无合法商业理由下使用法人架构、信托及使用代名人及持票人股份； （c）要求使用保密号码账户或交易的保密程度不必要地高； （d）参与现金密集型业务； （e）产生资金/资产的业务活动的性质、范畴及地点（考虑敏感或高风险活动）；及 （f）不轻易核实财富来源或拥有权（适用于高度风险客户及政治人物）。 3．产品/服务的风险 引致较高风险的因素可能包括： （a）服务本身提供较多机会以匿名行事；及 （b）有能力汇集相关客户/资金。 4．交付/分销渠道的风险 产品分销渠道可能会改变客户的风险状况。这可能包括采用非面对面的开户方法的网上、邮寄或电话销售渠道。透过中介人进行的业务销售也可能会增加风险，因为客户与金融机构之间的业务关系会变得间接。

---

① 有关没有执行或没有充分执行特别组织建议，或在其他方面面对较高风险的司法管辖区的导引载于第4.15段。

持续复核		
	3.6	识别较高风险客户、产品及服务，包括交付渠道及地理位置，均非固定的评估。评估将取决于情况怎样发展，以及威胁如何演变，这些因素会随时间而改变。此外，虽然在开始建立客户关系时就应进行风险评估，但就某些客户而言，必须待客户已开始透过户口进行交易，其全面的风险状况才会变得清晰，监察客户交易及持续复核遂成为一个设计合理的风险为本的方法的基本元素。故此，金融机构可能需要不时或根据从主管当局获取的资料调整它对某个别客户的风险评估，以及复核适用于该客户的尽职审查及持续监察程度。
	3.7	金融机构应定期复核它的政策及程序，以及评估它的降低风险程序及管控措施是否有效运作。
记录风险评估		
	3.8	金融机构应就本章涵盖的风险评估备存记录及相关文件，以便向有关当局证明（其中包括）： （a）它如何评估客户的洗钱/恐怖分子资金筹集风险；及 （b）基于该客户的洗钱/恐怖分子资金筹集风险，所执行的尽职审查及持续监察程度是合适的。

第 4 章 客户尽职审查

4.1 引言 — 客户尽职审查		
	4.1.1	打击洗钱条例对尽职审查措施加以界定（请参阅第4.1.3段），并且订明金融机构在何种情况下须执行尽职审查措施（请参阅第4.1.9段）。打击洗钱条例指出金融机构可按具体情况采取额外措施（请参考下文的更严格的尽职审查）或采取简化的尽职审查措施。本章列出有关当局在这方面的期望，以及就达致此等期望的方法作出建议。在可行的情况下，本指引就如何遵守打击洗钱条例规定和为达此目的而落实的程序赋予金融机构若干程度的酌情权。
	4.1.2	尽职审查资料是一项重要工具，可用以确定是否有理据去知悉或怀疑有否洗钱/恐怖分子资金筹集活动。
附表2第2条	4.1.3	以下是适用于金融机构的尽职审查措施： （a）利用从可靠及独立来源取得的文件、数据或资料，去识别和核实客户的身份（请参阅第4.2段）； （b）如客户有实益拥有人，识别及采取合理措施去核实该实益拥有人的身份，从而使该金融机构信纳它知道该实益拥有人为何人；如客户属法人或信托①，该等措施包括可使该金融机构了解有关法人或信托的拥有权及控制权结构（请参阅第4.3段）； （c）取得与该金融机构建立业务关系的目的及拟具有的性质（如有）的资料，除非有关目的及拟具有的性质是显而易见的（请参阅第4.6段）；及 （d）如某人看似是代表客户行事： （ⅰ）识别该人的身份，及采取合理措施，根据可靠及独立来源取得的文件、数据或资料，核实该人的身份；及 （ⅱ）核实该人代表客户行事的授权（请参阅第4.4段）。

---

① 就本指引 而言，信托是指明示信托或附有具法律约束力文件（即信托契据或任何其他形式）的任何类似安排。

	4.1.4	打击洗钱条例并无就"客户"一词的定义作出界定。其定义应根据惯常意思及按业界的运作方式作出推断。
	4.1.4a	除文意另有所指外，在证券业方面，"客户"一词是指身为持牌法团客户的人士，而《证券及期货条例》附表1第1部第1条则对"客户"一词的释义作出界定。至于"准客户"在"业务关系"一词中的释义，亦须据此解释为"准客户"。
	4.1.5	在决定什么才是核实实益拥有人的身份及什么才是了解法人或信托的拥有权和控制权结构的合理措施时，金融机构应考虑和顾及个别客户本身及其业务关系在洗钱/恐怖分子资金筹集方面引致的风险。金融机构应适当地考虑第3章所列述的措施。
	4.1.6	对于与没有执行或没有充分执行特别组织建议（请参阅第4.15段）的司法管辖区有关联的客户，金融机构应采取均衡而合乎常理的做法。虽然金融机构在该等情况下应格外谨慎，除非有关当局透过"书面通知"施加一般或特定规定（请参阅第4.16.1段），否则金融机构无须拒绝与该等客户的业务往来，或是自动将他们归类为高风险客户，因而使该等客户接受更严格的尽职审查程序。反之，金融机构应衡量个别处境下的所有情况，并且评估是否存在高于正常的洗钱/恐怖分子资金筹集风险。
附表2第1条	4.1.7	打击洗钱条例对某人与金融机构之间的"业务关系"一词的定义作出界定，意思是指符合以下说明的业务、专业或商业关系： （a）延续一段时间是该关系的元素；或 （b）在该人首次以该金融机构的准客户身份接触该机构时，该机构期望延续一段时间是该关系的元素。
附表2第1条	4.1.8	打击洗钱条例对某人与金融机构之间的"非经常交易"一词的定义作出界定，意思是指金融机构与该机构没有业务关系的客户之间的交易①。
附表2第3（1）条	4.1.9	尽职审查规定适用于以下情况： （a）在开始建立业务关系之时； （b）在执行以下非经常交易之前②； （i）非经常交易总值涉及相等于120000港元或以上的款额，而不论交易是以单一次操作执行，或是以该金融机构觉得是有关联的若干次操作执行；或（ii）属电传转账的非经常交易总值涉及相等于8000港元或以上的款额，而不论交易是以单一次操作执行，或是以该金融机构觉得是有关联的若干次操作执行； （c）当金融机构怀疑客户或客户的账户涉及洗钱/恐怖分子资金筹集时③；或 （d）当金融机构怀疑过往为识别客户的身份或核实客户的身份而取得的资料是否真实或充分时。
	4.1.10	金融机构应提高警觉，留意一连串有关联的非经常交易达至或超越电传转账的8000港元的尽职审查门槛和其他各类交易的120000港元门槛的可能性。如金融机构知悉交易款额达至或超越此等门槛，必须执行全面尽职审查程序。

---

① 请注意，非经常交易不适用于保险及证券界。
② 举例来说，非经常交易可包括电传转账、货币兑换、购买银行本票或礼券。
③ 此准则适用但不须考虑120000港元的门槛。

续表

	4.1.11	与非经常交易有关联的因素取决于交易本身的特征，举例来说，如在一段短时间内，支付数笔付款给予同一一收款人，而该数笔款项的资金是来自同一个或多个来源，或客户定期将款项转账至一个或多个目的地。在决定交易事实上是否有关联，金融机构应将此等因素与进行交易的时间一并加以考虑。
4.2 识别和核实客户身份		
附表 2 第 2 （1）（a）条	4.2.1	金融机构必须参考由以下可靠及独立来源提供的文件、数据或资料，以识别和核实客户的身份①： （a）政府机构； （b）有关当局或任何其他有关主管当局； （c）在香港以外地方执行与有关当局或任何其他有关主管当局职能相类似的职能的主管当局；或 （d）有关当局认可的任何其他可靠及独立来源。
4.3 识别和核实实益拥有人的身份		
附表 2 第 1 及 2（1）（b）条	4.3.1	实益拥有人通常是指最终拥有、控制客户或由客户代其进行交易或活动的个人。关于并非以职务身份代表法人或信托的个人客户，客户本身通常就是实益拥有人。在此情况下，金融机构无须积极主动地去追寻实益拥有人，但如有迹象显示客户并非代表其本身行事，则须进行适当查询。
	4.3.2	当个人被识别为实益拥有人时，金融机构应设法取得与第4.8.1 段所述资料相同的识别身份资料。
	4.3.3	根据打击洗钱条例，客户与实益拥有人的身份核实规定并不相同。
	4.3.4	金融机构有责任依据它对洗钱/恐怖分子资金筹集风险作出的评估，采取合理措施去核实实益拥有人的身份，从而使有关机构信纳它知道该实益拥有人为何人。
附表 2 第 1 及 2（2）条	4.3.5	金融机构应识别客户的所有实益拥有人的身份。在核实实益拥有人的身份方面，除非存在附表 2 第 15 条提述的情况（"高度风险"），打击洗钱条例规定金融机构采取合理措施去核实拥有或控制法团、合伙或信托25% 或以上投票权或股本的任何实益拥有人的身份。在附表 2 第 15 条提述的高度风险的情况下，有关规定的门槛为10%②。
	4.3.6	至于实益拥有人，金融机构应取得他们的住址（及永久地址，如不相同），以及在顾及有关实益拥有人的数目、实体的性质及当中的利益分布、任何业务，合约或家族关系的性质及范畴后，可采用风险为本的方法去决定是否需要采取合理措施去核实地址。
4.4 识别及核实看似代表客户行事的人的身份		

---

① 请参阅附录 A。该附录载有有关当局承认属可作身份核实用途的可靠及独立来源的文件。

② 如根据附表 2 第 15 条，现有客户被重新分类为高度风险客户，倘若存在通风报信风险的情况，金融机构可考虑延迟按照已提高的门槛（即由 25% 修改为 10%）采取核实实益拥有人身份的合理措施。

附表2第2（1）(d)条	4.4.1	如某人看似是代表客户行事，金融机构必须： （ⅰ）识别该人的身份，及采取合理措施，根据以下来源所提供的文件、数据或资料，核实该人的身份 —— （A）政府机构； （B）有关当局或任何其他有关主管当局； （C）在香港以外地方执行与有关当局或任何其他有关主管当局职能相类似的职能的主管当局；或 （D）有关当局认可的任何其他可靠及独立来源；及 （ⅱ）核实该人代表客户行事的授权。
	4.4.2	一般的规定是取得与第4.8.1段所述相同的识别身份资料。在采取合理措施去核实看似是代表客户行事的人（例如获授权的账户签署人及受委托人）的身份时，在可行的情况下，金融机构应参考附录A列示的文件及其他方法。一般而言，金融机构应识别及核实获授权指令调动资金或资产的人。
附表2第2（1）(d)（ⅱ）条	4.4.3	金融机构应取得书面授权①，借以核实看似代表客户行事的个人获授权这样做。
附表2第2（1）(d)条	4.4.4	金融机构或许有时难以识别及核实客户的签署人，如客户备有一份颇长的账户签署人名单，特别是如该等客户长驻在香港以外地方。在该等情况下，金融机构可采用风险为本的方法去决定适当措施来遵守这些规定。举例来说，在核实与客户有关的账户签署人时，如客户为金融机构或上市公司②，金融机构可采取较简化的方法。提供一份签署人名单③，而该名单记录了账户签署人的姓名，及有关账户签署人的身份及行事权限已由独立于身份被核实的人的部门或该客户的人员（例如合规、审核或人力资源）作出确认，或足以显示已符合这些规定。另一项主要与海外客户有关及可以缩短签署人名单一并或分开考虑的选择，是根据附表2第18条的规定使用中介人。

4.5 身份的特征及证据

	4.5.1	无论是任何形式的身份证明文件，都不能完全保证是真确的或是代表有关人士的真正身份，而金融机构应知道某类文件较其他文件易于伪造。如对任何获得的文件有任何怀疑，金融机构应采取切实可行及适当的步骤，以确定所获得的文件是否真确，或曾否已被报称遗失或被窃。有关措施可包括搜寻可供大众查阅的资料、与有关部门接触（例如透过入境处的热线电话与该部门接触），或是要求有关客户提供佐证。如仍未能消除疑虑，则不应接受该文件，并且考虑应否向有关当局举报。 如文件是以外语书写，则金融机构应采取适当的步骤，令本身有合理理由信纳该文件可为有关客户的身份提供证据（例如确保评估该等文件的职员精通有关外语，或向合资格人士取得该等文件的译本）。

4.6 业务关系的目的及拟具有的性质

附表2第2（1）(c)条	4.6.1	金融机构必须了解业务关系的目的及拟具有的性质。在某些情况下，这是不言而喻的，但在许多情况下，有关金融机构或须取得这方面的资料。

---

① 在法团方面，金融机构应取得董事会的决议案或类似书面授权。
② 已考虑第4.15段提供的意见。
③ 或等同。

续表

	4.6.2	除非目的及拟具有的性质属显而易见，否则金融机构应就开立账户或建立业务关系的拟有目的及理由方面，向所有新客户索取令其满意的资料，并把该等资料记录在开户文件内。视有关金融机构对该情况的风险评估而定，可能有关联的资料包括： （a）业务/职业/雇佣的性质及详情； （b）预期透过有关业务关系进行的活动的程度及性质（例如可能作出的典型交易）； （c）客户的所在地； （d）业务关系上所使用的资金的预期来源及源头；及 （e）最初及持续的财富及收入来源。
	4.6.3	这项规定亦适用于非香港居民。虽然大部分非香港居民均基于完全合法的理由与香港的金融机构建立业务关系，但有些非香港居民却可能存在较高的洗钱/恐怖分子资金筹集风险。金融机构应明白非香港居民设法在香港建立业务关系的理由。
4.7 识别和核实身份的时间		
一般规定附表2第3（1）条	4.7.1	金融机构必须在建立任何业务关系前或执行指明非经常交易前完成尽职审查程序（例外情况载于第4.7.4段）。
附表2第3（4）条	4.7.2	如金融机构未能根据第4.7.1段完成尽职审查程序，则不可与有关客户建立业务关系或执行非经常交易，并且应评估其未能提供资料的理据，以便知悉或怀疑是否有洗钱/恐怖分子资金筹集活动，并向财富情报组提交报告。
在建立业务关系时延迟进行身份核实		
	4.7.3	在建立业务关系前应先取得客户的识别资料（包括任何实益拥有人的资料），以及关于业务关系的目的及拟具有的性质的资料。
附表2第3（2）、（3）及（4）（b）条	4.7.4	但是，在例外的情况下，金融机构可在建立业务关系后核实客户及任何实益拥有人的身份，只要： （a）所有延迟核实客户或实益拥有人的身份而可能引致的任何洗钱/恐怖分子资金筹集风险，已获有效管理； （b）为对客户的业务正常运作不造成干扰，如此行事是必需的； （c）在合理的切实可行的范围内尽快完成有关核实；及 （d）如未能在合理的切实可行的范围内尽快完成有关核实，将会结束该业务关系。
	4.7.5	有需要对客户的业务正常运作不造成干扰的情况现列举如下： （a）证券交易 — 证券业内的公司或中介人可能须在与客户联络后十分短的时间内根据市况执行交易，因而须在完成身份核实前执行交易；及 （b）人寿保险业务 — 就识别和核实保单内受益人而言，可能须在与保险单持有人建立业务关系之后才识别及核实保单内受益人的身份。但在所有该等情况下，必须在付款时或之前，或受益人拟行使根据该保险单归属于该受益人的权益时识别及核实其身份。

	4.7.6	如客户获准在核实身份前使用业务关系，金融机构必须采取与延迟核实身份的条件有关的适当风险管理政策及程序。此等政策及程序应包括： （a）制定完成身份核实措施的时限； （b）在等候完成身份核实期间定期监察该等关系，以及定期将等候完成身份核实的情况向高级管理层报告； （c）取得其他必需的尽职审查资料； （d）确保在合理的切实可行的情况下尽快核实身份； （e）告知客户，金融机构在责任上因身份核实措施未能完成而终止业务关系； （f）适当地限制在等候完成身份核实措施期间的交易次数及类别；及 （g）确保不支付客户的资金予任何第三者。在下述条件规限下，或可作出例外安排①而付款给第三者： （ⅰ）没有洗钱/恐怖分子资金筹集活动的怀疑； （ⅱ）洗钱/恐怖分子资金筹集的风险评定属于低度； （ⅲ）交易经高级管理层批准，而高级管理层在批准进行交易前已对业务性质作出考虑；及 （ⅳ）收款人的姓名/名称与监察名单不吻合，例如恐怖分子嫌疑人物及政治人物。
	4.7.7	金融机构不得利用此等豁免措施去规避尽职审查程序，尤其是在以下情况下： （a）知悉或怀疑或有洗钱/恐怖分子资金筹集活动的情况； （b）察觉到令它们对客户或实益拥有人的身份或意向有怀疑的事宜；或 （c）有关业务关系被评定属较高风险。
未能完成身份核实		
附表 2 第 3（4）（b）条	4.7.8	身份核实应在一段合理时限内完成②。如未能在该段时间内完成核实，除非能合理解释延迟核实的原因，否则金融机构应在合理的切实可行的情况下尽快暂停或终止有关业务关系。合理时限的例子是： （a）金融机构应在建立业务关系后不迟于 30 个工作日内完成有关核实； （b）如有关核实在建立业务关系后 30 个工作日后仍未能完成，金融机构应暂时中止与客户的业务关系及避免进行进一步交易（在可行情况下将资金退回资金来源则不在此限）；及 （c）如有关核实在建立业务关系后 120 个工作日后仍未能完成，金融机构应终止与客户的业务关系。
《贩毒（追讨得益）条例》及《有组织及严重罪行条例》第 25A 条及《联合国（反恐怖主义措施）条例》第 12 条	4.7.9	金融机构应评估未能完成核实是否有理据令其知悉或怀疑有洗钱/恐怖分子资金筹集情况，并考虑是否宜向财富情报组提交报告。
	4.7.10	如在终止业务关系时已收到客户的资金或其他资产，在可行的情况下，金融机构应将有关资金或资产退回该等资金或资产的来源。一般来说，这是指把资金或资产退回客户/账户持有人，可是这方法并非经常可行。

① 应注意有关例外情况不适用于保险业。
② 同一原则适用于核实直接客户的地址，例如合理的时限是 90 个工作日。

续表

	4.7.11	金融机构应慎防洗钱/恐怖分子资金筹集的风险，因为这是可将资金"转变"的方法之一（例如把现金转为银行本票）。如客户要求将有关金钱或其他资产转移给第三者，金融机构应评估此举是否有理据令其知悉或怀疑有洗钱/恐怖分子资金筹集情况，并考虑是否宜向财富情报组提交报告。
确保客户资料反映现况		
附表 2 第 5（1）(a) 条	4.7.12	客户的身份一经圆满地核实，金融机构就没有责任再执行身份核实（除非对过往为识别客户的身份而取得的资料是否真实或充分有所怀疑）。但是，金融机构亦应不时采取步骤，以确保为遵从附表 2 第 2 条及第 3 条的规定而取得的客户资料能反映现况及仍属相关的。为达此目的，金融机构应定期复核客户的现有资料。 若遇有触发事件时，便是金融机构采取上述行动的适当时机。这些触发事件包括： （a）将进行一项重大交易①； （b）客户账户的操作模式出现相当程度的转变②； （c）金融机构对客户文件的标准作出颇大的修订；或 （d）金融机构知悉有关客户的资料并不足够。 在所有情况下，金融机构应在其政策及程序中就决定复核周期的因素或何为触发事件作出清晰界定。
	4.7.13	金融机构最低限度应每年对所有高度风险客户（不动户除外）的状况进行一次复核，并在认为有需要时对有关状况进行更频密的复核，以确保备存记录反映现况及相关的尽职审查资料。但是，金融机构应在其政策及程序中，清晰界定什么是不动户。
4.8 自然人		
识别附表 2 第 2 条	4.8.1	就识别个人客户的身份而言，金融机构应收集以下资料以作识别： （a）全名； （b）出生日期； （c）国籍；及 （d）身份证明文件的类别及号码。
核实（香港居民）		
附表 2 第 2（1）(a) 条	4.8.2	就香港永久性居民而言，金融机构应参考他们的香港身份证，以核实个人的姓名、出生日期及身份证号码。金融机构应保存一份个人的身份证复本。
	4.8.3	至于在香港出生而年龄在 12 岁以下及无持有有效旅游证件或香港身份证的儿童，在核实身份时可参考他们的香港出生证明书。 每当与未成年人士建立业务关系时，应按照以上规定记录及核实该未成年人士的父母或代表或陪同该未成年人士的监护人的身份。

---

① "重大"一词并非必要与金钱的款额有关，可包括不寻常的交易或与有关金融机构对客户的认识不一致的交易。
② 应参考附表 2 第 6 条"关于先前客户的条文"。

	4.8.4	至于非永久性居民，金融机构应参考其有效的旅游证件（例如未过期的国际护照），以核实其姓名、出生日期、国籍，以及旅游证件的号码及类别。在此方面，金融机构应保存一份载有持证人的照片及个人详情的"个人资料页"的复本。 另一选择是金融机构可参考这些非永久性居民的香港身份证，以核实其姓名、出生日期及身份证号码，并且参考以下资料，以核实其国籍： （a）有效旅游证件； （b）载有个人的照片的相关国民（即由政府或国家发出）身份证；或 （c）任何由政府或国家发出而可证实国籍的文件。 金融机构应保存上述文件的复本。
核实（非香港居民）		
附表 2 第 2（1）（a）条	4.8.5	至于为身份核实目的而现身香港的非香港居民，金融机构应参考他们的有效旅游证件（例如未过期的国际护照），以核实他们的个人姓名、出生日期、国籍及旅游证件的类别及号码。在此方面，金融机构保存一份载有持证人照片及个人资料的"个人资料页"的复本。
附表 2 第 2（1）（a）条	4.8.6	至于没有为身份核实目的而现身香港的非香港居民，金融机构应参考以下资料，以核实有关人士的身份，包括姓名、出生日期、国籍、身份证明文件或旅游证件的号码及类别： （a）有效旅游证件； （b）载有有关个人照片的相关国民（即由政府或国家签发）身份证；或 （c）载有个人照片的有效国家驾驶执照；或 （d）附录 A 所列载的任何其他证件。
附表 2 第 9 条	4.8.7	关于以上第 4.8.6 段，如客户没有为身份识别目的而现身，金融机构必须参考第 4.12 段的导引及执行附表 2 第 9 条的措施。
识别及核实地址		
	4.8.8	由于住址是核实有关个人身份及背景的有用资料，金融机构应取得及核实与其建立业务关系的直接客户的住址（及永久地址，如两者不相同）。
	4.8.9	为免生疑问，代表信托建立业务关系或执行交易的信托受托人视为客户，因此在直接客户关系中的受托人的地址应加以核实。
	4.8.10	核实住址的方法可包括取得以下资料①： （a）在最近三个月内发出的公用事业账单； （b）最近由政府部门或机构发出的通讯（即最近三个月内发出的）； （c）最近三个月内由认可机构、持牌法团或获授权保险人发出的结单； （d）金融机构到访该住址的记录； （e）客户就金融机构寄往客户所提供的地址的信件签署的认收信； （f）与有关个人同住的直系家庭成员发出的信件，证实申请人居于该香港地址、列示该直系家庭成员与申请人之间的关系，并且连同该成员居于同一地址的证据（适用于无法提供以其本身姓名的住址证明的人士，例如学生及家庭主妇）； （g）最近三个月内发出的流动电话或收费电视结单（寄往客户所提供的地址）； （h）由香港的护养院、安老院或残疾人士护理院发出而令金融机构信纳属可靠及可证实申请人的居所的信件； （i）由香港的大学或学院发出而令金融机构信纳属可靠及可证实申请人的居所的信件； （j）由税务局适当加盖厘印的香港租约； （k）由合适领事馆盖章的现有有效香港家庭佣工雇佣合约（当中的雇主姓名与申请人护照内的批注所载者相同）； （l）由香港的雇主发出的信件及受雇证明。有关信件及证明令金融机构信纳属可靠及可证实申请人报称的香港居所地址； （m）律师的认购楼宇确定书或确认业权的法律文件；及 （n）非香港居民：由政府发出的附有照片的驾驶执照或载有目前居住地址的国民身份证或对等司法管辖区的银行发出而令金融机构信纳当中的地址已获核实的银行结单。

---

① 所提供例子并非详尽无遗。

续表

	4.8.11	金融机构或许未能经常采取上一段建议的任何方法，这点是可以理解的。有关例子包括有些国家没有邮递服务，或是实际上并无街名，而它们的居民是要依靠邮政信箱或雇主传递邮件的。有些客户可能无法提供符合上述标准的地址证明。在此等情况下，金融机构可因应其风险程度，采取合乎常理的其他方法，例如向一位经核实为其海外雇主的董事或经理索取信件，以证实所述客户的海外住址（或提供可找到当地住址的详细指示）。 此外，亦有一些情况是客户的住址只是临时居所，因此无法提供正常地址核实所需的文件，例如按短期合约聘用的外籍雇员。金融机构应采取富弹性的程序，利用其他方法取得核实所需的资料，例如雇佣合约的复本，或银行或雇主的书面确认。在特别情况下，金融机构应采取富弹性的手法（例如客户是无家可归者）。为免生疑问起见，居于香港的人士或公司在香港注册及/或营运的公司客户，只提供邮政信箱地址是不足够的。
其他考虑因素		
	4.8.12	在大多数情况下，根据标准的核实规定行事是足够的。但是，如基于客户的性质、业务、所在地或产品的特点等，客户或产品或服务被评为属高度洗钱/恐怖分子资金筹集的风险，则金融机构应考虑是否要求有关客户提供额外的身份资料及/或须否采取额外的身份核实措施。
	4.8.13	附录A载列一份获有关当局认可供身份核实之用的独立及可靠来源的文件清单。
4.9 法人及信托		
一般条文		
	4.9.1	至于法人，主要规定是要识别在客户背后最终控制或实益拥有业务或客户的资产的人。金融机构一般会对该客户的管理行使最终控制权的人士倍加留意。
附表2第2（1）（b）条	4.9.2	在决定谁是法人的实益拥有人时（在客户并非一名自然人的情况下），金融机构的目标是要得知谁是拥有或控制法人的业务关系的人，或谁是控制及管理资金内的任何法律实体的主脑。核实实益拥有人的身份时，须依从第3章的指引使用风险为本的方法执行核实。
	4.9.3	如拥有人是另一名法人或信托，则目标是要执行合理的措施，以识别背后的法人或信托及核实实益拥有人的身份。就此而言，什么才构成控制权须视乎有关机构的性质而定，可能是指无须进一步获授权而受命管理资金、账户或投资的人。
附表2第2（1）（b）条	4.9.4	至于除自然人外的客户，金融机构应确保它们充分了解客户的法律形式、结构及拥有权，并且应额外取得关于其业务性质的资料，以及寻求有关产品或服务的理由，除非该等理由属显而易见。
附表2第5（1）（a）及6条	4.9.5	金融机构应不时进行复核，以确保所持有的客户资料反映现况及属相关的。进行复核的方法包括进行公司查册、设法取得委任董事的决议案复本、留意董事辞职，或是采取其他适当方法。
	4.9.6	许多实体的互联网网址载有关于该等实体的资料。金融机构应留意有关资料虽然有助提供它们可能需要的客户、其管理层及业务方面的资料，但该等资料可能是未经独立核实的。

法团		
识别资料		
	4.9.7	金融机构须按照标准规定取得下述资料，继而根据洗钱/恐怖分子资金筹集的风险，决定是否需要作进一步身份核实，以及如有需要，决定进一步核实身份的程度。金融机构亦应决定是否需要取得有关法团的额外资料、其营运情况及其背后的个人的资料。 金融机构应取得及核实属法团的客户的以下资料： （a）全名； （b）注册日期及地点； （c）登记或注册号码；及 （d）在注册地的注册办事处地址。 如客户的业务地址与上文第（d）项的注册办事处地址不同，金融机构应取得业务地址的资料，并在切实可行的范围内，进行核实。
	4.9.8	在核实第4.9.7段提及的客户资料的过程中，金融机构亦应取得以下资料①： （a）公司注册证书及商业登记证（如适用）的复本； （b）公司组织章程大纲及细则的复本，以证明规管及约束公司的权力；及 （c）公司的拥有权及控制权结构详情，例如拥有权架构表。 为免生疑问，这项规定不适用于附表2第4（3）条涵盖的公司。
	4.9.9	金融机构应②记录所有董事的姓名及以风险为本的方法核实董事的身份。
	4.9.10	金融机构应： （a）证实公司仍有注册及未解散、清盘、停业或被除名； （b）独立地识别及核实记录在公司注册地的公司登记册内的董事及股东姓名；及 （c）核实公司在公司注册地的公司注册办事处地址。
	4.9.11	金融机构应从以下途径核实第4.9.10段的资料： 在本地注册的公司： （a）搜寻香港公司注册处的档案及取得一份公司报告； 在海外注册的公司： （b）在公司注册地的注册处进行类似公司查册及取得一份公司报告③； （c）取得一份由有关公司的当地注册代理人签发的职权证明书（现任职位证明书)④或等同文件；或 （d）与公司查册报告类似的文件或由相关司法管辖区的专业第三者核证的职权证明书（现任职位证明书），证实该文件所载有关第4.9.10段提及的资料是正确及准确的。 为免生疑问，这项规定不适用于附表2第4（3）条涵盖的公司。
	4.9.12	如金融机构根据第4.9.11段取得公司的查册报告，当中载有例如公司注册证书、公司的组织大纲及章程等资料，则金融机构便无须根据第4.9.8段再次从客户取得相同资料。

---

① 所提供例子并非详尽无遗。

② 当然，金融机构可能已需要核实某一董事的身份，如该董事是代表实益拥有人行事或该董事看似是代表客户行事（例如账户签署人）（请参阅第4.3段及第4.4段）。

③ 另一办法是金融机构可向客户取得一份由公司注册处或专业第三者认证的公司查册报告的认证副本。该公司查册报告应在过去6个月内签发。为免生疑问，由客户自行认证的报告不足以达到此目的。

④ 金融机构可接纳由专业第三者认证的职权证明书（现任职位证明书）的认证副本。该证明书应在过去6个月内签发。为免生疑问，由客户自行认证的证明书不足以达到此目的。

实益拥有人		
附表2第1条	4.9.13	就法团而言，打击洗钱条例将实益拥有人的定义界定为： （i）符合以下说明的个人 — （a）直接或间接地拥有或控制（包括透过信托或持票人股份持有）该法团已发行股本不少于10%； （b）直接或间接地有权行使在该法团的成员大会上的投票权不少于10%，或支配该比重的投票权的行使；或 （c）行使对该法团的管理最终的控制权；或 （ii）如该法团是代表另一人行事是指该另一人。
	4.9.14	金融机构应识别及记录所有实益拥有人的身份，以及采取合理措施核实以下人士的身份： （a）所有持有25%（适用于正常风险的情况）或以上/10%（适用于高度风险的情况）或以上投票权或股本的股东； （b）对法团的管理层作出最终控制的任何个人；及 （c）客户代表的任何人。
	4.9.15	至于有多层拥有权结构的公司，金融机构必须明白有关公司的拥有权及控制权结构，同时亦须充分识别公司的中介层。金融机构可自行决定取得这些资料的方法，例如借助取得纳入或附有有关公司的拥有权图表的董事声明，而有关董事声明对中介层有所描述（所包括资料应基于风险的敏感度来作出决定及最低限度应包括公司名称、公司注册地，以及在适当情况下包括所采用的特定结构的理据），目的是要随依拥有权结构找出属金融机构的直接客户的最终实益拥有人，以及核实该等个人的身份。
	4.9.16	金融机构的例行工作无须包括核实有关公司的拥有权结构内中介公司的详情。如公司的复杂拥有权结构（例如涉及多层拥有权、不同司法管辖区、信托等）并没有明显商业目的，则会提高风险，金融机构或许因而可能需要采取进一步行动，以确保有合理理由信纳有关实益拥有人的身份。
	4.9.17	故此，是否需要核实有关公司拥有权结构内的中介公司层，主要视金融机构对有关结构的全面了解、风险评估，以及在有关情况下所取得的资料是否足够令金融机构认为已采取充分措施去识别实益拥有人的身份而定。
	4.9.18	如因拥有权太分散，金融机构应集中识别及采取合理措施核实对该公司的管理行使最终控制权的人士。
合伙及非法团体		
	4.9.19	合伙及非法团体虽然主要由个人或一组个人运作，但仍与个人有别，因为当中涉及业务。此业务的洗钱/恐怖分子资金筹集风险状况很可能与个人的风险状况不同。
附表2第1条	4.9.20	就合伙而言，打击洗钱条例将实益拥有人界定为： （i）符合以下说明的个人 （a）直接或间接地有权摊分或控制该合伙的资本或利润不少于10%； （b）直接或间接地有权行使在该合伙的投票权不少于10%，或支配该投票权的行使；或 （c）行使对该合伙的管理最终的控制权；或 （ii）如该合伙是代表另一人行事，指该另一人。

续表

附表2 第1条	4.9.21	就除合伙外的非法团体而言，实益拥有人： （ⅰ）指最终拥有或控制该非法团体的个人；或 （ⅱ）如该非法团体是代表另一人行事，指该另一人。
	4.9.22	金融机构应取得该合伙或非法团体的以下资料： （a）全名； （b）业务地址；及 （c）可对该合伙或非法团体的管理行使控制权的全体合伙人及个人的姓名，以及拥有或控制其资本或利润或其投票权不少于10%的个人的姓名。 如已存在合伙安排，应向合伙取得授权开立账户及赋权有关人士操作账户的委托书。
	4.9.23	金融机构有责任根据来自可靠及独立来源的证据来核实客户的身份。如有关合伙或非法团体为众所周知、有信誉的组织，并在业内历史悠久，而且有大量有关其本身、其合伙人及控制人的公开资料，则确认该客户是否具有相关专业或行业协会会员身份，可能足以作为该客户身份的可靠及独立的证据。但金融机构仍必须采取合理措施核实有关合伙或非法团体的实益拥有人①的身份。
	4.9.24	其他合伙及非法团体会较为低调，其合伙人及控制人的人数通常亦较少。要核实该等客户的身份，金融机构应首先考虑合伙及控制人的人数。人数如相对较少，该客户应被视为一集体；如人数较多，金融机构须决定是否应继续将该客户视为一集体，或是否视相关专业或贸易协会会员身份为可信纳的证据。除非有适当的国家登记册记项可供查核，否则在上述任何一种情况下，金融机构均须取得合伙契约（或如客户为独资经营者或其他非法团体，则其他证据），使其信纳该实体的存在。
信托		
一般条文		
	4.9.25	至于客户为会社、会所、社团、慈善组织、宗教组织、院校、友好互助社团、合作社或公积金社团，金融机构应要求阅览该等机构的组织章程，借以令其信纳该等机构的合法目的。
	4.9.26	信托并不具备独立的法人资格。其本身无法与他人建立业务关系或进行非经常交易。代表信托订立业务关系或进行非经常交易的受托人会被视为客户（即受托人代表第三者——信托及与信托有关的个人行事）。
附表2 第1条	4.9.27	就信托而言，打击洗钱条例将实益拥有人界定为： （ⅰ）有权享有信托财产的资本的既得权益不少于10%的任何个人，而不论该人是享有该权益的管有权、剩余权或复归权，亦不论该权益是否可予废除； （ⅱ）该信托的财产授予人； （ⅲ）该信托的保护人或执行人；或 （ⅳ）对该信托拥有最终控制权的个人。

---

① 应参阅第4.3.5段。

续表

4.9.28	金融机构应收集由受托人（即客户）代表其行事的信托的下列识别身份资料： （a）信托名称； （b）成立/结算日期； （c）信托文书所载的司法管辖区，有关安排受该司法管辖区的法律监管； （d）任何官方机构授予的识别号码（如有）（例如报税识别号码或慈善或非牟利团体登记号码）； （e）受托人的身份证明资料 — 须符合有关的个人或法团导引； （f）财产授予人及任何保护人或执行人的身份证明资料 — 须符合有关的个人/法团导引；及 （g）已知受益人的身份证明资料①。已知受益人指根据信托文书的条款，被识别为在合理预期中可从信托资金或收益中获益的人士或该类别人士。	

核实信托

4.9.29	金融机构应核实信托的名称及成立日期，并取得适当证据，以核实信托的存在、法律形式及参与各方，即受托人、财产授予人、保护人和受益人等。如受益人已被界定，金融机构应尽可能识别其身份。如受益人尚未确定，金融机构应集中于识别财产授予人及/或信托为其利益而设立的该类别人士的身份。符合此项要求的最直接方法是复核信托契据的适当部分。 在顾及所涉及的洗钱/恐怖分子资金筹集风险后，采取以下的合理措施来核实信托的存在、法律形式及参与各方，可包括： （a）复核信托文书的复本及保存文书的删节本； （b）参考成立信托的相关国家的合适登记册②； （c）由以专业身份行事的受托人③签发的书面确认书； （d）由已复核相关文书的律师签发的书面确认书；或 （e）至于金融机构的附属信托公司（或联营信托公司）所管理的信托，该金融机构或可依赖其附属信托公司（或联营信托公司）的书面确认书。 为免生疑问，采取合理措施核实④个别各方（即受托人、财产授予人、保护人、受益人等）的真正身份仍是必要的。	
4.9.30	如只有一类受益人可供识别，金融机构应确定及述明该类人士所涵盖的范围（例如已悉其姓名的个人的子女）。	
4.9.31	假如设立信托的司法管辖区没有等同香港的打击洗钱法例，金融机构便应加倍留意。	

其他考虑因素

4.9.32	附录 A 载列一份获有关当局认可供身份核实之用的独立及可靠来源的文件清单。	

4.10 简化的客户尽职审查（简化尽职审查）

一般条文

---

① 请参阅第 4.9.27（ⅰ）段。

② 决定登记册是否合适时，应顾及须有足够透明度（例如中央登记系统，而该系统的国家登记处用来记录已在该国家登记的信托及其他法律安排）。拥有权及控制权资料如有改变，该等资料必须加以更新。

③ 就此而言，"以专业身份行事的受托人"是指他们在包含或包括提供信托管理服务（或某方面的信托理服务）的行业或业务的过程中管理信托。

④ 请参阅第 4.3.5 段及第 4.9.27 段。

续表

	4.10.1	打击洗钱条例界定了何谓尽职审查措施，并订明在何种情况下金融机构必须执行尽职审查。简化尽职审查是指无须执行全面尽职审查措施，实际上是指金融机构无须识别及核实实益拥有人的身份①。但是，尽职审查的其他程序方面必须执行，而持续监察业务关系仍然是必要的。金融机构必须有合理理据支持才可采用简化尽职审查措施，并可能须向有关当局证明这些理据。
附表2第3（1）（d）及（e）条、第4（1）、（3）、（5）及（6）条	4.10.2	不过，当金融机构怀疑客户、客户的账户或其交易涉及洗钱/恐怖分子资金筹集活动，或该金融机构怀疑过往为识别客户的身份或核实客户的身份而取得的资料是否真实或充分时，均不得进行简化尽职审查，而不论有关客户、产品及户口类别是否属下文第4.10.3段、4.10.15段及4.10.17段所指者。
附表2第4（3）条	4.10.3	打击洗钱条例界定可对以下客户进行简化尽职审查： （a）打击洗钱条例所界定的金融机构； （b）符合以下说明的机构 — （i）在对等司法管辖区成立或设立为法团或设立（请参阅第4.20段）； （ii）经营的业务与金融机构所经营者相类似； （iii）设有措施，以确保与附表2所加的规定相类似的规定获遵从；及 （iv）在有否遵从该等规定方面，受到在该司法管辖区执行与任何有关当局职能相类似的职能的主管当局监管； （c）在任何证券市场上市的法团（"上市公司"）； （d）投资公司，而负责就该投资公司的所有投资者执行与客户尽职审查措施相类似的措施的人属 — （i）金融机构； （ii）符合以下说明的在香港或对等司法管辖区成立或设立为法团的机构 — i．设有措施，以确保与根据附表2所加的规定相类似的规定获遵从；及 ii．在有否遵从该等规定方面，受到监管； （e）政府或香港的公共机构；或 （f）对等司法管辖区的政府或在对等司法管辖区执行与公共机构的职能相类似职能的机构。
附表2第4（2）条	4.10.4	如客户（不属附表2第4（3）条所指者）在其拥有权结构当中，有属附表2第4（3）条所指的法律实体，该金融机构在与该客户建立业务关系或为其进行非经常交易时，无须识别或核实该法律实体的实益拥有人的身份。但是，金融机构仍须识别在拥有权结构中与该法律实体无关联的实益拥有人的身份，以及采取合理措施核实其身份。
附表2第2（1）（a）、（c）及（d）条	4.10.5	为免生疑问，金融机构仍必须按照本指引的相关规定： （a）识别客户的身份及核实该②客户的身份； （b）如将要与金融机构建立业务关系而有关目的及拟具有的性质并不明显，取得与金融机构建立业务关系的目的及拟具有的性质的资料；及 （c）如某人看似是代表客户行事 — （i）识别该人的身份及采取合理措施核实该人的身份；及 （ii）核实该人是否获客户授权代其行事。

---

① 包括最终拥有或控制客户的个人及客户代表的人（例如属金融机构客户的相关客户）。
② 关于金融机构及上市公司，请分别参阅第4.10.7段及第4.10.8段。

续表

本地及外地金融机构		
附表2第4（3）（a）及（b）条	4.10.6	金融机构可对属于打击洗钱条例所界定为金融机构之客户，或经营类似金融机构所经营的业务的机构，并且符合附表2第4（3）（b）条所载列准则的客户进行简化尽职审查。如客户并不符合有关准则，金融机构必须执行附表2第2条载列的所有尽职审查措施。 金融机构可对属于打击洗钱条例界定为金融机构之客户进行简化尽职审查，而该金融机构在以下情况： （a）以代名人公司的名义开立账户，以便代表第二名提述的金融机构或其相关客户持有基金单位；或 （b）以投资公司的名义开立账户，并以投资公司的服务供应商（例如基金经理或保管人）的身份开立账户，而相关投资者无权控制该投资公司的资产管理； 只要第二名提述的金融机构： （ⅰ）已在下述情况下进行尽职审查： （A）在代名人公司代表第二名提述的金融机构或第二名提述的相关客户持有基金单位的情况下，已它的相关客户进行尽职审查；或 （B）在第二名提述的金融机构以投资公司的服务供应商（例如基金经理或保管人）的身份行事的情况下，已根据打击洗钱条例的规定，对投资公司进行尽职审查，及 （ⅱ）根据合约文件或协议获授权操作有关账户。
	4.10.7	为确定有关机构已符合附表2第4（3）（a）及（b）条的准则，金融机构一般只需核实该机构是否在有关司法管辖区的获认可（及受监管）金融机构名单内，便已足够。
上市公司		
附表2第4（3）（c）条	4.10.8	金融机构可对在证券市场上市①的公司客户执行简化尽职审查，意即金融机构无须识别上市公司的实益拥有人的身份。在该等情况下，金融机构取得有关公司在证券交易所的上市地位证明即属足够。在所有其他情况下，金融机构应遵循本指引第4.9段所载的法人尽职审查规定。
投资公司		
附表2第4（3）（d）条	4.10.9	如金融机构能确定负责对投资公司的所有投资者执行与尽职审查措施相类似措施的人属附表2第4（3）（d）条所载的任何机构类别，金融机构可对有关投资公司进行简化尽职审查。
	4.10.10	投资公司可为法人或信托形式，亦可为一集体投资计划或其他投资实体。
	4.10.11	不论该投资公司是否根据其成立所在司法管辖区的管治法律，负责对相关投资者执行尽职审查，如法律许可的话，投资公司可委任另一机构（"获委任机构"），例如基金经理、受托人、管理人、过户代理、过户登记处或保管人执行客户尽职审查。如负责执行尽职审查的有关人士（投资公司②或获委任机构）属附表2第4（3）（d）条所载列的任何机构类别，金融机构可对该投资公司进行简化尽职审查，只要其信纳该投资公司已保证设有可靠的制度及管控措施，以按照与附表2所载列相类似的规定对相关投资者执行尽职审查（包括识别及核实身份）。

---

① 应参考第4.15段。

② 如管治法律或可执行的监管规定要求投资公司执行尽职审查，及投资公司在法律许可下委派或外派一家获委任机构执行客户尽职审查，以符合其法律或监管规定，就附表2第4（3）（d）条而言，有关投资公司可被视为负责执行尽职审查的一方。

续表

	4.10.12	为免生疑问，如投资公司或获委任机构均不属附表2第4（3）（d）条所载列的任何机构类别，金融机构必须识别任何拥有或控制该投资公司不少于10%权益的投资者的身份。金融机构可采用以风险为本的方法，决定是否适宜依赖负责执行尽职审查的投资公司或获委任机构（视情况而定）发出的书面陈述，列明据其实际所知，该等投资者的身份或该等投资者（如适用）在投资公司并不存在。在作出风险为本的决定时，金融机构应考虑投资公司是否为一指定的小组人士运作。如金融机构接纳此等陈述，有关情况须记录下来、保存及定期作出复核。如已识别拥有或控制超过25%权益的投资者，金融机构本身必须采取合理措施核实该等投资者的身份。
政府及公共机构		
附表2第4（3）（e）及（f）条	4.10.13	如客户为香港政府、香港的任何公共机构、对等司法管辖区的政府机构或在对等司法管辖区执行类似公共机构职能的机构，金融机构可对该客户进行简化尽职审查。
附表2第1条	4.10.14	公共机构包括： （a）任何行政、立法、市政或市区议会； （b）政府的任何部门或政府承担的任何事业； （c）任何地方或公共主管当局或任何地方或公共事业； （d）由行政长官或政府委任而不论有酬或无酬的各类委员会或其他团体；及 （e）根据或为施行任何成文法则而有权力以执行公务身份行事的各类委员会或其他团体。
特定产品的简化尽职审查		
附表2第4（4）及（5）条	4.10.15	如金融机构有合理理由相信客户进行的交易与下列任何产品有关，金融机构可对该客户进行简化尽职审查： （a）向雇员提供退休福利的公积金计划、退休金计划、退休计划或离职金计划（不论实际如何称述），而计划的供款是从受雇工作获得的入息中扣减而作出的，且计划的规则并不准许转让计划下的成员利益； （b）为公积金计划、退休金计划、退休计划或离职金计划（不论实际如何称述）的目的而购买、不载有退回条款及不可用作抵押品的保险单；或 （c）符合以下说明的人寿保险单 — （i）须缴付的每年保费不多于8000港元（或折算为任何其他货币的相同款额）；或 （ii）须缴付的一笔整付保费不多于20000港元（或折算为任何其他货币的相同款额）。
	4.10.16	就第4.10.15段（a）项而言，金融机构一般可视雇主为客户及对雇主进行简化尽职审查。如金融机构与雇员建立业务关系，则应根据第4.8段所列规定识别及核实有关雇员的身份。
律师的当事人账户		
附表2第4（6）条	4.10.17	如金融机构的客户为律师或律师行，则金融机构无须识别该客户所开设的当事人账户的实益拥有人的身份，但必须符合以下准则： （a）该当事人账户以客户的名义开设； （b）该账户内客户的当事人的金钱或证券已混合在一起；及 （c）该账户是由客户以其当事人的代理人身份管理。

续表

	4.10.18	除对客户执行正常的尽职审查外，当为律师或律师行开设当事人账户时，金融机构应确立该账户的拟议用途，即用以持有汇集的客户资金或是某特定客户的资金。
	4.10.19	金融机构应取得证据以信纳律师已被认可在香港或对等司法管辖区执业。金融机构可假设该律师设有可靠及适当的制度去识别每名客户的身份，以及可向相关客户分配资金，从而对其执行简化尽职审查，除非他们知悉律师或律师行的相反或负面资料（例如负面的消息或受到律师会谴责）。
	4.10.20	如当事人账户是代表单一客户开设，或每名个别客户都开有一个附属账户，以及资金并没有汇集在金融机构内，则金融机构除了核实开设账户的律师的身份外，亦应识别相关当事人的身份。
4.11 高度风险的情况		
附表2 第15 条	4.11.1	附表2第15条指出，金融机构在任何以性质而论属可引致洗钱/恐怖分子资金筹集的高度风险的情况下，必须采取额外措施以降低洗钱/恐怖分子资金筹集的风险。 应采取额外措施①或更严格的尽职审查措施，以降低洗钱/恐怖分子资金筹集的风险。就说明目的而言，有关措施包括： （a）取得客户的额外资料（例如有关联者②、账户或关系）及更频密地更新客户状况，包括身份证明的资料； （b）取得业务关系拟具有的性质（例如预期的账户活动）、财富来源及资金来源的额外资料； （c）取得高级管理层批准开展或继续该关系；及 （d）借助增加执行管控措施的次数及时间，以及筛选需要进一步查验的交易模式，以加强监察业务关系。 为免生疑问，必须参考第4.7.13段的规定，最低限度须每年对高度风险的客户进行复核。
4.12 客户没有为身份识别的目的而现身		
	4.12.1	金融机构必须对没有为身份识别的目的而现身的客户，进行相等于与现身的客户③同样有效的客户身份识别程序及持续监察标准。如客户不曾为身份识别的目的而现身，金融机构通常无法判断身份证明文件是否确实与交往的客户有关，因而存在更大的风险。
附表2 第5（3）（a）及9 条	4.12.2	打击洗钱条例要求金融机构采取额外措施，以抵消不曾为身份识别目的而现身的客户所涉及的风险。如客户不曾为身份识别的目的而现身，金融机构须执行以下最少一项措施以降低风险： （a）以附表2 第2（1）（a）条提述的但不曾用于根据该条核实该客户身份的文件、数据或资料为基础，进一步核实该客户的身份； （b）采取增补措施，核实该客户提供的所有资料； （c）确保存入该客户的账户的第一次的存款，是来自以该客户名义，在认可机构或在对等司法管辖区经营的境外银行开设的账户；而该司法管辖区须已设有措施确保与根据附表2施加的规定相类似的规定获遵从，以及在有否遵从该等规定方面，受到在该司法管辖区的银行监管局监管。 应按照洗钱/恐怖分子资金筹集的风险，考虑取得经适合的证明人所认证的文件的复本。

---

① 额外措施应记录在金融机构的政策及程序内。
② 可考虑取得及采取合理措施去核实董事及账户签署人的地址。
③ 为免生疑问，这并不限于在香港现身，面对面的会面可在香港以外的地方进行。

续表

	4.12.2a	在采取可以减轻没有为身份识别目的而现身的客户所构成的风险的额外措施时，持牌法团应参考《证券及期货事务监察委员会持牌人或注册人操守准则》内与没有为身份识别目的而现身的客户的开户程序有关的相关条文（目前的第5.1段）。
适合的证明人及认证程序		
	4.12.3	金融机构可委聘适合的独立证明人，以防范所提供的文件与正接受身份核实的客户不相符的风险。但是，为确使认证有效，证明人须查阅文件正本。
	4.12.4	认证身份核实文件的适合证明人选可包括： （a）附表2第18（3）条指明的中介人； （b）在对等司法管辖区的司法人员； （c）发出身份核实文件的国家的大使馆、领事馆或高级专员公署的人员；及 （d）太平绅士。
	4.12.5	证明人必须在文件的复本上签署并写上日期（在下方以大楷清楚列示其姓名），并于当中清楚注明其职位或身份。证明人必须说明该复本文件为正本文件的真确复本（或具类似效力的字词）。
	4.12.6	金融机构仍须就未有执行订明的尽职审查负有法律责任，所以在考虑接纳经认证的复本时必须审慎行事，特别是当有关文件来自被视为涉及高风险的国家或来自任何司法管辖区的不受监管的实体。 在任何情况下，当金融机构未能确定认证文件的真确性，或怀疑有关文件与客户无关，金融机构应采取额外措施，以降低洗钱/恐怖分子资金筹集的风险。
4.13 政治人物		
一般条文		
附表2第1及10条	4.13.1	近年来国际间一直高度重视向拥有重要政治背景的人物或担任重要公职人员提供金融及商业服务所涉及的风险。然而，政治人物的地位并不一定表示有关个人涉及贪污或曾因任何贪污行为而导致入罪。
	4.13.2	但是，该等政治人物的职务及职位使他们容易涉及贪污。如有关人士来自外地国家，而当地政府及社会普遍存在贿赂、贪污及金融违规的问题，风险便会更大。该等国家如没有足够的打击洗钱/恐怖主义资金筹集标准，风险形势会更为险峻。
附表2第15条	4.13.3	根据打击洗钱条例的法定释义（参阅下文第4.13.5段），政治人物只包括在中华人民共和国①以外地方担任主要公职的个人。至于本地政治人物，凭借他们所担任的职位，亦可能出现高风险情况，故亦应执行更严格的尽职审查。故此，金融机构应采用风险为本的方法，以决定是否对本地政治人物执行下文第4.13.11段的措施。

---

① 请参考第1章《释义及通则条例》中关于中华人民共和国的释义。

续表

附表 2 第 1、15 及 5（3）（c）条	4.13.4	政治人物的法定释义当然不排除国家次级政要。地区政府首长、地区政府部长及大城市市长的贪污情况并非较不严重，因为某些司法管辖区的国家次级人员可能接触大量资金。如某客户被识别为担任重要公职的国家次级人员，金融机构应适当地执行更严格的尽职审查。这亦适用于经金融机构评估为具有较高风险的本地国家次级人员。金融机构在判断什么是重要公职时应考虑多项因素，例如具有一般重大影响力的人士、对公共采购或国有企业等有重大影响力或控制权的人士。
（外地）政治人物		
附表 2 第 1 条	4.13.5	打击洗钱条例将政治人物界定为： （a）在中华人民共和国以外地方担任或曾担任重要公职的个人 — （ⅰ）包括国家元首、政府首长、资深从政者、高级政府、司法或军事官员、国有企业高级行政人员及重要政党干事； （ⅱ）但不包括第（ⅰ）节所述的任何类别的中级或更低级官员； （b）上文（a）段所指的个人的配偶、伴侣、子女或父母，或该名个人的子女的配偶或伴侣；或 （c）与（a）段所指的个人关系密切的人（请参阅第 4.13.6 段）。
附表 2 第 1 条	4.13.6	打击洗钱条例将关系密切的人界定为 — （a）该人为与上文第 4.13.5（a）段所述某人有密切业务关系的个人，包括属法人或信托的实益拥有人的个人，而第 4.13.5（a）段所述的人亦是该法人或信托的实益拥有人；或 （b）该人是属某法人或信托的实益拥有人的个人，而该法人或信托是为上文第 4.13.5（a）段所述某人的利益而成立的。
	4.13.7	处理贪污所得款项，或处理非法转移的政府、超国家或援助资金的金融机构须面对声誉及法律风险，包括可能因协助清洗犯罪所得的得益而遭刑事检控。
	4.13.8	金融机构若知悉或怀疑将与某政治人物建立业务关系，可在业务关系一开始的时候执行更严格的尽职审查并进行持续监察，以降低风险。
附表 2 第 19（1）条	4.13.9	金融机构须设立及维持有效的程序（例如参考公开资料及/或与可得知的商业资料库核对），以断定某客户或某客户的实益拥有人是否政治人物。这些程序应透过风险为本的方法，扩大至与客户有关联的人士。
	4.13.10	金融机构可利用或参考某些专门化的国家、国际、非政府及商业组织所发布的贪污风险的公开资料或相关的报告及资料库，（例如 Transparency International 按各国被认知的贪污水平排名的 Corruption Perceptions Index），以评估哪些国家最容易涉及贪污情况。 如客户与之有业务联系的国家或该客户之业务界别较容易涉及贪污，金融机构应特别提高警觉。
附表 2 第 5（3）（b）及 10 条	4.13.11	当金融机构知悉某客户或某客户的实益拥有人属政治人物，则应（ⅰ）在与该客户建立业务关系之前或（ⅱ）在维持现有的业务关系之前（如其后才发现该客户或实益拥有人属政治人物），执行下列更严格的尽职审查措施： （a）取得其高级管理层的批准； （b）采取合理措施，确立该客户或该实益拥有人的财富来源及资金来源；及 （c）按照所评估的风险就该段关系执行更严格的监察措施。

	4.13.12	金融机构须按照所评估的风险决定采取其认为合理的措施，以确立资金来源及财富来源。实际上，这一般涉及向政治人物取得资料，并将有关资料与公开资料来源（例如资产与入息声明）对照核实；部分司法管辖区要求某些高级公职人员提交这类声明，内容通常包括官员的财富来源及当前商业利益等资料。但是，金融机构应注意，并非所有声明均为公开资料，而某政治人物客户可基于合法理由拒绝提供有关资料的复本。金融机构亦应知悉，某些司法管辖区会对其政治人物持有外地银行账户或担任其他职务或受薪工作施加限制。
高级管理层的批准		
	4.13.13	打击洗钱条例并无述明哪一个级别的高级管理层可批准建立或维持与政治人物的业务关系，但金融机构应在审批过程中考虑金融机构合规主任的意见，而政治人物的潜在敏感度越高，审批过程涉及的人员级别就越应提高。
本地政治人物		
	4.13.14	就本指引而言，本地政治人物的释义是指： （a）在中华人民共和国以内地方担任或曾担任重要公职的个人 （ⅰ）并包括国家元首、政府首长、资深从政者、高级政府、司法或军事官员、国有企业高级行政人员及重要政党干事； （ⅱ）但不包括第（ⅰ）节所述的任何类别的中级或更低级官员； （b）上文（a）段所指的个人的配偶、伴侣、子女或父母，或该名个人的子女的配偶或伴侣；或 （c）与（a）段所指的个人关系密切的人（请参阅第4.13.6段）。
	4.13.15	金融机构应采取合理措施以断定某个人是否属本地政治人物。
附表2第5（3）（c）及15条	4.13.16	如知悉某名个人属本地政治人物，金融机构应进行风险评估，以断定该人是否涉及较高的洗钱/恐怖分子资金筹集风险。本地政治人物的地位本身并非必然附带较高风险。如金融机构评定某人涉及较高的洗钱/恐怖分子资金筹集风险，则应执行第4.11.1段所指明的更严格的尽职审查及监察措施。
	4.13.17	金融机构应为有关当局、其他主管当局及核数师保留评估复本；如对该名个人的活动一旦产生怀疑，当即复核该人的有关评估。
定期复核		
	4.13.18	关于经评估为涉及较高风险的外地政治人物及本地政治人物，他们须最少每年接受复核一次。金融机构应复核客户尽职审查资料，以确保资料反映现况及仍属相关的。
4.14 持票人股份		
	4.14.1	持票人股份指由持有实物股票的人所全资拥有的股本证券。发行法团并无登记股份拥有人或追踪拥有权的转让情况。股份拥有权的转让只涉及交付实物文件。故此，持票人股份缺乏普通股的监管及管控，因为其拥有权从来不做记录。鉴于持票人股份涉及较高的洗钱/恐怖分子资金筹集风险，特别组织要求容许法人可发行持票人股份的国家采取适当措施，以确保有关股份不会被滥用做洗钱用途。
附表2第15条	4.14.2	为了减少持票人股份被利用来隐藏实益拥有权资料的机会，金融机构必须对股本中有持票人股份的公司采取额外措施，因为在此情况下通常难以识别实益拥有人的身份。金融机构应采取程序以确立该等股份的持有人及实益拥有人的身份，并确保即时获得知会有关持有人或实益拥有人的变动情况。

续表

	4.14.3	持票人股份如已存放于认可/注册保管人，金融机构应寻求这方面的独立证据（例如注册代理发出的认可/注册保管人持有持票人股份的确认书、认可/注册保管人身份，以及有权享有股份所附带权利的人士的名称及地址）。金融机构应取得证据以确定持票人股份的认可/注册保管人，作为其持续定期复核的一部分。
	4.14.4	股份如非存放于认可/注册保管人，金融机构应在开立账户前及其后每年取得每名持有相关股本 10% 或以上的实益拥有人发出的声明。鉴于持票人股份涉及较高的洗钱/恐怖分子资金筹集风险，金融机构或可选择采取较打击洗钱条例所订明者更高程度的减轻风险措施，并取得每名持有相关股本 5% 或以上的实益拥有人发出的声明。金融机构亦应要求客户即时知会有关股份拥有权的任何变动情况。
4.15 没有执行或没有充分执行特别组织的建议或引致较高风险的司法管辖区		
	4.15.1	金融机构应特别注意下述情况，并应格外审慎： （a）与来自没有执行或没有充分执行特别组织建议的司法管辖区的人士（包括法人及其他金融机构）的业务关系及交易；及 （b）与评估为较高风险的司法管辖区有关联的交易及业务。 基于金融机构就上述任何一种情况作出的风险评估，附表 2 第 15 条的特别规定可能适用。除确定及记录建立业务关系的商业理据外，金融机构亦须采取合理措施，以确立该等客户的资金来源。
	4.15.2	在断定哪个司法管辖区没有执行或没有充分执行特别组织的建议或可能在其他方面存在较高风险时，金融机构应考虑（其中包括）： （a）有关当局向金融机构发出的通函； （b）该司法管辖区是否受到例如由联合国等组织所实施的制裁、禁令或类似措施的约束。此外，基于某些组织的地位或某些措施的性质，金融机构亦可能需要在某些情况下相信一些由与联合国相似但未被全球公认的组织所实施的制裁或措施； （c）该司法管辖区是否被一些可靠消息来源识别为缺乏适当打击洗钱/恐怖分子资金筹集活动的法律、法规和其他措施； （d）该司法管辖区是否被一些可靠消息来源识别为向恐怖分子提供资金或支持恐怖活动，以及有指定恐怖主义组织在其境内运作；及 （e）该司法管辖区是否被一些可靠消息来源识别为有严重程度的贪污或其他犯罪活动。 "可靠资料来源"是指由一些广为人知和有良好声誉的组织所提供及被广泛流传的资讯。除特别组织及其区域性组织以外，这些来源可包括（但并不限于）超国家或国际组织例如国际货币基金组织，由不同的财富情报组所组成的埃格蒙特集团及有关的政府组织和非政府机构。由这些可靠消息来源提供的资讯并没有相同于法律或规例的效用，亦不应被视为决定风险较高的当然因素。 金融机构应注意在没有执行或没有充分执行特别组织建议的司法管辖区，或已知在防止洗钱/恐怖分子资金筹集方面标准较低的其他司法管辖区开展业务时潜在的信誉风险。 如在香港成立为法团的金融机构于该等司法管辖区设有营运单位，该金融机构便应特别谨慎，确保这些营运单位实施有效的防止洗钱/恐怖分子资金筹集的管控措施。金融机构尤其应确保这些境外营运单位采取类似香港的政策及程序。此外，香港总办事处的职员亦应对境外营运单位进行合规及内部审计查核。
4.16 有关当局的书面通知		

附表2 第15条	4.16.1	如特别组织提出要求（可能包括强制执行更严格的尽职审查或采取针对措施①）或在其他独立于特别组织但却被视为属较高风险的情况下，有关当局可透过书面通知： （a）对金融机构施加一般责任，要求采取更严格的尽职审查措施；或 （b）要求金融机构采取书面通知内所指或所述的特定针对措施。 更严格的尽职审查/针对措施的类别与风险性质及/或缺乏程度是相称的。
4.17 依赖中介人执行客户尽职审查一般条文		
附表2 第18条	4.17.1	在不抵触附表2第18条所载列的准则下，金融机构可借助中介人执行附表2第2条所指明的任何部分的尽职审查措施。但是，确保符合尽职审查规定的最终责任仍由金融机构承担。 为免生疑问，在以下情况不视做依赖中介人： （a）外判或代理关系，即代理人按照合约安排代金融机构执行其尽职审查职能。在该情况下，该外判或代理乃视做等同于金融机构（即有关过程及文件均属于金融机构本身）；及 （b）金融机构之间代客户处理的业务关系、账户或执行的交易。 实际上，对第三者的依赖往往来自同一金融服务集团里另一成员的介绍，或在某些司法管辖区则透过另一金融机构或第三者介绍。
附表2 第18（1）及 18（4）（b）条	4.17.2	金融机构必须取得中介人的书面确认，表示： （a）它同意履行该职责；及 （b）它将应要求没有延误地提供它在代表金融机构执行尽职审查措施过程中取得的任何文件或记录的复本。 金融机构必须确保如它在打击洗钱条例的备存记录规定所列明的期间对该中介人作出要求，该中介人会在接获该要求后，在合理的切实可行的范围内，尽快向金融机构提供该中介人在执行该尽职审查措施时取得的任何文件的复本、数据或资料的记录。
	4.17.3	金融机构须取得令人信纳的证据，以确认中介人的地位及资格。该等证据可包括中介人监管机构所提供的佐证或中介人所提供有关其地位、规定、政策及程序的证据。
附表2 第18（4）（a）条	4.17.4	借助中介人执行尽职审查措施的金融机构须在该中介人执行该措施之后，立刻从该中介人取得该中介人在执行该措施时取得的数据或资料，但本段并没有规定金融机构须同时从该中介人取得该中介人在执行该措施时取得的文件的复本、数据或资料的记录。
	4.17.5	这些文件及记录如由中介人备存，金融机构须向中介人取得承诺，在金融机构与有关客户的业务关系持续期间，以及由有关业务关系终止的日期起计的6年期间内，或直至有关当局可能指明的有关时间，备存所有相关的尽职审查资料。金融机构亦须向中介人取得承诺，在中介人即将结业或不再以中介人身份代金融机构行事的情况下，提供所有相关的尽职审查资料的复本。
	4.17.6	金融机构应不时进行抽样检测，以确保中介人会应要求尽快提供尽职审查的资料及文件。

---

① 关于严重缺乏执行特别组织建议及改善进度未如理想的司法管辖区，特别组织可能建议执行针对措施。

续表

	4.17.7	金融机构如对中介人的可靠性产生怀疑，当即采取合理步骤复核该中介人履行其尽职审查职责的能力。金融机构如欲终止与中介人的关系，则应立即向中介人取得所有的尽职审查资料。如金融机构对中介人先前执行的尽职审查措施有任何怀疑，则须在合理的切实可行的范围内，尽快执行所需的尽职审查措施。
本地中介人		
附表2第18（3）（b）条	4.17.8	金融机构可依赖认可机构、持牌法团、获授权保险人、获委任保险代理人或获授权保险经纪执行任何部分的尽职审查措施。
附表2第18（3）（a）条 附表2第18（5）条	4.17.9	金融机构亦可依赖以下类别的本地中介人： （a） 在香港执业的律师； （b） 在香港执业的执业会计师； （c） 在香港执业的香港特许秘书公会的现行会员；及 （d） 根据《受托人条例》第VIII部注册并在香港经营信托业务的信托公司， 只要该中介人可令金融机构信纳其本身有充分程序以防止洗钱/恐怖分子资金筹集的活动。 让金融机构依赖这些中介人的安排，在打击洗钱条例的生效日期起计的3年后失效。
海外中介人		
附表2第18（3）（c）条	4.17.10	金融机构只可依赖符合以下说明的在对等司法管辖区经营业务或执业的海外中介人： （a） 属下列任何一类业务或职业： （i） 经营与第4.17.8段所述的金融机构所经营的业务相类似的业务的机构； （ii） 律师或公证人； （iii） 核数师、专业会计师或税务顾问； （iv） 信托或公司服务提供者；及 （v） 经营信托业务的信托公司； （b） 按该司法管辖权的法律规定，须根据该司法管辖权的法律注册或领牌或受规管； （c） 已有措施确保遵从与附表2所施加的规定相类似的规定；及 （d） 在遵从该等规定方面，受到该司法管辖权主管当局监管，而该主管当局所执行的职能，与有关当局的职能相类似。
	4.17.11	要符合上述本地及海外中介人的规定，金融机构或须： （a） 复核该中介人在打击洗钱/恐怖分子资金筹集方面的政策及程序；或 （b） 查询该中介人的声誉及监管记录，以及任何集团的打击洗钱/恐怖分子资金筹集标准的应用及审核程度。
4.18 先前客户		
对先前客户应用打击洗钱条例及指引		
附表2第6条	4.18.1	当有以下情况，金融机构必须对先前客户（于2012年4月1日打击洗钱条例生效前与之建立业务关系的客户）执行附表2及本指引所指明的尽职审查措施： （a） 有关乎该客户的交易发生而该交易凭借其款额或性质属异乎寻常或可疑；或该交易不符合金融机构对该客户、客户的业务或风险状况或客户的资金来源的认知； （b） 该客户的账户的操作模式出现相当程度的转变； （c） 金融机构怀疑该客户或该客户的账户涉及洗钱/恐怖分子资金筹集；或 （d） 金融机构怀疑过往为识别客户的身份或核实客户的身份而取得的资料是否真实或充分。

续表

| | 4.18.2 | 触发事件可包括把不动户重新活跃起来或某账户的实益拥有权或控制权有变,但金融机构将须考虑其本身客户及业务特有的其他触发事件。 |
| 附表2第5条 | 4.18.3 | 金融机构须注意,附表2第5条所述的持续监察规定亦适用于先前客户(请参阅第5章)。 |

4.19 禁用匿名账户

| 附表2第16条 | 4.19.1 | 金融机构不得为任何新客户或现有客户维持匿名账户或以虚构的姓名或名称维持账户。如存在设有保密号码的账户,金融机构必须以完全符合打击洗钱条例规定的方式维持有关账户。金融机构必须按照本指引妥为识别及核实该客户的身份。在所有情况下,不论关系是否牵涉保密号码账户,金融机构必须向已获适当授权的合规主任、其他适当的人员、有关当局、其他主管当局及核数师提供识别及核实客户身份的记录。 |

4.20 司法管辖区的对等

一般条文

| 附表2第4(3)(b)(i)、4(3)(d)(iii)、4(3)(f)、9(c)(iv)、18(3)(c)条 | 4.20.1 | 司法管辖区的对等及断定是否对等是在打击洗钱条例下采取尽职审查措施的一个重要环节。举例来说,附表2第4条限制对在对等司法管辖区成立或设立为法团及经营的业务与金融机构所经营者相类似的外地机构采取简化尽职审查。附表2第18条则限制金融机构只可借助在对等司法管辖区执业或经营业务的境外中介人执行尽职审查措施。 |
| | 4.20.2 | 根据打击洗钱条例,对等司法管辖区是指:
(a)属特别组织的成员的司法管辖区(香港除外);或
(b)施加类似附表2所施加的规定的司法管辖区。 |

断定司法管辖权是否对等

| | 4.20.3 | 故此,就司法管辖区的对等目的而言,金融机构或须自行评估及断定,除特别组织成员以外,哪个司法管辖区的规定与附表2所施加的规定相类似。这样做时,金融机构须将其对该司法管辖区的评估记录在案,有关评估或括下列考虑因素:
(a)是否某司法管辖区地区小组的成员,而该小组表明只接受承诺打击洗钱/恐怖分子资金筹集,并备有适当的法律和监管制度以支持该承诺的司法管辖区为成员。如某司法管辖区为该小组的成员,金融机构在评估该司法管辖区是否可能"对等"时可视之为一项支持因素;
(b)相互评估报告 — 倍加注意特别组织、执行与特别组织相类似职能的地区组织、国际货币基金组织及世界银行所进行的评估工作。金融机构应注意相互评估报告只在有关"时间点"适用,并应如此诠释;
(c)特别组织透过国际合作观察小组(International Co – operation Review Group)程序发布的缺乏执行打击洗钱/恐怖分子资金筹集策略的司法管辖区名单;
(d)有关当局不时发出的忠告通函,提醒金融机构哪些司法管辖区在管控打击洗钱/恐怖分子资金筹集方面表现欠佳;
(e)专门化的国家、国际、非政府及商业的机构所发布的司法管辖区、实体及个人名单,而名单内的司法管辖区、实体及个人所牵涉或据称牵涉的活动令人对于它们在打击洗钱/恐怖分子资金筹集方面的诚信产生怀疑,例如 Transparency International 按各国被认知的贪污水平排名的 Corruption Perceptions Index;及
(f)第4.15段就"没有执行或没有充分执行特别组织建议或在其他方面面对较高风险的司法管辖区"提供的导引。 |

续表

	4.20.4	金融机构各自根据特定情况作出有关司法管辖区是否对等的判断，而高级管理层亦须就该判断负责。故此，断定某一司法管辖区是否属对等的理由（属特别组织成员的司法管辖区除外）必须在作出决定时记录在案，且有关决定是根据最新及相关的资讯作出。评估记录及所考虑因素应予以保留，供监管审查及定期复核之用，同时有关决定是根据反映现况及仍属相关的资料所作出。

第 5 章　持续监察

一般条文		
附表 2 第 5（1）条	5.1	有效的持续监察措施对了解客户的活动至关重要，它不但是有效地打击洗钱/恐怖分子资金筹集系统中一个不可缺少的部分，亦有助金融机构了解客户及侦查异常或可疑活动。 金融机构须借以下措施，持续监察与客户的业务关系： （a）不时复核根据附表 2 第 2 条及第 3 条取得的关于客户的文件、数据及资料，以确保该等文件、数据及资料反映现况及仍属相关的①； （b）监察客户的交易活动（包括现金及非现金交易），以确保它们与客户的业务性质、风险状况及资金来源相符。异乎寻常的交易活动模式可能与该客户的预期交易模式不相符，或与所提供产品或服务类别应涉的正常业务活动不相符；及 （c）辨识复杂、大额或异乎寻常的交易，或无明显经济合法目的之交易模式；这些都可能显示洗钱及/或恐怖分子资金筹集的活动。
	5.2	未能执行持续监察可能会导致金融机构被罪犯利用，也会令人对该金融机构的制度及管控措施，或对其管理层的审慎程度、诚信或是否合适及妥当产生疑问。
	5.3	金融机构应考虑须加以监察的可能特征包括： （a）交易性质及类别（例如不寻常金额或频密程度）； （b）一连串交易的性质（例如多次现金存款）； （c）任何交易的金额，尤其须关注特别大额的交易； （d）付款/收款的地点；及 （e）该客户的正常活动或营业额。
	5.4	与客户的业务关系基础随时间过去会发生变化，金融机构应对此等变化提高警觉。这些变化可在以下情况下发生： （a）推出较高风险的新产品或服务； （b）客户设立新法团或信托架构； （c）客户的既定活动或营业额有变或增多；或 （d）交易性质转变或交易量或交易规模变大等。
	5.5	业务关系如发生重大的基本变化，金融机构应采取进一步的尽职审查程序，以确保充分了解所涉的洗钱/恐怖分子资金筹集风险及业务关系的基本情况。持续监察程序必须考虑到上述的变化。
	5.6	金融机构向财富情报组提交报告时应对业务关系进行适当复核，以及视乎情况更新尽职审查资料。这有助金融机构评估合适的持续复核及监察水平。

---

① 请参阅第 4.7.12 段及第 4.7.13 段。

采用风险为本的方法进行监察		
	5.7	监察程度应与客户的风险状况挂钩，而有关风险状况仍按照第3章所述的风险评估作出判断。最有效的做法是将资源集中于洗钱/恐怖分子资金筹集风险较高的业务关系上。
附表2第5（3）条	5.8	金融机构在监察涉及较高风险的业务关系时必须采取额外措施。金融机构须对高风险关系（例如涉及政治人物的业务关系）进行更频密的监察及加强监察。在监察高风险情况时，相关考虑因素可包括： （a）是否备有足够的程序或管理资讯系统，为相关人员（例如合规主任、洗钱报告主任、前线职员、客户经理及保险代理人）提供适时的资讯，包括因执行更严格的尽职审查措施或其他额外措施而取得的任何关联账户或客户关系的资讯；及 （b）如何监察较高风险客户的资金、财富及收益来源，以及如何记录有关情况的任何变化。
方法及程序		
	5.9	在考虑什么是监察客户的交易及活动的最佳方法时，金融机构应考虑下列因素： （a）业务的规模及复杂程度； （b）对业务所产生的洗钱/恐怖分子资金筹集风险的评估； （c）系统及管控措施的性质； （d）满足其他业务需要的现存监察程序；及 （e）产品及服务的性质（包括交付或沟通途径）。 有多种方法可达致以上目标，包括特殊报告（例如大额交易的特殊报告）及交易监察系统。特殊报告有助金融机构得知运作情况。
附表2第5（1）（c）条	5.10	如发现复杂、大额或异乎寻常的交易，或并无明显经济或合法目的之交易模式，金融机构应查验该等交易的背景、目的及情况（如适合）。这些查验的发现及结果应以书面方式记录在案，借以为有关当局、其他主管当局及核数师提供协助。备存有关决策、决策人，以及决策理由的妥善记录，将有助金融机构证明它们已适当地处理异常或可疑活动。
《贩毒（追讨得益）条例》及《有组织及严重罪行条例》第25A（5）条及《联合国（反恐怖主义措施）条例》第12（5）条	5.11	该等查验可包括询问客户问题，即一个合理的人在该等情况下凭常理会提出的问题。该等凭诚信适当地进行的查询并不构成通风报信（参阅：〈www.jfiu.gov.hk/eng/sus-picious_ask.html〉）。这些查询直接与尽职审查的规定挂钩，并反映出在侦查异常或可疑活动中"了解你的客户"的重要性。该等查询及查询结果应以书面方式记录在案，借以为有关当局、其他主管当局及核数师提供协助。如有任何怀疑情况，必须向财富情报组提交报告。
	5.12	客户如提出现金交易（包括存款及提款）及转账给第三者，而该等要求与该客户的已知合理惯例并不相符，金融机构必须审慎处理有关情况，并作出进一步的相关查询。如金融机构未能信纳任何现金交易或第三者转账为合理交易，并因此认为有可疑，则应向财富情报组提交可疑交易报告。

第6章 金融制裁及恐怖分子资金筹集

金融制裁及扩散资金筹集		
	6.1	香港的金融制裁制度适用于所有人，而非只限于金融机构。
《联合国制裁条例》第3（1）条	6.2	第537章《联合国制裁条例》授权行政长官订立规例，以执行联合国安全理事会所决定的制裁，并指明或指定相关的人及实体。
	6.3	这些制裁通常禁止直接或间接为某指定人士的利益或财物提供任何资金或经济资源或处理属于该指定人士的任何资金或经济资源。
	6.4	有关当局向所有金融机构分发根据《联合国制裁条例》刊登于政府宪报的指定名单。
	6.5	虽然根据香港法律，金融机构一般并无任何责任关注其他司法管辖区的其他组织或主管当局发出的名单，但经营国际业务的金融机构仍须注意该等司法管辖区的相关金融/贸易制裁制度的范畴及重点。如这些制裁可能对金融机构的业务构成影响，则金融机构应考虑这会对其程序引致什么影响，例如考虑监察有关人士，以确保不会向名列某外地司法管辖区制裁名单的人士支付款项或接收来自该等人士的款项。
《联合国制裁条例》下的适用规例	6.6	行政长官可就禁令批予特许，准许向《联合国制裁条例》的指定人士提供资金及经济资源。寻求有关特许的金融机构应向商务及经济发展局提出书面申请。
恐怖分子资金筹集		
	6.7	恐怖分子资金筹集一般指进行牵涉财产的交易，而有关财产由恐怖分子拥有或曾经或意图用于协助作出恐怖主义行为。打击洗钱制度先前并无明确涵盖这点，该制度着重处理犯罪得益，即财产来源才是重点关注所在。在恐怖分子资金筹集方面，重心在于财产的终点或用途，而有关财产可以是从合法来源取得的。
安理会第1373（2001）号决议	6.8	联合国安全理事会已通过联合国安全理事会（安理会）1373（2001）号决议，要求全体成员国采取行动，防止和遏制恐怖分子资金筹集行为。安理会反恐怖主义委员会就实施关于恐怖主义的安理会决议发出的指引载于 www.un.org/Docs/sc/committees/1373/，供各方查阅。
安理会第1267（1999）号决议；第1390（2002）号决议；第1617（2005）号决议	6.9	联合国亦已根据相关的安理会决议〈例如安理会第1267（1999）号、第1390（2002）号及第1617（2005）号决议〉公布涉及乌萨马·本拉登、亚盖达组织和塔利班组织而遭受联合国金融制裁的个人及组织的名单。联合国全体成员国根据国际法律均须冻结名列该名单的任何法人的资金及经济资源，并且就任何与该名单吻合的可疑姓名/名称向有关当局报告。
	6.10	第575章《联合国（反恐怖主义措施）条例》于2002年制定，以实施安理会第1373号决议的强制性内容及特别组织的特别建议。
《联合国（反恐怖主义措施）条例》第6条	6.11	保安局局长获权冻结怀疑是恐怖分子的财产，并可指示除根据特许的授权外，任何人不得处理该已冻结的财产。如违反此项规定，最高可被判7年监禁及未指定金额的罚款。

	6.12	《联合国（反恐怖主义措施）条例》第6条主要赋予保安局局长行政权力，冻结怀疑恐怖分子的财产，冻结期可长达两年，期间有关当局可向法院申请法令没收该财产。这项行政冻结机制令保安局局长一旦接到在香港的怀疑恐怖分子财产的情报，即可采取冻结行动。
《联合国（反恐怖主义措施）条例》第8条及14条	6.13	除根据保安局局长批予的特许的授权外，任何人不得以任何方法直接或间接地向恐怖分子或与恐怖分子有联系者提供任何财产或金融服务，亦不得为该人的利益而提供该等财产或服务。任何人亦不得以任何方法直接或间接地向恐怖分子或与恐怖分子有联系者的利益筹集财产或寻求金融（或有关的）服务。如违反此项规定，最高可被判14年监禁及未指定金额的罚款。
	6.14	《联合国（反恐怖主义措施）条例》第8条对冻结本身并无影响。（ⅰ）除根据保安局局长批予的特许的授权外，该条文禁止任何人在知道某人是或有合理理由怀疑某人是恐怖分子或与恐怖分子有联系者的情况下，以任何方法向该人直接或间接提供任何财产或金融服务，以及禁止为该人的利益而直接或间接提供该等财产或金融服务；及（ⅱ）该条文禁止任何人在知道某人是或有合理理由怀疑某人是恐怖分子或与恐怖分子有联系者的情况下，以任何方法为该人的利益直接或间接筹集财产或寻求金融（或有关的）服务。
《联合国（反恐怖主义措施）条例》第6（1）条	6.15	保安局局长可就禁令批予特许，准许将已冻结的财产及经济资源解冻，并容许根据《联合国（反恐怖主义措施）条例》，向指定人士支付款项，或为该人的利益而支付款项。寻求有关特许的金融机构须向保安局提出书面申请。
《联合国（反恐怖主义措施）条例》第4（1）条	6.16	如某人被联合国安全理事会委员会指定为恐怖分子，而他的资料详情其后根据《联合国（反恐怖主义措施）条例》第4条在政府宪报公告中刊登，有关当局会向所有金融机构分发该指定名单。
《大规模毁灭武器（提供服务的管制）条例》第4条	6.17	根据第526章《大规模毁灭武器（提供服务的管制）条例》第4条，如某人向他人提供任何服务，而该人基于合理理由相信或怀疑该等服务可能与大规模毁灭武器扩散有关，该人即属犯罪。提供服务被广泛界定为及包括借出款项或以其他方式提供金融资助。
	6.18	金融机构有不少途径可以借鉴参考，包括海外主管当局的相关指定名单，例如美国政府根据相关行政命令制定的指定名单。有关当局可不时促请金融机构注意该等指定名单。 金融机构故应确定本身有适当系统，借以与相关名单核对及确保名单反映现况，以达到筛查的目的。
数据库备存及筛查（客户及付款）		
	6.19	金融机构应采取措施，确保遵守打击恐怖分子资金筹集的相关法规及法例。金融机构及它们的职员应充分了解本身的法律责任，以及职员应获提供充足导引及培训。金融机构须订立打击恐怖分子资金筹集的政策及程序。识别可疑交易的制度及机制应涵盖恐怖分子资金筹集及洗钱事宜。

续表

	6.20	金融机构应能够识别涉及恐怖分子嫌疑人物及指定人士的交易，以及就该等交易作出报告，这点至关重要。为此，金融机构须确保备存记录恐怖分子嫌疑人物及指定人士名称及详细资料的数据库，以综合所知的各种名单的资料。金融机构亦可另作安排，查阅由第三者服务供应商备存的数据库。
	6.21	金融机构须确保数据库已收录相关的指定名单。该数据库尤其应收录政府宪报刊登的名单及根据美国行政命令第 13224 号指定的名单。每当资料有变化时，该数据库亦应及时更新，让职员易于查阅，从而识别可疑交易。
	6.22	对金融机构的整个客户群持续进行全面筛查，是防止恐怖分子资金筹集及违反制裁规定的一项基本的内部管控措施。筛查方式应如下： （a）在建立关系时，根据当时的恐怖分子及制裁指定名单对客户进行筛查；及 （b）其后当有关当局刊登新的恐怖分子及制裁指定名单后，应在切实可行的范围内，尽快根据新的指定名单对整个客户群进行筛查。
	6.23	金融机构须设有若干筛查付款指示的措施，以确保不会向指定人士支付款项。金融机构对于可疑的电传转账指示尤须提高警觉。
	6.24	如出现值得怀疑的情况，金融机构应在建立业务关系或处理交易前，尽可能执行更严格的查核。
	6.25	有关筛查及任何结果应记录在案或以电子方式记录，显示已符合上文第 6.22 段至 6.24 段的规定。
	6.26	如金融机构怀疑某项交易与恐怖分子有关，应向财富情报组作出报告。如该项交易因其他理由看似可疑，即使没有证据证明与恐怖分子直接有关，也应该向财富情报组作出报告，因该项交易其后可能会显露出与恐怖分子有关联。

第 7 章　可疑交易报告

一般事项		
《贩毒（追讨得益）条例》及《有组织及严重罪行条例》第 25A（1）条及《联合国（反恐怖主义措施）条例》第 12（1）条	7.1	根据《贩毒（追讨得益）条例》及《有组织及严重罪行条例》第 25A 条，任何人如知悉或怀疑财产是代表贩毒得益或可公诉罪行的得益而没有作出披露，即属犯罪。同样的，根据《联合国（反恐怖主义措施）条例》第 12 条，任何人如知悉或怀疑某财产是恐怖分子财产而没有就该等财产作出披露，亦属犯罪。根据《贩毒（追讨得益）条例》及《有组织及严重罪行条例》，任何人如没有就所知悉或怀疑事项作出报告，最高可被判监禁 3 个月及罚款 50000 港元。
《贩毒（追讨得益）条例》及《有组织及严重罪行条例》第 25A（2）条及《联合国（反恐怖主义措施）条例》第 12（2）条	7.2	向财富情报组提交报告，可就报告中所披露的洗钱/恐怖分子资金筹集罪行的作为，为金融机构提供法定免责辩护，只要： （a）该报告是在金融机构作出所披露作为之前作出，而该作为（交易）是得到财富情报组的同意的；或 （b）该报告是在金融机构作出所披露作为（交易）之后，由金融机构主动及在合理范围内尽快作出的。

续表

《贩毒（追讨得益）条例》及《有组织及严重罪行条例》第 25A（4）条及《联合国（反恐怖主义措施）条例》第 12（4）条	7.3	在作出该等披露方面，雇员若已根据雇主订立的程序向适当人士报告所怀疑事项，他已完全履行了有关法定规定。《贩毒（追讨得益）条例》及《有组织及严重罪行条例》第 25A（5）条及《联合国（反恐怖主义措施）条例》第 12（5）条。
	7.4	向任何人士透露任何可能会对调查工作有影响的资讯（通风报信），即属犯罪。如告知客户已作出报告，这会影响调查工作，因而已犯罪。
	7.5	知悉或怀疑一旦确立，下列一般性原则应予应用： （a）如怀疑存在洗钱/恐怖分子资金筹集的情况，即使金融机构没有进行交易，亦没有交易透过金融机构进行，也必须作出披露①； （b）在确定有关怀疑后，必须在切实可行范围内尽快作出披露；及 （c）金融机构必须确保已设有内部管控及制度，以防止任何董事、高级人员及雇员触犯向披露所涉的有关客户或任何其他人通风报信的罪行。金融机构亦应该小心，以免向客户作出查询时导致发生通风报信的情况。
	7.6	尽职审查及持续监察措施提供了辨认异常与可疑交易及事件的基础。识别可疑活动的一个有效方法是去充分了解客户，以及他们的情况及预期的正常活动；一旦某项交易或指令，或连串交易或连串指令变得异常，即可识别出来。
	7.7	金融机构必须确保已为职员②提供充足导引，在顾及职员可能遇到的交易及指令性质、产品或服务类别及交付方式（即不论为当面或遥控交付），让职员在发生洗钱/恐怖分子资金筹集情况时即产生怀疑或能将有关情况辨别出来。这也使职员能识别及评估相关资料，以判断某项交易或指令在该等情况下是否可疑。
知悉与怀疑的比较		
	7.8	金融机构有责任在知悉或怀疑存在洗钱/恐怖分子资金筹集情况下作出举报。一般而言，知悉可能包括： （a）实际知悉； （b）知悉一个合理的人会认为是事实的情况；及 （c）知悉某些会令合理的人提出查询的情况。
	7.9	怀疑是较为主观的。怀疑是个人的，并且缺乏确凿的证据作证明。

---

① 举报责任要求任何人举报怀疑洗钱/恐怖分子资金筹集的情况，而不论所涉金额。《贩毒（追讨得益）条例》及《有组织及严重罪行条例》第 25A（1）条及《联合国（反恐怖主义措施）条例》第 12（1）条所述的举报责任适用于"任何财产"。根据这些条文，只要产生怀疑即确立举报责任，而无须考虑交易本身。因此，不论某项交易事实上有否进行（并涵盖试图进行的交易），举报责任亦都适用。

② 就第 7 章而言，职员包括获委任保险代理人。

续表

	7.10	因可用于犯罪活动的交易类别不胜其数，故难以断定什么会构成可疑交易。
	7.11	关键在于充分了解该客户的业务，从而辨别某项交易或连串交易是否异常，以及透过查验有关异常状况，辨别是否有可疑的洗钱/恐怖分子资金筹集情况。如某项交易在金额、来源、目的地或类别方面与已知的客户合法业务或其个人活动等不一致，该项交易应视为异常，金融机构因而应提高警觉。
财富情报组"SAFE"方法	7.12	如金融机构就某项活动或交易进行查询并取得它认为属可信纳的解释，则可断定没有怀疑的理由，故不再采取进一步行动。但是，如金融机构进行的查询未能取得有关该活动或交易的可信纳的解释，则可断定为有怀疑的理由，并必须作出披露（请参阅〈www.jfiu.gov.hk/eng/suspicious_ask.html〉）。
	7.13	对知悉或怀疑的人而言，他无须知道涉及洗钱的相关犯罪活动的性质，或资金本身是否确实从犯罪而来。
	7.14	下文列出在某些情况下可能会产生可疑交易的例子（非详尽无遗）： （a）无明显合法目的及/或看来没有商业理据的交易或指令； （b）明显过于繁复或不构成最合理、方便或安全的营业方式的交易、指令或活动； （c）如客户要求的交易，在没有合理解释的情况下，超出一般要求的正常服务范围，或超出有关该特定客户的金融服务业务的经验； （d）在没有合理解释的情况下，交易规模或模式与先前已建立的任何模式不相符； （e）如客户拒绝提供所要求的资料而没有合理解释，或拒绝配合尽职审查及/或持续监察程序； （f）在没有合理解释的情况下，已建立业务关系的客户只为某单一交易或在某段极短的期间利用该段关系； （g）广泛使用信托或离岸结构产品，而在当时情况下该客户使用该等服务并不切合其本身需要； （h）在没有合理解释的情况下，在高风险司法管辖区①进行转账往来，与该客户已宣布的业务交易或权益并不相符；及 （i）与第三者或透过第三者户口进行不必要的资金或其他财产的调度往来。 有关什么可能构成可疑交易的其他例子载于第7.39段至第7.40段。这些例子并非详尽无遗，仅旨在提供一些有关洗钱的最基本途径的例子。但是，识别上文或第7.39段至第7.40段所列示的任何一类交易之后，金融机构应及时作进一步调查，这至少可促使其对有关资金来源作出初步查询。 金融机构也应注意到，个别交易当中的环节可能显示财产涉及恐怖分子资金筹集活动。特别组织已就金融机构如何侦查恐怖分子资金筹集事宜发出导引②。金融机构要熟悉该导引中所载的特点，按标题归类为：（ⅰ）账户；（ⅱ）存款及提款；（ⅲ）电传转账；（ⅳ）客户或其身份的特色；以及（ⅴ）与值得关注的地点挂钩之交易。
	7.15	《贩毒（追讨得益）条例》、《有组织及严重罪行条例》及《联合国（反恐怖主义措施）条例》禁止金融机构或其职员就已提交可疑交易报告一事作出可能损害而随之进行的调查的任何披露。金融机构在与客户建立关系或进行非经常交易的过程中，在执行尽职审查职责时存在着无意中向客户通风报信的风险。 客户察觉到可能作出可疑交易报告或调查的情况，可能会损害日后进行的可疑洗钱/恐怖分子资金筹集调查。故此，如金融机构怀疑有洗钱/恐怖分子资金筹集的交易，在执行尽职审查程序时必须考虑通风报信的风险。金融机构应确保其雇员在进行尽职审查时必须察觉此等敏感性问题。

---

① 有关断定何谓高风险司法管辖区的导引载于第4.15段。
② 可在特别组织网站查阅，网址为 www.fatf-gafi.org/dataoecd/39/21/34033955.pdf。

续表

举报时间及方式		
	7.16	当金融机构知悉或怀疑某财产代表犯罪得益或恐怖分子财产,必须在合理范围内尽快向财富情报组作出披露①。现强烈推荐有关金融机构使用标准表格,或注册用户可使用电子渠道"STREAMS"②。有关报告方法及建议的其他详情,可于www.jfiu.police.gov.hk查阅。如需作出紧急披露,特别是当有关账户是一宗正在进行的调查的一部分,这必须在披露中述明。如情况特殊而须作出紧急披露,可考虑初步以电话通知。
	7.17	视何时得悉或出现可疑情况,金融机构可在可疑交易或活动发生前作出披露(而不论该拟作交易最终有否成事),或如某项交易或活动仅在事后才看似可疑,则可在该交易或活动完成后始作披露。
《贩毒(追讨得益)条例》及《有组织及严重罪行条例》第25A(1)条、《联合国(反恐怖主义措施)条例》第12(1)条	7.18	法律规定金融机构须将该项知悉或怀疑所根据的任何事宜连同披露一并提交。客户如已指示金融机构移动资金或其他财产、结束户口、安排现金备取或对业务关系作出重大变动,则尤其需要立即作出披露。在该等情况下,可考虑紧急联络财富情报组。
内部报告		
	7.19	金融机构应委任一名洗钱报告主任作为报告可疑交易的中央联络点。金融机构应制定措施去持续查核其政策及程序,以确保符合法律及监管规定,以及对合规情况加以检测。在此方面采取的措施的类别及程度,应与洗钱/恐怖分子资金筹集风险及业务规模配合。
	7.20	金融机构应确保洗钱报告主任在机构内有足够的地位及充足资源来履行职能。
《贩毒(追讨得益)条例》及《有组织及严重罪行条例》第25A(4)条、《联合国(反恐怖主义措施)条例》第12(4)条	7.21	鉴于洗钱报告主任可充分查阅所有相关文件及接触其他各方,他有责任考虑所接收到的一切内部披露。但是,洗钱报告主任不应仅被动地接收可疑交易的专案报告。反之,洗钱报告主任应积极参与识别及报告可疑交易。这可能包括定期复核特殊报告、大额或非常规交易报告,以及职员作出的专案报告。为履行该等职能,所有金融机构必须确保洗钱报告主任得到全体职员的充分合作及可完全查阅所有相关文件,让他能够判断是否存在值得怀疑或已知的任何试图进行或实质的洗钱/恐怖分子资金筹集情况。
	7.22	洗钱报告主任如未能尽职地考虑所有相关材料,可导致重要资料被忽略,以致未能按照法例规定向财富情报组披露可疑交易或活动或试图进行的可疑交易或活动。另外,此亦可导致重要资料被忽略,以致所披露其实是不必要的。

---

① 披露的目的是要履行第7.1段所列述的责任。如金融机构欲举报罪行,应直接向香港警务处举报。

② STREAMS(可疑交易报告及管理系统)是一个协助接收、分析及发放可疑交易报告的网络平台,尤其推荐需频繁作出报告的金融机构使用STREAMS。其他详情可向财富情报组索取。

续表

	7.23	金融机构应设立及维持程序以确保： （a）全体职员均知悉洗钱报告主任的身份及作出内部披露报告时应依循的程序；及 （b）所有披露报告必须送达洗钱报告主任，不得出现无故延误。
	7.24	即使金融机构可能有意建立内部制度，让职员向洗钱报告主任发送报告前先咨询其主管或经理的意见，但在任何情况下，非负责洗钱报告/合规职能的主管或经理均不得过滤职员所提交的报告。金融机构的法律责任是在合理范围内尽快作出报告，故报告流程应尽可能缩短，令发现可疑交易的职员与洗钱报告主任之间涉及的人数越少越好，从而确保报告能迅速、保密及无障碍地送交洗钱报告主任。
	7.25	所有向洗钱报告主任作出的可疑活动报告均必须以文件记录（如为紧急情况，可在通过电话进行初步讨论后再作记录）。该报告必须包括有关客户的全部详情，以及尽可能完整地陈述导致产生怀疑的全部资料。
《贩毒（追讨得益）条例》及《有组织及严重罪行条例》第25A（5）条、《联合国（反恐怖主义措施）条例》第12（5）条	7.26	洗钱报告主任必须确认收到有关报告，并同时提醒有关人士他们在责任上不可作出通风报信的事宜。有关通风报信的条文包括已于内部提交的可疑交易报告，但尚未向财富情报组报告的情况。
	7.27	就某交易或事件的可疑情况作出报告，并不代表再无须要就同一客户的更多可疑交易或事件作出报告。更多可疑交易或事件，不论是否属同一性质或有别于先前的可疑情况，均必须继续向洗钱报告主任报告，如恰当，他将向财富情报组作进一步报告。
	7.28	当评估某项内部披露时，洗钱报告主任必须采取合理步骤以考虑所有相关资料，包括金融机构内部使用或提供给金融机构的有关报告所牵涉实体的尽职审查及持续监察资料。这可包括： （a）复核透过有关联账户进行之其他交易模式及交易量； （b）任何先前的客户指示模式、业务关系年期及查阅尽职审查及持续监察资料和文件；及 （c）按照财富情报组推荐的有系统方法来适当地查问客户①，借以识别可疑交易。
	7.29	作为复核的一部分，有可能需要查核其他关联账户或关系。即使需要搜寻关联账户或关系的资料，但亦应在及时向财富情报组作出报告的法定规定，以及因须搜寻更多关联账户或关系的相关资料而引致延误之间取得适当平衡。有关评估过程，连同所得出的结论均应记录在案。
	7.30	完成评估后，洗钱报告主任若判定有知悉或怀疑的理由，则应于评估完成后，在合理范围内尽快将有关资料连同有关该项知悉或怀疑所根据的任何事宜的资料向财富情报组披露。假使他们凭诚信而决定不向财富情报组提交可疑交易报告，而洗钱报告主任是在考虑过所有可获取的资料后作出没有可疑情况的结论，则金融机构不大可能会因没有报告而负上刑事法律责任。但是，最重要的是洗钱报告主任必须将他们的慎重考虑和采取的行动妥为备存记录，证明他们是以合理的方式行事。

---

① 有关详情，请浏览 www.jfiu.gov.hk。

续表

记录内部报告		
	7.31	金融机构必须建立及保存向洗钱报告主任作出的所有洗钱/恐怖分子资金筹集报告的完整记录。该记录应收录作出报告日期、其后处理报告的人员、评估结果、报告是否导致须向财富情报组作出披露，以及报告的相关文件存放何处等详情。
向财富情报组作出报告的记录		
	7.32	金融机构必须建立及保存向财富情报组作出的披露的完整记录。该记录必须收录有关披露日期、作出披露的人，以及披露的相关文件存放何处等详情。如果认为恰当，这记录册可与内部报告记录册合并处理。
报告后续事宜		
	7.33	金融机构应注意： （a）向财富情报组提交报告可作为洗钱/恐怖分子资金筹集的法定免责辩护仅限于该特定报告中所披露的作为。这不会免除金融机构因该账户的持续运作而涉及的法律、声誉或监管风险； （b）财富情报组就交易前的报告作出"同意"的回应，不应被解释为该账户持续运作的"健康证明"或显示该账户不会令金融机构涉及风险； （c）向财富情报组提交报告后，金融机构应立即对业务关系进行适当复核，而不论财富情报组其后有否给予任何反馈意见； （d）金融机构对某客户的账户运作或某段业务关系一旦表示关注，应立即采取合理行动减轻风险。向财富情报组提交报告后继续运作该业务关系，而不再进一步考虑有关风险及施加适当的管控措施以减轻所发现的风险，是不可接受的做法； （e）已向财富情报组报告的关系应由洗钱报告主任进行适当复核。如有需要，有关问题应上报至金融机构的高级管理层，并配合金融机构的业务目标及减轻所发现风险的能力，以断定如何处理该段关系，从而减轻该段关系所带来的任何潜在的法律或声誉风险；及 （f）如金融机构因与客户继续维持业务关系而蒙受风险，则它并无义务维持该等关系。建议金融机构在初次向财富情报组披露之时即表明可能终止关系的意向，让财富情报组得以在初期阶段就有关行动提供意见。
《贩毒（追讨得益）条例》及《有组织及严重罪行条例》第25A（1）（c）条及（2）（a）条、《联合国（反恐怖主义措施）条例》第1及12（2）（a）条	7.34	财富情报组会确认收到机构根据《贩毒（追讨得益）条例》及《有组织及严重罪行条例》第25A条，以及《联合国（反恐怖主义措施）条例》第12条作出的披露。如无须立即采取行动，例如就有关账户发出限制令，财富情报组一般会"同意"有关机构根据《贩毒（追讨得益）条例》及《有组织及严重罪行条例》第25A（2）条运作该账户。本指引的附录B载有该信件的样本。至于透过电子渠道"STREAM"作出的披露，则会经由同一渠道收到电子收据。财富情报组会就该项知悉或怀疑所根据的任何事宜，要求金融机构提供更多资料或要求作出澄清。

续表

	7.35	虽然并无法定规定必须就调查作出回应，香港警方及香港海关对设立有效的回应程序颇为重视。财富情报组会在每季报告①提供反馈意见，或应要求向作出披露的金融机构作出回应，阐述调查的当时状况。
	7.36	经财富情报组初步分析后，将予编制的报告会交由财务调查人员作进一步调查。金融机构必须确保在规定期限内就所有提交令作出回应，并提供一切属该等提交令范围的资料或材料。金融机构在遵守规定时限方面如遇到困难，洗钱报告主任应第一时间联络调查的主管人员，寻求进一步导引。
《贩毒（追讨得益）条例》第10条及第11条、《有组织及严重罪行条例》第15条及第16条、《联合国（反恐怖主义措施）条例》第6条	7.37	在执法调查期间，金融机构可能会收到限制令，以便在调查结果出来之前冻结某些资金或财产。金融机构必须确保它能够冻结该限制令涉及的相关财产。应注意该限制令不一定适用于某业务关系中涉及的全部资金或财产，而金融机构应考虑在已取得财富情报组的适当同意下，可动用哪些资金或财产（如有）。
《贩毒（追讨得益）条例》第3条、《有组织及严重罪行条例》第8条、《联合国（反恐怖主义措施）条例》第13条	7.38	被告一经定罪，法院可下令没收其犯罪所得，而金融机构如持有属于该被告的资金或其他财产（法院认为代表其犯罪得益），则可能会收到没收令。如法院信纳某些财产属恐怖分子财产，亦可下令充公有关财产。
透过证券业进行洗钱活动		
利用涉及证券、期货合约或杠杆式外汇合约交易进行洗钱活动		
	7.39	与客户有关的情况 （a）由海外银行、联属公司或其他投资者介绍的客户，而该客户及介绍人所在的司法管辖区均没有执行或没有充分执行特别组织的各项建议或在其他方面具有较高风险。 （b）身处香港以外地方的客户利用本地户口在该地方的股票/期货交易所进行买卖。 （c）客户要求提供投资管理服务（关于证券、期货合约或杠杆式外汇合约），而有关资金来源不明与客户表面的地位不相符。 （d）客户在没有明显业务理由下与同一实益拥有人或控制者开立多个账户。 与交易有关的情况 （ⅰ）证券/期货买卖并无明显的目的，或交易的性质、规模或频密程度看来不寻常。举例来说，如客户经常以高价购入证券，而其后却以颇大的蚀让价卖给同一方，这可能显示由一方将价值转移给另一方。 （ⅱ）由同一客户进行多宗涉及相同投资项目的小额交易，而每次交易均以现金购买，然后再一次出售，但售卖所得款项则交给其他人，而非交给客户本人。

①　作出与金融业相关的每季报告的目的，是要提高该行业对打击洗钱/恐怖分子资金筹集的认识。每季报告包括两部分：（ⅰ）对可疑交易报告的分析及（ⅱ）关注事项及意见。可从财富情报组的网址（www.jfiu.gov.hk）取得该该报告。取阅该报告须使用密码。可到上述网址的个案分析及意见项目之下查阅有关详情，或直接联络财富情报组。

	7.39	（ⅲ）客户参与早已安排或其他非竞价的买卖，特别是证券、期货合约或杠杆式外汇合约交易。 （ⅳ）就某些证券或期货或杠杆式外汇交易合约进行数量相同的买卖（"清洗交易"），从而营造曾进行交易的假象。这种清洗交易并非真正的市场交易，而可能只是为洗黑钱的人士提供"掩饰"。 （ⅴ）透过不同账户进行的清洗交易，可用作抵消不同账户之间的盈亏，从而在不同账户之间调动资金。此外，在并非属同一人控制的账户之间进行转仓，亦可能是涉及洗钱的警告信号（值得注意的是，清洗交易亦显示出现操纵市场活动，持牌法团应采取适当步骤，确保设有妥善的预防措施，以防止导致该公司作出构成《证券及期货条例》第279条所指的市场失当行为的方式行事）。 （ⅵ）在许多不同的司法管辖区进行证券交易，尤其是在没有执行或没有充分执行特别组织建议或在其他方面具有较高风险的司法管辖区。 与交收/保管/转账有关的情况 （a）以现金或不记名方式交收的大额或不寻常的交易，或客户与持牌法团进行交易时只使用现金或等同于现金的金融工具。 （b）客户利用持牌法团代其付款或持有资金及/或其他财产，但有关资金/财产却甚少或并非用来买卖证券，期货合约或杠杆式外汇交易合约，即有关账户看来只是一个寄存账户或用做转账的渠道。 （c）透过非居民账户进行大额提存，并继而将资金调拨至离岸金融中心。 （d）在看来非属同一人控制或并非有明显关系的不同方的证券账户之间进行转仓或资金转移或其他财产转移。 （e）与无关联、未经核实或难以核实的第三者有频繁的资金调拨或财产转移或支票付款活动。 （f）用经多重批注的支票付款。 （g）客户将来自第三者的存款分配到不同账户。 （h）涉及透过离岸公司的账户进行多次调拨，尤其是将有关的资金调拨至避税天堂，或是转账至某些离岸公司名下的账户，而有关客户可能是该等公司的股东。 （i）客户就如何取得存放在持牌法团的实物证券提供的解释不合理或经常改变。
涉及持牌法团雇员的洗钱活动		
	7.40	（a）雇员的作风有变，例如生活奢华或无合理原因而不愿休假。 （b）雇员的销售业绩出现不寻常或预期以外的增幅。 （c）雇员就客户账户或指示所提供的证明文件不齐全或有遗漏。 （d）客户所使用的地址并非其家居或办事处地址，例如使用雇员的地址，以供送递客户文件或通讯之用。

第8章　备存记录

一般法律及监管规定		
	8.1	备存记录是审计线索中重要的一环，可借以侦查、调查及没收罪犯或恐怖分子的财产或资金。备存记录有助调查当局确定疑犯的财政状况、追查罪犯或恐怖分子的财产或资金，以及协助法院审查所有相关的过往交易，以评估有关财产或资金是否刑事或恐怖分子罪行的收益，或是否与该等罪行有关联。

续表

	8.2	金融机构应按照本身的业务规模、性质及复杂程度，保存所需及充分的客户、交易及其他记录，以符合打击洗钱条例、本指引及其他监管规定，借以确保： （a）为经由金融机构提存的任何与客户及客户的实益拥有人（如适用）有关的资金、账户或交易，备存清晰及完备的审计线索； （b）可适当地识别及核实任何客户及客户的实益拥有人（如适用）； （c）及时地为有适当授权的有关当局、其他机构及审计人员提供所有客户及交易的记录及资讯；以及 （d）金融机构能符合本指引其他章节指明的任何相关规定，以及有关当局发出的其他指引。除其他事项外，记录应包括客户风险评估记录（参阅第3.8段）、可疑交易报告登记册（参阅第7.32段）及培训记录（参阅第9.9段）。
备存关于客户身份及交易的记录		
附表2第20（1）（b）（ⅰ）条 附表2第2（1）（c）条 附表2第20（1）（b）（ⅱ）条	8.3	金融机构应备存： （a）在识别及核实任何客户及／或客户的实益拥有人及／或受益人及／或看似是代表客户行事的人及／或客户的其他有关联者的身份时取得的文件的正本或复本，及如此取得的数据及资料的记录； （b）为执行更严格的尽职审查或持续监察而取得的客户及／或客户的实益拥有人的任何额外资料； （c）（如适用）业务关系的目的及拟具有的性质的文件的正本或复本，以及有关数据及资料的记录； （d）关乎客户的账户（例如开户表格、保险申请表格、风险评估表格），以及与客户和客户的实益拥有人的业务通讯①（最低限度应包括与尽职审查措施或账户的运作有显著改变有关的业务通讯）的记录及文件的正本或复本。
附表2第20（3）条	8.4	第8.3段提述的所有文件及记录应在与客户维持业务关系的期间内备存，及在有关业务关系终止后的6年期间内备存。
附表2第20（1）（a）条	8.5	金融机构应保存所取得的与交易有关的文件的正本或复本，以及有关数据及资料的记录。这些资料应足以重组个别交易及确立任何可疑账户或客户的财政概况。这些记录可包括： （a）进行交易各方的身份； （b）交易的性质及日期； （c）涉及的货币种类及金额； （d）资金的来源（如知道）； （e）存入及提取资金的方式，例如以现金、支票等； （f）资金的目的地； （g）指示及授权的方式；以及 （h）交易涉及的账户种类及账户的识别号码（如适用）。
附表2第20（2）条	8.6	所有在第8.5段提述的文件及记录应在自有关交易完成的日期起计的6年期间内备存，不论有关业务关系是否在该段期间内终止。

---

① 不要求金融机构要保存每一封通信，例如与客户的连串电邮，但金融机构应保存足够通讯，显示已遵守打击洗钱条例的规定。

续表

附表 2 第 21 条	8.7	如该记录包含文件，应备存该文件的正本，或以微缩影片或电脑数据库备存该文件的复本。如该记录包含数据或资料，该记录应以微缩影片或电脑数据库备存。
附表 2 第 20 (4) 条	8.8	如该记录与正在进行的刑事或其他调查，或与在书面通知中指明的任何其他目的有关，在此等情况下，有关当局可借给予金融机构的书面通知，要求有关机构在有关当局指明的较第 8.4 段及第 8.6 段提述的期间为长的期间，备存与指定交易或客户有关的记录。
中介人保存的记录		
附表 2 第 18 (4) (b) 条	8.9	如金融机构借助中介人执行客户尽职审查措施，并由中介人持有客户的识别及核实文件，有关金融机构仍有责任遵守所有备存记录的规定。金融机构应确保执行该等措施的中介人已设立系统，以遵从打击洗钱条例及本指引下所有备存记录的规定（包括第 8.3 段至第 8.8 段提述的规定），以及中介人会在收到金融机构的要求后，尽快在合理的切实可行的范围内提供有关文件及记录。
附表 2 第 18 (4) (a) 条	8.10	为免生疑虑起见，借助中介人执行客户尽职审查措施的金融机构应立刻取得该中介人在执行该措施时取得的资料，例如姓名/名称及地址。
	8.11	金融机构应确保中介人在终止提供服务后会将文件及记录交回金融机构。
附表 2 第 3 部	8.12	不论在何处保存识别及交易记录，金融机构必须符合香港的所有法律及监管规定，特别是例附表 2 第 3 部的规定。

第 9 章　职员培训

	9.1	职员培训是有效防止及侦查洗钱/恐怖分子资金筹集活动系统内重要的一环。如没有为使用系统的职员提供充分培训，则即使是一个设计精湛的内部监控系统，其成效也会受到影响。
	9.2	金融机构应为职员①提供执行打击洗钱/恐怖分子资金筹集职务方面的培训，在新职员开始执行职务前，培训工作尤其重要。
	9.3	金融机构应实施清晰及明确的政策，确保在打击洗钱/恐怖分子资金筹集方面，为有关职员提供充分培训。
	9.4	个别金融机构在适当考虑本身业务的规模及复杂性和洗钱/恐怖分子资金筹集的类别和风险程度后，可因应本身的需要，调整不同组别职员的培训计划的时间表和内容。
	9.5	金融机构应在打击洗钱/恐怖分子资金筹集方面，为职员提供适当的培训。培训的频密程度应足以令职员维持他们在打击洗钱/恐怖分子资金筹集方面的知识和能力。

---

① 就第 9 章而言，职员包括获委任保险代理人。

续表

9.6		金融机构应促使职员留意： （a）机构及职员本身的法定责任，以及根据《贩毒（追讨得益）条例》、《有组织及严重罪行条例》及《联合国（反恐怖主义措施）条例》，因未能举报可疑交易而可能需要承担的后果； （b）根据《贩毒（追讨得益）条例》、《有组织及严重罪行条例》、《联合国（反恐怖主义措施）条例》、《联合国制裁条例》及打击洗钱条例，任何与金融机构及职员本身职责有关的其他法定及监管责任，以及违反此等责任而可能需要承担的后果； （c）其机构在打击洗钱/恐怖分子资金筹集方面的政策及程序，包括识别及举报可疑交易；及 （d）任何洗钱/恐怖分子资金筹集的崭新及新兴技巧、方法及趋势，而这些技巧、方法及趋势是职员履行打击洗钱/恐怖分子资金筹集的特定职责所需具备的。
9.7		此外，以下培训的范畴或适用于特定类别的职员： （a）所有新职员（不论资历） （i）洗钱/恐怖分子资金筹集的背景及金融机构对洗钱/恐怖分子资金筹集问题的重视的简介；及 （ii）识别可疑交易及向洗钱报告人员举报任何可疑交易的必要，以及认识"通风报信"的罪行。 （b）与公众有直接接触的职员（例如前线工作人员、代表获授权保险人行事的获委任保险代理人）： （i）在金融机构的洗钱/恐怖分子资金筹集策略方面，这类职员作为与潜在洗钱人的第一个接触点的重要性； （ii）金融机构在客户尽职审查及备存记录方面的政策及程序上的规定，而这些规定是与这类职员的职责相关的；及 （iii）就可能出现可疑交易的情况及相关政策及程序等方面提供培训，例如报告的流程及应何时提高额外警觉； （c）后勤职员（视他们的职责）： （i）客户核实及相关处理程序的适当培训，及 （ii）如何识别不寻常活动，包括不正常的结算、付款及交付指示； （d）经理级人员包括内部审计人员及合规主任： （i）更高层次的培训，培训范围应涵盖打击洗钱/恐怖分子资金筹集制度的各方面；及 （ii）涵盖监督及管理职员、系统审查、进行随机抽查，以及向财富情报组举报可疑交易的职责的特定培训；及 （e）洗钱报告主任： （i）涵盖评估所收到的可疑交易报告及向财富情报组报告可疑交易的职责的特定培训；及 （ii）与打击洗钱/恐怖分子资金筹集所有一般规定/发展同步的培训。
9.8		金融机构应视可运用的资源及职员的培训需要，考虑在提供培训时混合使用各种培训技巧及工具。这些技巧及工具可包括网上学习系统、课堂上的集思培训、相关录影带及纸张形式或以内联网为本的程序手册。金融机构可考虑使用特别组织的文章及典型案件作为培训材料。所有培训材料应是最新的，并且应符合现行规定及标准。

	9.9	无论使用哪种培训方法，金融机构应备存记录，监察谁人已接受培训、职员何时接受培训，以及所提供培训的类别。记录应最少保存 3 年①。
	9.10	金融机构应监察培训的效用。这可透过以下方法达致： （a）测试职员对机构在打击洗钱/恐怖分子资金筹集方面的政策及程序及对他们的法定及监管责任的理解，以及他们辨认可疑交易的能力；及 （b）监察职员在机构的打击洗钱/恐怖分子资金筹集制度方面的合规情况，以及监察内部报告的质和量，借此找出进一步的培训需要，并且采取适当行动。

第 10 章　电传转账

一般规定		
	10.1	本章主要适用于认可机构及金钱服务经营者。如其他金融机构以汇款机构或收款机构的身份行事，它们亦应遵守打击洗钱条例附表 2 第 12 条的规定及本章提供的指引。如金融机构是电传转账的汇款人或收款人/受益人，它们并非以汇款机构或收款机构的身份行事，因此在该交易方面无须遵守附表 2 第 12 条的规定及本章提供的指引。
附表 2 第 1（4）条及第 12（11）条	10.2	电传转账是由一家机构（汇款机构）代表某人（汇款人）借电子方式进行的交易，目的是将该人或另一人（收款人/受益人）可使用的某笔金钱转往某家机构（收款机构）（该机构可以是汇款机构或另一机构）给该人或另一人（收款人/受益人），而无论是否有一家或多于一家机构（中介机构）参与完成有关金钱转账。
附表 2 第 12（2）条	10.3	本章不适用于以下电传转账： （a）在两家金融机构之间的电传转账，而每家机构只代表本身行事； （b）在一家金融机构与一家外地机构之间的电传转账，而每间机构只代表本身行事； （c）符合以下说明的电传转账— （ⅰ）因使用信用卡或扣账卡（例如以扣账卡经由自动柜员机从银行账户提取金钱，以信用卡取得现金垫支，或以信用卡或扣账卡就货品及服务付款）进行的交易而引致的，但如该卡是用以完成金钱转账则除外，及 （ⅱ）该信用卡或扣数卡的号码，已包括在附随该项转账的信息或付款表格内。
	10.4	至于 SWIFT 使用者，上述豁免适用于 MT200 系列的付款，以及 MT400 及 MT700 系列的信息，如它们是用于支票的结算及履行银行间的贸易融资责任。 如汇款人为金融机构，就打击洗钱条例而言，提供金融机构的银行识别代号②已构成提供汇款人的完整资料。这种情况有时甚至适用于 SWIFT 的 MT102 及 MT103 的信息，虽然在可行情况下亦宜同时提供账户号码。此项豁免亦适用于商业实体识别代号③，虽然在有关情况下仍须附上账户号码。不过，收款机构仍可能要求提供地址资料。

---

① 保险机构应最少保存记录 3 年，由评估日期开始起计，即每年的 7 月 31 日。
② 银行识别代号亦称为 SWIFT 代号。
③ 编配给非金融机构（例如企业）的银行识别代号称为商业实体识别代号。

续表

	10.5	特别组织于 2001 年 10 月发出第 VII 项特别建议①，旨在提高所有本地及跨境电传转账的透明度，以便更易执法，借以追踪恐怖分子及罪犯以电子方式过户的资金。巴塞尔银行监管委员会指引文件《跨境电汇直接拨付讯息的尽职审核及透明度》（2009 年 5 月）亦表明监管此方面的意向。
汇款机构		
附表 2 第 12（3）条	10.6	汇款机构必须确保金额相等于或多于 8000 港元（或同等价值的其他货币）的所有电传转账，必须随附表 2 第 12（3）条所规定的齐备及经核实的汇款人资料，包括： （a）汇款人的姓名/名称； （b）该汇款人在金融机构开立的账户（该账户为电传转账所支付金钱的来源）的号码，或独特参考编号②（适用于非账户持有人）；及 （c）汇款人的地址或如没有地址，汇款人的客户识别号码或识别文件号码（如客户为自然人，则提供香港身份证号码，或如汇款人为法人，则提供商业登记号码）或如汇款人为个人，则该汇款人的出生日期及地点。 下文（请参阅第 10.17 段）载有一项本地电传转账的特惠条文。
	10.7	只要汇款机构信纳地址经已核实，则可于电传转账信息内加入汇款人的"通信地址"。
附表 2 第 12（4）条	10.8	汇款机构必须确保已核实付款附随的所有汇款人资料。金融机构的账户持有客户的身份一经核实，即视为已符合打击洗钱条例的核实要求，一般无须再对该账户持有人的资料作进一步核实，虽然汇款机构可就个别个案行使酌情权。
附表 2 第 3（c）条、12（3）条及（4）条	10.9	对于非账户持有人的交易，汇款机构必须核实随附于相等于或超过 8000 港元等值款额的电传转账的客户的身份及汇款人的所有资料。至于少于 8000 港元（或等值金额）的非经常电传转账，汇款机构一般无须核实汇款人的身份，除非汇款机构认为数项电传转账交易似乎有关联，且涉及的金额相等于或超过 8000 港元的等值金额。根据打击洗钱条例的备存记录规定（请参阅第 8 章），核实的证据必须与客户资料一并保留。
	10.10	少于 8000 港元或同等价值外币的电传转账，汇款机构可选择不将一切所需资料加入电传转账信息内。不过，有关汇款人的相关资料应由汇款机构记录及保留，并须在收款机构或相关当局提出要求后 3 个营业日内提交。在考虑是否采用 8000 港元的门槛时，汇款机构应考虑其电传转账业务的业务及营运特色。在切实可行的情况下，有关方面鼓励汇款机构尽量将相关汇款人资料加入随附于所有电传转账交易的信息内。
	10.11	对于账户持有人为汇款人的电传转账，汇款人的姓名/名称及地址（或获批准的其他资料）一般应与账户持有人的资料相符。任何凌驾客户资料规定的要求应不予理会；如怀疑客户有任何不恰当的动机，应向汇款机构的洗钱报告主任报告。
	10.12	如怀疑客户可能代表第三者进行电传转账，汇款机构尤应谨慎行事。如电传转账的汇款人填上第三者的姓名/名称，或似乎与客户的日常业务/活动不符，应要求客户提供有关电传转账性质的进一步解释。

---

① 此项特别建议经修订说明由特别组织于 2008 年 2 月 29 日发出，并可于特别组织的网站查阅。

② 由汇款机构编配的独特参考编号可用以追踪电传转账的汇款人。

	10.13	账户持有人及非账户持有人的相关汇款人资料均应予以记录及保留。
	10.14	汇款机构应采用风险为本的方式，透过考虑多项因素，如受益人的姓名/名称、电传转账的目的地及金额等，检查某些电传转账是否可疑。
	10.15	汇款机构应就如何处理跨境及本地电传转账制定明确的政策。有关政策应涵盖以下范畴： （a）备存记录； （b）核实汇款人身份的资料①；及 （c）信息所包含的资料。
	10.16	汇款机构应对与其已建立业务关系的汇款人进行持续尽职审查，包括将电传转账纳入持续尽职审查程序，以及审查客户在整个业务关系进行的交易，以确保其交易与它对客户、其业务及风险概况的认识一致。汇款机构可在进行持续尽职审查的过程中采用风险为本的方式。有关过程应定期进行审核，以确保仍然有效。
本地电传转账		
附表 2 第 12（6）条	10.17	如汇款及收款机构均位于香港，随附于电传转账的汇款人资料可以只包括汇款人的账户号码或用作追踪电传转账汇款人的独特参考编号。
附表 2 第 12（6）条	10.18	不过，如收款机构或有关当局提出要求，汇款机构须于接获要求后 3 个营业日内提供汇款人的完整资料（请参阅第 10.6 段）。
收款机构		
	10.19	如任何价值的电传转账的受益人并非账户持有人，收款机构应记录收款人的身份及地址。对于金额相等于或超过 8000 港元的电传转账，收款机构应凭借收款人的身份证或旅游证件，核实收款人的身份。
群组档案转账		
附表 2 第 12（7）条	10.20	汇款机构可将多项转账集合在一个群组档案中，以整批方式转账至海外的收款机构。在该等情况下，在群组档案中的个别转账仅须附带汇款人的客户账户号码（或如没有账户号码，则独特参考编号），但群组档案必须载有汇款人的完整资料。
中介机构		
附表 2 第 12（8）条	10.21	如金融机构在电传转账中以中介机构的身份行事，必须确保在转账中保留随附于电传转账的所有汇款人资料，并将有关资料转交付款链中的下一间机构。
附表 2 第 19（2）条	10.22	检查是否缺少完整的汇款人资料的规定适用于中介机构，情况一如有关资金的转账直接由中介机构收取。
	10.23	中介机构进行转账付款的系统，宜具备将所有与转账一同接收的资料转发的功能。不过，如中介机构技术上无法传送来自香港以外地区的转账的汇款人资料，则必须以其他沟通方式将汇款人的资料通知收款机构，不论是在付款内说明有关资料或透过信息系统或其他方式传达有关资料。

---

① 如汇款人为非账户持有人，机构应遵循本章在识别及核实客户身份及备存记录方面，就电传转账所订明的规定。

附表2第19（2）条	10.24	金融机构必须设立及维持有效的程序，以辨识及处理接获的电传转账，借以遵从汇款人资料的相关规定。
附表2第12（9）（a）条及12（10）（a）条	10.25	如有关的本地或跨境电传转账并无附随汇款人的资料，该金融机构须在合理的切实可行的范围内，尽快向发出转账指示的机构，取得有关资料。如未能取得有关资料，该金融机构须考虑限制或结束它与该机构的业务关系，或采取合理措施，降低所涉的洗钱/恐怖分子资金筹集的风险。
附表2第12（9）（b）条及12（10）（b）条	10.26	如该金融机构察觉到附随的看来是汇款人的资料并不完整或不具意义，它须在合理的切实可行的范围内，尽快采取合理措施，降低所涉的洗钱/恐怖分子资金筹集的风险。 金融机构可实施有效的风险为本的程序及系统，对接收的付款进行适当程度的事后随机抽查，以识别载有不完整或不具意义的汇款人资料的电传转账，借此证明已符合辨识不合规格转账的规定。有关金融机构应对下列转账进行较严谨的抽查： （a）来自非位于对等司法管辖区的机构的转账，尤其是已知是未有采用足够国际信息准则（即第7项特别建议）的司法管辖区的转账； （b）来自高风险司法管辖区的机构的转账； （c）价值较高的转账；及 （d）于先前抽查中被发现没有遵守相关资料规定的机构的转账。
附表2第12（9）（b）条及第12（10）（b）条	10.27	如收款机构察觉到付款信息载有不具意义或不完整的资料，则必须要求提供完整的汇款人资料。收款机构须就纠正资料不全的转账定下限期。
附表2第12（9）（b）条及第12（10）（b）条	10.28	如收款机构未能于限期内取得完整及具意义的资料，则必须在顾及相关因素（如受益人的姓名/名称、转账款项的来源及金额等）后，决定是否限制或结束它与发出转账指示的机构的业务关系，或采取合理措施，降低所涉的洗钱/恐怖分子资金筹集的风险。
	10.29	收款机构亦应考虑采用其他特定措施，例如在交付付款时，按"申报及识别"基准，检查收款人/受益人以现金收取的所有转账中的汇款人资料是完整及有意义的。
	10.30	金融机构亦应考虑在款项转账中察觉到的不完整及不具意义资料，是否构成怀疑的理据，以及就此向财富情报组举报是否合适。
	10.31	如在香港的汇款机构经常未能就涉款相等于或超过8000港元等值金额的电传转账提供所需的汇款人资料，收款机构应向有关当局报告有关情况。如汇款机构被发现经常未能遵守有关资料方面的规定，收款机构应考虑采取行动，包括在拒绝接纳有关机构日后的转账，或决定是否全面限制或终止与该机构的关系或转账业务前，先作出警告及定下限期。
	10.32	如转入的电传转账的款额少于8000港元及所载的付款资料并不完整（即第VII项特别建议成为强制规定时低于有关门槛标准），金融机构可要求提供完整资料，但建议可在有关情况下采用风险为本的方法行事。
附表2第20（1）条	10.33	应按照打击洗钱条例保留所有电子付款及信息的记录。

与跨境电传转账有关的直接拨付信息		
	10.34	跨境电传转账的过程通常涉及多间机构。除汇款机构及收款机构外，跨境电传转账的结算通常涉及向汇款的机构或收款机构提供代理银行服务的其他机构（直接中介机构）。直接拨付信息是该等机构为安排资金，以结算跨境电传转账所产生的银行同业付款责任而使用的信息。
	10.35	对于涉及直接拨付信息的电传转账，汇款机构应确保向直接中介机构发出的信息载有汇款人及收款人的资料。载于直接拨付信息内的汇款人及收款机构资料，应与发给收款机构的相应直接跨境电传转账信息所载者相同。汇款机构在可行情况下，应在直接拨付信息中加入受益人的其他身份资料，这在减轻错误冻结、封阻或拒收客户资产，或不恰当延误直接拨付的风险是有需要的。
	10.36	直接中介机构应订立清晰的政策及程序，以确保即时得知直接拨付信息中用以储存汇款人及收款人资料的相关栏目并无漏填。此外，有关机构亦要制定及执行多项政策及程序，以监管跨境电传转账直接拨付信息内的汇款人及收款人资料是否明显地不具意义或不完整。其监管可于处理交易后根据风险敏感基准进行。直接中介机构亦应执行其他措施，包括将汇款人及受益人的名字与恐怖分子及恐怖分子嫌疑人物的资料库进行核对。
	10.37	收款机构应识别及核实受益人的身份，亦应设立有效的风险为本的程序，以识别及处理欠缺完整汇款人资料的电传转账。
	10.38	至于认可机构的更详尽导引（尤其是直接中介机构的责任），可参考香港金局管于2010年2月8日颁布的《有关处理跨境电汇直接拨付讯息的指引文件》。

附录 A　可用于识别客户身份的可靠及独立来源的例子

附表 2 第 2（1）(a)（iv）条及 2（1）（d）（i）（D）条	1	金融机构应根据实际身在香港的个人的香港身份证或旅游证件来核实他们的身份。金融机构应经常根据香港居民的香港身份证、身份证明书或签证身份书来识别及/或核实他们的身份。非居民的身份则应根据他们的有效旅游证件作出核实。
	2	至于没有现身香港的非香港居民，金融机构应根据以下资料来识别及/或核实有关人士的身份： (a) 有效的国际护照或其他旅游证件；或 (b) 附有有关个人照片的有效国民（即由政府或国家签发）身份证；或 (c) 由主管的国家或政府机构签发的有效国家（即由政府或国家签发）驾驶执照①，执照上有照片证明申请人的身份。

---

① 为免生疑问，国际驾驶许可证及执照不能用于此目的。

续表

3	旅游证件是指附有持有人照片，能确定持有人的身份及国籍、原居地或永久居留地的护照或其他证件。以下文件为可作身份核实用途的旅游证件： （a）澳门特别行政区永久居民身份证； （b）台湾居民往来内地通行证； （c）海员身份证明文件（根据《国际劳工组织公约》/《1958 年海员身份证件公约》签发）； （d）内地居民的台湾旅游许可证； （e）由入境事务处处长签发的澳门居民旅游证； （f）因公往来香港澳门特别行政区通行证；及 （g）往来港澳通行证。	
4	至于在香港出生而并无持有有效旅游证件或香港身份证①的未成年人，则可根据他们的香港出生证明书来核实他们的身份。每当与未成年人建立业务关系时，金融机构应同时按照以上规定记录及核实该未成年人士的父母或代表或陪同该未成年人士的监护人的身份。	
5	金融机构如要识别及/或核实公司客户的身份，可于该公司的注册地的公司注册处进行查册，并取得一份完整的公司查册报告，用以证实目前用做参考的公司的全部资料（或外地对等资料）。	
6	至于没有国民身份证的司法管辖区，以及如客户没有附有相片的旅游证件或驾驶执照，金融机构可采取以风险为本的方法，破例接受其他文件作为身份识别证据。该等文件上应尽可能附有该个人的照片。	

附录 B　财富情报组发出的通讯样本

机密

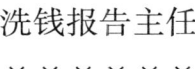

联合财富情报组

香港邮政总局信箱第 6555 号

电话：28663366

传真：25294013

电邮：jfiu@ police. gov. hk

洗钱报告主任

××××××

传真号码：××××××××

---

① 凡年满 11 岁及以上的所有香港居民均须登记办理身份证。香港永久居民持有香港永久性居民身份证。永久居民的身份证（即香港永久性居民身份证）在身份证正面个人出生日期的下方注有大写英文字母"A"。

先生／女士：　　　　　　可疑交易报告

　　　财富情报组编号：　　来函档号：　　收件日期

　　　　　　××　　　　　　　××　　　　　　××

　　财富情报组已收到你根据《贩毒（追讨得益）条例》（第 405 章）／《有组织及严重罪行条例》（第 455 章）第 25A（1）条及《联合国（反恐怖主义措施）条例》（第 575 章）第 12（1）条提交的上述可疑交易报告。

　　按照目前所得的资料，本组现根据《贩毒（追讨得益）条例》及《有组织及严重罪行条例》第 25A（2）条及《联合国（反恐怖主义措施）条例》第 12（2）条给予同意。

　　如有疑问，请致电（852）2860 ××××与高级督察××××先生联络。

　　　　　　　　　　　　　　　　　　联合财富情报组主管

　　　　　　　　　　　　　　　　　　（　　　　代行）

2012 年××月××日

机密

个人资料

联合财富情报组
香港邮政总局信箱第 6555 号
电话：28663366
传真：25294013
电邮：jfiu@ police. gov. hk

本组档号：

来函档号：

×××××××

洗钱报告主任

传真号码：×××××××

先生／女士：

　　《贩毒（追讨得益）条例》／《有组织及严重罪行条例》

你向财富情报组作出的以下披露：

财富情报组编号：	来函档号：	收件日期
××	××	××

与××××××的人员进行的一项×××××调查有关（档案编号：××××××）。

本人是香港法例第455章《有组织及严重罪行条例》第25A（2）条所述的获授权人员，现特通知你由于附件A所列述账户的资金相信是犯罪得益，本人不同意你进一步处理该账户内的资金。

请你注意根据《有组织及严重罪行条例》第25条，凡任何人处理明知是或有合理理由相信有关金钱是代表从可公诉罪行的得益，即属犯罪。上述资料必须严加保密，而根据《有组织及严重罪行条例》第25A（5）条，任何人如向未获授权人士披露本信的内容（包括被调查的事宜），因而有可能损害警方进行的调查，可能已犯罪。账户持有人或任何其他人士均不得获告知此通讯的内容。

任何人如与贵机构接触及设法进行涉及此账户的交易，请贵机构职员立即与本个案的主管联络，并且拒绝执行有关交易。如账户持有人或第三者质疑银行他们为何不能处理有关账户内的资金，请指示有关人士与个案主管联络，而且不能透露任何进一步资料。

如有其他疑问或需要我们对本信的内容作出澄清，请与个案主管××××督察（电话：×××××××）或本信的签署人（电话：×××××××）联络。

　　　　　　　　　　　联合财富情报组主管×××××警司

2012年××月××日

副本：个案主管

机密

附件A

编号	户口持有人	户口号码
1.		

主要用语及缩写词汇

用语／缩写	含义
未成年人	未成年人是指未满 18 岁的人〔《释义及通则条例》（第 1 章）第 3 条的释义〕
可疑交易报告	可疑交易报告；指报告或披露
打击洗钱/恐怖分子资金筹集	打击洗钱及恐怖分子资金筹集
打击洗钱条例	《打击洗钱及恐怖分子资金筹集（金融机构）条例》（第 615 章）
《有组织及严重罪行条例》	《有组织及严重罪行条例》（第 455 章）
有关联者	客户的有关联者包括实益拥有人及有权指令该客户的活动的任何自然人。为免生疑问，有关联者一词包括任何董事、股东、实益拥有人、签署人、受托人、财产授予人/资产提供者/创立人、保护人，以及法律安排界定的受益人。
更严格的尽职审查	更严格的客户尽职审查
附表 2	《打击洗钱及恐怖分子资金筹集（金融机构）条例》附表 2
信托	就本指引而言，信托是指明示信托或附有具法律约束力的文件（即信托契据或任何其他形式）的任何类似安排。
洗钱/恐怖分子资金筹集	洗钱及/或恐怖分子资金筹集
《保险公司条例》	《保险公司条例》（第 41 章）
风险为本的方法	尽职审查及持续监察的风险为本的方法
个人	个人指自然人，已身故的自然人除外
特别组织	财务特别行动组织
高级管理层	高级管理层是指一家商号的董事（或董事会）及高级经理（或对等职级），他们个别或共同负责管理及监督该商号的业务，可包括商号的行政总裁、董事长或其他高级营运管理人员（视情况而定）。
财富情报组	联合财富情报组
《贩毒（追讨得益）条例》	《贩毒（追讨得益）条例》（第 405 章）
《银行业条例》	《银行业条例》（第 155 章）
尽职审查	客户尽职审查
《联合国（反恐怖主义措施）条例》	《联合国（反恐怖主义措施）条例》（第 575 章）
《联合国制裁条例》	《联合国制裁条例》（第 537 章）
简化尽职审查	简化客户尽职审查
《证券及期货条例》	《证券及期货条例》（第 571 章）

证券及期货事务监察委员会发出
适用于有联系实体的防止洗钱
及恐怖分子资金筹集的指引

生效日期

本指引自 2012 年 4 月 1 日起生效。本指引连同《打击洗钱及恐怖分子资金筹集指引》取代 2009 年 9 月发出的《防止洗黑钱及恐怖分子筹资活动的指引》。

证券及期货事务监察委员会发出适用于有联系
实体的防止洗钱及恐怖分子资金筹集的指引

引言		
《证券及期货条例》第399条	1	本指引是根据《证券及期货条例》（第571章）第399条公布。
	2	在《打击洗钱及恐怖分子资金筹集（金融机构）条例》（《打击洗钱条例》）制定后，证监会拟备了一份《打击洗钱及恐怖分子资金筹集指引》（《持牌法团指引》），为协助持牌法团及其他机构符合《打击洗钱条例》及其他适用的打击洗钱/恐怖分子资金筹集的法例及监管规定提供导引。
	3	《持牌法团指引》的目的在于： （a）提供有关洗钱及恐怖分子资金筹集的一般背景资料，包括适用于香港的打击洗钱及恐怖分子资金筹集法例的主要条文的概要；及 （b）提供实际指引，以助持牌法团及其高级管理层在考虑其特别情况后，去制定及执行相关经营领域的政策、程序及管控措施，以符合打击洗钱/恐怖分子资金筹集的法定及监管规定。

	4	本指引中的用语和缩写应参照《持牌法团指引》中词汇部分载列的释义。在适当情况下，其他词语或短句则应按照《证券及期货条例》所载列的释义。
有联系实体符合《持牌法团指引》		
	5	本指引旨在供有联系实体（非认可的金融机构）及其主管人员和职员使用。
	6	《持牌法团指引》就香港的打击洗钱/恐怖分子资金筹集法例提供全面的解释，并提供了制定和执行政策、程序及管控措施的实际指引，以符合有关打击洗钱/恐怖分子资金筹集的法定及监管规定。作为非认可财务机构的有联系实体应如持牌法团一样符合《持牌法团指引》的条文。
	7	本身是认可财务机构的有联系实体，应考虑香港金融管理局所发出的《打击洗钱及恐怖分子资金筹集指引》的条文，以及《持牌法团指引》第 7.39 段及第 7.40 段，以识别与证券、期货及杠杆外汇买卖有关的可疑交易。
	8	鉴于不同的有联系实体，及与其有控权实体关系的持牌法团在组织及法律结构，以及它们的业务活动的性质和范畴均存在重大差异，故并无单一普遍适用的执行措施。此外，必须强调的是，本指引及《持牌法团指引》的内容并非，亦不应被诠释为已无遗地包罗所有符合法定和监管规定的途径。
	9	《持牌法团指引》将协助有联系实体以切合其特定业务风险状况的方式去履行它们在打击洗钱/恐怖分子资金筹集方面的法律及监管责任。与本指引不相符及其依据，应记录在案，而有联系实体亦须做好准备向有关当局说明与本指引不相符的依据。
《证券及期货条例》第 399 条	10	任何人如没有遵守本指引的任何条文，此事本身不会引致他在任何司法或其他法律程序中被起诉，但在根据《证券及期货条例》提起于任何法庭进行的法律程序中，本《指引》可获接纳为证据；及该法院觉得本指引内所列的条文，攸关该法律程序中产生的任何问题，该法院在裁定该问题时，须考虑该条文。
	11	如有联系实体没有考虑《持牌法团指引》的条文，则可能会对该等实体的适当人选资格以及与其有控权实体关系的中介人的适当人选资格产生负面影响。
	12	本身是认可财务机构的有联系实体，如没有考虑香港金融管理局发出的《打击洗钱及恐怖分子资金筹集指引》的条文，或《持牌法团指引》第 7.39 段及第 7.40 段，则可能会对该等实体的适当人选资格以及与其有控权实体关系的中介人的适当人选资格产生负面影响。
	13	证监会会不时检讨本指引相关性及适用性，并在需要时作出修订。

中国台湾

"洗钱防制法"

本"洗钱防制法"于 2008 年 6 月 11 日公布。

第一条（立法目的）

为防制洗钱，追查重大犯罪，特制定本法。

第二条（洗钱之定义）

本法所称洗钱，指下列行为：

一、掩饰或隐匿因自己重大犯罪所得财物或财产上利益者。

二、掩饰、收受、搬运、寄藏、故买或牙保他人因重大犯罪所得财物或财产上利益者。

第三条（重大犯罪）

本法所称重大犯罪，指下列各款之罪：

一、最轻本刑为五年以上有期徒刑之刑之罪。

二、"刑法"第二百零一条、第二百零一条之一之罪。

三、"刑法"第二百四十条第三项、第二百四十一条第二项、第二百四十三条第一项之罪。

四、"刑法"第二百九十六条第一项、第二百九十七条第一项、第二百九十八条第二项、第三百条第一项之罪。

五、"儿童及少年性交易防制条例"第二十三条第二项至第四项、第二十七条第二项之罪。

六、"枪炮、弹药、刀械管制条例"第十二条第一项至第三项、第十三条第一项、第二项之罪。

七、"惩治走私条例"第二条第一项、第三条第一项之罪。

八、"证券交易法"第一百七十一条第一项第一款所定违反同法第一百五十五条第一项、第二项或第一百五十七条之一第一项、第一百七十一条第一项第二款、第三款及第一百七十四条第一项第八款之罪。

九、"银行法"第一百二十五条第一项、第一百二十五条之二第一项、第一百二十五条之二第四项适用同条第一项、第一百二十五条之三第一项之罪。

十、"破产法"第一百五十四条、第一百五十五条之罪。

十一、"组织犯罪防治条例"第三条第一项、第二项后段、第四条、第六条之罪。

十二、"农业金融法"第三十九条第一项、第四十条第一项之罪。

十三、"票券金融管理法"第五十八条第一项、第五十八条之一第一项之罪。

十四、"保险法"第一百六十八条之二第一项之罪。

十五、"金融控股公司法"第五十七条第一项、第五十七条之一第一项之罪。

十六、"信托业法"第四十八条之一第一项、第四十八条之二第一项之罪。

十七、"信用合作社法"第三十八条之二第一项、第三十八条之三第一项之罪。

十八、本法第十一条第三项之罪。

下列各款之罪,其犯罪所得在五百万元新台币以上者,亦属重大犯罪:

一、"刑法"第三百三十六条第二项、第三百三十九条、第三百四十四条之罪。

二、"政府采购法"第八十七条第一项、第二项后段至第六项、第八十八条、第八十九条、第九十条第一项、第二项后段、第三项、第九十一条第一项、第二项后段、第三项之罪。

第四条（因犯罪所得财物或财产上利益）

本法所称因犯罪所得财物或财产上利益,指下列各款之一者:

一、因犯罪直接取得之财物或财产上利益。

二、因犯罪取得之报酬。

三、因前两款所列者变得之物或财产上利益。但第三人善意取得者，不在此限。

第五条（金融机构）

本法所称金融机构，包括下列机构：

一、银行。

二、信托投资公司。

三、信用合作社。

四、农会信用部。

五、渔会信用部。

六、"全国农业金库"。

七、办理储金汇兑之邮政机构。

八、票券金融公司。

九、信用卡公司。

十、保险公司。

十一、证券商。

十二、证券投资信托事业。

十三、证券金融事业。

十四、证券投资顾问事业。

十五、证券集中保管事业。

十六、期货商。

十七、信托业。

十八、其他经金融目的事业主管机关指定之金融机构。

下列机构适用本法有关金融机构之规定：

一、银楼业。

二、其他有被利用进行洗钱之虞之机构，经"法务部"会同"中央"目的事业主管机关指定者。

前两项之"中央"目的事业主管机关认定有疑义者，由"行政院"指定目的事业主管机关。

第一项、第二项机构所从事之交易，必要时，得由"法务部"会同"中央"目的事业主管机关规定其使用现金以外之支付工具。

第六条（订定防制洗钱注意事项）

金融机构应订定防制洗钱注意事项，报请"中央"目的事业主管机关备查；其内容应包括下列事项：

一、防制洗钱之作业及内部管制程序。

二、定期举办或参加防制洗钱之在职训练。

三、指派专责人员负责协调监督本注意事项之执行。

四、其他经"中央"目的事业主管机关指定之事项。

前条第二项机构之防制洗钱注意事项，得由"中央"目的事业主管机关订定之。

第七条（通货交易）

金融机构对于达一定金额以上之通货交易，应确认客户身份及留存交易记录凭证，并应向"行政院"指定之机构申报。

前项所称一定金额、通货交易之范围、确认客户身份之程序、留存交易记录凭证之方式与期限、受理申报之范围及程序，由"中央"目的事业主管机关会商"法务部"、"中央银行"定之。

违反第一项规定者，处新台币二十万元以上一百万元以下罚款。

第八条（金融机构之申报义务）

金融机构对疑似洗钱之交易，应确认客户身份及留存交易记录凭证，并应向"行政院"指定之机构申报。

依前项规定为申报者，免除其业务上应保守秘密之义务。

第一项受理申报之范围及程序，由"中央"目的事业主管机关会商"内政部"、"法务部"、"中央银行"定之。

违反第一项规定者，处新台币二十万元以上一百万元以下罚款。但该金融机构如能证明其所属从业人员无故意或过失者，不罚。

第九条（禁止处分）

检察官于侦查中，有事实足认被告利用账户、汇款、通货或其他支付工具从事洗钱者，得申请该管法院指定六个月以内之期间，对该笔洗钱交易之财产为禁止提款、转账、付款、交付、转让或其他相关处分之命令。其情况急迫，有相当理由足认非立即为上开命令，不能保全得没收之财产或证据者，检察官得迳命执行之。但应于执行后三日内，申请法院补发命令。法院如不于三日内补发或检察官未于执行后三日内申请法院补发命令者，应即停止执行。

前项禁止提款、转账、付款、交付、转让或其他相关处分之命令，法官于审判中得依职权为之。

前两项命令，应以书面为之，并准用"刑事诉讼法"第一百二十八条规定。

第一项之指定期间如有继续延长之必要者，检察官应检附具体理由，至迟于期间届满之前五日申请该管法院裁定。但延长期间不得逾六个月，并以延长一次为限。

对于外国政府、机构或国际组织依第十六条所签订之条约或协定或基于互惠原则请求协助之案件，如所涉之犯罪行为符合第三条所列之罪，虽非在侦查或审判中者，亦得准用第一项、前项规定。

对第一项、第二项、第四项之命令不服者，准用"刑事诉讼法"第四编抗告之规定。

第十条（一定金额外币及有价证券之申报）

旅客或随交通工具服务之人员出入境携带下列之物，应向海关申报；海关受理申报后，应向"行政院"指定之机构通报：

一、总值达一定金额以上外币现钞。

二、总面额达一定金额以上之有价证券。

前项之一定金额、有价证券、受理申报与通报之范围、程序及其他应遵行事项之办法，由"财政部"会同"法务部"、"中央银行"、"行政院金融监督管理委员会"定之。

外币未依第一项之规定申报者，所携带之外币，没入之；外币申报不实者，其超过申报部分之外币没入之；有价证券未依第一项规定申报或申报不实者，科以相当于未申报或申报不实之有价证券价额之罚锾。

第十一条（罚则）

有第二条第一款之洗钱行为者，处五年以下有期徒刑，得并科新台币三百万元以下罚金。

有第二条第二款之洗钱行为者，处七年以下有期徒刑，得并科新台币五百万元以下罚金。

资助国际洗钱防制组织认定或追查之恐怖组织或该组织活动者，处一年以上七年以下有期徒刑，得并科新台币一千万元以下罚金。

法人之代表人、法人或自然人之代理人、受雇人或其他从业人员，因执行业务犯前三项之罪者，除处罚行为人外，对该法人或自然人并科以各该项所定之罚金。但法人之代表人或自然人对于犯罪之发生，已尽力监督或为防止行为者，不在此限。

犯前四项之罪，于犯罪后六个月内自首者，免除其刑；逾六个月者，减轻或免除其刑；在侦查或审判中自白者，减轻其刑。

第十二条（犯罪得减轻其刑）

对于直系血亲、配偶或同财共居亲属因重大犯罪所得财物或财产上利益有第二条第二款之洗钱行为者，得减轻其刑。

第十三条（泄露或交付罪责）

公务员泄露或交付关于申报疑似洗钱交易或洗钱犯罪嫌疑之文书、图画、消息或物品者，处三年以下有期徒刑。

金融机构不具公务员身份之从业人员泄露或交付关于申报疑似洗钱交易或洗钱犯罪嫌疑之文书、图画、消息或物品者，处两年以下有期徒刑、拘役或新台币五十万元以下罚金。

第十四条（酌量扣押财产）

犯第十一条之罪者，其因犯罪所得财物或财产上利益，除应发还被害人或第三人者外，不问属于犯人与否，没收之。如全部或一部不能没收时，追征其价额或以其财产抵偿之。

为保全前项财物或财产上利益追征或财产之抵偿，必要时，得酌量扣押其财产。

对于外国政府、机构或国际组织依第十六条所签订之条约或协定或基于互惠原则，请求协助之案件，如所涉之犯罪行为符合第三条所列之罪，虽非侦查或审判中者，亦得准用前两项之规定。

第十五条（没收财产）

依前条第一项没收之犯罪所得财物或财产上利益为现金或有价证券以外之财物者，得由"法务部"拨交检察机关、司法警察机关或其他协助查缉洗钱犯罪之机关作公务上使用。

外国政府、机构或国际组织依第十六条所签订之条约或协定或基于互惠原则协助执行没收犯罪所得财物或财产上利益者，"法务部"得将该没收财产之全部或一部拨交该外国政府、机构或国际组织。

前二项没收财产之管理、拨交及使用办法，由"行政院"定之。

第十六条（国际合作条约或协定之签订）

为防制国际洗钱活动，政府依互惠原则，得与外国政府、机构或国际组织签订防制洗钱之合作条约或其他国际书面协定。

对于外国政府、机构或国际组织请求协助之案件，除条约或协定另有规定者外，得基于互惠原则，提供第七条、第八条、第十条受理申报或通报之资料及其调查结果。

第十七条（施行日）

本法自公布日施行。

修正"洗钱防制法"部分条文

兹修正"洗钱防制法"第三条、第七条至第十一条及第十三条条文，公布之。

第三条

本法所称重大犯罪，指下列各款之罪：

一、最轻本刑为五年以上有期徒刑之刑之罪。

二、"刑法"第二百零一条、第二百零一条之一之罪。

三、"刑法"第二百四十条第三项、第二百四十一条第二项、第二百四十三条第一项之罪。

四、"刑法"第二百九十六条第一项、第二百九十七条第一项、第二百九十八条第二项、第三百条第一项之罪。

五、"儿童及少年性交易防制条例"第二十三条第二项至第四项、第二十七条第二项之罪。

六、"枪炮、弹药、刀械管制条例"第十二条第一项至第三项、第十三条第一项、第二项之罪。

七、"惩治走私条例"第二条第一项、第三条第一项之罪。

八、"证券交易法"第一百七十一条第一项第一款所定违反同法第一百五十五条第一项、第二项或第一百五十七条之一第一项之规定、第一百七十一条第一项第二款、第三款及第一百七十四条第一项第八款之罪。

九、"银行法"第一百二十五条第一项、第一百二十五条之二第一项、第一百二十五条之二第四项适用同条第一项、第一百二十五条之三第一项之罪。

十、"破产法"第一百五十四条、第一百五十五条之罪。

十一、"组织犯罪防制条例"第三条第一项、第二项后段、第四条、第六条之罪。

十二、"农业金融法"第三十九条第一项、第四十条第一项之罪。

十三、"票券金融管理法"第五十八条第一项、第五十八条之一第一项之罪。

十四、"保险法"第一百六十八条之二第一项之罪。

十五、"金融控股公司法"第五十七条第一项、第五十七条之一第一项之罪。

十六、"信托业法"第四十八条之一第一项、第四十八条之二第一项之罪。

十七、"信用合作社法"第三十八条之二第一项、第三十八条之三第一项之罪。

十八、本法第十一条之罪。

下列各款之罪，其犯罪所得在新台币五百万元以上者，亦属重大犯罪：

1. "刑法"第三百三十六条第二项、第三百三十九条、第三百四十四条之罪。

2. "政府采购法"第八十七条第一项、第二项后段至第六项、第八十八条、第八十九条、第九十条第一项、第二项后段、第三项、第九十一条第一项、第二项后段、第三项之罪。

第七条

金融机构对于达一定金额以上之通货交易，应确认客户身份及留存交易记录凭证，并应向"法务部调查局"申报。

前项所称一定金额、通货交易之范围、确认客户身份之程序、留存交易记录凭证之方式与期限、受理申报之范围及程序，由"中央"目的事业主管机关会商"法务部"、"中央银行"定之。违反第一项规定者，处二十万元新台币以上一百万元新台币以下罚锾。

第八条

金融机构对疑似犯第十一条之罪之交易，应确认客户身份及留存交易记录凭证，并应向"法务部调查局"申报；其交易未完成者，亦同。

依前项规定为申报者，免除其业务上应保守秘密之义务。

第一项受理申报之范围及程序，由"中央"目的事业主管机关会商"内政部"、"法务部"、"中央银行"定之。

违反第一项规定者，处新台币二十万元以上一百万元以下罚镪。但该金融机构如能证明其所属从业人员无故意或过失者，不罚。

第九条

检察官于侦查中，有事实足认被告利用账户、汇款、通货或其他支付工具犯第十一条之罪者，得申请该管法院指定六个月以内之期间，对该笔交易之财产为禁止提款、转账、付款、交付、转让或其他必要处分之命令。其情况急迫，有相当理由足认非立即为上开命令，不能保全得没收之财产或证据者，检察官得径命执行之。但应于执行后三日内，申请法院补发命令。法院如不于三日内补发或检察官未于执行后三日内申请法院补发命令者，应即停止执行。

前项禁止提款、转账、付款、交付、转让或其他必要处分之命令，法官于审判中得依职权为之。

前二项命令，应以书面为之，并准用"刑事诉讼法"第一百二十八条规定。

第一项之指定期间如有继续延长之必要者，检察官应检附具体理由，至迟于期间届满之前五日申请该管法院裁定。但延长期间不得逾六个月，并以延长一次为限。

对于外国政府、机构或国际组织依第十六条所签订之条约或协议或基于互惠原则请求协助之案件，如所涉之犯罪行为符合第三条所列之罪，虽非在侦查或审判中者，亦得准用第一项、前项规定。

对第一项、第二项之命令、前项之裁定不服者，准用"刑事诉讼法"第四编抗告之规定。

第十条

旅客或随交通工具服务之人员出入境携带下列之物，应向海关申报；海关受理申报后，应向"法务部调查局"通报：

一、总值达一定金额以上外币现钞。

二、总面额达一定金额以上之有价证券。

前项之一定金额、有价证券、受理申报与通报之范围、程序及其他应遵行事项之办法，由"财政部"会商"法务部"、"中央银行"、"行政院金融监督管理委员会"定之。

外币未依第一项之规定申报者，所携带之外币，没入之；外币申报不实者，其超过申报部分之外币没入之；有价证券未依第一项规定申报或申报不实者，科以相当于未申报或申报不实之有价证券价额之罚锾。

第十一条

有第二条第一款之洗钱行为者，处五年以下有期徒刑，得并科新台币三百万元以下罚金。

有第二条第二款之洗钱行为者，处七年以下有期徒刑，得并科新台币五百万元以下罚金。

收集、提供财物或财产上利益，供自己或他人实行下列犯罪之一，而恐吓公众或胁迫政府、外国政府、机构或国际组织者，处一年以上七年以下有期徒刑，得并科新台币一千万元以下罚金：

一、"刑法"第一百七十三条第一项、第三项、第一百七十六条准用第一百七十三条第一项、第三项、第一百七十八条第一项、第三项、第一百八十三条第一项、第四项、第一百八十四条第一项、第二项、第五项、第一百八十五条、第一百八十五条之一第一项至第五项、第一百八十五条之二、第一百八十六条之一第一项、第二项、第四项、第一百八十七条之一、第一百八十七条之二第一项、第二项、第四项、第一百八十七条之三、第一百八十八条、第一百九十条第一项、第二项、第四项、第一百九十条之一第一项至第三项、第一百九十一条之一、第一百九十二条第二项、第二百七十一条第一项、第二项、第二百七十八条、第三百零二条、第三百四十七条第一项至第三项、第三百四十八条、第三百四十八条之一之罪。

二、"枪炮、弹药、刀械管制条例"第七条之罪。

三、"民用航空法"第一百条之罪。

法人之代表人、法人或自然人之代理人、受雇人或其他从业人员，因执行业务犯前三项之罪者，除处罚行为人外，对该法人或自然人并科以各该项所定之罚金。但法人之代表人或自然人对于犯罪之发生，已尽力监督或为防止行为者，不在此限。

犯前四项之罪，于犯罪后六个月内自首者，免除其刑；逾六个月者，减轻或免除其刑；在侦查或审判中自白者，减轻其刑。

第十三条

公务员泄露或交付关于申报疑似犯第十一条之罪之交易或犯第十一条之罪嫌疑之文书、图画、消息或物品者，处三年以下有期徒刑。

金融机构不具公务员身份之从业人员泄露或交付关于申报疑似犯第十一条之罪之交易或犯第十一条之罪嫌疑之文书、图画、消息或物品者，处二年以下有期徒刑、拘役或新台币五十万元以下罚金。